# Das verborgene Wissen der Welt

ATLANTIS

wird herausgegeben von
Dr. Hans Christian Meiser.

Über den Autor:

**Martin Palmer** beschäftigt sich seit über 20 Jahren mit der
Sprache und der Kultur Chinas. Er übersetzte eine Vielzahl
der wichtigsten religiösen Texte des Reichs der Mitte ins
Englische und schrieb mehrere Bücher über Kultur und Religion des Landes.

ATLANTIS

# Martin Palmer
# Geheimes, heiliges China

## Ein Führer zu den Mysterien des Reichs der Mitte

Aus dem Englischen von
Marita Böhm

BASTEI
LÜBBE

BASTEI-LÜBBE-TASCHENBUCH
Band 70140
Erste Auflage: September 1999

Deutsche Erstveröffentlichung
© 1996 by Martin Palmer
Originaltitel:
TRAVELS THROUGH SACRED CHINA
Originalverlag:
Thorsons, an Imprint of Harper Collins Publishers, London
© für die deutschsprachige Ausgabe 1999 by
Bastei-Verlag Gustav H. Lübbe GmbH & Co.,
Bergisch Gladbach
Printed in Germany
Einbandgestaltung: Wustmann & Ziegenfeuter,
Dortmund
Satz: Textverarbeitung Garbe, Köln
Druck und Bindung: Ebner Ulm
ISBN 3-404-70140-2

Sie finden uns im Internet unter
http://www.luebbe.de

Der Preis dieses Bandes versteht sich einschließlich
der gesetzlichen Mehrwertsteuer.

Dieses Buch ist Lizzie Palmer gewidmet,
einer wundervollen Reisebegleiterin und Tochter

Provinzen, Hauptstädte und Tempel in China

GUS

N

XINJIANG

Urumqi

GANSU

QINGHA

INDIEN

TIBET

NEPAL

Lhasa

0            500            1000 km

▲ Buddhistischer Tempel
△ Daoistischer Tempel

BURMA

# Inhalt

Danksagung ................................................................. 11

Einführung .................................................................. 13

I  Die heiligen Traditionen ............................... 15
   1.  Das Heilige in China ..................................... 16
   2.  Die Religionen Chinas ................................... 42

II  Die Gottheiten Chinas ..................................... 101
   3.  Der Mensch als göttliches Wesen ............... 102
   3.1. Symbole und Zeichen der Götter
      Chinas – eine Kurzübersicht ....................... 110
   4.  Die Heiligen des Buddhismus ..................... 117
   5.  Die Heiligen des Daoismus ......................... 145

III  Die heiligen Landschaften und
    Stätten Chinas ..................................................... 201
   6.  Tempel und Klöster ....................................... 202
   7.  Heilige Berge ................................................... 233
   8.  Buddhistische Höhlen und Grotten ........... 271

Anhang ......................................................................... 281
   Niedere Gottheiten ........................................... 282
   Verzeichnis der heiligen Berge ....................... 298
   Verzeichnis der heiligen Plätze ....................... 320
   Andere religiöse Traditionen in China ........... 396
   Chronologie der Dynastien ............................. 413
   Glossar .................................................................. 415
   Bibliographie ...................................................... 419
   Stichwortverzeichnis ......................................... 422

# Danksagung

Dieses Buch entspringt einer fast fünfundzwanzigjährigen Liebesaffäre mit China. Sie nahm ihren Anfang, als ich nach Hongkong geschickt wurde, um als Freiwilliger in einem chinesischen Kinderheim zu arbeiten, und meine erste Danksagung gilt den Kindern des St. Christopher's Childrens Home, Tai Po, die mich lehrten, die Welt mit anderen Augen zu sehen. In jener Zeit begegnete ich Chang Wai Ming, und von ihr lernte ich, die Welt der chinesischen Lebensweise zu verstehen und meine eigene Kultur sehr kritisch zu betrachten. Ich bin ihr zu großem Dank verpflichtet, nicht zuletzt deswegen, weil sie darauf bestand, daß wir unsere Korrespondenz in klassischem Chinesisch führen! Meiner Schwester Yan Chi verdanke ich, die Glut des Interesses für alles Chinesische in mir entfacht zu haben. Kwok Man Ho, meinem Gefährten bei so vielen Büchern, verdanke ich mein Wissen über die faszinierendsten Aspekte der Volksreligion.

Aber Jo Edwards, Tjalling Halbertsma, Joanne O'Brien und Zhao Yiaomin, meinen Kollegen der ICOREC (International Consultancy on Religion, Education and Culture), verdanke ich am meisten; Tjalling und Xiaomin für ihre Begleitung auf den Reisen, für ihre Forschungsarbeit und ihre Bereitschaft, obskuren Referenzen nachzugehen. Jo und Joanne schulde ich Dank für das Ortsverzeichnis. Kurz vor Fertigstellung dieses Buches erkrankte ich, worauf Jo und Joanne es für mich abschlossen. Allen vieren bekunde ich meinen bleibenden Dank.

# Einführung

Durch China zu reisen bedeutet, auf heiligem Boden zu wandeln. Einen buddhistischen oder daoistischen Tempel zu betreten heißt, sich in ein kosmisches und die Seele erlösendes Drama zu begeben, das nicht nur von den Statuen und Gemälden dargestellt wird, sondern tatsächlich von der Tempelanlage selbst.

Eine Wanderung zu einem der heiligen Berge Chinas zu unternehmen meint, über dreitausend Jahre zurück in der Zeit in die Länder der Schamanen zu reisen und gleichzeitig im Heute das wechselseitige Spiel zwischen Vergangenheit, Gegenwart und Zukunft zu erfahren, indem man das Dao, den Weg der Berge, beschreitet.

Will man die chinesische Seele verstehen, so muß man das Heilige in China sehen, das in der Gestaltung der Bauwerke gegenwärtig ist, in der Straßenanordnung der Städte, den Hausschreinen hinten in den Geschäften und der Vorstellung, daß selbst das Land, selbst der Boden Chinas heilig ist.

Dieser Reiseführer ist ein Führer zu der chinesischen Seele; zu den unermeßlichen Religionen und dem spirituellen Erbe der vielen Glaubensvorstellungen, die in China entstanden oder sich gegenseitig beeinflußt haben. Ferner tritt er in den Geist des Dao ein, des Weges, durch den die Kultur und die Traditionen Chinas belebt werden und der Reisende noch einmal zum Pilger wird.

*Martin Palmer*

Forschungsteam, Jo Edwards, Tjalling Halbertsma, Joanne O'Brien und Zhao Yiaomin.

# I

# Die heiligen Traditionen

# 1
## Das Heilige in China

Im Sommer 1995 wurde eine kleine Stadt in der Provinz Hunan von Regierungsbeamten aufgesucht. Sie waren mit einer einfachen Absicht gekommen: Sie wollten einen neuen Tempel zerstören, der ohne behördliche Genehmigung errichtet worden war. Den Tempel, den man besser als Schrein bezeichnen könnte, hatten die ansässigen Bauern, die in der Hoffnung auf Reichtum und Erfolg dazu gekommen waren, dem Hauptidol ihre Reverenz zu erweisen, innerhalb weniger Tage gebaut. In dem sich rapide wandelnden China von heute mit seinen zu erwerbenden Reichtümern werden im Wettstreit um Wohlstand viele Götter vergessen. Deshalb hatten die Ortsansässigen den Schrein errichtet. Doch bei diesem Tempel und seinem Hauptbild machte die Regierung eine Ausnahme. Denn auf dem traditionellen Altar im Inneren des Tempels thronte nicht etwa einer der alten Götter, sondern kein geringerer als Mao Ze Dong (Mao Tse Tung – man beachte bitte, daß im vorliegenden Buch die heute in China verbindliche Pinyin-Umschrift verwendet wird. Wo es angemessen ist, wird auch die ältere Transkription angeführt.), Gründer und Diktator der Volksrepublik China und lebenslanger Kommunist!

Hunderte von Meilen entfernt in der Provinz Sichuan fotografierte ein Tourist aus dem Süden Chinas den großen sitzenden Buddha, der aus dem Felsen bei Leshan geschlagen wurde. Als er wieder zu Hause war und den Film entwickelte, fiel ihm auf, daß er zwei Buddhas fotografiert hatte. Zum einen war auf dem Bild natürlich der große historische Buddha zu sehen, der im achten Jh. unserer Zeitrechnung gemeißelt wurde. Aber da war noch ein größerer Buddha. Denn das aus einem bestimmten Winkel aufgenommene Foto zeigte, daß die den großen Buddha umgebende Insel und Landzunge genau wie eine auf dem Rücken liegende Person aussieht. Heute wird dem Besucher nicht nur der große steinerne Buddha gezeigt, sondern auch der sogenannte Ausgestreckte Buddha – der natürlich geformte Buddha.

Der Chinesischen Daoistischen (Taoistischen) Gesellschaft zufolge wurde 1994 tagtäglich ein neuer oder restaurierter daoistischer Tempel oder Schrein im Süden Chinas geöffnet.

Das Heilige – und die Religion – ist in China lebendig und wohlauf und genauso imstande, neue Wunder hervorzubringen, den Sinn für das Heilige – und zuweilen für das Absurde – zu vermitteln, wie es schon immer der Fall war. China bietet eine der kraftvollsten heiligen Landschaften der Welt. Es beherbergt einen der größten Sammelplätze von Religionen, vom Schamanismus über den Daoismus und Buddhismus bis zum Islam und Christentum. Jede Woche entstehen neue religiöse Gruppen, und die heiligen Stätten Chinas werden weiterhin rasch wiederaufgebaut und zurückgefordert. Vom Wiederauftauchen des bescheidenen Geschäftsschreins bis hin zur Instandsetzung bedeutender Tempel – China gewinnt seine heiligen Traditionen zurück. Doch während in China das Heilige und die Religion wiederentdeckt werden, so ist auch vieles im Zuge der politischen Umwälzungen des zwanzigsten Jhs. verlorengegangen. Insbesondere die Annektion Tibets durch China hat zu der fast völligen Vernichtung dieser einzigartigen Kultur geführt. Jedoch habe ich Tibet in diesem Reiseführer unberücksichtigt gelassen, weil es sich derart vom übrigen China unterscheidet, daß es eines eigenen Buches bedarf. Seit 1911 wird die geheiligte Landschaft in China auf den Kopf gestellt, und trotzdem steht sie heutzutage möglicherweise ihrer größten Herausforderung gegenüber – der Gleichgültigkeit.

Doch dem kritischen Besucher kann sich China als eine heilige Landschaft öffnen, auf eine Weise, mit der nur wenige andere Länder konkurrieren können.

## Spirituelle Himmelsrichtungen

Die traditionellen Landkarten von China unterscheiden sich auf höchst bedeutsame Weise von Karten überall sonst in der Welt. Auf alten chinesischen Karten ist der Süden stets oben verzeichnet, während der Norden unten liegt. Das war weder ein Versehen noch eine der Verdrehtheit entsprungene Eigenart. Der Grund dafür ist einfach. Der Süden gilt als die Richtung des Göttlichen und des Machtvollen. Nur der Kaiser durfte gen Süden blicken. Alle anderen um ihn herum mußten das Gesicht nach Norden wenden.

Für uns im Westen ist der Osten die spirituelle Himmelsrichtung – Eden oder das Heilige Land, Indien oder die »Mysterien des Ostens« wie etwa Ägypten liegen dort. In China ist der Westen die spirituelle Richtung – der große legendäre Lehrer Lao Zi (Lao Tzu) »ging nach Westen«, als er alle Hoffnung für China aufgab und seinen berühmten Klassiker, das *Dao De Jing (Tao Te Ching)*, am Hsien-ku-Paß verfaßte. Als Kaiser Ming (58-75 n. Chr.) von einem Goldenen Mann im Westen träumte, wußte er, daß damit eine neue Religion oder spirituelle Tradition gemeint war, und ließ, wie es uns die Legende erzählt, Abgesandte nach diesem Lehrer suchen. Zurück kam der Buddhismus – aus dem Westen.

Der Sinn für die Heiligkeit in den Himmelsrichtungen ist deutlich an den zwei großen Kaisertempeln in Beijing zu erkennen.

Im Süden der Kaiserstadt beziehungsweise der Verbotenen Stadt steht der Himmelstempel. Hier sind alle Gebäude und die Terrassen für die Durchführung von Opfern und Anbetungen kreisförmig angelegt, denn der Himmel wird durch einen Kreis symbolisiert. Der Süden ist die Richtung von Yang, dem männlichen, wilden Aspekt der Natur, der das Yin, den weiblichen, kalten Aspekt der Natur, ausgleicht. Zur Wintersonnenwende, wenn der Yang-Aspekt seinen tiefsten Stand erreicht und das kalte Yin im Aufsteigen begriffen ist, stellte der Kaiser durch Opfergaben und Gebete die Rückkehr und Erneuerung des Yang sicher.

Im Norden der Stadt, der Yin-Richtung, liegt der Erdtempel. Der Haupttempel und die Terrassen sind quadratisch oder rechteckig, weil das Rechteck die Erde symbolisiert. Hier opferte und betete der Kaiser stets zur Sommersonnenwende für die Rückkehr und Erneuerung des Yin-Aspektes, denn zu diesem Zeitpunkt im Jahr ist der warme Yang-Aspekt im Aufsteigen begriffen.

Der Himmelstempel ist Beijing-Besuchern zwar wohlbekannt, was aber nicht gleichermaßen auf den Erdtempel zutrifft. Meist ist er menschenleer, wann auch immer ich ihn aufsuche, während der Himmelstempel von so vielen Touristen besichtigt wird, daß man sich dort kaum rühren kann. Sicherlich weist der Himmelstempel prächtigere Gebäude auf, aber ich liebe die Stille und Schlichtheit des Erdtempels – gegenüber dem Yang der Aktivität wirkt das Yin der Ruhe ausgleichend.

Es gibt also Himmel und Erde, Yang und Yin, aber was ist mit uns, den Menschen?

Himmel und Erde und Menschheit bilden die für das chinesische Verständnis des Heiligen zentrale Triade. Der Kreis des Himmels liegt oben und das Quadrat der Erde unten, während der Mensch die Spannung zwischen diesen beiden großen Kräften hält. Diese Symbolik, die in architektonischer Form auf den Norden und Süden von Beijing übertragen wurde, war ebenfalls im Münzsystem des Kaiserlichen China mit seinen kreisförmigen Münzen, die in der Mitte ein rechteckiges Loch aufweisen, verankert.

Das chinesische Land ist eng in die Vorstellung vom Heiligen verwoben. Seine Formen, seine Flüsse, seine Berge, seine reiche Vielfalt sind allesamt Gepräge des Heiligen und Vehikel für das Heilige. China ist vom Boden des Landes bis hin zu den erhabenen Bergen heilig.

Die »Zhou Li«, die ungefähr 200 v. Chr. entstandenen Aufzeichnungen der Riten der Zhou-Dynastie, vermitteln ein klares Bild von dem miteinander verwobenen Wesen des Heiligen und des Weltlichen in China. In den »Zhou Li« werden die vom Kaiser dargebrachten Opfer aufgezählt, und zwar: »den Ahnengeistern der Menschen; den Himmlischen Gottheiten, wie zum Beispiel dem Höchsten Himmelsherrscher, der Sonne – großes Yang, und dem Mond – großes Yin, den wichtigsten Sternen und Sternbildern, wie etwa dem Sternbild Großer Bär; dem Windmeister-Stern und dem Regenmacher-Stern; den Göttern der Erde, insbesondere dem Erdgott; den Göttern der Fünf Elemente (Holz, Feuer, Erde, Metall und Wasser); den Fünf Heiligen Bergen; den Wäldern, Flüssen und Sümpfen; und den in allen Himmelsrichtungen lebenden Hundert Gottheiten«.

Dieser Auflistung entnehmen wir, daß alle möglichen natürlichen Phänomene angebetet wurden, oft für sich allein und nicht, weil eine Gottheit ihnen innewohnte. Heute setzt sich eben dieser Sinn dafür, daß die gesamte Natur schon an sich heilig ist, fort – eine ungebrochene, wenn auch schwer beschädigte Abstammungslinie verbindet Anbeter und Gläubige der Gegenwart mit jenen uralten schamanistischen Meistern aus dem dritten bis zweiten Jh. v. Chr.

Dieser alles durchdringende Sinn für das Heilige wurde mir auf höchst eindrucksvolle Weise nahegebracht, als ich den Hua Shan, einen der fünf heiligen Berge des Daoismus (siehe Kapitel 7), bestieg. Ich möchte Sie jetzt auf einen Spaziergang zu diesem außergewöhnlichen Berg mitnehmen, weil wir dadurch vielem von dem, was China heilig macht, begegnen können.

1991 besuchte ich den Hua Shan zum ersten Mal mit meiner kleinen Tochter Lizzie. Aus inzwischen längst vergessenen Gründen unternahmen wir diese Reise im Februar – etwas, das man in diesem Monat auf jeden Fall unterlassen sollte! Wir kamen fast um vor Frost, Schnee und Wind, aber trotzdem oder vielleicht eben darum hinterließ diese Bergtour unvergeßliche Spuren bei mir. Denn den Hua Shan oder einen anderen der großen heiligen Berge zu erklimmen bedeutet im Grunde, der heiligen Geschichte, der heiligen Philosophie und dem heiligen Leben Chinas näherzukommen.

Am Fuß des Berges, entlang der Straße, die zum offiziellen Zugang zum Berg führt, reihen sich viele Verkaufsstände aneinander, die die üblichen Artikel religiöser Stätten anbieten – Gebetsperlen, Horoskopbücher, Divinationstexte, Plastikbildnisse von daoistischen und buddhistischen Hauptgottheiten, Amulette und dergleichen. Ein Buch über die überall anzutreffende schlechte religiöse Kunst wartet noch darauf, geschrieben zu werden, und wer auch immer sich damit befaßt, wird zweifellos die Souvenirstände am Hua Shan aufsuchen! Unter diesen Gegenständen fallen die Statuen des Erdgottes Tu Ti besonders auf. Diese Gottheit zählt wahrscheinlich zu den frühesten Göttern Chinas – sie wird speziell in der Aufzählung in den »Zhou Li« erwähnt – und war bis vor kurzem am weitesten verbreitet. In jedem Wohnhaus, jedem Geschäft und an jedem Arbeitsplatz war der Erdgott zu finden und wurde morgens als erstes und abends als letztes angebetet. Es ist seiner Erlaubnis zu verdanken, daß wir dort, wo wir sind, leben und arbeiten dürfen, es ist sein Schutz, der gewährleistet, daß wir nicht leiden, und er ist es, dem das Land gehört, und nicht wir.

Diese Geisteshaltung ist aufgrund der Veränderungen der vergangenen siebzig Jahre in China fast völlig verschwunden. An Orten wie Hongkong, Macau oder Taiwan wird der Erdgott nach wie vor hingebungsvoll angebetet, und viele Haushalte in China, besonders auf dem Land, stellen ihn inzwischen wieder an seinen traditionellen Platz zurück. Es schien sehr angemessen zu sein, eine Statue vom Erdgott zu kaufen, während wir noch immer auf dem flachen und ebenen Boden am Fuß des Berges stehen. Höher den Berg hinauf können wir den Erdgott des Hua Shan in einem seltsamen kleinen Höhlentempel nahe des Tempels der Unsterblichen anbeten.

Wir passierten das Tor und gelangten in einen kleinen Garten, der auf dem Grundstück des daoistischen Klosters Yu Quan Guan (Jadefrühlingskloster) am Fuß des Berges angelegt worden war. Hier erheben sich große windschiefe Felsen, die wie Miniaturversionen des heiligen Berges selbst aussehen. Tatsächlich repräsentieren sie die geschätzten Symbole der Kräfte Yin und Yang – den Urkräften der Natur. An ihren verschlungenen, ausgehöhlten Formen können wir die Wechselwirkung zwischen dem Materiellen und dem Spirituellen – zwischen der augenscheinlichen Härte des Felsens und den weichen, aber hartnäckigen Einflüssen von Wind und Wasser – erkennen. Das kommt im *Dao De Jing* schön zum Ausdruck:

> Das Allerweichste
> kann einem galoppierenden Pferd gleich
> sich durch das Allerhärteste bewegen.

> Wie Wasser, wie Gestein durchdringendes Wasser.
> Und so tritt das Unsichtbare ein.[1]

Diese Idee von der stärkeren Kraft des Schwachen oder des Nachgebenden steht im Mittelpunkt der daoistischen Philosophie und des daoistischen Lebens. Wie es im alten Sprichwort heißt: Die Weide, die sich im Wind biegt, bleibt bestehen; die Weide, die dem Wind widersteht, zerbricht. Beim Daoismus geht es um das Fließen mit dem Strom, das Einssein und Einswerden mit der Natur und dem Dao – dem Weg der Natur. Indem die Daoisten diese Aspekte betonen,

---

[1] Kwok, Palmer und Ramsay, *Tao Te Ching*, Kapitel 43 (Shaftesbury: Element Classics, 1994).

unterscheiden sie sich ihrer Meinung nach von der Rigidität des Konfuzianismus und den Dogmen (wie sie sagen würden) des Buddhismus.

Um den Haupttempel des Klosters zu erreichen, mußten wir ein Gewässer überqueren. Das Wasser soll verhindern, daß Dämonen und böse Geister diesen heiligen Platz betreten. Sie können kein Wasser überqueren und sich nur geradeaus bewegen. Aus diesem Grund findet man vor oder direkt hinter den Haupteingängen fast aller Tempel und heiliger Plätze Chinas kleine Mauern. Tatsächlich gehörte bis vor kurzem zu jedem chinesischen Haus eine solche sogenannte Teufelsmauer, die lästigen Geistern den Eintritt verwehren sollte. Besonders prachtvoll ist die Neun-Drachen-Wand in der Verbotenen Stadt in Beijing.

Im Haupttempel des Klosters steht das traditionelle dreibeinige Weihrauchgefäß, durch das der gewöhnliche Sterbliche mit der spirituellen Welt in Verbindung treten kann. Im Inneren des Tempels lassen daoistische Mönche das große Bronzebecken erschallen, um die Götter davon in Kenntnis zu setzen, daß jemand zur Anbetung gekommen ist. Doch werden sie das nur tun, wenn man sich verbeugt und eine solche Absicht klar erkennen läßt. Der zufällige Besucher wird von den Mönchen und vermutlich auch von den Göttern ignoriert.

## Glück und Zufall

Hier kann man sich auch wahrsagen lassen. Dazu nimmt man einen Behälter mit hundert numerierten Stäbchen. Nachdem man gebetet und mit Achtsamkeit seinen Geist gesammelt und seine Frage formuliert hat, wird der Behälter solange geschüttelt, bis ein Stäbchen oder mehrere herausfallen. Die darauf stehenden Zahlen werden von dem beiwohnenden daoistischen Mönch gedeutet.

Bei meinem ersten Besuch wollte ich unbedingt eine Kopie der Orakel bekommen, mit denen die Priester die Deutungen durchführten. Es handelt sich hierbei um eine faszinierende Subkultur, und zusammen mit Kollegen habe ich eine ganze Reihe solcher prophetischer Deutungen übersetzt, die letztlich auf die Göttin Guan Yin zurückgeführt werden (Kuan Yin – siehe *Kuan Yin* von Palmer, Ramsay und Kwok, Thorsons, 1995). Ein wenig Handeln war erforderlich, aber schließlich erhielt ich das Gewünschte. Die Deutungen enthalten oft feinsinnige Gedichte, werden jedoch von üblichen Belangen wie etwa Heirat, Reichtum, Gesundheit und Tod verschüttet.

Auch hier zeigt sich ein wichtiger Aspekt der chinesischen Vorstellungen des Heiligen – der Zufall. Es ist reiner Zufall, welches Stäbchen herausfällt, und gleichzeitig wird es als aufschlußreich gedeutet. Hier liegt der Schlüssel zur chinesischen Betrachtungsweise des Spirituellen. Was wir versuchen zu tun, ist von Bedeutung – schließlich bilden wir das dritte Glied der Triade Himmel, Erde und Menschheit. Doch was wirklich zählt, ist nicht die Geltendmachung unserer Rechte und unsere Macht, sondern in Einstimmung mit dem Fluß der Natur, dem Weg des Dao – dem Pfad – zu sein. Letztendlich geht es darum, daß wir Menschen von unseren Versuchen lassen, etwas zu kontrollieren oder gar zu verstehen. Indem der Hilfesuchende es dem Zufall erlaubt, zu bestimmen, welches Stäbchen herausfällt, läßt er es zu, vom Fluß der Natur getragen zu werden. Durch sein Nichthandeln stellt sich eine Reaktion ein. Diese Haltung, den Zufall seinen Führer werden zu lassen, weil er vom Dao gelenkt wird, spiegelt sich in dem Namen des ältesten Divinationssystems Chinas wider, dem Yi Jing (I Ching) oder dem Buch der Wandlungen. In der Großen Abhandlung zum Yi Jing, die vermutlich ungefähr im 5. Jh. v. Chr. von Konfuzius (im Chinesischen Kong Fu Zi genannt) verfaßt wurde, wird das Buch in einen kosmischen Kontext gestellt:

Bewegung und Ruhe haben ihre bestimmten Gesetze; danach werden feste und weiche Linien unterschieden. Die Ereignisse folgen je nach ihrer Art bestimmten Richtungen. Die Dinge unterscheiden sich voneinander nach bestimmten Klassen. Auf diese Weise entstehen Heil und Unheil. Am Himmel bilden sich Erscheinungen, auf Erden bilden sich Gestaltungen; daran offenbaren sich Veränderung und Umgestaltung.[2]

Die Einsicht vom Weg des Dao als Zufall wird wunderschön in den folgenden Zeilen eines Gedichts des Philosophen Shao Yong aus dem 11. Jh. erfaßt, eines Daoisten, der im Zufall des Yi Jing schwelgt und in dessen Worten seltsamerweise die in der Chaos-Theorie übliche Terminologie widerhallt:

Ein Schmetterling umkreist die kalte Chrysantheme.
Eine Grille ruft neben leeren Stufen.
Innen ein Hund, der vor dem Tor liegt,
und den ganzen Tag lang kommt kein Gast.
Klare Wellen bewegen sich friedlich in der Mitte des Stroms.
Weiße Wolken ruhen dicht beieinander in Behaglichkeit.
Wie entsteht die Harmonie des Himmels?
Von Zeit zu Zeit trinke ich einen Becher Wein.[3]

---

[2]  *I Ging. Text und Materialien,* aus dem Chinesischen übersetzt von Richard Wilhelm (Köln: Diederichs Gelbe Reihe, 1973), S. 260.

[3]  Smith, Bol, Adler und Wyatt, *Sung Dynasty Uses of the I Ching* (Princeton University Press, 1990), S. 231.

# Dem Pfad folgen

Der Aufstieg beginnt vom Tempel des Klosters aus. Den Berg zu besteigen bedeutet, sich zur Kommunikation mit den Göttern zu erheben, denn gemäß klassischem chinesischem Denken ist der Berg eine kosmische Säule, die die Wechselwirkung zwischen der materiellen Welt und dem Spirituellen fördert. Und der Pfad den Berg hinauf, besonders daoistischen Bergen, ist Teil des Weges des Dao. Es ist nicht einfach eine Strecke von Kloster A zu Kloster B, die man zurücklegt. Der Pfad an sich ist Bestandteil des Abenteuers, im Dao zu sein. Um den Berg zu besteigen, muß man dem Pfad, dem Dao, erlauben, einen dorthin zu führen, wohin er will.

Dieses Beschreiten des Pfades ist unerläßlich für den Besuch eines heiligen Berges. Tatsächlich habe ich von daoistischen Mönchen gehört, daß sie gegen die zunehmende Verbreitung von Seilbahnen an heiligen Bergen hauptsächlich einzuwenden haben, daß sie nicht nur den spirituellen Fluß des Berges – Feng Shui – stören, sondern daß die Menschen nicht mehr gehen. Wie ein Mönch auf dem Tai Shan es ausdrückte: »Man geht, um Demut zu erfahren. Wenn du mit der Seilbahn zum Gipfel hinauffährst, hältst du dich für einen Unsterblichen oder einen Gott. Das bist du aber nicht!«

Auf dem Hua Shan schlängelt sich der Weg vorbei an den Schreinen zu Ehren der lokalen Erdgötter und Schutzgottheiten des Berges. Jede Biegung des Weges ist voller Legenden und Geschichten, von jedem großen Fels gibt es einen Mythos zu erzählen. Diese Legenden spiegeln die Kernüberzeugungen der Masse der einfachen Menschen wider, der chinesischen Bauern, für die das Leben schon immer hart war. In diesen Legenden werden die Mächtigen überlistet und die Armen beschützt. Zum Beispiel kommt man in der ersten Etappe des Aufstiegs dicht an einem zutageliegenden Felsen vorbei, der »Gipfel des Haarigen Mädchens« heißt, unter dem eine Höhle mit ähnlichem Namen liegt. In der Legende heißt es, daß zur Zeit des ersten wahren Kaisers von China, des berühmten Diktators Qin Shi Huang Ti (221-210 v. Chr.), ein junges Mädchen namens Yu Jiang, das erst 14 Jahre alt war, dazu auserkoren wurde, zusammen mit dem Kaiser in seiner Grabstätte beerdigt zu werden.

Yu Jiang, von dieser zweifelhaften Ehre nicht sehr begeistert, floh gemeinsam mit sechs anderen Mädchen aus dem Palast und suchte Zuflucht auf dem Hua Shan. Hier lebten sie von Beeren und Wasser. Yu Jing verbrachte ihr restliches Leben auf dem Berg und schnitt sich niemals das Haar. Es wurde lang und schön, aber da sie in einer Höhle lebte, geschah etwas Seltsames. Ihr Haar färbte sich grün, und sie wuchs genau in die Bergspitze hinein, die heute zu sehen ist.

Den ganzen Weg zum Hua Shan hinauf findet man in den lebenden Fels geritzte chinesische Schriftzeichen. Oft sind es einfache Zeichen wie beispielsweise »Himmel«. Dann wiederum kann es ein Gedicht eines berühmten Dichters sein, das Bewunderer hier angebracht haben. Denn auch die chinesischen Schriftzeichen an sich sind heilig. Sie bringen nicht nur die in ihnen enthaltenen Ideen zum Ausdruck, sondern sind selbst Teil dessen, was sie ausdrücken. Daher ist ein Schriftzeichen für Himmel himmlisch; ein Schriftzeichen für Glück ist glückverheißend. Durch das Vereinigen der Schrift mit der Landschaft vereinigen die Chinesen zwei mächtige Elemente auf eine Weise, die nicht nur zur natürlichen Schönheit des Aufstiegs beiträgt, sondern Augenblicke der Reflexion und Selbstbeobachtung während des Aufstiegs von der Erde zum Himmel mit sich bringt.

Jedoch muß ich hinzufügen, daß diese Gedichte und Sprüche gleichfalls zur Dauer des Aufstiegs beitragen! Mein ständiger Begleiter auf Touren in die heiligen Berge ist Zhao Xiaomin. Er hat eine tiefe Liebe für und ein noch tieferes Wissen um das klassische Chinesisch, und gemeinsam versuchen wir, die Gedichte oder Redensarten zu übersetzen, auf die wir während der Besteigung stoßen. Folglich kommt es oft vor, daß chinesische Pilger und Touristen einen Engländer und einen Chinesen sehen, die dastehen und heftig darüber diskutieren, wie ein chinesisches Schriftzeichen am besten zu übersetzen sei. Wir messen die Geschwindigkeit unserer Aufstiege nicht mehr nach Meilen oder Metern, sondern nach der Anzahl der Gedichte pro Stunde. Ein Kollege hat uns sogar empfohlen, wir sollten die Berge lieber in der Nacht besteigen, damit wir die Gedichte nicht sehen und uns folglich auch nicht verspäten können. Aber dann würde mir ein solches Unternehmen nicht mehr soviel Spaß machen!

Die Spannung zwischen der Welt der menschlichen Belange und der Welt des Heiligen wird bei dieser Bergtour auf zweierlei Weise eingefangen. Die frommeren Kaiser trafen Vorkehrungen für Opferungen, die auf den fünf wichtigsten daoistischen Bergen vollzogen werden mußten; manchmal waren sie zugegen, um die Opferungen persönlich zu überwachen, doch gewöhnlich führten sie die Aufsicht von einer behaglichen Tempelanlage etwa vier Meilen entfernt aus, dem Tempel Xiyue. Noch heute kann man die Gedichte und Erlasse sehen, die verfaßt wurden, um die Opferungen zu zelebrieren. Diese Opferungen stellten wesentliche Aspekte dabei dar, die Belange von Himmel, Erde und Menschheit zu ordnen, wobei die irdische Säule des Berges als Bindeglied diente. Angemessener Respekt vor dem Dao und den dualen Kräften Yin und Yang waren für dieses Verhalten maßgebend. Den Bergen und den Urkräften und den mit ihnen assoziierten Ursprüngen Opfer zu bringen war ein eingewurzelter Bestandteil des Hofrituals. Der Philosoph und konfuzianische Gelehrte Xun Zi (Hsun Tzu) aus dem dritten Jh. v. Chr. sagt:

Die *li* (Riten) wurzeln in drei Dingen: Himmel und Erde sind der Ursprung des Lebens; unsere Vorfahren sind der Ursprung unserer Gruppe; unsere Herrscher und Lehrer sind der Ursprung der geordneten Regierung. Ohne Himmel und Erde, wie könnte es Leben geben? Ohne unsere frühen Vorfahren, wie hätten wir entstehen können? Ohne Herrscher und Lehrer, wie könnte es eine geordnete Regierung geben?[4]

Auf einer Ebene also gelangte die Welt der menschlichen Belange zu den heiligen Bergen, damit die Hierarchie von Macht und Autorität gewahrt werden kann. Aber es gibt eine andere, wahrscheinlich ältere Tradition der Beziehung zwischen der Welt der menschlichen Angelegenheiten und dem Heiligen. Es ist die Tradition derjenigen, die sich aus Machtpositionen zurückziehen, um Einsiedler in den Bergen zu werden; um sich dem Streben nach Erkenntnis zu widmen und Unsterblichkeit zu erlangen – buchstäbliche Unsterblichkeit –, indem man sich zugunsten der Wirklichkeit der spirituellen Welt von den kurzlebigen Erscheinungen der materiellen Welt entfernt. Viele Berge erzählen Geschichten von Gelehrten und hochrangigen Beamten, die plötzlich die Sinnlosigkeit materieller Dinge erkannten und auf Privilegien und Macht für das Leben eines einfachen Einsiedlers verzichteten.

Der Hua Shan bildet keine Ausnahme. Über der Ziwei-Höhle liegt ein riesiger Fels, der aussieht, als wäre er aus großer Höhe dorthin heruntergefallen. Dieser Fels wird mit den Geschichten eines solchen ehemaligen gelehrten Beamten in Verbindung gebracht, der sich auf der Suche nach spiritueller Wahrheit in die Berge begab. Wang Changyue war ein erfolgreicher Beamter, der, angewidert vom Zustand der

---

4    Fung yu-lan, *A History of Chinese Philosophy*, Bd. I (Princeton University Press, 1952, Taschenbuchausgabe, 1983), S. 353.

Welt, Familie und Karriere aufgab und sich auf dem Hua Shan zurückzog. Das Schriftzeichen für »Unsterblicher« vereinigt in sich die Schriftzeichen für »Mensch« und »Berg«. Es bedeutet also »jemand allein auf einem Berg«. Und genau danach strebte Wang Changyue.

Aus den Geschichten geht hervor, daß er, nachdem er drei Jahre lang (irgendwann im 17. Jh. oder Anfang des 18. Jhs.) als Mönch gelebt hatte, seinen daoistischen Lehrer fragte, warum er noch keinem Gott begegnet sei. Sein Lehrer riet ihm, er solle weiterhin ehrlich sein und sich seinen Gebeten und Rezitationen der Schriften widmen, dann würde er eines Tages bestimmt einem Gott begegnen.

Also stand Wang Changyue weitere drei Jahre Tag für Tag auf dem großen Fels und betete und rezitierte.

Eines Tages schlug plötzlich und ohne jede Warnung krachend ein Blitz in die Erde ein, und über ihm erstrahlte ein helles Licht. Vor ihm erschien ein Gott. Er hatte drei Köpfe, acht Arme und saß rittlings auf einem schrecklich aussehenden, neunköpfigen Tier. Der Gott fragte Wang nach seinem Wunsch, aber Wang brachte keinen Ton heraus; zu Tode erschrocken stand er da und bebte vor Angst. Dem Gott fiel auf, daß Wang am ganzen Körper und sogar an den Füßen zitterte, und er dachte, daß er sich bestimmt einen größeren Körper und größere Füße wünschte, da er nichts zu sagen vermochte. Und so beschloß er, ihm diesen Wunsch zu erfüllen.

Als der Gott verschwunden war, stellte Wang fest, daß ihm seine Kleidung und Schuhe nicht mehr paßten. Er war jetzt fast doppelt so groß als vorher! Als sein Lehrer ihn sah, meinte er: »Offensichtlich bist du einem Gott begegnet und hast vergessen, deinen Wunsch genau zu formulieren. Es ist eine Schande!« Wang war sehr verlegen, ganz zu schweigen davon, daß er sehr viel größer geworden war, und beschloß, beim nächsten Mal auf eine solche Begegnung gefaßt zu sein.

Also ging er zum Fels zurück und verbrachte dort die nächsten drei Jahre mit Beten und Rezitieren. Dann erstrahlte wieder, so plötzlich wie zuvor, das helle Licht, und der Gott erschien. Wang war derart überwältigt, daß er trotz seiner besten Absichten nicht anders konnte, als wie unter Schock stumm dazustehen und sich vor Verblüffung die Hand vor dem Mund zu halten. Wieder fragte der Gott nach seinem Begehren, und wieder vermochte Wang nicht zu antworten. Da Wang mit der Hand vor dem Mund dastand, schloß der Gott daraus, daß er sich einen Bart wünschte. Und siehe da, ihm wuchs ein wallender, üppiger Bart. Wang ärgerte sich zutiefst über sein zweites Versagen.

Wang stand weitere drei Jahre auf dem Fels und betete und rezitierte. Er war entschlossen, beim nächsten Mal bereit zu sein, und nach diesen drei Jahren, als das strahlende Licht wieder auftauchte, war er wirklich so weit. Vor ihm stand eine Göttin, die ihn fragte, was er von ihr wollte. Wang antwortete ihr, daß er den wahren daoistischen Weg finden wollte. Die Göttin erklärte ihm, daß er dazu den nordöstlichen Teil des Berges aufsuchen müsse. Wang befolgte ihren Rat und kam schließlich dahin, alles zu verstehen und mit dem Dao vereint zu sein, und so wurde er ein Unsterblicher.

Diese für viele daoistische Erzählungen typische Geschichte vereinigt ein humorvolles mit einem belehrenden Element. Die Prüfungen und Leiden des Wang sollen unterhalten und zugleich lehren. Wenn man diesen über der Höhle thronenden Fels betrachtet, wird man an die Mühen erinnert, die vonnöten sind, um sich aus dieser materiellen Welt in die geistige Welt zu bewegen. Der Rückzug des Weisen aus den Belangen und Prioritäten dieser Welt ist ein ständiger Refrain in der gesamten chinesischen Geschichte und Religion. Er dient als Spiegel für die übrige Gesellschaft und fragt danach, was denn im Leben wirklich von Bedeutung sei. So heißt es beispielsweise im 63. Divinationstext aus dem Werk *Gedichte des Wong Tai Sin*:

In einer Seitenstraße lebte ein Weiser still und bescheiden,
hatte gerade genug zum Essen, um am Leben zu bleiben.
Doch auch wenn er arm und elendig wirkte,
war er trotzdem glücklich und schätzte sich hoch.

Auf unserem weiteren Weg den daoistischen Berg hinauf
gelangen wir zu einem der Göttin Guan Yin gewidmeten
Tempel. Guan Yin ist zwar eine buddhistische Gottheit, der
Bodhisattva des Mitgefühls, aber trotzdem thront sie hier auf
dem daoistischen Berg. An den meisten heiligen Plätzen existieren Buddhismus und Daoismus nebeneinander. In einem daoistischen Tempel wird man buddhistische Götter
und konfuzianische Helden und Moralgeschichten finden.
In einem buddhistischen Tempel dagegen sieht man herum-
hüpfende Unsterbliche aus dem Daoismus und Gottheiten
aus dem populären daoistischen Pantheon, die die Bemühungen der verschiedenen Buddhas und Bodhisattvas des
Tempels unterstützen. Traurigerweise neigen die Buddhisten
dazu, die Daoisten herabzusetzen und ihnen niedrigere Plätze in ihrer Ikonographie zuzuweisen. So befindet sich beispielsweise im Tempel Hua Yuan in Datong vor der ersten
Halle ein wunderschönes, wie eine Pagode geformtes Weihrauchgefäß. Auf dem Gefäß sind sowohl buddhistische als
auch daoistische Gottheiten dargestellt, aber auf eine vielsa-
gende Art und Weise. Denn während die buddhistischen Figuren auf Balkonen stehen und gelassen hinausblicken, wird
das ganze Gebäude auf dem Rücken der daoistischen Gottheiten getragen! Ich habe nichts Vergleichbares in der daoistischen Kunst in Hinblick auf eine Herabsetzung buddhistischer Gottheiten gesehen, obgleich der Daoismus seine
eigenen Methoden hat, um den Buddhismus zu schmälern,
wie wir später noch sehen werden.
  Auf dem Hua Shan würde niemand im Traum daran denken zu fragen, was eine buddhistische Gottheit hier zu suchen habe. Denn Guan Yin verkörpert einen grundlegen-

den Aspekt der chinesischen Religion: die Suche nach Barmherzigkeit und die Sehnsucht nach Mitgefühl. Die physische Welt Chinas ist für ihre meisten Bewohner hart. Ihr Leben ist ein Kampf. Wonach sie sich sehnen, das ist Befreiung von diesem Kampf und diesen Mühen und gesegnete Ruhe im Leben nach dem Tod und/oder eine gute Wiedergeburt. Guan Yin verkörpert diese Hoffnungen, denn sie hat ihre eigene Befreiung in das Nichts des Nirvana aufgeschoben, um alle Leidenden zu erlösen. Ihr vollständiger Name, Guan Shi Yin, bedeutet »Die die Schreie der Welt wahrnimmt«. Ihr Haupttext findet sich in dem wundervollen Lotos-Sutra, in dem sie als der Bodhisattva Avalokitesvara, eine männliche Version der Guan Shi Yin, wie folgt beschrieben wird:

Wer seinen Namen hört und sich an ihn wendet,
sich unablässig an ihn erinnernd,
wird die Leiden der Existenz beenden.
Selbst wenn Menschen mit böser Absicht
ihn in eine brennende Grube werfen,
soll er an den, der die Schreie wahrnimmt, denken.
Die nämliche Feuergrube wird zu einem Teich;
Oder wenn er in einem gewaltigen Ozean dahintreibt
und sich in schrecklicher Gefahr vor Drachen und
Dämonen befindet,
soll er an den, der die Schreie wahrnimmt, denken,
und Wellen werden ihn nimmer überwältigen …

Alle schlechten Existenzzustände,
Höllen und Geister und Tiere,
Leiden der Geburt, des Alters, der Krankheit, des Todes,
das alles wird also für ihn beendet sein.
Wahre Rücksicht, gelassene Rücksicht,
weitreichende, weise Rücksicht,
mitleidvolle Rücksicht, mitfühlende Rücksicht,
immer ersehnt, immer erhofft

in strahlendem Glanz unaufhörlich rein und heiter!
Die Sonne der Weisheit, Dunkelheit vernichtend,
Unterwerfer von Leiden, von Sturm, von Feuer,
Erheller der Welt!
Gesetz des Mitleids, Donner erzittern lassend,
Mitgefühl, wundersam wie eine große Wolke,
die spirituellen Regen wie Nektar ergießen läßt
und all die Flammen der Not löscht![5]

## Einsiedler und Schamanen

Weiter entfernt vom Hauptweg kann man Höhlen und gro-
be Löcher sehen, die in die Felswand oder sogar in große
Findlinge neben dem Weg gehauen wurden. Diese waren
über die Jahrhunderte hinweg die Wohnstätten von Einsiedlern. Hier oben an fast unzugänglichen Felswänden haben
Männer und Frauen gelebt, die soweit wie möglich mensch-
lichem Kontakt entrinnen wollten. Aufgrund der ungeheuren Größe der Umgebung ist es oft schwer, sich vorzustellen,
wie unzugänglich diese Einsiedlerhöhlen doch in Wirklichkeit sind. Einmal wollte ich mit einem Kollegen zu einer dieser Höhlen auf dem Hua Shan hinaufklettern – es schien ein
leichter Aufstieg zu sein. Aber wir gaben schon nach ein
paar Metern auf, da sich die Klettertour in Wahrheit als lang
und sehr gefährlich erwies!

In den Höhlen oder Löchern auf dem Hua Shan befinden sich (richtiger muß es heißen, befanden sich) gemeißelte Statuen der Gottheiten, die ihnen während der Jahre der
Einsamkeit Gesellschaft leisteten; wie etwa die drei Strahlenden des Daoismus, Guan Yin, der Zukünftige Buddha
oder vielleicht die Königinmutter des Westens. Trauriger-

---

[5]  W. E. Soothill, *The Lotus of the Wonderful Law – Saddharma Pundarika Sutra* (Oxford: Clarendon Press, 1930), S. 249-250.

weise waren die Einsiedlerhöhlen eine bevorzugte Zielscheibe der Extremisten der Kulturrevolution, die diese Statuen zerstörten oder köpften. Nach und nach werden sie restauriert, oder es werden neue hergestellt. Die neuen folgen den gleichen eklektischen Mustern von Göttern und Göttinnen aus verschiedenen Traditionen. Es ist eine Mischung aus daoistischen, buddhistischen und möglicherweise noch älteren Gottheiten. Denn diese Berge waren schon vor Jahrtausenden heilig, noch bevor alle bestehenden formalen Religionen entstanden sind, doch verdanken sie ihre Heiligkeit vielleicht der frühesten und vielleicht erdhaftesten der Weltreligionen – dem Schamanismus.

Es gibt noch immer Schamanen in China. Auf dem Hua Shan leben einige, die kommen und gehen, je nach Jahreszeit und der Haltung der örtlichen Behörden. Wenn man einen Schamanen aufsuchen will, muß man bereit sein, etwas abseits vom Hauptweg zu wandern, gewöhnlich zu einem alten, recht verfallenen Tempel oder Haus. Deutungen und Kontakte zur Geisterwelt können hier relativ ungestört stattfinden. Auf Wunsch und mit angemessener finanzieller Vergeltung wird sich der Schamane, wenn möglich, in Trance versetzen. Während dieses Trancezustandes ist er oder sie – etwa 40 Prozent sind Frauen – imstande, sich mit der geistigen Welt in Verbindung zu setzen und Fragen und Erkundigungen an diese Welt zu vermitteln. Die Antworten, die er erhält, sind oft schwer zu verstehen und konfrontieren den Fragesteller mit dem »Anderssein« des Heiligen. Schamanen wurden schon immer mit Regenmachen assoziiert und erfüllen diese Aufgabe noch heute. Ihre Reisen im Trancezustand führen sie sogar in den Himmel, und sie werden zum Teil der Welt der Geister und Gottheiten, mit denen sie kommunizieren. Das kommt in einem der berühmtesten aller chinesischen schamanistischen Gedichte gut zum Ausdruck, dem Gedicht »Li Sao« aus den *Liedern aus dem Süden*, die ungefähr im 4. Jh. v. Chr. entstanden sind:

Zuerst wollte ich zu meinem Vergnügen ein wenig
umherstreifen.
Ich schickte Wang Shu voraus, damit er vor mir reitet;
der Windgott ging als mein Vorreiter hinterher;
der Himmelsvogel kündigte mein Kommen an;
der Donnergott warnte mich, als alles noch nicht bereit
war.

Ich brachte meine Phönixe dazu, mich auf ihren Schwin-
gen aufsitzen zu lassen,
und fliege unaufhörlich Tag und Nacht weiter.
Die Wirbelwinde sammelten sich und kamen hervor, um
mich zu empfangen,
führten Wolken und Regenbogen an, um mich willkommen zu heißen.
In wilder Verwirrung, bald vereint und bald getrennt,
fegte der prächtige Zug aufwärts und abwärts dahin.
Ich bat den Pförtner des Himmels, mir zu öffnen;
aber er lehnte sich über das Himmelstor und beäugte
mich mürrisch.[6]

Wie man sich vorstellen kann, möchten Einsiedler nicht allzu oft gestört werden. Dennoch sind einige recht berühmt
für ihre Redseligkeit. Auf dem Qingcheng Shan wurde ich
einmal von einem Einsiedler »festgehalten«, der darauf bestand, mir seine persönliche Lebensphilosophie zu unter-
breiten. Es war völlig unverständlich und leicht beängstigend, denn er fixierte mich mit Augen, die zwar klar waren,
aber irgendwie auch einen wahnsinnigen Eindruck vermit-
telten, und knirschte am Ende eines jeden Satzes mit den
Zähnen. Der Fromme und der Heilige sind nicht immer
unbedingt recht bei Verstand, und falls doch, scheinen
sie manchmal auf einer ganz anderen Ebene zu existieren.

---

[6]  David Hawkes, *Songs of the South* (Penguin, 1985), S. 73-74.

Es kommt selten vor, daß man jemanden findet, der einem mühelos die Einsichten, die er in den Jahren des Betens und Fastens gewonnen hat, mitteilt. Ich erinnere mich an einen Einsiedler auf dem Berg Athos in Griechenland, einen griechisch-orthodoxen Mönch von wirklich außergewöhnlicher Erscheinung. Meine Freunde und ich begegneten ihm an einer Biegung des Weges in einem Wald nahe seiner Höhle. Er kam langsam schlurfend auf uns zu, schob seinen Kopf unter die Nase unseres griechischen Übersetzers und forderte ihn auf: »Riech mal!« Höflich kam Dimitri der Bitte mit einem Ausdruck der Bestürzung nach. »Und, was meinst du?« wollte der Einsiedler wissen. Dimitri murmelte etwas Unverbindliches, worauf der Mönch sagte: »Dreißig Jahre!« Wir fragten nach, dreißig Jahre was? »Seit dreißig Jahren habe ich mir nicht die Haare gewaschen, wißt ihr!« Und nachdem er diese kostbare Reflexion mit uns geteilt hatte, schlenderte er den Weg entlang weiter und ließ uns kein bißchen weiser zurück.

Nun, dasselbe läßt sich von vielen dieser wunderbaren Figuren auf den heiligen Bergen Chinas sagen. Erwarten Sie keine großartigen Perlen der Erkenntnis, falls Sie keine Zeit haben, zu bleiben und mit ihnen Freundschaft zu schließen, wie es Bill Porter getan hat und in seinem hervorragenden Buch *Road to Heaven – Encounters with Chinese Hermits* (Rider, London 1993) schildert. In seinem Gespräch mit Meister Hsieh von Hua Shan malt dieser ein trauriges Bild vom Niedergang des Einsiedlerlebens auf dem Hua Shan infolge des touristischen Massenandrangs. Doch gehen noch immer einige fest entschlossene Seelen, die versteckt leben und man gelegentlich auf dem Weg antrifft, dieser ältesten der Lebensweisen auf dem heiligen Berg nach.

Neben den Einsiedlern findet man natürlich auch die normalen daoistischen Priester und Mönche. Diesen begegnet man in den Tempeln, wo sie sich um Gäste, wenn auch oft auf recht lässige Weise, kümmern. Aber man trifft sie auch auf dem Weg, und eine solche Begegnung kann recht beängstigend sein, denn in China existiert eine Tradition von sogenannten Marathon-Mönchen. Marathon-Mönche nehmen mörderische Lebensweisen auf sich, bei denen sie sich bis zum Äußersten antreiben. Meine erste Begegnung mit solchen Mönchen hatte ich während eines sehr gefährlichen Abschnitts des Aufstiegs. Ich hing – buchstäblich – an meinen Fingernägeln, denn wir kletterten eine steile Felswand hinauf und benutzten dabei flache Vertiefungen im Gestein. Die Chinesen haben sehr viel kleinere Füße als die Europäer. Die Vertiefungen im Gestein waren, wenn überhaupt, für Menschen mit gebundenen Füßen gedacht, so winzig waren sie. Da klammerte ich mich also im heulenden Wind an der Felswand fest, bewegte mich zentimeterweise nach oben und wünschte mir, woanders zu sein. Plötzlich sah ich verschwommen etwas auf mich zukommen. Drei Mönche liefen die Felswand hinunter, wobei sie die eingeschnittenen Stufen nur für den Bruchteil einer Sekunde berührten. Auf dem Rücken trugen sie Bündel, die, wie einer von ihnen mir später erzählte, schwere Steine enthielten. Sie schossen an mir vorbei, als würden sie lediglich eine Straße entlanglaufen und nicht eine steile Felswand hinuntersteigen.

Später liefen sie zurück den Berg hinauf und machten dort Rast, wo wir saßen. Einen ganzen Monat lang laufen sie nur den Berg hinauf und hinunter, schlafen nicht und treiben sich bis zum Äußersten an. Diese Tradition der Selbstverleugnung, die man fast als Selbstmißbrauch bezeichnen könnte, übernahm der Daoismus vom Buddhismus, wo die Verneinung jeglicher grundlegenden Wirklichkeit oder Bedeutung in dieser physischen Welt oft zu solchen Methoden der bewußten und extremen Belastung des Körpers geführt hat.

## Abdruck der Unsterblichen

Setzen wir unseren Aufstieg fort, stoßen wir auf eine weitere Erinnerung an die Vorzeit des heiligen Chinas. Hoch oben an einer Felswand auf dem Ostgipfel scheint sich ein gigantischer Handabdruck zu befinden. Dieser soll von einem Riesen stammen, der ausgesandt wurde, um dem heroischen Halbgott Yu dem Großen beizustehen. In einem der populärsten alten Mythen Chinas wurde die Welt von gewaltigen Überschwemmungen bedroht. Der Gelbe Fluß war über seine Ufer getreten und überflutete China und fegte Häuser und Ackerland hinweg. Kaiser Yao, einer der Helden-Kaiser der Vorzeit und ein Beispiel für konfuzianische Tugenden, forderte Yu den Großen auf, die Fluten zu bekämpfen. Yu war nahezu sicher eine schamanistische Gestalt, denn er vermochte sich willentlich in einen Bären zu verwandeln. Zusammen mit seinem treuen Freund, dem Drachen, schuf er neue Wege für den Fluß, errichtete Deiche und Dämme, um das Wasser zu kontrollieren, und leitete schließlich nach zehn Jahren des unablässigen Kampfes den Gelben Fluß in einen gefahrlosen neuen Lauf. Dazu hatte er den Hua Shan in zwei Teile spalten müssen, da dieser den neuen Flußverlauf in den Ozean behinderte. Auf dem Ostgipfel kann man den Abdruck der Hand des Riesen sehen, den der Himmel schickte, um Yu bei der Teilung des großen Berges zu helfen.

Es existieren buchstäblich Hunderte von ähnlichen Geschichten und Persönlichkeiten, Göttern und Göttinnen, die mit verschiedenen Merkmalen und Abschnitten dieses heiligen Berges assoziiert werden. An jeder Biegung des Pfades findet sich eine Botschaft für jene, die die Traditionen und die Ikonographie des Heiligen verstehen – zu viele, um in diese Geschichte aufgenommen zu werden. Mit dieser Reise sollen nur flüchtige Eindrücke vom vielfältigen Wesen des Heiligen in China vermittelt werden. Lassen wir sie also zum

Abschluß kommen, indem wir den Gipfel erreichen beziehungsweise, um es präziser auszudrücken, einen der fünf Gipfel des Hua Shan. Denn so wie die chinesische Religion nicht nur ein Glaubenssystem aufweist, sondern mindestens drei bedeutsame und der chinesischen Tradition zufolge sogar fünf, hat auch der Berg mehr als einen Gipfel. In bezug auf die chinesische Religion ist das ein wichtiger Aspekt, den man nicht außer acht lassen sollte. Es gibt nicht nur eine einzige Antwort. Die Chinesen bedienen sich geschickt verschiedenster Glaubenssysteme, wobei sie Elemente des Schamanismus, des Konfuzianismus, des Daoismus, des Buddhismus und zuweilen auch des Christentums miteinander vereinigen. Zu fragen, welche Religion denn die wichtigere sei, ist oft nicht angemessen, genauso wenig wie die Frage nach dem bedeutendsten der fünf Gipfel des Hua Shan. Jeder einzelne ist von Bedeutung, weil sie alle verschiedenartig sind. Und gemeinsam tragen sie zu der ganzen Erfahrung bei.

An den höhergelegenen Ausläufern zwischen dem Südgipfel und dem Westgipfel befindet sich ein Tempel zu Ehren Lao Zis, der sagenumwobenen Gründerfigur des Daoismus. Wahrscheinlich eine historische Persönlichkeit aus dem 6. bis 5. Jh. v. Chr., wurde er später zu einem der Drei Ursprünglichen Wesen des Kosmos mythologisiert. In einer seiner Erscheinungen ist er der Hersteller der Pillen der Unsterblichkeit, die, einmal eingenommen, immerwährendes Leben sicherstellen. In diesem schlichten Tempel sind die Überreste dessen aufbewahrt, was angeblich der Ofen des Lao Zi war, in dem er die unsterblich machenden Pillen herstellte. Hier soll er auch versucht haben, den Affenkönig zu vernichten – zumindest wird das in dem sehr populären anti-daoistischen, pro-buddhistischen Roman *Reise nach dem Westen* behauptet.

Unsterblichkeit – die Suche nach dem ewigen Leben – zählt zu den hohen Zielen im chinesischen Glauben. Sie erfüllt die Welt mit einer besonderen Form der Heiligkeit. Hoch oben auf dem Berg wachsende Pilze sollen ein wichtiger Bestandteil dieser Pille sein, was auch für den Aufstieg selbst gilt. Doch die Unbestimmbarkeit macht gerade die Natur der Unsterblichkeit aus. Der Weg scheint an diesem Tempel zu enden, doch genau jenseits dieses hohen Punktes schlängelt er sich weiter. Es ist schwer zu sagen, wann man das Ende des Weges, des Dao des Hua Shan, erreicht hat, denn immer wieder führen Wege woandershin weiter. In dieser Hinsicht spiegelt die Unsterblichkeit gänzlich das Streben nach dem Dao und die Unbestimmbarkeit dieses Strebens wider – in der Tat die Unbestimmbarkeit des Heiligen selbst. Wie es in Lao Zis berühmten Werk *Dao De Jing* heißt:

Das Dao, über das gesprochen werden kann,
ist nicht das wahre Dao.
Der Name, der genannt werden kann,
ist nicht der ewige Name.
Alles im Universum entspringt dem Nichts.

Nichts – das Namenlose
ist der Anfang;
während der Himmel, die Mutter,
die Schöpferin aller Dinge ist.

Folge dem Nichts des Dao,
und du kannst so wie es werden, nichts brauchend,
das Wunder und den Ursprung von allem sehend.

Und auch wenn du dieses Nichts nicht erfassen kannst,
kannst du trotzdem in allem etwas vom Dao sehen ...[7]

---

7   Kwok, Palmer und Ramsay, *Tao Te Ching*, Kapitel 1 (Shaftesbury: Element Classics, 1994).

# 2
## Die Religionen Chinas

### Schamanismus

Der Schamanismus wird als die älteste Weltreligion bezeichnet. Seine Ursprünge liegen so weit in der Zeit zurück, daß wir sehr wenig über seine Anfänge wissen. Bekannt ist, daß er sich um 10 000 v. Chr. von seiner ursprünglichen Heimat in Sibirien jenseits der damals existierenden Landbrücke zwischen Sibirien und Alaska verbreitete und sich den Weg südwärts durch Nordamerika bahnte. Hier bildete er die Grundlage der Religion der Ureinwohner Amerikas von Alaska bis Mittelamerika. In China finden wir schamanistische Praktiken in den frühesten Hauptkulturen, besonders der Longshan-Kultur (ca. 6 000-3 000 v. Chr.). Orakeldeutungen durch Schulterblätter von Ochsen oder Schildkrötenpanzer, ein Schlüsselelement der schamanistischen Kultur Chinas, sowie verschiedene Formen der Ahnenanbetung wurden damals praktiziert. Der Schamanismus liegt allen diesen und noch anderen Praktiken zugrunde. Bis zu der Zeit, in der wir zu den frühesten schriftlich belegten Dynastien gelangen, wie zum Beispiel der Shang und der Zhou, war der Schamanismus zum Staatskult erhoben worden und dienten seine Priester den Dynastien als Ritualbeamte. Von ca. 1 750 bis 500 v. Chr. stellte er die vorherrschende religiöse Kraft in China dar. Sein Untergang fällt mit der Entwicklung der städtischen Kultur und der zunehmenden Verbreitung des Konfuzianismus zusammen. Für die Konfuzianer stand die ekstatische, religiöse und unirdische Natur der Schamanen im Widerspruch zu allem, was sie wollten – Ordnung und Kontrolle.

Der Schamane glaubt an zwei Welten, die geistige und die von uns bewohnte, niedrigere materielle Welt. Die Kommunikation zwischen diesen beiden Welten ist nur für jemand möglich, der sich im Trancezustand der Besitznahme durch die geistige Welt öffnet. Genau dazu ist der Schamane imstande. Durch seine Vermittlung können die geistige und die materielle Welt miteinander in Verbindung stehen. Man kann die geistige Welt um Hilfe bitten, oder die geistige Welt kann bekunden, was sie an den Handlungen in der materiellen Welt gestört hat. Daraus erklärt sich die Rolle des Schamanen bei der Auslegung von Orakeln durch Tierknochen und verschiedene andere Divinationsformen – das Yi Jing ist ein klassisches Beispiel dafür.

Gewöhnlich können Schamanen die Gestalt eines Tieres annehmen oder durch sie mit der geistigen Welt kommunizieren. Die gebräuchlichste Tiergestalt ist der Bär, und das Thema Bär/Mensch taucht in einigen der ältesten Legenden Chinas auf. So ist beispielsweise Yu der Große, Bezwinger der Überschwemmungen im prähistorischen China, ein Schamane. Als Yus Vater, ein Halbgott und ebenfalls Schamane, starb, blieb sein Leichnam drei Jahre lang unversehrt, während andere Schamanen um ihn herumsaßen. Nach drei Jahren schließlich verwandelte sich der Leichnam in einen Bären. Yu der Große, der wegen seines Kampfes, die Fluten und Flüsse Chinas zu bändigen, noch heute verehrt wird, konnte sich ganz nach Laune in einen Bären verwandeln.

Jedoch besteht ein großer Unterschied zwischen dem Schamanismus und den späteren Glaubensvorstellungen und Philosophien Chinas. Für den Schamanen nimmt die Menschheit keine Schlüsselrolle im Kosmos ein. Vielmehr sind die Menschen den größeren Kräften auf Gedeih und Verderb ausgeliefert, einschließlich der Tierwelt, die insbesondere durch Bären, Tiger und Drachen verkörpert wird. Die Vorstellung, daß der Mensch das dritte Glied der Triade Himmel, Erde und Menschheit bildet, entstand erst später, als der Einfluß des Schamanismus im Niedergang begriffen war.

Der Schamanismus bietet im wesentlichen eine dua-
listische Sicht von der Welt, aber eine, in der die beiden
Welten sich oft überschneiden können und die geistige
Welt durch die Erscheinungen der materiellen Welt wahr-
genommen werden kann. Diese Haltung hat das chinesische Verständnis vom und das Verhältnis zum Heiligen
geprägt. Sie hat den Chinesen einen Sinn dafür gegege-
ben, daß die ganze Natur eine Widerspiegelung des Göttlichen zu sein vermag und die Rolle des Menschen darin besteht, in Beziehung zur übrigen Natur zu stehen und
nicht über sie zu herrschen. Eine der ältesten Gottheiten
Chinas ist der bescheidene Erdgott. Er steht als Mahnung
dafür da, daß selbst der Boden, auf dem wir stehen, bauen
und leben, Bedeutung und Zweck für sich allein hat.
Menschliche Aktivität ist nicht erforderlich, um das Land
mit Bedeutung und Zweck zu erfüllen, denn das ist ihm eigen. Folglich hat der Mensch mit dem, was in der Natur bereits vorhanden ist, zu arbeiten und darf sich nicht über sie
stellen.

### Konfuzianismus

Konfuzius wurde 552 oder 551 v. Chr. ganz in der Nähe der
heutigen Stadt Qufu, Provinz Shandong, geboren. Später
zog er in diese Stadt, die heute zur Hälfte aus seinem Tempel und seinem Haus besteht, während außerhalb von ihr
der große Friedhof liegt, auf dem er und seine Nachkommen
begraben wurden.

Konfuzius stammte aus einer alten Aristokratenfamilie,
die eine Zeitlang im Niedergang begriffen war – genaugenommen etwa sechs- oder siebenhundert Jahre! Dies löste
bei Konfuzius eine heftige Sehnsucht nach der Vergangenheit aus, und er verabscheute die Kräfte, die seine Familie so
sehr erniedrigt hatten.

Tatsächlich bildete der Kern seiner Lehren eine schwärmerische Sicht der Vergangenheit. Er war der Erzkonservative par excellence. Für ihn waren die Herrscher der Vergangenheit, besonders die Fünf Erhabenen Kaiser, die von ca. 2 700 bis 2 200 v. Chr. regiert haben sollen, die Vorbilder, nach denen sich alle Herrscher seiner Zeit richten sollten. Das folgende Zitat aus seinem Werk *Die Analekten* veranschaulicht seine Vorstellung vom idealen Herrscher:

*Zi Zhang*: »Wie muß ein Mann sein, bevor er sich an der Regierung beteiligen kann?«

*Konfuzius*: »Wenn er die fünf vorzüglichen Handlungsweisen ehrt und die vier schlechten Handlungsweisen ablehnt, kann er sich an der Regierung beteiligen.«

*Zi Zhang*: »Was ist mit den fünf vorzüglichen Handlungsweisen gemeint?«

*Konfuzius*: »Der edle Führer ist großzügig zu den Massen, ohne extravagant zu sein; setzt anderen hart zu, ohne Unmut zu erregen; hat Wünsche, ohne gierig zu sein; ist großmütig, ohne arrogant zu sein; und ist Ehrfurcht einflößend, ohne grimmig zu sein.«

*Zi Zhang*: »Was ist damit gemeint, großzügig zu sein, ohne extravagant zu sein?«

*Konfuzius*: »Den Massen das zu geben, was ihnen nützt, ist das nicht Großzügigkeit, ohne extravagant zu sein? Wenn du für Aufgaben, die übernommen werden müssen, solche auswählst, die dazu tauglich sind, wer wird sich dann beklagen? Wenn du mildtätig sein möchtest, wie kann man dann habsüchtig genannt werden? Der edle Führer wagt es nie, zu vergessen, wie man sich benimmt, ob er nun mit den Massen oder den Erlesenen zu tun hat, mit den Jungen oder den Alten. Ist das nicht Großmut, ohne arrogant zu sein? Ein edler Führer kleidet sich gemäß der Tradition und spielt seine Rolle glaubhaft. Flößt er dann nicht Ehrfurcht ein, ohne grimmig zu sein?«

*Zi Zhang:* »Was ist mit den vier schlechten Handlungsweisen gemeint«?

*Konfuzius:* »Die Todesstrafe zu verhängen, ohne zuerst zu versuchen, die Menschen dazu zu erziehen, was richtig und was falsch ist, ist grausam; zu verlangen, daß Dinge pünktlich erledigt werden müssen, ohne eine angemessene Warnung oder rechtzeitig Bescheid gegeben zu haben, ist tyrannisch; den Dingen ihren Lauf zu lassen und dann Maßnahmen zu verlangen bedeutet, Schaden zuzufügen; schäbig gesinnt zu sein, wenn man anderen etwas gibt, bedeutet, bürokratisch zu sein.«

*(Analekten, XX, 2)*

Konfuzius war nicht gerade mit Humor gesegnet, eine Tatsache, um die Zhuang Zi, der »daoistische« Autor aus dem 4. Jh. v. Chr., viel Wesens in seiner spöttischen Prosa machte. Doch ironischerweise war Konfuzius vielleicht »daoistischer« als die »daoistischen« Philosophen. In seinen Schriften verweilt er häufig bei dem Thema des Dao. Denn die Ergründung des Dao stand für die meisten der philosophischen »hundert Schulen«, die zwischen dem 6. und dem 4. Jh. v. Chr. aus dem Boden schossen, im Mittelpunkt. Es war eine bemerkenswerte, von geistiger Aktivität erfüllte Zeit, denn China brachte in diesen Jahrhunderten plötzlich Philosophen und Denker zu Dutzenden hervor. Die einzige Parallele dazu ist das klassische Griechenland zu fast genau derselben Zeit.

Vier Hauptstränge ziehen sich durch Konfuzius' Lehren, die in den vier chinesischen Wörtern *dao*, *ren*, *de* und *li* zusammengefaßt werden können. Dem Dao sind wir bereits begegnet, obgleich in Konfuzius' Denken das Dao genauer betrachtet als der Weg zu verstehen ist, auf dem Dinge getan werden sollten, so wie sie zur Zeit der großen alten Kaiser, wie zum Beispiel des Gelben Kaisers oder Kaisers Yao, getan wurden. Aber zuweilen kommt Konfuzius den Ideen im *Dao De Jing* sehr nahe:

Wenn das Dao in der Welt vorherrscht, werden die Riten, Musik und militärischen Strafexpeditionen vom Kaiser (dem Sohn des Himmels) initiiert. Wenn das Dao nicht in der Welt vorherrscht, werden sie von den niedrigeren Würdenträgern initiiert ... Wenn das Dao in der Welt vorherrscht, liegt die Politik nicht in den Händen der Ratgeber. Wenn das Dao in der Welt vorherrscht, gibt es für das gewöhnliche Volk nichts, worüber es streiten könnte.

*(Analekten, Buch XVI, 2)*

Im Vergleich dazu das *Dao De Jing*:

Bei der höchsten Form der Regierung
sind sich die Menschen nicht einmal bewußt,
daß sie existiert.
Dem folgt die des Weisen,
der gesehen und geliebt und respektiert wird.
Als nächstes kommt die Diktatur,
die durch Unterdrückung und Terror gedeiht –
und die letzte ist die der Lügner,
die damit enden, verachtet und abgelehnt
zu werden.
Der Weise sagt wenig –
und fesselt die Menschen nicht;

und das Volk bleibt glücklich
in dem Glauben, daß die Geschehnisse
spontan eintreten.[8]

*Ren*, der zweite Begriff mit der Bedeutung Wohltätigkeit, Menschlichkeit, untermauert alle Gedanken des Konfuzius. Wenn die Menschen nur wohltätig handeln würden, dann wäre alles in Ordnung. Behandle jene unter dir mit Wohltätigkeit, und sie werden die ihnen Unterstehenden mit Wohltätigkeit behandeln, und so weiter abwärts in der hierarchischen Ordnung.

Das war kein leerer Begriff. Denn in der Idee von *ren* ist die Annahme enthalten, daß man einen Höherstehenden, der sich nicht wohltätig verhält, kritisieren und an seine Verpflichtung dazu erinnern kann. Und genau das taten viele große und mitfühlende konfuzianische Gelehrte unter beträchtlicher persönlicher Gefahr.

*De*, das dritte Element, bedeutet Tugend und ist das zweite Wort im Titel des *Dao De Jing*. Tugend war eine Eigenschaft, die zu entwickeln war, damit die Menschen lernen würden, sich zu beherrschen und ihren Platz innerhalb der größeren Ordnung zu verstehen:

Der Meister sprach: »Führe sie mit Erlassen, halte sie mit Bestrafungen bei der Stange, und das einfache Volk wird sich zwar aus Schwierigkeiten heraushalten, aber kein Schamgefühl haben. Führe sie mit Tugend (*de*), halte sie mit Riten bei der Stange, und sie werden nicht nur ein Schamgefühl haben, sondern sich auch bessern.

*(Analekten, II,3)*

---

8    Kwok, Palmer, Ramsay, *Tao Te Ching*, Kapitel 17 (Shaftesbury: Element Classics, 1994).

Schließlich lehrte Konfuzius die Wichtigkeit von *li* – der Riten oder Rituale. Die Bedeutung des Wortes *li* ist weitreichend und umfaßt Rituale im Zusammenhang mit religiösen Zeremonien, wie zum Beispiel die Opferungen und Gebete des Kaisers an den Tagen der Sonnenwenden, und das Verhalten in der Familie und Totenrituale. Im Laufe der Jahre wurde *li* zu einem beinahe undurchdringlichen Netz von korrekten Verhaltensweisen, die eine der rigidesten Klassengesellschaften der Welt hervorbrachten.

Denn allen diesen vier Aspekten liegt eine hierarchische Ordnung zugrunde. Konfuzius lehrte, daß es eine natürliche Hierarchie gibt. Ganz oben an erster Stelle steht der Kaiser, unter ihm rangieren seine Beamten und unter ihnen das gewöhnliche Volk. Jede Gruppe muß ihren Platz kennen und den ihr Höherstehenden gehorchen. Desgleichen weist die Familie eine ähnliche Struktur auf, mit dem ältesten männlichen Mitglied als Oberhaupt, seinen Söhnen unter ihm, ihre Söhne unter ihnen. Die Frauen sind den Männern allesamt untergeordnet.

Als Kong (Konfuzius: Kong Fu Zi) 479 v. Chr. starb, war er in jeder Hinsicht ein Versager. Von einer Handvoll Anhängern begleitet, wurde er von Staat zu Staat gejagt und starb schließlich in Qufu, Provinz Shandong. In den darauffolgenden Jahrhunderten wurden seine Lehren zusammengetragen, und seine Sicht von einer strukturierten Gesellschaft wurde allmählich sogar verwirklicht.

Bis zur Zeit der Han-Dynastie (206 v. Chr. – 220 n. Chr.) waren die konfuzianischen Lehren in jeder Hinsicht zur Staatsreligion erklärt worden. Die mit Kong assoziierten Schriften waren inzwischen die Pflichtlektüre der Gelehrten, und ohne ein tiefes Verständnis dieser Werke war ein Vorankommen in der Beamtenlaufbahn unmöglich. Die Bücher fallen in zwei Hauptkategorien – die Fünf Klassiker und die Vier Bücher. Von der Han-Dynastie bis zum Ende der Qing-Dynastie 1911 – also etwa 2 000 Jahre lang – standen diese

Bücher im Mittelpunkt der chinesischen Gelehrsamkeit, und alle Lebensaspekte wurden anhand dieser Bücher gedeutet – zumindest auf amtlicher Ebene.

In der späten Tang-Dynastie (ca. 8. Jh. n. Chr.) wurden Tempel und Kultzentren Kong selbst und seinen wichtigsten Anhängern zu Ehren errichtet, und der offizielle Kongkult wurde zu einem maßgebenden Bestandteil des bürgerlichen Lebens.

Als Reaktion auf die Mythologisierung und Vergeistigung Kongs und seiner Lehren kam in der Sung-Dynastie (960-1280 n. Chr.) ein erneutes Interesse an einer wissenschaftlichen Auseinandersetzung mit ihm auf, die zu einer Belebung der konfuzianischen Denkweisen und Lehren führte, dem sogenannten Neo-Konfuzianismus. Durch diese Neubelebung des Systems wurde die Tür geöffnet zu einer umfassenderen Wechselwirkung zwischen Kongs Lehren und den enormen materiellen und geistigen Veränderungen, die China in den 1500 Jahren nach seinem Tod erlebt hatte.

Die konfuzianischen Tempel werden heute nicht mehr aufrechterhalten, und der Konfuzianismus spielt keine offizielle Rolle bei Staatsangelegenheiten mehr. In den großen konfuzianischen Tempeln Chinas finden sich keine Anbeter mehr ein. Doch dadurch, daß immer mehr von ihnen zu Museen oder Bibliotheken umfunktioniert werden, spiegeln sie möglicherweise eine Vision von der Wichtigkeit der Gelehrsamkeit wider, die dem Kern der wahren konfuzianischen Werte tatsächlich näherkommt, als früher das Ritual und die Anbetungszeremonien.

## Daoismus

Der Daoismus mit seinen zwei Hauptrichtungen ist ein Abkömmling des Schamanismus und die einzige originär chinesische Religion, wenn man den Konfuzianismus als Religion unberücksichtigt läßt. Als solche wird er außerhalb Chinas kaum verstanden, denn als Religion hat er niemals danach gestrebt, im Ausland eine Bekehrerfunktion zu erfüllen oder – bis auf die letzten wenigen Jahrzehnte – irgendeine Rolle zu spielen. Trotzdem zählt eines seiner wichtigsten Werke, das *Dao De Jing*, zu den populärsten und meistverkauften religiösen Texten im Westen, und sein ineinandergeschlungenes Yin-Yang-Symbol ist in die westliche Kultur eingegangen, um ein Beziehungsmodell auszudrükken, das der Westen nicht besitzt oder nicht so prägnant auf den Punkt gebracht hat.

Auf einer Ebene reflektiert der Daoismus die anti-konfuzianischen Werte der Schamanen; es ist der Weg jener, die Hierarchien und Kontrollen ablehnen; die »Erfolg« und Macht verspotten; jener, die sich in die Berge zurückziehen, um zu meditieren, und jener, die auf die Stimmen der geistigen Welt hören. Es ist der Weg des Spontanen, Humorvollen und Schwärmerischen. Das kommt in dem Werk *Zhuang Zi* (4. Jh. v. Chr.) wunderbar zum Ausdruck. Bei der Beschreibung der konventionellen Werte der Konfuzianer, die die Herrscher der Vergangenheit derart verehren und erhöhen, macht sich der Autor Zhuang Zi über sie und ihre Ansprüche auf Weisheit und Überlegenheit ihrer Ordnung des Lebens lustig.

Wie bereits im Abschnitt über Konfuzius erwähnt, waren sowohl Kong Fu Zi als auch sein Zeitgenosse Lao Zi Anhänger des Dao. Es ist lediglich auf einen geschichtlichen Zufall zurückzuführen, daß eine bestimmte philosophische Richtung und spätere religiöse Praxis Daoismus genannt wurde. Lao Zi, Zhuang Zi und andere aus der Zeit vor 100 n. Chr. betrachteten sich selbst nicht als Daoisten. Sie waren Denker und Philosophen, die auf den außergewöhnlichen Ausbruch religiösen und philosophischen Denkens ansprachen, der vom 6. bis 3. Jh. v. Chr. eine Blütezeit erlebte – die sogenannte Zeit der hundert Schulen.

Ihre Verbindung zum Schamanismus besteht darin, daß sie versuchten, das Wesen der Natur und ihre Beziehung zu dieser materiellen Welt und der Welt der Geister zu erfassen. Sie nahmen die zwei Welten des Schamanismus und vereinigten sie durch die überspannende Rolle des Dao, das ihrer Ansicht nach weit über die moralische Kraft, die Kong ihm zusprach, hinausgeht, um die Urenergie des Ursprungs aller Anfänge zu sein.

In Kapitel 42 des *Dao De Jing* stoßen wir auf den Kern des Daoismus:

> Das Dao bringt das Eine, den Ursprung, hervor.
> Das Eine, der Ursprung, bringt die Zwei hervor.
> Die Zwei bringen die Drei hervor.
> Die Drei bringen alle lebenden Dinge hervor.

Die Zwei, die hier angesprochen wird, sind Yin und Yang, und mit der Drei ist die Himmel, Erde und Menschheit umfassende Triade gemeint.

Um den Daoismus verstehen zu können, müssen wir uns zunächst mit jenen alten Philosophen beschäftigen, die ursprünglich die Vorstellung von dem weiter oben veranschaulichten Kosmischen Dao entwickelten.

### Lao Zi

Möglicherweise zählt Lao Zi zu den am schwersten faßbaren aller religiösen Gründerfiguren. Als der erste große Historiker Chinas, Si Ma Qian (1. Jh. v. Chr.), eine Biographie über ihn zu schreiben versuchte, bemerkte er, er sei über den Mangel an genauen Informationen verwirrt. Er vermochte lediglich aufzuzeichnen, daß Lao Zi irgendwann im 6. Jh. v. Chr. in einem Dorf im Staat Ch'u geboren wurde, Staatsarchivar im Staat Chou war und Kong begegnete – wie es auch in dem früheren Bericht von Zhuang Zi beschrieben wurde.

Viel mehr geht aus der Legende nicht hervor. Im Mittelpunkt der Geschichte um Lao Zi steht eigentlich nicht sein Leben – abgesehen von seiner Begegnung mit Kong –, sondern sein Weggang aus China oder vielleicht sogar sein Tod. Es heißt, daß Lao Zi alle Hoffnung für den Staat China aufgab und seinen Beutel packte, um fortzugehen. Auf seinem Weg nach Westen – der Richtung der Erleuchtung, die für Europa der Osten ist – übernachtete er beim Torwächter am Hsien-ku-Paß. Dieser bat ihn, eine Botschaft oder Lehre für die Zurückgelassenen niederzuschreiben, und die Überlieferung erzählt uns, daß Lao Zi in jener Nacht das *Dao De Jing* verfaßte. Nachdem er es dem Torwächter überreicht hatte, ging er in den Westen und ward nie mehr gesehen.

Wer war Lao Zi? Verfaßte er wirklich das *Dao De Jing* oder einen Teil davon? Ging er jemals »nach Westen«, oder soll damit lediglich zum Ausdruck gebracht werden, daß er starb? Alle diese Fragen sind nicht zu beantworten und werden zusätzlich einer noch größeren Unsicherheit ausgesetzt, weil spätere Überlieferungen Lao Zi zu einem der drei göttlichen Wesen erhoben, die schon vor der Schöpfung existiert hatten – Manifestationen des Dao als Ursprung der Ursprünge.

Vielleicht liegt es in seiner Natur, daß derartige Fragen nicht beantwortet werden können, denn ein Schlüssellehrsatz des Daoismus in seiner höchst philosophischen Phase im 6. bis 3. Jh. v. Chr. handelt von der Unzulänglichkeit der Sprache, wenn es um die Auseinandersetzung mit dem Göttlichen oder Sublimen geht. Das *Dao De Jing* selbst bringt das überaus klar zum Ausdruck:

> Das Dao, über das geredet werden kann,
> ist nicht das wahre Dao.
> Der Name, der benannt werden kann,
> ist nicht der ewige Name.

## Zhuang Zi

Zhuang Zi, der ca. 386-369 v. Chr. lebte und als der zweit-größte Denker des Daoismus gilt, führt in seinen Schriften ziemlich genau dasselbe Argument an und fügt dem die Frage hinzu, woher wir überhaupt wissen, was Wirklichkeit denn sei, selbst wenn wir die Wörter finden könnten, um sie zu beschreiben! Der berühmte Schmetterlingstraum im 2. Kapitel des *Zhuang Zi* veranschaulicht diese Ansicht:

> Einst träumte ich, Chuang Tzu, ich sei ein Schmetterling, der herumflatterte und sich erfreute. Ich hatte keine Ahnung, daß ich Chuang Tzu war. Da wachte ich plötzlich auf und war wieder Chuang Tzu. Aber ich vermochte nicht zu sagen, ob ich Chuang Tzu war und geträumt habe, ein Schmetterling zu sein, oder ein Schmetterling, der geträumt hat, er sei Chuang Tzu. Doch muß es zwischen Chuang Tzu und dem Schmetterling einen Unterschied geben! Das nennen wir die Transformation der Dinge.[9]

### Der Daoismus als Religion

Die Suche nach persönlicher Erlösung und dem Sinn des Lebens begann in China erst im 3. Jh. v. Chr. aufzukommen. Zuvor schien dem Leben nach dem Tod weniger Bedeutung beigemessen zu werden, denn dann war man einfach ein Ahn, und nur die Ahnen der Reichen und Mächtigen – vornehmlich der herrschenden Familien – galten als wirklich wichtig. Die Ritualhandlungen der Kaiser, die alljährlich im Himmels- und Erdtempel stattfanden, Rituale, die über 2 000 Jahre hindurch genau bis 1924 durchgeführt wurden, symbolisieren das alte Modell der menschlichen Beziehung zum Himmel. Damit alles wieder ins Lot kommen würde, reichte es nämlich völlig aus, wenn der herrschende Him-

---

[9]  Martin Palmer mit Elizabeth Breuilly, *The Book of Chuang Tzu* (London: Penguin Arkana, 1996), S. 20.

melsohn im Namen des ganzen Volkes zum Himmel und zur Erde sprach. Die Bedeutung und der Lebenszweck des einzelnen waren an seinem Platz innerhalb der gesellschaftlichen Hierarchie und innerhalb des Gemeinschaftslebens der Großfamilie oder des Clans zu finden.

Die Suche nach persönlicher Erlösung fällt mit der Einigung Chinas unter dem ersten wahren Kaiser von China, Qin Shi Huang Di, im Jahre 220 v. Chr. und dem allmählichen Zerfall der Lokalstaaten und ihrer Kulturen, einschließlich der alten Mythologien und Glaubensmuster bestimmter Gebiete, zusammen. Qin Shi Huang Dis unternommene Reichseinigung wurde durch die auf sein Geheiß durchgeführte Vereinheitlichung der Sprache und die Vereinheitlichung beziehungsweise Unterdrückung lokaler Kulturen und Glaubensvorstellungen reproduziert. Diese durchgreifenden Veränderungen setzten die konfuzianischen Gelehrten in Gang, die unbedingt eine einheitliche Ideologie auf wissenschaftlicher und amtlicher Ebene folgen lassen wollten. Die daraus resultierende Verdrängung der Menschen aus ihren heimischen Kulturen ist vielleicht einer der Gründe für den stärker werdenden Wunsch, Bedeutung in neuen Formen zu finden, angesichts der Tatsache, daß die älteren kulturellen Ausdrucksformen der ungeheuren Größe des chinesischen Kaiserreichs zum Opfer gefallen waren.

Anfang des 2. Jhs. n. Chr. entstand aus welchen Gründen auch immer eine neue religiöse Ausdrucksform, die auf dem Schamanismus aufbaute und Inspiration, Vorstellungen und schließlich sogar Götter von den philosophischen Autoren des Daoismus schöpfte.

Die Ursprünge dieser religiösen Entwicklung liegen in der Provinz Sichuan, wo ein bemerkenswerter Mann namens Zhang Dao Ling irgendwann im 1. Jh. oder vielleicht sogar Anfang des 2. Jhs. geboren wurde. Das frühe Leben dieses tiefreligiösen Mannes ist in einem Durcheinander von Legenden untergegangen, aber offensichtlich war er als

Kind ungewöhnlich und soll mit sieben Jahren das *Dao De Jing* gelesen und verstanden haben. Später zog er sich aus dem weltlichen Leben zurück und begab sich auf den heiligen Berg Qing Cheng Shan in Sichuan, wo er etwa drei Jahre lang meditierte und dann zu lehren begann. Die Höhle, in der er lebte und predigte, existiert noch heute und ist ein bedeutender Wallfahrtsort. Von diesem Platz geht eine außergewöhnliche Atmosphäre des Friedens und der Ruhe aus (s. S. 377).

Eines Tages im Jahr 142 n. Chr. wurde Zhang Dao Ling eine überaus außergewöhnliche Offenbarung zuteil. Während er meditierend dasaß, stand plötzlich Lao Zi vor ihm.

Lao Zi ermächtigte Zhang dazu, religiöse Gemeinschaften zu gründen, Vergehen und Sünden zu vergeben, zu heilen und, was am wichtigsten war, Gespenster, Dämonen und böse Geister auszutreiben. Überdies gab er ihm ein Schwert, mit dem er jeden Dämon einfangen und erschlagen konnte. Gewöhnlich wird Zhang mit diesem Schwert in der Hand als Zeichen seiner Autorität dargestellt.

Zhang schuf als erster eine Form des organisierten Daoismus, und seine Fünf-Scheffel-Bewegung, so benannt nach der Aufnahmegebühr von fünf Scheffeln Reis, verbreitete sich bald überall in Sichuan und den benachbarten Provinzen. Zhang richtete für seine Anhänger, deren Honorar sie zur Vergebung ihrer Sünden und zum Beitritt in den mit Lao Zi geschlossenen kosmischen Bund berechtigte, Gemeinden und Diözesen ein, der christlichen Kirche in ihrer römisch-katholischen oder anglikanischen Form sehr ähnlich.

### Schulen des Daoismus

In den folgenden 500 Jahren entstanden überall in Südchina viele verschiedene Schulen des Daoismus, die sich auf Offenbarungen, Heilung, Rituale, Orakel, schamanistische Praktiken konzentrierten, vom Buddhismus inspirierte Nonnen- und Mönchsklöster gründeten und ein Netz von Tempeln beziehungsweise die Kontrolle über ein solches einrichteten.

Bis um 471 n. Chr. war der Daoismus in seiner Entwicklung genügend fortgeschritten, um seine erste kanonische Textauswahl herausgeben zu können, die über 1200 Werke umfaßte. Diese Bücher rührten von den drei großen Traditionen her, die sich bis dahin etabliert hatten. Diese Traditionen existieren noch heute und bilden zusammen mit einer weiteren, die später entstand, die vier großen Schulen des Daoismus.

*Die Schule der Himmlischen Meister*
Die erste Schule ist die von Zhang Dao Lings Nachkommen, die Schule der Himmlischen Meister, auch bekannt als der Weg der Rechten Einheit – Zhengyi. Ihre Hauptstärke heute liegt in ihrem Netz von »Gemeindepriestern«, die den Gläubigen auf lokaler Ebene hilfreich zur Seite stehen und gerufen werden können, um Geister und Dämonen auszutreiben, wobei sie sich der magischen Formeln von Zhang Dao Ling bedienen. Der heutige Himmlische Meister, ein direkter Nachkomme von Zhang Dao Ling, lebt in Taiwan, wohin die Familie nach dem Sturz der Kuomintang-Regierung 1949 floh. Andere Mitglieder der Familie leben jedoch nach wie vor in China, und Zhang Ji Yu, 68. Nachkomme von Zhang Dao Ling, leitet eine bedeutende Forschungsabteilung der Chinesischen Daoistischen Gesellschaft und hat nicht nur am Nachdruck des gesamten daoistischen Kanons mitgewirkt, sondern auch die erste daoistische Enzyklopädie verfaßt.

*Die Mao-Shan-Schule*
Die zweite Schule heißt Mao Shan, benannt nach dem Berg Mao in der Provinz Jiangsu. Begründet wurde sie von einer Frau namens Wei Hua Cun. Sie versetzte sich oft in schamanistische Trancen und empfing Offenbarungen und Be-

suche von den Göttern. Nach ihrem Tod setzte ihr Sohn ihre Lehren fort und wurde dabei von einem sehr wichtigen Bekehrten namens Yang Xi unterstützt. 364 n. Chr. wurde Yang Xi von Geistern auf den Mao Shan gerufen, wo ihm Wei Hua Cun erschien. Begleitet wurde sie von einer Schar Unsterblicher und Götter, und gemeinsam diktierten sie eine große Schriftensammlung, die Wei Hua Cuns Offenbarungen zu ihren Lebzeiten ergänzte. Die als die Shang-Qing-Schriften bezeichneten Texte fanden nach vielen seltsamen und traurigen Abenteuern einen zentralen Platz im daoistischen Kanon.

Es sind visionäre Texte, die lange Meditationspraktiken befürworten und alchimistische Rezepte zur Erlangung von Unsterblichkeit vorschreiben. Diese Rezepte haben etwas Eschatalogisches an sich, als wäre die Welt im Begriff unterzugehen und würden sie verraten, wie man der bevorstehenden Katastrophe entgehen könnte.

## Die Ling-Bao-Schule

Die dritte Schule ist die Ling-Bao-Tradition. Ling Bao bedeutet »magischer Juwel« und bezieht sich auf die heiligen Schriften, auf die sich die Schule beruft. Mit diesen Schriften wird kein Offenbarer oder Bund mit Lao Zi assoziiert, sondern ihnen wird eine ganz besondere Entstehungsgeschichte zugeschrieben. Anhänger des Ling Bao behaupten, daß sie am Anfang der Zeit aufgekommen wären, als Yin und Yang spontan entstanden und der Uratem Qi aufstieg, und sie waren mit goldenen Buchstaben auf Tafeln aus reinster Jade geschrieben. Die Götter, die die Schriften aufbewahrten und studierten, gaben sie schließlich an daoistische Adepten weiter, als sie sie für bereit erachteten, ihre Tiefgründigkeit zu erfassen.

Genaugenommen ist es der Ling-Bao-Tradition zu verdanken, die eher esoterischen Elemente der Schule der Himmlischen Meister dem daoistischen Laien zugänglich, benutzbar und verständlich gemacht zu haben. Durch Rituale, Liturgien und allgemeinverständliche Texte hat die Ling-Bao-Tradition den volkstümlichen Daoismus mit einigen der Früchten der Lehren des Himmlischen Meisters genährt.

Diese drei Schulen verschmolzen im dreizehnten Jh. miteinander, und obgleich die einzelnen Traditionen noch immer existieren und sie als voneinander getrennt gelten, funktionieren sie allesamt als unentbehrlicher Teil des daoistischen Zhengyi-Ausdrucks und sind am stärksten im Süden Chinas vertreten. Ihr Sitz war bis vor kurzem der Longhu Shan in der Provinz Jiangxi, der legendäre Drachen-und-Tiger-Berg der Himmlischen Meister, wo sich auch Zhang Dao Lings magisches Schwert befand. Die Himmlische Familie wurde 1927 gewaltsam vertrieben, doch wurden die Tempel und Schreine vor nicht langer Zeit restauriert, und der Berg ist wieder zu einem daoistischen Zentrum geworden.

## Die Quan-Zhen-Schule

Die letzte Schule, die Quan-Zhen-Schule, entstand sehr viel später, nämlich im zwölften Jh. n. Chr., und ist in erster Linie das Werk zweier außergewöhnlicher Männer. Sie distanziert sich von der Zhengyi-Tradition und ist im Norden Chinas angesiedelt. Ihre Gründer waren Wang Chong Yang und Qiu Changchun. Wang lebte Mitte des 12. Jhs. und begründete 1167 die Quan-Zhen-Schule in der Provinz Shandong. Er behauptete, ihm seien seine Lehren von einem der berühmtesten und beliebtesten der Acht Unsterblichen, Lu Dong Bin, (s. S. 166) eingegeben worden, und aus diesem Grund wird Lu Ding Bin von den Anhängern dieser Schule in höchster Wertschätzung gehalten. Die Schule betont den Rückzug aus der Welt und hat somit eine starke klösterliche Dimension. Überdies praktiziert sie ziemlich extreme Formen der Meditation und Selbstverleugnung. Wang soll zwei Jahre lang in einem zehn Fuß tiefen Loch im Boden gestanden haben, um nicht einzuschlafen (s. S. 145-146).

## Die Lehren des Daoismus

Nachdem wir einen kurzen Blick auf die wichtigsten Traditionen geworfen haben, sollten wir uns jetzt auch damit beschäftigen, was der Daoismus lehrt und wie er sich im heutigen China manifestiert – was man als Reisender beobachten oder woran man teilnehmen kann.

Der Daoismus umfaßt vier Hauptelemente, und zwar kosmologische Liturgie, Magie, Langlebigkeit und das Streben nach Unsterblichkeit.

Wenden wir uns zunächst der kosmologischen Liturgie zu.

### Kosmologische Liturgie

Besichtigt man einen daoistischen Tempel, sieht man sich oft in einer mikrokosmischen Darstellung des Kosmos. Das trifft besonders auf heilige Berge wie beispielsweise dem Tai Shan zu. Aber noch wichtiger sind die kosmischen Liturgien, die man singen hört, und wenn man großes Glück hat, kann man sogar zusehen, wie sie durch Tanz und Ritual in Szene gesetzt werden.

Dem daoistischen Ritual kommt die Funktion zu, die Harmonie zwischen Yin und Yang, Himmel und Erde zu wahren und somit den Fortbestand des Lebens selbst sicherzustellen. Durch das Ritual spielen Daoisten die Rolle der Menschheit, die kosmischen Kräfte ins Gleichgewicht zu bringen, so daß Yin und Yang weiterhin die Schöpfung des Lebens auszulösen vermögen, die aus ihrem dynamischen Gegensatz hervorgeht, ohne jedoch den Kosmos zu erschöpfen.

Der Daoismus lebt den Kern der klassischen chinesischen Philosophie aus, die in Kapitel 42 des *Dao De Jing* zum Ausdruck gebracht wird. (s. S. 52) Er folgt nämlich dem Dao, aus dem alle Ursprünge hervorgehen. Dem Ursprung entsprangen Yin und Yang, und Yin und Yang entsprangen Himmel, Erde und Menschheit. Das ist das kosmische Rahmenwerk des Daoismus, das sich in seinen Lehren und seiner Architektur zeigt.

Dem Ausbalancieren von Yin und Yang liegt das Streben der Daoisten zugrunde, wahre Anhänger des Dao zu sein, denn das Dao entspricht im Grunde der Existenz. Um ein wahrer Daoist zu sein, muß man mit dem Strom schwimmen, nicht gegen ihn ankämpfen. Schwimmt man mit dem Strom, kann man alles erreichen, aber weil so vieles in der menschlichen Gesellschaft falsch gestaltet ist, ist das sehr schwierig. Hier erkennen wir die schamanistischen Wurzeln des Daoismus. Die Welt des Materiellen und des Spirituellen müssen im Gleichgewicht gehalten werden, und nur durch die Verfeinerung der materiellen Welt zum Spirituellen kann Erfolg erzielt werden. Aber die Daoisten gehen über die Schamanen hinaus. Ihrer Überzeugung nach vermögen sie mittels ihrer Liturgien sowohl die geistige als auch die materielle Welt zu gestalten und zu beeinflussen. Tatsächlich glaubt der Daoismus, daß durch die Liturgien der ganze Kosmos geformt und beeinflußt werden kann, solange dies innerhalb des gesamten Stroms des Dao vonstatten geht.

Die folgende Geschichte mag diesen Aspekt verdeutlichen. Wang Chong Yang, der Begründer des Quan-Zhen-Daoismus, unterrichtete einmal eine gewisse Dame Sun Bu Er in den Techniken der Inneren Alchimie. Er lehrte sie, einen Kreis zu zeichnen, der für die Idee der Grundsubstanz und der Welt als Chaos steht. Die Mitte versah er mit einem Punkt, der Taiji, das Höchste Eine, das Eine symbolisiert, auf das in Kapitel 42 des *Dao De Jing* hingewiesen wird.

Sun Bu Er ging nach Hause und begann ihre Meditationen mit Hilfe dieses Bildes auszuüben. Wochenlang fastete sie, ignorierte alles um sich herum und konzentrierte sich einzig und allein auf dieses Bild und seine tiefgründige Bedeutung.

Eines Tages besuchte Wang sie zu ihrer großen Verwunderung. Er kam in ihr Zimmer und überraschte sie bei ihrer Meditation. Nachdem er sie mit einem prüfenden Blick bedacht hatte, sprach er: »Alle Wege sind gleichermaßen gut, es ist wirklich alles ein und dasselbe: loslassen, spontan sein. Du gibst dir zuviel Mühe, sitzt allein in der Kälte da. Wozu soll das alles gut sein? Weißt du denn nicht, daß Yin aus eigener Kraft kein Leben hervorbringen kann; daß Yang nicht aus eigener Kraft sein Herz, seine Mitte finden kann? Dieser Weg von dir, ganz von dir, bedeutet, daß Yin und Yang dir jetzt nicht begegnen werden! Wie willst du denn nur schwanger werden und das Kind ernähren? Glaub mir, dieses hier kann nicht ohne jenes dort existieren; und jenes dort braucht dieses hier.«

Der armen Dame Sun Bu Er war die ganze Sache schrecklich peinlich, aber schließlich verstand sie, was Wang meinte. Gleichgewicht in sich selbst zu haben bedeutet, daß man mit dem, was um einen herum ist, mit seiner Umgebung, im Gleichgewicht sein muß. Ignoriere oder bekämpfe sie nicht. Werde eins mit ihr. Laufe nicht der Natur zuwider, denn das hieße, dem Dao zuwiderzulaufen. Gib dich hin, wo auch immer du bist, denn dadurch kannst du das Hier und Jetzt transzendieren, dich in den Wirbel des Chaos hineinbegeben, der für den Zufall steht, und schließlich am Punkt des Taiji, des Einen, hervorkommen und mit dem Fluß des Dao, der sich durch alle Dinge und in allen Dingen bewegt, vereint sein.

Genau das vollbringt die daoistische Liturgie auf einer Ebene. Sie vereinigt den Menschen aufs neue mit dem Dao, mit dem Wirbel des Zufalls und der Hingabe an die Natur. Aber zugleich strukturiert und baut sie auch gestörte Beziehungen innerhalb des Dao wieder auf. Sie fordert einen auf, mit seinen Versuchen aufzuhören, seiner Ordnung Zufall und Chaos und Leben – die Dynamik von Yin und Yang – aufzudrängen. Statt dessen wird man dazu ermutigt, loszulassen, mit dem Dao zu fließen und von ihm wohin auch immer getragen zu werden.

Überdies schließt die daoistische Liturgie die Beherrschung jener Kräfte ein, die den Fluß und das Gleichgewicht von Yin und Yang und dem Dao gefährden. Als solche werden die Liturgien zum Bestandteil des dynamischen Existenzkampfes, der vom daoistischen Standpunkt aus in Schlachten mit bösen Kräften und Dämonen, widrige Einflüsse und unheilvolle Zeichen übertragen wird, die von guten Kräften, Göttern und Göttinnen, glückbringenden Zeichen und hilfreichen Omen bekämpft werden.

Diesen Liturgien kann man in allen bedeutenden daoistischen Tempeln beiwohnen. So wird im Tempel der Weißen Wolke, Bai Yun Guan, in Beijing eine eindrucksvolle Liturgie fast jeden Tag und besonders an Feiertagen wie Neujahr, Qing Ming oder zu Anlässen wie der Weihe neuer Mönche gesungen. Aber auch eine tägliche Liturgie wird vorgetragen, und der Tempel verfügt nicht nur über einen großartigen Chor, sondern auch über ein Orchester. Aufnahmen der Liturgien vom Tempel der Weißen Wolke sind an allen wichtigen daoistischen Stätten erhältlich.

Auch auf den daoistischen heiligen Bergen, jenen, die noch ihre Funktionen ausüben dürfen, zum Beispiel dem Hua Shan in Shaanxi, dem Song Shan in Henan, dem Lao Shan in der Provinz Shandong und dem Qing Cheng Shan in der Provinz Sichuan, kann man sich die Liturgien anhören. Auf vielen der Berge werden besondere, mit ihnen assoziierte Festtage begangen, an denen zugleich große ländliche Jahrmärkte stattfinden. Zu solchen Anlässen werden spezielle Liturgien vorgetragen.

Besucht man einen wichtigen daoistischen Tempel wie etwa den Tempel der Acht Unsterblichen in Xian, den Tempel des Ewigen Frühlings, Chang Chun Guan, in Wuhan, Hubei, oder den Tempel der Höchsten Reinheit, Tai Qing Gong, in Shenyang, Liaoning, wird man jeden Tag die Liturgien verfolgen können. Es ist eine Sache der richtigen zeitlichen Abstimmung, und auch wenn man im großen und ganzen am frühen Morgen, späten Nachmittag oder frühen Abend die besten Chancen hat, können die Termine abweichen, was vom Kalendertag abhängt und davon, welche Schule den Tempel leitet.

*Magie*

Das zweite Element in den daoistischen Lehren ist die Magie. Die magische Kraft von Zaubersprüchen und Beschwörungen; von Talismanen und Amuletten; beim Ringen mit unheilvollen kosmischen Kräften und im Umgang mit Krankheiten, die durch böse Einflüsse und Dämonen verursacht wurden. Die Magie stellt nach wie vor einen sehr bedeutenden Aspekt des Daoismus dar. An allen wichtigen Tempeln und Bergen kann man Talismane kaufen, um Dämonen auszutreiben, Langlebigkeit sowie Gesundheit zu erlangen und für viele andere Zwecke. Die meisten von ihnen tragen Zhang Dao Lings Bild, weil er von allen anderen der größte Magier ist. Gewöhnlich mit seinem Schwert dargestellt, hält er gelegentlich nur das Yin/Yang-Symbol in der Hand. Auch hier liegt der Grund, weswegen Daoisten das Böse bekämpfen und Magie einsetzen, darin, das Gleichgewicht von Yin und Yang wiederherzustellen. Vieles von dem, was die äußere Welt als Magie ansieht, ist für den Daoisten lediglich die Folge dessen, sich die Mächte des Dao und die Kräfte von Yin und Yang zunutze zu machen und das Gleichgewicht wiederherzustellen.

*Langlebigkeit*

Langlebigkeit, das dritte Element, kann zwar mit Unsterblichkeit, dem vierten Element, verbunden werden, aber hier werde ich sie einzeln behandeln. Das Streben nach langem Leben zählt zu den vier wichtigsten Wünschen der Chinesen. In einem traditionellen Segen wird der Wunsch zum

Ausdruck gebracht, daß man »lange lebt, dick wird, viele Kinder hat und reich ist.« Langlebigkeit wird mit guten Taten in Zusammenhang gebracht. Populäre Broschüren in buddhistischen Tempeln lehren diesen Aspekt ganz klar und deutlich. Im Daoismus ist Langlebigkeit mit verschiedenen Praktiken verknüpft, wie zum Beispiel Taiqi mit seinen körperlichen und meditativen Techniken, Ernährungsvorschriften, mystische Vorgänge, bei denen die Götter und Göttinnen im eigenen Körper angerufen werden, und das Ausbalancieren von Yin und Yang in seinem Inneren – denn in allen lebenden Dingen befinden sich Yin und Yang im Gleichgewicht.

Die chinesische Religion und in der Tat das Familienleben sowie die Kunst Chinas weisen eine Fülle von Symbolen der Langlebigkeit auf. Kranich, Pfirsiche, Jade, Pilze und Fledermäuse sind nur einige davon. Die Faszination für ein langes Leben beeinflußt noch immer das heutige China, selbst in seiner weltlichsten Form. Geht man durch Peng Shan, in der Nähe von Leshan, Sichuan, spazieren, stößt man auf eine riesige Statue des Peng Zi in sozialistisch-realistischem Stil, der dafür berühmt ist, angeblich länger als jeder andere in China gelebt zu haben, und als Gott der Langlebigkeit verehrt wird. Überdies sind die Nudeln in dieser Gegend, die Langlebigkeit verleihen sollen, sehr gefragt.

Für viele daoistische Laien steht im Mittelpunkt ihrer täglichen religiösen Ausübung das Streben nach Langlebigkeit. Es durchdringt ihre Ernährung, ihre Lebensweise – bis zu dem Grad, daß sie Kontrolle darüber haben – und ihre körperlichen Übungen. Noch immer ist es keineswegs ungewöhnlich, am frühen Morgen oder kühlen Abend auf Menschen aller Altersstufen zu treffen, die Taiqi und andere verwandte Systeme langsamer meditativer Übungen praktizieren, die alle dem Körper helfen sollen, so lange wie möglich zu bestehen und den unentbehrlichen, als Qi bekannten Lebensatem im Inneren zu erhalten und zu regenerieren.

*Unsterblichkeit*

Als ich einmal einen daoistischen Tempel außerhalb von Xi-an besichtigte, trat ein alter Mönch auf höchst verstohlene Weise an mich heran. Im vertraulichen Flüsterton teilte er mir mit, daß er mir für »hundert ausländische Dollar« die Gabe der Unsterblichkeit zuteil werden lassen könne. Natürlich war ich neugierig. Ein solches Angebot bekommt man nicht alle Tage! Als ich zu verstehen gab, daß ich mehr erfahren wollte, wurde ich zu den kasernenähnlichen Behausungen hinter dem Tempel geführt, in denen die Mönche lebten. Ein schmuddeliger Vorhang wurde zur Seite gezogen und ich in einen schmutzigen kleinen Raum geführt. Ich lehnte sein freundliches Angebot ab, Platz zu nehmen, um mir nicht unter Umständen etwas einzufangen. Er wühlte unter seinem Bett herum und zog schließlich einen alten Beutel hervor. Diesem entnahm er eine undefinierbare, schrumpelige, alte Frucht, die er mir anbot. Das sollte der Pfirsich der Unsterblichkeit sein, wie er mir einreden wollte, der für nur 100 US-Dollar mir gehören würde! Ich lehnte so höflich wie möglich ab und trat eilig den Rückzug an.

Aber dieses Streben nach Unsterblichkeit ist bis auf den heutigen Tag ein zentrales Anliegen des Daoismus. Unsterblichkeit wird nicht als eine weit hergeholte Idee betrachtet, sondern macht in vielerlei Hinsicht das Hauptziel eines Großteils der daoistischen Praxis aus. Als die Chinesische Daoistische Gesellschaft ihre Definition des Daoismus für das Gipfeltreffen über Religionen und Naturschutz auf Windsor Castle 1995 verfaßte, bezeichnete sie das Streben nach Unsterblichkeit sogar als einen der zwei wichtigsten Aspekte des Daoismus.

Dadurch zeichnet sich der Daoismus wirklich aus, denn er lehrt die Möglichkeit des ewigen Lebens. Das Faszinierende daran ist, daß er dabei nicht die übliche religiöse Haltung einnimmt, nach der die Seele als ewig und der Körper als vergänglich anzusehen ist. Tatsächlich betrachten einige Religionen sogar den Körper als ein ausgesprochenes Hindernis für wahres spirituelles Wachstum. Das trifft nicht auf den Daoismus zu, sondern genau das Gegenteil. Im Daoismus kann man nur Unsterblichkeit erlangen, wenn man diesen physischen Körper erhält, so daß man weiterhin in dieser körperlichen Hülle existieren kann.

Das Streben nach Unsterblichkeit reicht weit in die chinesische Geschichte zurück. Eine der berühmtesten aller chinesischen Stätten liegt in der nächsten Umgebung von Xian: die wunderbare Terrakotta-Streitmacht des ersten Kaisers von China, Qin Shi Huang Di (gest. 210 v. Chr.). Sein Grab – selbst nur ein kleiner Hügel – wird von Tausenden von lebensgroßen Tonsoldaten umgeben. Die eingegrabene Armee sollte den Kaiser nach seinem Tod vor Angriffen der Geister der unzähligen Menschen, die er zu seinen Lebzeiten getötet hatte, beschützen. Es war der vorletzte einer Reihe von verzweifelten Versuchen dieses tyrannischen, aber zugleich brillanten Herrschers, seine Langlebigkeit und überdies seine Unsterblichkeit sicherzustellen. Qin Shi unternahm alles mögliche, um unsterblich zu werden. Er beauftragte Hunderte von Schamanen und Alchimisten, sich mit Zauberpilzen, Lebenselixieren und Pillen der Unsterblichkeit zu befassen. Er sandte Schiffe mit Tausenden von Menschen aus, die die magische Insel Peng Lai suchen sollten, auf denen man die Ingredienzen für die Pille der Unsterblichkeit zu erhalten hoffte. Dem Rat eines seiner Ratgeber folgend, der meinte, der Kaiser würde für immer leben, wenn sein Volk ihn nie zu sehen bekäme, ließ er seine verschiedenen Paläste durch insgesamt über 70 Meilen lange überdachte Gänge miteinander verbinden. Er verehrte die Götter und Göttinnen vom Tai Shan in Shandong, dem bedeutendsten der heiligen Berge Chinas, in dem Glauben, daß ihm dadurch Unsterblichkeit zuteil werden würde. Doch alles war vergeblich.

Durch den Bau seines Grabes hoffte Qin Shi, sich im Leben nach dem Tod schützen zu können. Begraben zu werden bedeutete natürlich, daß er mit seinem Streben nach Unsterblichkeit gescheitert war. Doch seltsamerweise hat ihm gerade sein Grab zur Unsterblichkeit verholfen, denn neben der Verbotenen Stadt und der Großen Mauer ist es zur größten Touristenattraktion Chinas geworden!

Der Historiker Si Ma Qian (1. Jh. v. Chr.) bemerkt, daß alle Kaiser von dem Streben nach Unsterblichkeit besessen zu sein schienen und unermeßliche Reichtümer für die Verfolgung dieses Traums ausgegeben wurden. Demnach geht dieses Streben dem Auftauchen der religiösen Ausdrucksformen des Daoismus zeitlich voraus, ist jedoch in den Schriften einiger daoistischen Philosophen gegenwärtig.

Im Laufe seiner Entwicklung im Daoismus selbst und so wie es bis auf den heutigen Tage zum Ausdruck gebracht wird, führte das Streben nach Unsterblichkeit in zwei Richtungen, die man als die Äußere Schule und die Innere Schule bezeichnen könnte.

Wie ein großer Teil der klassischen chinesischen Philosophie lehrt der Daoismus, daß der Körper von dem ursprünglichen Atem, dem Lebensatem – Qi –, belebt wird, der bei der Empfängnis im Körper entsteht. Indem dieser Atem sorgfältig gehütet wird, vermag der Körper für immer zu bestehen. Dieser Aspekt steht im Mittelpunkt der Inneren Schule der Unsterblichkeit. Eine weitere Lehre des Daoismus besagt, daß man ewiges Leben erlangt, wenn man den physischen Körper haltbar machen kann. Das bedeutet, das vergängliche Element des Körpers durch unvergängliche Substanzen zu ersetzen. Wie wird das bewerkstelligt? Durch die Einnahme unvergänglicher Substanzen. Mit diesem Gesichtspunkt beschäftigt sich die Äußere Schule.

Auch wenn einige Adepten noch immer Methoden der Äußeren Schule praktizieren, ist es unwahrscheinlich, daß man ihnen begegnet. Es ist ein System, das sowohl mit vielen verhängnisvollen als auch mit unvorhergesehenen bedeutsamen Konsequenzen verbunden ist.

Wie ich bereits erwähnte, zielte die Äußere Schule darauf hin, die vergänglichen Teile des Körpers durch unvergängliche Stoffe zu ersetzen. Zu diesem Zweck nahmen daoistische Adepten dieser Tradition Gold, Jade und Quecksilber zu sich. Diese anscheinend unzerstörbaren Stoffe verderben nicht und laufen nicht an. Deshalb ihre Anwendung für alchimistische Elixiere zur Umwandlung des Körpers. Unglücklicherweise können sie auch tödlich sein, und viele nach Unsterblichkeit Strebende starben früh und oft qualvoll an diesen Substanzen.

Weniger dramatische Methoden umfaßten den Einsatz von Kräutern. Im Grunde glaubt man nicht, daß eine dieser Methoden funktioniert. Aber ihre Experimente führten zu interessanten Ergebnissen. Durch ihre alchimistischen Versuche, ihre Körper durch Metalle, Jade und Kräuter zu verwandeln, und ihre Suche nach den alchimistischen Rezepten zur Umwandlung von Grundmetallen in Gold machten die frühen Daoisten viele bedeutsame wissenschaftliche Entdeckungen. Sie entwickelten systematische Methoden zur genauen Untersuchung der Bestandteile gewisser Stoffe und beobachteten die Wirkungen von Wärme auf Substanzen. Doch in Hinblick auf die Unsterblichkeit, nach der sie strebten, waren ihre Bemühungen ein Mißerfolg. Trotzdem wurden sie jahrhundertelang fortgesetzt und führten Mitte des zweiten Jhs. n. Chr. zu einer umfassenden Untersuchung der verfügbaren Rezepte; es war der erste Versuch, sich mit den verschiedenen Traditionen systematisch auseinanderzusetzen. Doch ist dieses Werk so gut wie unverständlich!

Vielleicht kommt das Beste, was man über diese Tradition sagen kann, in den weisen Worten eines gescheiterten Strebenden nach Unsterblichkeit mittels äußerer Transformation zum Ausdruck, des Kaisers Wu der Han-Dynastie (reg. 141-87 v. Chr.):

Wenn wir uns in unserer Ernährung mäßigen und Medizin einnehmen, können wir unsere Krankheiten verringern. Das ist alles, was wir zu erreichen vermögen.

Die zweite Richtung, die Innere Schule, existiert noch heute und übt einen starken Einfluß auf den Daoismus aus. Ihr Hauptbefürworter ist die Quan-Zhen-Schule, obwohl alle wichtigen daoistischen Traditionen Gebrauch von ihr machen.

Ganz einfach ausgedrückt, konzentrierte sich diese Schule auf innere Verwandlungen. Anstatt danach zu streben, den äußeren Körper durch Einnahme von Substanzen unvergänglich zu machen, lenkte sie den Blick nach innen und vertrat einen moralischen, ethischen und praktischen Standpunkt, der dazu dienen sollte, die Aufmerksamkeit auf die Schaffung eines reineren Wesens zu richten, dessen Körper folglich reiner werden würde.

Im Mittelpunkt dieser Tradition steht die Betrachtungsweise, daß zwei Kräfte den Körper mit Leben erfüllen und erhalten. Die erste und wichtigste ist die Energie oder der Atem, die dem Körper Lebenskraft verleiht. Das ist Qi, der Atem, der bei der Geburt in den Körper eintritt und gehütet werden muß. Im Daoismus werden jedoch verschiedene Arten von Qi im Körper erkannt, die nicht allesamt wohltuend sind. Daher wird in daoistischen Praktiken der Inneren Schule das Augenmerk darauf gerichtet, die günstigen Formen von Qi zu entwickeln und zu fördern, während die schädlichen zu unterdrücken sind. Von besonderer Bedeutung ist der Embryonalatem – der bei der Geburt vorhandene Atem. Diesen Atem zu erhalten und sogar zu verstärken bedeutet, das Leben zu bewahren oder die Lebenserwartung zu erhöhen. Dem physiologischen Denken des klassischen Chinas zufolge tritt der Ur-Atem bei der Geburt ein und umfaßt alle anderen Arten des Atems, von denen man zu leben hat. Im Laufe der Jahre wird er aufgebraucht, und sobald der letzte Zug des Ur-Atems, des Embryonalatems, dem Körper entweicht, tritt der Tod ein. Daher die Konzentration auf Atemübungen im Daoismus und auf die Ernährung. Der Embryonalatem geht nicht nur durch das natürliche Ausatmen verloren. Der Genuß falscher Lebensmittel kann zu Rülpsen und dem Entweichen von Darmwinden führen, was verheerend ist, nicht weil Etikette verletzt werden, sondern weil dadurch der Embryonalatem ausströmt und sich die Lebensspanne verringern kann.

Der Daoismus hat viele meditative Atemtechniken zur Vollendung gebracht und mit ihnen viele Methoden, um Teile des Körpers zu stärken und sich auf seine inneren Wirkweisen zu konzentrieren. Mit diesen Bemühungen hat er einen großen Beitrag zur traditionellen chinesischen Medizin geleistet.

Aber der vielleicht berühmteste Weg, auf dem die Daoisten versuchten, einen immerwährend lebensfähigen inneren Körper hervorzubringen, ist der Versuch, einen neuen Körper, einen Embryonalkörper im alten zu bilden. Damit verbunden ist die Schaffung eines inneren Fötus im menschlichen Körper, der beim Tod der sterblichen Hülle hervorkommen und, da keine Unterbrechung in der Existenz stattfindet, die Seele des einzelnen weiter in ein erneutes, wenn nicht gar ewiges Leben führen kann. In einigen Traditionen bediente man sich zu diesem Zweck der Kontemplation, indem man mittels Meditation in den eigenen Körper eintrat und begann, einen neuen Körper zu bilden. Diese Methode zur Erlangung von Unsterblichkeit ist im heutigen China noch immer weit verbreitet und wird besonders von der Quan-Zhen-Schule gefördert. Aber es gab noch einen anderen Weg, der vielleicht nach wie vor existiert, nämlich die sogenannten Sexualtechniken.

Das Sperma eines Mannes gilt als eine der beiden Quellen der Lebenskraft, mit denen er geboren wird. Neben dem

Embryonalatem wird der Mann mit seinem Sperma geboren. Dieses bringt nicht einfach nur neues Leben durch Geschlechtsverkehr hervor, sondern erhält auch sein eigenes Leben. Klassischen daoistischen Sexuallehren zufolge verliert also ein Mann bei jedem Geschlechtsverkehr einen Teil seiner Lebenskraft. Aus dieser Ansicht ging die Idee hervor, das Sperma im männlichen Körper erst zu aktivieren und dann zurückzuhalten. Das Sperma wurde als die vitale Yang-Kraft im Mann betrachtet, durch die er zum Mann wurde. Von der Frau glaubte man, daß sie aufgrund ihres Yin-Aspektes diese Yang-Kraft begehren würde, um die eigene Lebensenergie zu bewahren.

Wie alle großen Religionen ist der Daoismus patriarchalisch orientiert, und folglich wurde das Bedürfnis des Mannes nach Erneuerung seiner Zeugungsenergie als wichtiger angesehen als das der Frau. Techniken wurden entwickelt, durch die der Mann beim Geschlechtsverkehr zum Orgasmus kommen konnte, aber sein Sperma zurückhielt, das dann seinen inneren Embryonalkörper nähren sollte. Der daoistische Kanon enthielt früher sehr viele Texte, in denen diese sexuellen Praktiken ausführlich behandelt wurden, aber die meisten wurden vor über 600 Jahren zensiert und herausgenommen, und diese Tradition ist heute im Umfang und Ausmaß ziemlich eingeschränkt.

Die Innere Schule vereinigt ihre hauptsächlichen Lehren mit dem, was man am besten als moralischen Aspekt des Strebens nach Unsterblichkeit bezeichnen kann. In krassem Gegensatz zum früheren Ethos der Kaiser der Qin- und Han-Dynastie, denen es darum ging, durch Unsterblichkeit ihre Herrschaft fortsetzen zu können, entwickelte der Daoismus eine wohltätige, mitfühlende Dimension in seiner Beschäftigung mit der Unsterblichkeit. Die buddhistische Auffassung vom Mitfühlenden Bodhisattva (siehe weiter unten) widerspiegelnd und in der Tat wahrscheinlich von ihr angeregt, betont der Daoismus die Bedeutung des moralischen

Wertes einer Person beim Streben nach Unsterblichkeit. Das wird von einem der größten aller daoistischen Autoren, Ge Hong (spätes 3. bis frühes 4. Jh. n. Chr.), in seinem Monumentalwerk über daoistische Praktiken, dem *Bao Pu Zi – Der Meister, der die Schlichtheit umfaßt*, einem der Schlüsseltexte des heutigen Daoismus, prägnant zum Ausdruck gebracht:

> Jene, die nicht tugendhaft handeln und sich damit zufrieden geben, magische Methoden zu praktizieren, werden niemals ewiges Leben erlangen.

Dieses Zitat führt uns zu dem Text, der den populären Daoismus die Jahrhunderte hindurch am meisten beeinflußt hat, dem *Tai Shang Gan Ying Pian* (»Die Abhandlung des Höchsten [Lao Zi] über Reaktion und Vergeltung«). Im zwölften Jh. n. Chr. verfaßt, wurde dieses Buch, das eine Offenbarung von Lao Zi sein soll, häufiger gedruckt als jedes andere Werk in China. Es zu vervielfältigen oder Kopien von ihm zu verbreiten, wird nach wie vor schon als verdienstvolle Tat angesehen, die in diesem Leben und im nächsten Glück garantieren wird. Das Buch enthält im wesentlichen erbauliche Sprüche, Aufzählungen guter und böser Taten und eine Sammlung moralisch belehrender Geschichten. Die Anfangsverse des vierten Kapitels sprechen seine Kernphilosophie aus – die im heutigen Daoismus noch immer eine sehr große Rolle spielt.

Wenn du mit dem Dao bist, wirst du vorwärtsgehen.
Wenn du nicht mit dem Dao bist, wirst du dich rückwärts bewegen.
Schlage nicht den schlechten Weg ein.
Tue nichts Falsches im Dunkeln.
Sammle Tugend an und erhöhe deine Belohnungen.
Sei mitfühlend gegenüber allen Geschöpfen.

Das Streben nach Unsterblichkeit verschmilzt mit diesem moralischen Standpunkt, aus dem wiederum die Vorstellung von den Unsterblichen selbst entspringt. Diese sind die gebräuchlichsten Darstellungen, die in daoistischen Tempeln und Klöstern anzutreffen sind, und ihnen kommt eine enorme Bedeutung zu. Wir werden einigen von ihnen später in diesem Buch begegnen.

### *Daoismus heute*

Dieses Jh. hat anhaltendere Versuche, den Daoismus auszulöschen, erlebt als in seiner ganzen übrigen Geschichte. Seit der Entstehung der Republik 1911 wird dem Daoismus im eigenen Land keine große Achtung mehr entgegengebracht. Vom Westen als etwas mehr als abergläubischer Unsinn angesehen und ohne die ausländischen Verbindungen all der anderen Glaubensrichtungen Chinas wird er seit 1911 des größten Teils seiner Gebäude, seiner Ländereien und seines Ansehens beraubt. Im Süden Chinas fielen viele daoistische Tempel den Taiping-Rebellen 1850 – 1864 zum Opfer, die den gesamten südlichen Teil Chinas eroberten und beinahe die Qing-Dynastie stürzten. Inspiriert von einem Glauben, in dem Christentum und apokalyptische Volksreligion miteinander verschmolzen, machten sie sich ein besonderes Vergnügen daraus, daoistische Tempel zu zerstören.

Heute erholt sich der Daoismus von dem schrecklichsten Angriff, dem er je ausgesetzt war. Die zwei Haupttraditionen, Zhengyi und Quan Zhen, sind weiterhin seine treibenden Kräfte und arbeiten gemeinsam an der Wiederbelebung des Daoismus, der unter der Kulturrevolution 1966 – 1975 beinahe ausgelöscht wurde. So gut wie alle daoistischen Tempel, Klöster und Schreine wurden zerstört. Massenweise wurden religiöse Texte, Statuen und Gegenstände zertrümmert, verbrannt oder geplündert. Daoistische Mönche und Nonnen wurden gezwungen, ins normale Leben zurückzukehren, und religiöse Praktiken wurden verboten oder derart stark eingeschränkt, daß sie praktisch nicht mehr existierten. Zu der Zeit entkamen nur wenige Plätze den Verwüstungen, was dann in der Regel dem Mut der Ortsansässigen zu verdanken war, die ihre Stätten (wie es bis zu einem gewissen Grad auf dem Qingcheng Shan in Sichuan geschah) verteidigten.

Aber inzwischen kommt der Daoismus allmählich wieder zu Kräften. Der Chinesischen Daoistischen Gesellschaft zufolge wird tagtäglich ein neuer Tempel oder Schrein in Südchina – oft in kleinen Dörfern oder Städten und mit lokalen Kulten assoziiert – eingeweiht, dort, wo der Daoismus am stärksten vertreten ist. Viele der alten Stätten wurden den Daoisten zurückgegeben, nicht aber die Herrschaft über das Land oder die Berge, die sie früher innehatten. Demgemäß sind Mönche auf den meisten der großen heiligen Berge des Daoismus wie dem Hua Shan oder Song Shan aktiv. Aber der Zutritt zu Bergen wie etwa dem Heng Shan in der Provinz Shanxi ist ihnen nach wie vor verwehrt, und die Tempel dienen lediglich als Touristenattraktionen und Hotels.

Die Daoistische Gesellschaft verzeichnet einen enormen Zuwachs an Mönchsweihen. Während es 1985 noch 2 500 ordinierte Mönche gab, stieg 1995 die Zahl auf 12 000 an. Dies ist zwar immer noch ein weiter Weg entfernt von der Zahl der Mönche vor 1949, die nach Schätzungen in die Hunderttausende ging, aber anscheinend blüht ein echtes Interesse für den Daoismus wieder auf. Üblicherweise kamen daoistische Mönche aus daoistischen Familien. Da Mönche und Priester heiraten dürfen (außer in der Quan-Zhen-Schule), besteht die Möglichkeit von Erbmönchen. Viele können ihre Abstammung von Gründerfiguren wie Zhang Dao Ling oder Wang Chong Yang ableiten. Doch angesichts der drastischen Veränderungen des Daoismus, die ja im Grunde das Merkmal des ganzen Landes sind, haben sich auch die alten etablierten Muster verändert, und heute werden Mönche aus allen sozialen Schichten akzeptiert. Abzuwarten ist, ob das wachsende Interesse für den Daoismus außerhalb Chinas sich auf den chinesischen Daoismus auswirken wird, und falls ja, in welcher Hinsicht.

## Buddhismus

Der Überlieferung zufolge kam der Buddhismus als Folge eines Traums nach China. 64 n. Chr. träumte Kaiser Ming (58-75 n. Chr.) aus der Han-Dynastie eines Nachts von einer goldenen Gottheit, die vor seinen Palast flog. Am nächsten Morgen fragte er seine Ratgeber nach der Bedeutung dieses Traums. Einer von ihnen, Fu Yi, berichtete, er habe von einem Weisen in Indien gehört, der die Buddhaschaft erlangt habe, nach Belieben fliegen könne und dessen Körper golden sei. Daraufhin schickte der Kaiser eine Gesandtschaft nach Indien, die die Lehren und Statuen dieser Gottheit mitbringen sollte. Nach einigen Jahren kehrte sie mit Statuen und dem Text des Sutra in 42 Abschnitten zurück, die von zwei weißen Pferden getragen wurden (s. S.345 Luoyang).

### *Die Lehren der Goldenen Gottheit – des Buddha*
Historisch gesehen, wurde der Buddha um 560 v. Chr. im heutigen Nepal geboren. Er entstammte einer Königsfamilie, und die Legende erzählt, daß sein Vater aufgrund einer Prophezeiung bei seiner Geburt ihn daran zu hindern versuchte, die Tatsachen der Welt zu sehen. Es hieß, daß der junge Prinz entweder ein großer König oder ein großer Weiser werden würde. Sein Vater wollte, daß sein Sohn seine Nachfolge auf dem Königsthron antreten sollte. Aber seine Vorsichtsmaßnahmen erwiesen sich als vergeblich. Eines Tages, Gautama Siddhartha war inzwischen Mitte Zwanzig, verheiratet und hatte ein Kind, überredete er seinen Wagenlenker, ihn in die Stadt zu fahren.

Als sie weiter vordrangen, wurde er mit vier Aspekten des Lebens konfrontiert, die ihm völlig fremd waren. Er sah einen alten Mann, einen kranken Mann, einen Leichnam und einen herumwandernden heiligen Mann, der allen Annehmlichkeiten des Lebens entsagt hatte. In der Erkenntnis, daß das Leiden, das er gesehen hatte, Teil des Lebens war, beschloß er, einen Weg durch dieses Leiden zu finden. Eines Nachts verließ er den Palast und seine Familie und begab sich in die Wälder auf der Suche nach dem wahren Sinn des Lebens. Viele Jahre lang probierte er alle bekannten Meditationsmethoden und asketischen Praktiken aus. Er fastete, bis er nur noch Haut und Knochen war, aber dann wurde ihm klar, daß diese Bemühungen genauso sinnlos waren wie sein früheres luxuriöses und materialistisches Leben im Palast. Mit 53 Jahren schließlich setzte er sich unter einen Bodhi-Baum und suchte den Mittleren Pfad zwischen Luxus und Askese zu ergründen. Ihm wurde Erleuchtung zuteil, als er die Vier Edlen Wahrheiten und den Achtfachen Pfad erkannte.

Die Vier Edlen Wahrheiten sind:

1. Alles Dasein ist leidvoll.
2. Wir erschaffen dieses Leiden selbst dadurch, daß wir versuchen, an vergänglichen Freuden festzuhalten, die, eben weil sie flüchtig sind, vergehen und uns traurig zurücklassen, so daß wir dann anfangen, uns noch mehr darum zu bemühen, an Freuden festzuhalten, und noch mehr leiden.
3. Wenn wir nur lernen könnten, dieses Begehren oder diese Begierde nach Glückseligkeit loszulassen und damit aufzuhören, dem Vergänglichen verhaftet zu sein, werden wir nicht mehr leiden.
4. Mit Hilfe des Achtfachen Pfades können wir das wirklich erreichen und uns somit vom Rad des Leidens und von Geburt, Tod und Wiedergeburt befreien.

Der Achtfache Pfad umfaßt: rechte Gesinnung; rechtes Denken; rechtes Reden; rechtes Handeln, z. B. nicht töten, stehlen oder verletzen; rechte Arbeit, d. h. eine Tätigkeit, bei der kein Wesen zu Schaden kommt; rechte Einstellung dazu, sich Mühe dabei zu geben, diesen Pfad zu leben; rechte Achtsamkeit; rechte Sammlung.

Der Buddha lehrte noch viele Jahre lang, bis er schließlich in den Achtzigern starb. Er sorgte für die Weiterführung seiner Lehren, indem er eine Lehrsammlung, den sogenannten Dharma, entwickelte und Gemeinden von Mönchen und Nonnen, den Sangha, bildete, die die Lehre weitergaben.

Das ist das traditionelle Bild des historischen Buddha in den Theravada-Lehren. In der Mahayana-Tradition und in Darstellungen, wie sie in Malereien in chinesischen Tempeln wie dem Guan Yin-Tempel in Datong, Provinz Shanxi, oder in den Skulpturen in den Luoyang-Höhlen in der Provinz Henan zu sehen sind, wird die Geschichte etwas phantastischer und kosmischer erzählt. Sakyamuni hatte bereits Hunderte von Leben geführt, von denen viele in Geschichten, bekannt als die Jatakas, erzählt werden. Im vorhergehenden Zeitalter war er ein Bodhisattva gewesen. In dieses Zeitalter ist er gekommen, um die Menschen an das Wissen um ihre Buddha-Natur zu erinnern. Den Schilderungen in Mahayana-Schriften zufolge führt er ein kosmisches Leben, zieht von einer großen Götterversammlung zur nächsten, ist auf göttliche Weise an keine historische Chronologie gebunden. In der Mahayana-Tradition transzendiert er Zeit und Raum.

Zuerst wurde der Buddhismus als eine Spielart des Daoismus angesehen, denn nicht nur verwendeten die buddhistischen Übersetzer daoistische Begriffe in dem Versuch, die in Sanskrit verfaßten, komplexen Lehren des Buddhismus verständlich zu machen, sondern auch die Daoisten trugen zu dieser Verwirrung bei. Sie behaupteten nämlich, der

Buddha sei entweder kein anderer als Lao Zi, der, wie wir uns erinnern, China verließ und nach Westen ging, oder ein Schüler von Lao Zi, der die feineren Aspekte des Daoismus nicht richtig begriffen und dann seine eigene Schule gegründet habe, und so sei eben der Buddhismus entstanden. Folglich verstanden die meisten den Buddhismus zumindest in den ersten zwei Jahrhunderten seines Daseins in China (1. bis 2. Jh. n. Chr.) lediglich als eine weitere Variante der religiösen Ausdrucksformen des Daoismus, die gleichfalls zu der Zeit aufkamen.

Doch bis zum 5. Jh. wurde der Buddhismus offensichtlich als eigene Religion erkannt und erfahren, und die Rivalität zwischen Daoisten, Konfuzianer und Buddhisten, die im Laufe der folgenden tausend Jahre zuweilen zu Verfolgungen ausarten sollte, nahm ihren Anfang.

Bis zum 6. Jh. hatte sich der Buddhismus in der religiösen, philosophischen und künstlerischen Welt Chinas fest etabliert; unzählige Tempel und Hunderte von Klöstern wurden gegründet und verschönert, während seine Texte noch immer überwiegend aus Indien kamen und übersetzt werden mußten.

## *Schulen des Buddhismus*

### *Dhyana*

Die ursprüngliche Form des Buddhismus, die China erreichte, ist als die Dhyana-Schule bekannt, die die Bemühung des einzelnen und die Unterdrückung der Leidenschaften als den Weg zur Befreiung aus dem Kreislauf von Geburt, Tod und Wiedergeburt in den Vordergrund stellt. Sie bezog ihre Anregungen aus der Theravada-Tradition. Theravada bedeutet die Lehren der Älteren und gilt als die den Lehren des historischen Buddha am nächsten stehende Richtung des Buddhismus. Gemäß der Theravada-Tradition ist das persönliche Bemühen der einzige Weg zu Erleuchtung und Befreiung vom Rad des Leidens und der Wiedergeburt. Nur durch die Unterdrückung von Begierde vermag man die Sehnsucht nach Beständigkeit zum Versiegen zu bringen, welche das Rad des Leidens durch Karma nährt. Sie richtet das Augenmerk auf den einzelnen, der die Wege der Meditation und Sammlung befolgt, die den Eingeweihten zur Erleuchtung führen, oder, falls ihm dieses nicht gelingt, im nächsten Leben aufgrund seiner Bemühungen diesen Weg zur endgültigen Auslöschung von Emotionen, zur Beendigung des Karma und somit zur Erlösung von der Wiedergeburt fortsetzen kann.

*Prajna*

Bis spätestens Ende des 3. und Anfang des 4. Jhs. n. Chr. tauchte ein zweites Element in China auf, und zwar die auf der Mahayana-Tradition beruhende Prajna-Schule. Während der Theravada die Bemühung des einzelnen zur Erlangung von Erleuchtung und Befreiung hervorhebt, befürwortet das Mahayana das Eingreifen von Bodhisattvas – Wesen, die sich von allen Begierden, vom ganzen Karma befreit haben, Wesen, die über unzählige Leben hinweg unermeßliche Reserven an Verdiensten angesammelt haben und sie einsetzen, um leidende Wesen von den Auswirkungen schlechter Taten zu befreien. Mit anderen Worten, eine Erlöser-Form des Buddhismus, die sich an jene wenden soll, die die Härten und Strengen der Theravada-Tradition nicht durchstehen oder ertragen können oder kein Gefallen daran finden. Mahayana bedeutet Großes Fahrzeug, denn diese Tradition hat es sich zum Ziel gesetzt, möglichst vielen Menschen ein »Fahrzeug« zur Befreiung aus dem Rad des Leidens und der Wiedergeburt anzubieten. Die Theravada-Buddhisten bezeichnen sie spöttisch als Hinayana, was Kleines Fahrzeug bedeutet und ihre Ansicht zu verstehen gibt, daß diese Tradition nur wenige Auserwählte zu erlösen vermag.

Während aus der Dhyana-Schule in China einige der hervorragendsten Richtungen des philosophischen Buddhismus hervorgingen, insbesondere die Chan-Tradition, die, als sie nach Japan gebracht wurde, als Zen bekannt wurde, ist es die Prajna-Schule, die den populären Buddhismus bis auf den heutigen Tag am meisten geformt hat. Von den Traditionen innerhalb der Prajna-Richtung übt die Reines-Land-Schule den größten Einfluß aus.

*Reines-Land-Schule*
Der Name »Reines Land« rührt von dem grundlegenden Text der Schule her, dem Sukhavati-Vyuha beziehungsweise Sutra des Reinen Landes, der ein Gespräch zum Inhalt hat, das angeblich zwischen Sakyamuni Buddha – dem historischen Buddha – und seinem Lieblingsjünger Ananda stattfand. Sie unterhalten sich über einen Mönch namens Dharmakara, der einen früher lebenden Buddha besucht hat (im chinesischen Buddhismus glaubt man an viele »Inkarnationen« oder Manifestationen der Höchsten Buddha-Natur in menschlicher Gestalt auf Erden). Dharmakara bat den Buddha, ihm die vollkommene Buddha-Welt und den vollkommenen Buddha zu beschreiben. Nachdem er die Schilderungen gehört hatte, tat der Mönch den Wunsch kund, daß er, wenn er genügend Verdienste angesammelt habe, als der Buddha wiedergeboren zu werden, der über eine solche Buddha-Welt der Seligkeit, ein Reines Land, herrscht.

In dem Sutra heißt es, daß Dharmakara seine Frage vor unzähligen Zeitaltern, vor zahllosen Leben stellte. Irgendwann in dieser unvorstellbaren Vergangenheit ging sein Wunsch in Erfüllung, und er wurde schließlich als der Buddha Amitabha wiedergeboren, der über das Westliche Paradies, bekannt als Sukhavati, herrscht. An diesen wundervollen Ort bringt der Amitabha Buddha alle die von ihm Erlösten.

81

Die Aussicht auf Befreiung von dem schrecklichen Schicksal der fortwährenden Wiedergeburt und den entsetzlichen Bestrafungen, die in den achtzehn buddhistischen Höllen zugemessen werden, fand bei den Gläubigen und vornehmlich bei den weniger Gläubigen großen Anklang!

### Boddhisattvas

Andere Sutras und Schulen entstanden, die eine ähnliche Aussicht anboten. Das Lotos-Sutra beispielsweise ist wahrscheinlich das populärste Sutra in China. In diesem großartigen Werk erläutert der Buddha, wie die von Aufruhr und Hader Heimgesuchten von mitfühlenden Bodhisattvas erlöst werden können. Der bedeutendste von ihnen ist der Bodhisattva Avalokitesvara, in China unter dem Namen Guan Yin, »Die die Schreie der Welt hört«, bekannt (s. S. 126-136).

Diese Tradition der mitfühlenden Wesen, Buddhas und Bodhisattvas bildet vom 7. Jh. n. Chr. an das Rückgrat der meisten buddhistischen Tempel und Stätten. Und sie ist noch immer das Rückgrat des Buddhismus im heutigen China.

Der Aufstieg des auf Erlösung zielenden, mitfühlenden Bodhisattva-Buddhismus war wirklich sensationell. Er verhalf dem Buddhismus dazu, über das höfische und wissenschaftliche Interesse hinaus die Massen zu erreichen.

### Chan-Buddhismus

Die Ausnahme von der Regel der Vorliebe für Prajna ist die Entwicklung des Chan-Buddhismus und insbesondere die Popularität seines Begründers, Bodhidharma – in China unter Da Mo bekannt.

Bodhidharma war ein indischer Mönch, der, wie es in einigen Quellen behauptet wird, um 520 n. Chr. mit dem Schiff den südlichen Hafen von Guangzhou erreichte.

Nach seiner Ankunft begab er sich unverzüglich nach Nanking, um den Herrscher des Staates Liang aufzusuchen. Zu der Zeit befand sich China in einem Zustand der Zwietracht, denn es hatten sich mehrere Staaten gebildet, die miteinander rivalisierten.

Bodhidharma – Da Mo – war nach Liang gegangen, weil der Herrscher, Kaiser Wu, als Schirmherr des Buddhismus bekannt war. Da Mo verlor keine Zeit damit, dem Kaiser zu sagen, daß alle seine bisherigen Taten, wie verdienstvoll sie auch immer sein mochten, sinnlos seien, denn ihm fehle der entscheidende Schlüssel zum Verständnis, daß nämlich alles ohne Bedeutung sei.

Diese Aussage macht den Kern der von Bodhidharma begründeten Schule des Buddhismus aus, bekannt als Chan-Buddhismus oder im Westen besser unter seinem japanischen Namen Zen. Im Mittelpunkt dieser Lehre steht die Ablehnung von Sutras, Gesprächen oder gelehrten Untersuchungen zugunsten des ausschließlichen Einsatzes von Meditation. In der Chan-Tradition ist die Meditation nicht einfach das Mittel zum Zweck, sondern sie ist der Zweck selbst, die höchste Verwirklichung an sich. Indem der Chan-Buddhismus Bücher ablehnt – ihm wurde sogar der Spitzname »die Lehre, die sich nicht auf Worte oder Schriften stützt« gegeben – hebt er die persönliche Unterweisung hervor. Jeder Novize wird von einem Meister angenommen, der dem Schüler Anweisungen erteilt, ohne jedoch auf Worte zu vertrauen.

Der Chan-Buddhismus lehrt, daß der Buddha jedem innewohnt, oder um es präziser auszudrücken, die Buddha-Natur, die sich in dieser Zeit in dem historischen Buddha manifestiert. Ferner transzendiert die Buddha-Natur alles Seiende und kann nur erfaßt oder enthüllt werden, wenn die ganze Welt der Erscheinungen als nichtig, völlig bedeutungslos erkannt wird. Daher die Formulierung unsinniger Aussagen, sogenannter Koans, wie zum Beispiel »Stell dir den Klang einer klatschenden Hand vor«, die dem Schüler jedoch etwas geben, worüber er jahrelang meditieren kann, bis er schließlich von der Erkenntnis durchdrungen wird, daß das, was wir als Bedeutung auslegen, bedeutungslos ist. Das Ziel besteht darin, sich von jedem Versuch, seine Fortschritte zu verstehen oder zu ergründen, loszusagen. Statt dessen müssen alle menschlichen Versuche der Kontrolle und Sinngebung ganz und gar überwunden werden, damit Wahre Erleuchtung durchbrechen kann.

### Tibetischer Buddhismus

Eine letzte bedeutende Tradition gelangte nach China, aber als kaiserlicher Kult nicht-chinesischer Herrscher, und als solche ist sie trotz ihres großen Einflusses nicht tief in das öffentliche Bewußtsein eingedrungen. Es ist der tibetische Buddhismus oder Lamaismus.

Als die Mandchu-Kaiser ihre Dynastie, die Qing, 1644 begründeten, brachten sie ihre Bindung an den tibetischen Buddhismus mit. Dieser hatte sich von seinem Kernland in Tibet verbreitet und im 12. bis 14. Jh. die mongolischen Stämme für sich gewonnen. Im Mittelpunkt des tibetischen Buddhismus steht der Glaube an die mitfühlenden Bodhisattvas wie etwa Guan Yin. So hält man den Dalai Lama für die Reinkarnation dieses Bodhisattva. Der tibetische Buddhismus fügte viele Aspekte der älteren Volksreligion Tibets, Bon, in seine Praktiken ein und schuf eine der reichsten und faszinierendsten der buddhistischen Kulturen. In vielerlei Hinsicht verdankt er schamanistischen Praktiken genauso viel wie dem Buddhismus und war für die in hohem Maße schamanistischen Mongolen reizvoll und fand in China wegen des Daoismus Anklang.

Nach der Eroberung Chinas durch die Mandchus Mitte des 17. Jhs. wurde der damalige Dalai Lama eingeladen, in die Hauptstadt Beijing zu kommen und den tibetischen Buddhismus in das Leben der Hauptstadt feierlich einzuweihen. Große tibetische Tempel wurden errichtet, wie etwa der Yong He Gong, Palast des Friedens und der Harmonie, Anfang des 18. Jhs. in Beijing. In der Verbotenen Stadt spielte der tibetische Buddhismus eine dominierende Rolle, daher das Ausmaß seiner Artifakte und Schreine, die dort und an Stätten wie dem Sommerpalast zu finden sind.

## *Chinesischer Buddhismus heute*

Heute ist der Buddhismus am stärksten im Norden Chinas verbreitet und noch immer auf die alten Hauptzentren konzentriert, wie beispielsweise die heiligen Berge oder die großen städtischen Klöster in Beijing, Xian, Luoyang und Yangzhou. Er wird bis heute von den zwei wichtigsten Traditionen des Chan und der Reines-Land-Schule organisiert. Da Tibet in diesem Buch nicht behandelt wird, gehe ich in diesem Abschnitt nicht auf den tibetischen Buddhismus ein.

Nach Schätzungen schwankt die Zahl der Buddhisten im heutigen China zwischen 70 und 120 Mio. Schätzungsweise sind etwa 9 000 bis 10 000 Tempel und Klöster mit über 90 000 Mönchen und Nonnen in Betrieb, davon zumindest etwa 50 000 Nonnen.

Der Laienbuddhismus ist an den Massen von Besuchern aller großen städtischen Tempel erkennbar, in denen fast unaufhörlich Opfergaben und Weihrauch dargebracht und Gebete verrichtet werden. Er zeigt sich auch in den vielen buddhistischen Hausschreinen in der häuslichen Umgebung, wo der Lieblingsbuddha oder -bodhisattva täglich angebetet wird. In vielen Geschäften und Fahrzeugen wie etwa Taxis sieht man Amulette mit Abbildungen von Buddhas und Bodhisattvas. Auf intellektueller Ebene sind es der Buddhismus und das Christentum, für die sich heute Studenten und junge Menschen, die die religiöse und spirituelle Seite des Lebens ergründen wollen, interessieren.

## Chinesische Volksreligion

Die meisten Chinesen würden sich schwer bedrängt fühlen, wenn sie ihre religiöse Bindung definieren sollten. Für viele schließen sich die Götter und Göttinnen, Buddhas und Bodhisattvas, selbst die Heiligen und Jesus Christus zu einer großen hilfreichen oder nicht ganz so hilfreichen Familie zusammen. Wenn dann noch die ausgeprägte Rolle der Ahnen als Wesen hinzukommt, die die Familie nun aus dem Jenseits beobachten und an den regelmäßigen Feiertagen das Jahr hindurch verehrt oder angebetet werden, wird das Bild sogar noch komplizierter.

Auf diesen Aspekt der chinesischen Gesellschaft reagieren westliche Besucher seit Jahrhunderten mit Verblüffung und Wut. Wie können die Chinesen, so wird gefragt, an Ahnen und Reinkarnation glauben? Wie kann man den Buddha der Zukunft und den Jadekaiser des Daoismus anbeten? Der Westen hat immer gewollt, daß China über ein bedeutendes Glaubensmodell verfügt, damit es seine Spiritualität verstehen könnte. Aber China ist nicht so einfach, oder vielleicht ist es in Wirklichkeit einfacher als das.

Den meisten Chinesen geht es bei der Religion, Spiritualität oder wie man es nennen mag, darum, die Höhen und Tiefen eines launenhaften Lebens zu bestehen. Und dieses Jh. war launenhafter als die meisten anderen zuvor! Die Rolle der Religion in China besteht überwiegend darin, sich mit dem Weltlichen auseinanderzusetzen und gleichzeitig auf das Unergründliche hinzuzielen. Sie soll jetzt Mitgefühl bieten und Hoffnung für die Zukunft geben. Folglich klingt es vollkommen plausibel, heilkundige Götter aus dem Daoismus, Exorzistenmeister aus dem Schamanismus und Daoismus sowie Bodhisattvas aus dem Buddhismus, die Erlösung im nächsten Leben anbieten, miteinander zu verbinden. Wenn man überdies ein Kruzifix hat, das helfen soll, böse Geister abzuwehren, paßt alles großartig zusammen.

Es ist beruhigender, an die Heilkunst von Lu Dong Bin, einem der Acht Unsterblichen, zu glauben, anstatt an die zweifelhafte medizinische Versorgung am Ort; es verleiht einem ein Gefühl dafür, Teil von etwas viel Größerem zu sein als einfach man selbst, wenn man die Ahnen respektiert; und wenn man dem Gott der Unterwelt Höllengeld darbietet, wird man die Entsetzlichkeiten in den zehn daoistischen oder achtzehn buddhistischen Höllen besser bestehen.

Die chinesische Religion ist zum größten Teil ausgesprochen praktisch. Sie verbindet Elemente des Schamanismus, konfuzianische Werte, Ahnenverehrung, Daoismus, Buddhismus und sogar Marxismus zu einer funktionsfähigen und überwiegend brauchbaren Mischung, die angewendet wird, wann und wo es erforderlich ist. Die Wanderung den Hua Shan hinauf, mit der dieses Buch eingeleitet wurde, führte uns vom Kaiserritual über schamanistische Trancen zu daoistischen Unsterblichen durch buddhistische Bodhisattvas. Eine solche Reise klingt für einen Chinesen, der mit den Werten der traditionellen Volksreligion aufgezogen wurde, ganz plausibel.

Diese Religion ist magisch, divinatorisch, dramatisch, mit bösen und mit guten Kräften befaßt, humorvoll und gelegentlich philosophisch. Sie dreht sich um Statuen und Opfergaben, um die Toten und die Vergöttlichten. Wollte man versuchen, sie in die Zwangsjacke einer Religion oder einer anderen zu stecken, hieße das, ihre wahre Essenz zu ignorieren, die eklektisch ist. Daher wird unser Wanderer, der den Hua Shan besteigt, mit einem Bild von Guan Yin versehene Amulette, Halsschmuck mit der Göttin der azurblauen Wolken – der Großmutter des Tai Shan in anderer Gestalt, ein Kruzifix an einer Kette und verschiedenerlei Räucherwerk, vom wohlriechenden Duft der Acht Unsterblichen bis zum Glücklichen Weihrauch des Zukünftigen Buddhas, kaufen und mit sich tragen. Alle diese Dinge und dazu noch vielleicht ein Foto von der im Jahr zuvor verstorbenen Großmutter werden den Berg besteigen, und jedes einzelne wird seinen Platz in dem Geheimnis des Glaubens einnehmen, der die chinesische Volksreligion ausmacht.

Diese eklektische Mischung kann man in Tempeln sehen; so beherbergen buddhistische Tempel daoistische Gottheiten, während in daoistischen Tempeln Buddhas zu finden sind. Sie ist aus Schreinen in Wohnungen und in Geschäften zu ersehen, wo sich der Glücksgott Guan Ti und eine konfuzianisch-daoistische Mischung neben Guan Yin befinden, die wiederum neben der Ahnentafel angeordnet ist, auf die die Namen der Eltern und ihr jeweiliger Todestag eingetragen sind.

### *Ahnenanbetung*

Die Ahnenanbetung geht allen formalen Religionen Chinas voraus. Von ihr zeugen die frühesten ausführlichen religiösen Szenen, die von Archäologen gefunden wurden und ungefähr 3 500 v. Chr. entstanden sind. Und sie hat immer ihre Eigenständigkeit bewahrt, obgleich sie auch dazu diente, hierarchische Werte des Konfuzianismus zu stützen und chinesische Familienstrukturen zu stärken, gewisse Einsichten des Buddhismus zu untermauern oder einen Hintergrund für daoistische Feste zu Ehren der Toten zu liefern. Einige Ahnentempel sind in China erhalten geblieben, die ohne weiteres besucht werden können. Die meisten wurden während der Kulturrevolution zerstört, und obgleich viele restauriert werden, sind sie im Grunde Familienangelegenheiten, und Besucher sind in der Regel nicht willkommen. Manche können in Hongkong besichtigt werden, vornehmlich in den alten ummauerten Dörfern wie Kat Hing Wai oder Shui Tau in den New Territories.

In Guangzhou kann man einen der prächtigsten Ahnentempel besichtigen, der zur Chen-Familie gehört, den Chen Jia Ci. Obgleich dieser zwischen 1890-1894 errichtete Familientempel als solcher nicht mehr in Betrieb ist, bietet er ein gutes Beispiel für die Art der Anlage eines Ahnentempels.

Kaiserliche Ahnen waren ebenfalls von enormer Bedeutung, und man kann eine Reihe von Stätten besichtigen, die erkennen lassen, wie die Kaiserfamilien für ihre Verstorbenen sorgten. Eines der Merkmale der dynastischen Veränderungen in China bestand darin, daß man den herrschenden korrupten oder schwachen Kaiser absetzen konnte, aber zugleich die angemessene Verehrung seiner Ahnen sicherstellte, damit sie einem keine Probleme bereiteten. Als zum Beispiel die Zhou ca. 1100 v. Chr. die Shang-Dynastie stürzten, belehnten sie die Verwandten des gestürzten Kaisers auf ewig, weiterhin die Riten zu vollziehen und den Shang-Ahnen Opfergaben darzubringen.

Zwei interessante Ahnentempel mit sehr unterschiedlichen Funktionen sind das Grab und der Tempel des Yu des Großen in Shao Xing, Provinz Zheijiang, und die Ming-Gräber in der näheren Umgebung von Beijing.

Die Grabanlage des Yu des Großen entstand ungefähr im 6. Jh. n. Chr., auch wenn die Überlieferung, der zufolge Yu an diesem Ort starb, weit in die früheste chinesische Mythologie und die frühesten historischen Aufzeichnungen zurückreicht. Vermutlich gab es hier vor dem 6. Jh. bereits eine Art von Schrein. Die Gestaltung des Tempels entspricht der eines sehr kunstvoll gearbeiteten Ahnenschreins, denn tatsächlich gilt Yu als die konfuzianische Gründerfigur aller Dynastien und wird insbesondere als das Beispiel für den tugendhaften und selbstlosen Dienst am Volk hingestellt. Der in reizvollen Höfen errichtete Tempel beherbergt viele Bildsäulen, die Beschreibungen seiner Tugenden und Bitten um seine Gunst als kaiserlicher Ahn zum Thema haben. In der Haupthalle wurden ihm Opfergaben dargebracht, und der ganzen Anlage liegt die Absicht zugrunde, seine Bedeutung zu veranschaulichen und seine Tugend und seine Rolle als Vorbild für Herrscher hervorzuheben. Diese Stätte ist ungewöhnlich insofern, daß nur wenige Tempel in China von sich behaupten, das Grab ihrer Gottheit zu beherbergen.

Die Ming-Gräber – auf chinesisch Shi San Ling – entstanden im frühen 15. Jh. als Bestattungsplatz aller Ming-Kaiser, obwohl der Begründer in der Nähe von Nanjing beigesetzt wurde und einige, die als Versager galten, hier nicht liegen. Vor jedem Grab befindet sich ein quadratischer Hof, der die Erde symbolisiert, und unter einem kreisförmigen Hügel, der den Himmel darstellt, liegt die eigentliche Gruft. Diese Gestaltung geht auf die frühesten Kaisergräber zurück, wie jene der Shang-, Zhou-, Qing- und Tang-Dynastien bei Xian. Die Halle der Himmlischen Gnade suchten die herrschenden Kaiser auf, um den Toten Opfer darzubringen und Führung und Schutz von ihnen zu erbitten. Wie es auch bei anderen Dynastien üblich war, wurden die Nachkommen der Ming nach ihrem Sturz und der Machtübernahme der Qing belehnt, die Opferungen weiterzuführen. Die letzten dieser Zeremonien für die Ming-Kaiser durch einen direkten Nachkommen fanden 1924 statt.

Auf dem Land sieht man fast überall Familiengräber und Friedhöfe in bescheidenerem Stil, auch wenn die deutlicher erkennbaren eher in den immer reicher werdenden Gegenden wie den Provinzen Sichuan und Guangdong zu finden sind. Diese Grabstätten folgen allesamt einem gängigen Grundmuster, das heißt, ihr Standort wurde nach ihrem Feng Shui – wörtlich Wind und Wasser – oder ihren geomantischen Eigenschaften ausgewählt und blickt in eine günstige Richtung. Opfergaben, zum Beispiel Blumen, Nachbildungen und Reste von verbrannten Opfergaben wie Geldscheine der Höllenbank oder aus Papier gefertigte Nachbildungen von Häusern, Autos, Videogeräten, können hier plaziert sein. Wie es schon immer der Fall war und auch heute in zunehmendem Fall zutrifft angesichts der Tatsache, daß Familien durch die Marktwirtschaft ein hohes Einkommen verdienen können, geben Gräber sowohl über den Reichtum der Familie als auch über ihre Ahnenverehrung Auskunft.

Die chinesischen Glaubensvorstellungen vom Leben nach dem Tod und die Begräbnisriten sind sehr deutliche Ausdrucksweisen der Volksreligion und dieser festverwurzelten uralten Kultur der Ahnenanbetung.

### Der Tod und das Leben nach dem Tod

Der klassischen chinesischen Philosophie zufolge beherbergt der Körper zwei Arten von Seelen, die mit dem Himmel verbundene *Hun*-Seele und die mit der Erde verbundene *Po*-Seele. Jeder Mensch besitzt drei verschiedene *Hun*- und sieben *Po*-Seelen. Bis zu einem gewissen Grad stehen sie miteinander in Konflikt und sind Teil des komplexen Verständnisses der Physiognomie des Körpers und des unaufhörlichen Wandels zwischen Yin und Yang im Innern.

Beim Tod sollen die *Hun*-Seelen in die verschiedenen Höllen zum Richten gebracht werden (siehe weiter unten), während die *Po*-Seelen beim Körper bleiben und eigentlich die Ahnenseelen sind. Doch auch wenn sich das alles theoretisch sehr übersichtlich und präzise anhört, sehen in der Praxis die meisten Chinesen den Verstorbenen als einen ehrenwerten Ahn an, eine furchterregende geisterhafte Präsenz, die im Leben nach dem Tode zufriedengestellt werden muß, und man glaubt, daß die Seele nach 49 Tagen in eine neue Form wiedergeboren wird.

Auf chinesischen Beerdigungen treffen alle diese Elemente zusammen. Der Name des Verstorbenen wird auf eine Ahnentafel geschrieben, die sowohl in den Familienschrein wie auch in den Ahnentempel untergebracht wird. Diese Ahnentempel befinden sich in der ursprünglichen Heimatstadt der Familie – einer Stadt, die die Nachkommen einer bestimmten Linie der Familie zehn oder mehr Generationen zuvor verlassen haben können. Wenn das frischverstorbene Mitglied zur Familiensammlung von Tafeln hinzugefügt wird, wird die älteste Tafel, gewöhnlich sieben Generation zurück, unauffällig vom Familienschrein ent-

fernt, denn man glaubt, daß das Interesse dieses Mitglieds
für diese Welt und somit seine Macht, sie zu beeinflussen, im
Laufe der Zeit nachläßt.

Zugleich bringt die Familie dem Verstorbenen Opfergaben dar, die er in die Höllen mitnehmen soll. Diese Höllen
sind im Chinesischen genaugenommen als Erdgefängnisse
bekannt, wodurch ihre Rolle ersichtlich wird. Im Daoismus
gibt es zehn und im Buddhismus achtzehn Höllen, aber gewöhnlich werden nur die zehn in Büchern, auf Gemälden
und Skulpturen in Tempeln dargestellt. Die Seele muß einige, wenn nicht sogar alle diese Erdgefängnisse passieren, um
für ihre Sünden im vergangenen Leben zu büßen. So werden im Zweiten Höllenhof unter anderem jene bestraft, die
Jungen und Mädchen verführt haben, aber dann in den
Priesterstand getreten sind, um sich der Bestrafung zu entziehen, jene, die Bücher gestohlen haben, jene, die gewußt
haben, daß jemand im Begriff ist, einen schlechten Menschen zu heiraten, und ihn nicht gewarnt haben, jene, die einen Sklaven nicht freigekauft haben, obwohl sie dazu in der
Lage gewesen wären. Die Strafen fallen unterschiedlich aus;
so kann das Opfer der Streckfolter unterzogen, zerstückelt,
von Hühnern gehackt oder in einem Messingkessel mit
heißem Wasser gekocht werden.

Die anderen Höllen sind ähnlich. Im Daoismus glaubt
man, daß man sie alle ziemlich schnell passiert. Im Buddhismus kann man bei einigen Verbrechen dazu verdammt werden, für alle Ewigkeit zu leiden. Diese Vorstellung von Höllen und Bestrafungen war den Chinesen völlig unbekannt,
bis der Buddhismus sie im 1. bis 2. Jh. n. Chr. einführte.

Nach diesen Bestrafungen ist die Seele schließlich von allen Erinnerungen an ihr vergangenes Leben gereinigt und
wird in einen angemessenen Körper wiedergeboren. Dieser
Glaube hat dazu geführt, daß man mißgebildete oder behinderte Menschen für solche hielt, die in ihrem vergangenen Leben sehr schlecht gewesen waren.

Aber es ist nicht alles verloren! Denn für die Chinesen ist das Jenseits und seine Verwaltung dieser Welt ähnlich – Richter in diesem Leben haben oft darum gebeten, nach ihrem Ableben ihren Beruf auch in den Höllen ausüben zu dürfen. Demnach sind alle Beamten bestechlich, und mit dem nötigen Kleingeld können sie sich jene leiblichen Genüsse sichern. Aus diesem Grund werden auf chinesischen Beerdigungen riesige Mengen von Geldscheinen der Höllenbank verbrannt. Diese werden direkt dem »Guthaben« des Verstorbenen in der Hölle angerechnet und können verwendet werden, um die Bestechungsgelder zu zahlen und seinen Weg im Jenseits zu erleichtern. Dasselbe geschieht mit papierenen Nachbildungen von Häusern, Autos, Videogeräten, Computern und allen anderen modernen Luxusgütern, von denen der Verstorbene in der Hölle Gebrauch machen kann.

Diese Geschenke an die Toten sollen auch von den Ahnen benutzt werden, die natürlich nicht in der Hölle weilen. Folglich spiegelt sich das duale Verständnis für den Toten in den dualen Gebrauch ein und desselben Gegenstandes wider.

Die größte Angst der chinesischen Gläubigen ist, daß es irgendwo draußen Seelen gibt, um die sich niemand kümmert und denen zu den entsprechenden Zeiten im Jahr keine Opfergaben dargebracht werden. Sie werden die hungrigen Geister genannt, weil sie ohne irgendeine Versorgung dastehen und darum diese Welt heimsuchen in dem Versuch, zu töten und zu verstümmeln. Alljährlich auf dem Fest der Hungrigen Geister schließen sich daoistische und buddhistische Organisationen zusammen und wetteifern miteinander um die Einnahme von Geldern, um ihnen Nahrung zu geben und somit sicherzustellen, daß sie von ihrer latenten Bösartigkeit ablassen.

Oft flöße ich den Chauffeuren einen Schreck ein, die mich und meine chinesischen Kollegen in China herumfahren, wenn ich auf dem Land anhalten will, um Grabstätten zu fotografieren oder einfach zu besichtigen, die wir von der Straße gesichtet haben. Sie können einfach nicht verstehen, warum wir uns den Toten nähern wollen, zumal es nicht einmal unsere eigenen sind. Bei einer Gelegenheit bestand der Fahrer auf eine rituelle Waschung, bevor er uns wieder ins Auto einsteigen ließ, um so zu verhindern, daß böse Geister seinem Wagen folgen und vielleicht einen Unfall verursachen. Um ehrlich zu sein, glaube ich, daß meine chinesischen Kollegen, selbst gute Kommunisten, nicht vollkommen glücklich darüber sind, sich in die Nähe von Gräbern zu begeben. Auf einem Ausflug vor nicht langer Zeit erklärte unscr ortsansässiger Führer, daß sich heutzutage niemand vor Geistern fürchten würde. Doch als wir ein besonders schönes Grab erblickten und ausstiegen, um es näher in Augenschein zu nehmen, fühlte er sich plötzlich krank. Die Toten sind bis auf den heutigen Tag eine überaus starke und lebendige Kraft in China.

In der Sterbestunde und auf der Beerdigung können buddhistische Mönche aufgefordert werden, für die Seele zu beten, um so die eher materiellen Opfergaben der Familie mit ihren dem Karma förderlichen Gebeten zu ergänzen. Falls die Familie daoistische Verbindungen unterhält, beauftragt sie vielleicht einen daoistischen Priester nicht nur damit, die Zeremonien zu vollziehen, mit denen der Seele durch die Höllen geholfen wird – bekannt als der Angriff auf die Hölle –, sondern auch Gebete zu verrichten, um die Seele bei einem glücklichen neuen Leben zu unterstützen. Es kommt auch vor, daß daoistische und buddhistische Mönche zusammen in einem Zimmer sitzen und ihre verschiedenartigen Gebete vortragen, was niemand merkwürdig findet.

Weiß ist die traditionelle Trauerfarbe, und der Sarg wird mit Trommeln und Zymbeln an seinen Ruheplatz begleitet. Wenn man durch die ländlichen Gegenden Chinas reist, ist es keineswegs ungewöhnlich, auf einem Feldweg eine solche

Prozession zu passieren. Auf dem Land werden die Toten begraben, während sie in den Städten verbrannt werden. Nach der Feuerbestattung wird die Asche in einer numerierten Schublade in einer der Gedenkhallen aufbewahrt, die überwiegend buddhistischen Tempeln angeschlossen sind. Gegen eine Gebühr beten Mönche für die Seele, und die Familie kann sich hier zur Anbetung einfinden. Riesige aus Schubladen bestehende Friedhöfe findet man in Hongkong, zum Beispiel beim Feng-Shui-Schrein am Fuß des Hügels, der zum Tempel der Zehntausend Buddhas führt, oder in Tempeln wie dem Wen Shu Yuan, Manjushri-Tempel, in Chengdu. In der Straße außerhalb des Wen Shu Yuan kann man alle notwendigen Utensilien für eine komplette traditionelle Beerdigung erwerben – Geldscheine der Höllenbank, falsche Goldbarren, mit Gebeten beschriebene Blätter, papierene Nachbildungen von Häusern, Autos und dergleichen. In Anbetracht dessen, daß sich die Verkaufsstände auf beiden Straßenseiten über einen Kilometer dicht nebeneinanderreihen, muß dieses Geschäft florieren.

In Guangdong, der Provinz, die von der verstärkten Marktwirtschaft finanziell am meisten profitiert, sind Bestattungen ein höchst gewinnträchtiges Geschäft. Der folgende Bericht erschien in der *China Daily* vom 26. Juli 1995:

Schätzungsweise sind in der Provinz vier große illegale Friedhöfe in Betrieb, dazu kommen zahlreiche kleine in den ländlichen Gegenden im nördlichen und westlichen Teil von Guangdong ... Die meisten Leute bewahren die eingeäscherten Überreste ihres Familienmitglieds zu Hause auf oder in gewöhnlichen öffentlichen Leichenhallen zum Preis von nur 20 Yuan ($ 2.40) jährlich.

Nur die reichen und einige Übersee-Chinesen können es sich erlauben, die 30 – 40 000 Yuan ($ 3 600-4 800) für einen Platz auf einem privaten Friedhof auszugeben.

Ein Zeichen für die erneute zunehmende Bedeutung von Beisetzungen in China ist die Tatsache, daß »Guangdong mehr als 40 öffentliche Friedhöfe besitzt, von denen die Hälfte in den vergangenen drei Jahren gebaut wurden.«

## Feng Shui

Auf dem Land werden Grabstätten mit Hilfe von Feng Shui ausgerichtet (siehe auch Kapitel 6 S. 202-204). Bei dieser gewöhnlich von Daoisten ausgeübten geomantischen Kunst geht es darum, die Erdkräfte nach dem Horoskop des Verstorbenen solcherart auszurichten, um den günstigsten Standort für seinen letzten Ruheplatz sicherzustellen. Die Kunst des Feng Shui hat ihren Ursprung in Bestattungen und sich seitdem im Laufe der vergangenen zweitausend Jahre zu einer Methode entwickelt, um die verheißungsvollste Lage eines Gebäudes, seine Farbgebung, Innengestaltung, Höhe und sogar den Stil seiner Gärten zu bestimmen.

In den letzten Jahren ist das Interesse für Feng Shui sprunghaft angestiegen, und die für die Berechnungen wichtigen Feng Shui-Kompasse sind inzwischen in China problemlos erhältlich. Auch außerhalb Chinas ist diese Kunst populär geworden, nicht zuletzt deswegen, weil sich in ihr spirituelle, ästhetische und umweltbezogene Aspekte vereinigen. Traurigerweise sieht es so aus, als würden die umweltbezogenen Einsichten des Feng Shui, die zu solch schönen Städten und Gebäuden in der Vergangenheit geführt haben, für den größeren Teil Chinas eine zu späte Wiederbelebung erfahren. Die Schrecken der sozialistischen Planung und später die Entwicklung des freien Marktes haben viel von der Schönheit der alten Städte beseitigt und dafür Einöden aus Beton und die allgegenwärtigen weißen Badezimmerfassaden geschaffen. Heute sehen alle Gebäude gleich aus und scheint ganz China eine Baustelle zu sein. Wie ein chinesischer Freund es ausdrückte: »Früher war der Phönix das Symbol für China, und heute ist es eben der Kran!«

Feng Shui ist ein natürliches Ergebnis der auf Yin und Yang beruhenden Weltanschauung, die in der daoistischen Vorstellung vom Fluß der Natur, der die Essenz des Dao selbst ist, wurzelt. Unsere Aufgabe beim Bauen oder Begraben besteht nicht darin, außerhalb der Natur zu stehen, sondern Teil von ihr zu sein. Indem junge Chinesen anfangen, sich mit der Verdrängung des Heiligen in der Natur, die von der kommunistischen Ideologie derart heftig bekundet und vom Kapitalismus derart rücksichtslos verfolgt wird, kritisch auseinanderzusetzen, suchen viele nach einer Rückbesinnung auf ältere Weisen und Werte, und Feng Shui ist Teil dieser Suche.

## Religionsfreiheit und staatliche Kontrolle

Oft werde ich danach gefragt, wie es um die Religionsfreiheit im heutigen China bestellt ist. Die Antwort darauf ist, im Vergleich zu der Zeit Mitte der 1970er Jahre ganz gut, aber nicht so gut, wie es vielleicht zu hoffen wäre. Wie bereits erwähnt, wird Tibet in diesem Buch nicht behandelt, so daß wir diesen Streitpunkt unberücksichtigt lassen. Die kommunistische Partei kontrolliert religiöse Aktivitäten durch das Amt für Religiöse Angelegenheiten. Das klingt für viele westliche Ohren wie ein klassisches totalitäres System, aber tatsächlich gab es in China schon immer, selbst in kaiserlichen Zeiten, ein solches Amt. Ihm obliegt die Aufgabe, die ordnungsgemäße Ausübung von Religionen in China zu überwachen. Das hört sich natürlich verschwommen an, in der Praxis bedeutet das jedoch, daß alle religiösen Organisationen registriert sein müssen. Daraufhin sollte ihnen Schutz geboten werden, was generell jedoch nicht geschieht. Während man an vielen Ort seinem Glauben relativ frei nachgehen kann, erweist sich das Amt oft als unfähig, den Religionen Unterstützung zu gewähren, wenn eine lokale

Partei- oder Provinzregierung in Hinblick auf die Religions-
ausübung einen harten oder restriktiven Kurs einschlägt.

Die Katholiken und die Christen – um die chinesischen
Begriffe zu verwenden – scheinen am meisten unter Verfol-
gungen und Eingriffen in ihre religiöse Ausübung zu leiden.
Dies zeigt sich deutlich an Störungen von Versammlungen,
Kirchenabbrüchen und Inhaftierungen von Geistlichen.
Diese Maßnahmen richten sich oft, aber nicht immer, gegen
inoffizielle Kirchen. Proteste an das Amt für Religiöse An-
gelegenheiten führen selten zu etwaigen Veränderungen.
Für Einzelheiten über das Christentum in China sowie den
Islam, das Judentum und Manichäismus siehe das Kapitel
»Andere religiöse Traditionen in China« (S. 396).

Die Zahl der Mönche, die in einem daoistischen oder
buddhistischen Kloster wohnen dürfen, unterliegt einer
strengen Kontrolle von seiten der Regierung. Im Durch-
schnitt wird die Genehmigung nur für etwa 30 Mönche oder
Nonnen pro Kloster erteilt. Würde man diese Einschrän-
kung aufheben oder die Zahl heraufsetzen, würde sich zeigen, daß kein Mangel an Novizen vorliegt, die den Orden
beitreten möchten. Auch dieser Aspekt muß im Kontext gesehen werden. Die Ordination von Mönchen sowohl im
Buddhismus als auch Daoismus wurde schon immer von
Regierungsbeamten überwacht, weil auf diese Weise sichergestellt wird, daß keine nichtlizensierten Ordinationszentren
entstehen. China weist eine lange Geschichte von religiös
motivierten Rebellionen auf, von den Daoisten des zweiten
Jhs., über die Buddhistischen Geheimgesellschaften, die die
Yüan-Dynastie stürzten, bis hin zum christlich inspirierten
Taiping-Aufstand Mitte des 19. Jhs.

Den offiziellen Organisationen der verschiedenen Religionen, wie zum Beispiel der Chinesischen Daoistischen
Gesellschaft oder der Protestantischen Patriotischen Drei-
Selbst-Bewegung, kommt eine schwierige Rolle zu. Sie streben danach, das Beste aus den ihnen legal gewährten Mög-

lichkeiten zu machen, etwa das Drucken von Büchern. So vermochte die Daoistische Gesellschaft den gesamten dao-istischen Kanon neu aufzulegen und ihn allen wichtigen dao-istischen Zentren problemlos zugänglich zu machen, was über dreihundert Jahre lang nicht der Fall gewesen war, während sie sich zuweilen auch der Parteilinie unterwerfen muß, beispielsweise bei Friedensfragen. Es herrscht ein sehr zerbrechliches Gleichgewicht, und folglich ist es für die Hauptreligionen Chinas nicht gerade hilfreich, wenn Außenstehende ankommen und die Dinge aufwirbeln. Die Situation ist alles andere als vollkommen, aber sie verbessert sich ständig und wird sich immer von der Art und Weise unterscheiden, in der Religionen in den Vereinigten Staaten oder in Westeuropa ausgeübt und kontrolliert werden.

Von größter Bedeutung in bezug auf das Heilige im heutigen China ist vielleicht, daß es wieder auftaucht. Die Verfolgungen im Rahmen der Kulturrevolution waren ein fast tödlicher Schlag für einen Großteil der traditionellen Religion und Bräuche in China. Was wieder zum Vorschein kommt, ist andersartig, weil es in vielen Fällen wiederentdeckt werden muß, und das bedeutet immer, daß es zum Teil neu erfunden werden muß. Aber was dieses Wiederauftauchen in Gang setzt, das ist das spirituelle Bedürfnis der Menschen selbst und vielleicht, was noch wichtiger ist, der immerwährende Sinn des Heiligen, der an so vielen Plätzen in China wirklich greifbar ist.

# II

# Die Gottheiten Chinas

# 3
# Der Mensch als göttliches Wesen

Eines der Schlüsselelemente des Heiligen in China ist, daß es offenbar von einer verwirrenden Schar von Göttern bewohnt wird! Welchen Tempel der Reisende auch besichtigt, er steht auf einmal zähnefletschenden Schutzgottheiten, gütigen Göttinnen, heroischen Göttern, riesengroßen Buddhas, Dreiergruppen von Göttern oder Bodhisattvas, Göttern mit Affen-, Ochsen- und Pferdegesichtern, fliegenden, sitzenden, springenden Göttern, Göttern und Göttinnen mit Gefolge und Reihen von geheimnisvollen Gottheiten, die zu siebt, acht oder neunt rechts und links von einer Halle aufgestellt sind, oder möglicherweise sogar sechzig Göttern Seite an Seite gegenüber.

Wer sind sie, und was hat es mit ihnen auf sich? Als ich Anfang der 1970er Jahre zum ersten Mal chinesische Tempel besuchte, hatte ich das Gefühl, als wäre ich in eine Welt eingetreten, zu der ich überhaupt keine Beziehung hatte. Nichts war vertraut oder wiedererkennbar. Ich wußte nichts von den Geschichten und Legenden hinter diesen wunderbaren Statuen. Im Laufe der Jahre bin ich mit dieser außergewöhnlichen Götterfamilie vertraut geworden und habe gelernt, sie an ihren Symbolen oder Haltungen wiederzuerkennen, und Geschichten von ihren Taten und Fähigkeiten gehört. Einem Hollywood-Epos gleich, haben chinesische Tempel unzählige Mitwirkende. Ich werde hier nur einige wenige der Schlüsselfiguren vorstellen, während weitere Informationen über manche andere in dem Abschnitt über Götter und Göttinnen zu finden sind.

## Der Ursprung der chinesischen Gottheiten

Bei den chinesischen Göttern handelt es sich gewöhnlich um historische Persönlichkeiten, die aufgrund allgemeinen Zuspruches vergöttlicht und später durch die Erlasse der herrschenden Kaiser auf Erden zu einem höheren Amt in der Götterhierarchie befördert wurden. Demgemäß wird das chinesische Pantheon selbst heute immer größer und läßt überaus klar und deutlich erkennen, wie menschlich es konstruiert ist. Nehmen wir zum Beispiel den Glücks- und Kriegsgott Guan Di (Kuan Ti), einen der beliebtesten aller Götter. Ich begegnete ihm zuerst als Schutzgottheit des lokalen Kung-Fu-Vereins in der Nähe meiner Unterkunft in Hongkong. Dann begann er mir überall aufzufallen – in Geschäftsschreinen, auf den Altären der Hausschreine von Freunden, sogar in den Zeitungen. Wer ist er also, dieser allgegenwärtigste aller Götter?

Guan Di begann sein Leben als historische Gestalt, als der Kämpfer und General Guan Yu, einer der drei Blutsbrüder, die im Mittelpunkt des historischen Abenteuerromans, eines der großen Romane Chinas, nämlich *Die Geschichte von den Drei Reichen (San Gou Zhi Yan I)*, stehen. Guan Yu lebte in den schwierigen Zeiten der ausgehenden Han-Dynastie ca. 220-280 n. Chr. und war ein absolut integrer Ehrenmann. Vielfältig und abwechslungsreich sind die Geschichten von seiner Größe, seiner Ehre, seinem Mut und seiner tugendhaften Rechtschaffenheit. Schließlich wurde er gefangengenommen, verraten und hingerichtet. Innerhalb weniger Jahrhunderte wurde er vom gewöhnlichen Volk als Gott verehrt, dem man vertrauen konnte und der sein Wort erfüllte und auf der Seite der Bedrängten und Unterdrückten kämpfte.

Während der darauffolgenden Jahrhunderte stieg Guan Yu im Rang immer weiter auf. 1102 verlieh ihm der Kaiser den Titel »König der militärischen Befriedigung« in Anerkennung des Kampfes durch Kriegsführung für Gerechtigkeit und Frieden, der sein Leben kennzeichnete.

Mit der Erhebung zum Großen Himmelskaiser durch Kaiser Wan Li 1594 erwarb er seinen offiziellen Titel Guan

Di (Di bedeutet himmlischer Kaiser). 1813 wurde ein Mord-anschlag auf Kaiser Chia Ching verübt. Die Mörder, die den Kaiser innerhalb seines Palastes zu töten versuchten, griffen seine Wohnquartiere an. Der Angriff schlug fehl, und hin-terher schworen die Wachen, sie hätten Guan Di selbst gesehen, der mit erhobenem Schwert am Eingang zu den kaiserlichen Gemächern gestanden und das Leben des Kaisers verteidigt hätte. Ebenso soll Guan Di 1856 während einer großen Schlacht gegen die Taiping-Rebellen, die ver-suchten, die Qing-Dynastie zu stürzen, am Himmel erschie-nen sein und eine himmlische Armee angeführt haben. So groß war die Dankbarkeit, die der Kaiser und der ganze Mandschu-Hof gegenüber Guan Di empfanden, daß sie in jeder Stadt Tempel ihm zu Ehren errichteten, und die orts-ansässigen Beamten angewiesen wurden, ihm einmal im Jahr Reverenz zu erweisen.

Aber lange bevor der Hof seinen Einfluß anerkannte, wurde Guan Di bereits vom gewöhnlichen Volk als Vertei-diger der Schwachen, der Armen und der Hilflosen gegen Unterdrücker verehrt und angebetet. In der Ikonographie steht er oft mit dem Schwert bewaffnet neben seinem treuen Pferd Rothase. Begleitet wird er von seinem Sohn Guan Bing, der das kaiserliche Siegel des Großen Kaisers trägt, und seinem treuen Diener Zhou Chang, der eine Hellebar-de hält.

Guan Di wird nicht nur als Gott des Krieges und der Ge-rechtigkeit in dieser Welt verehrt. Er zählt ebenfalls zu den mächtigsten Exorzisten, und kein Gespenst oder böser Geist kann seine Gegenwart ertragen, ob nun als Bildnis oder schauspielerisch auf der Bühne dargestellt. Zahlreiche Ge-schichten erzählen von seinen Kräften, von denen wenig-stens eine wiedergegeben werden soll.

Die Handlung von *Die Geschichte von den Drei Reichen*, die Schilderung der Kämpfe, in die Liu Bei, Cheng Fei und Gu-an Yu verwickelt werden, gehört zu den beliebtesten Themen des chinesischen Theaters und der chinesischen Oper. Folglich ist jede Wanderbühne mit Episoden aus Guan Yus Leben vertraut.

Eines Tages, als eine Gruppe berühmter Schauspieler in Beijing ein Stück einstudierte, tauchte ein junger Mann mit einer Einladung auf. In dieser von einer jungen Frau vornehmer Herkunft geschickten Einladung wurden die Schauspieler gebeten, dem Diener zu folgen und an einer großen Party teilzunehmen, die in einer Villa bei Beijing stattfinden sollte. Immer Ausschau nach ein paar zusätzlichen Münzen haltend, willigten die Schauspieler ein und folgten dem Diener, der sie aus der Stadt heraus in die nahegelegene ländliche Gegend führte.

Es war abends, als sie die Villa erreichten. Ein Stück von der Straße zurückgesetzt, funkelte sie von Lichtern und war mit Leuten gefüllt, die alle jung, glücklich und sehr erfreut über ihr Zusammensein zu sein schienen. Kaum waren die Schauspieler eingetreten, führte ein anderer Diener sie an die Seite und teilte ihnen mit, seine Herrin habe angeordnet, sie dürften nur Liebeslieder vortragen und romantische Liebesszenen spielen. Unter keinen Umständen sollten sie eine Episode darstellen, in der ein Gott oder eine Göttin vorkäme, und ganz besonders keine Szene mit Guan Di.

Damit einverstanden und in Vorfreude auf einen angenehmen Abend, denn der Wein floß in Strömen, und Speisen waren reichlich vorhanden, begannen die Schauspieler mit ihrer Vorführung. Natürlich fanden die Zuschauer Gefallen an ihren Darbietungen und verlangten ständig mehr. Zuerst dachten die Schauspieler, daß man ihnen bald etwas zu essen und zu trinken anbieten würde. Aber als der Abend fortschritt, sahen sie sich gezwungen, ihre Kunst unentgeltlich darzubieten. Wann immer sie innehielten, wurden sie aufgefordert weiterzumachen. Wann immer sie sich nach Speisen und Getränken erkundigten, wurden sie auf später vertröstet.

Als schließlich die Nacht auf den Morgen zuging, waren die Schauspieler völlig erschöpft und sehr verärgert. Schließlich beschlossen sie, Rache an ihrer Gastgeberin zu üben, indem sie ihre Bitte mißachteten und eine Episode aus dem Leben Guan Dis spielten. Kaum war der Schauspieler mit dem unverwechselbaren roten Gesicht und dem Vollbart des Guan Di auf der Bühne erschienen, als sich vor ihren Augen der Ort der Handlung veränderte. Verschwunden waren die Feiernden, verschwunden waren die Speisen und die Getränke, verschwunden waren die strahlenden Lichter, verschwunden war selbst das Haus. Zu ihrer Überraschung und großen Bestürzung fanden sich die Schauspieler auf einem frischen Grab stehen. Als sie die Grabinschrift lasen, wurde ihnen klar, daß sie von dem Geist einer jungen Frau, die erst kurz zuvor gestorben war, zur Darstellung angelockt worden waren. Offenbar hatten sie die Geister von jungverstorbenen Menschen unterhalten, und ohne Guan Dis Einmischung wären sie vielleicht niemals ihren Klauen entronnen.

Ich möchte Ihnen jetzt eine Auswahl meiner Lieblingsgötter vorstellen. Es sind solche, die man in allen wichtigen chinesischen Tempeln sehen kann und gelegentlich sogar die Wände oder Regale chinesischer Restaurants oder Wohnungen im Westen zieren. Für mich liegt die Hälfte des Vergnügens bei dem Besuch chinesischer Tempel darin, alten göttlichen Freunden, vertrauten Gestalten in einer sich ewig entfaltenden Erzählung zu begegnen. Der Geruch alten Holzes, die Schichten von Weihrauchruß, die durch den Ruß unzähliger verbrannter Kerzen und Räucherstäbchen entstandene Dunkelheit, all das trägt zu einer der sinnträchtigsten Atmosphären bei, die man sich vorstellen kann. Und fast immer trifft man überraschend auf neue Gottheiten, lokale Götter und Göttinnen, die oft nur in einem bestimmten Bezirk bekannt sind. Auch wenn ich hier nur einige erwähnen kann, gehören sie vielleicht zu den interessantesten, denn oft stellen sie die Überreste sehr alter Glaubenssysteme dar, die schon lange vor dem Aufkommen des Daoismus, Buddhismus oder Konfuzianismus existierten.

## Türwächter

Der Eingang zu einem buddhistischen oder daoistischen Tempel wird gewöhnlich von grimmigen Gestalten mit drohend schwingenden Waffen bewacht oder von Gottheiten der früheren schamanistischen Kulte der Gegend, die in das buddhistische oder daoistische Pantheon aufgenommen wurden. Beispielsweise am Baogua-Tempel auf dem Emei Shan in Sichuan, einem der vier heiligen Berge des Buddhismus, der in einer für seinen frühen Schamanismus und Daoismus berühmten Gegend liegt, stellte ich fasziniert fest, daß es sich bei den Schutzgottheiten in den Schreinen vor dem Haupttor um Götter aus dem alten Königreich Shu, ca. 400 v. Chr., handelt. Dieser prä-daoistische, schamanistische und einheimische Glaube wird durch den Erdgott des Königreiches Shu zur Rechten (wenn man vor dem Haupteingang steht) und dem Drachenkönig zur Linken verkörpert. Beide sind einzigartig und bezeichnend für diese Gegend und repräsentieren den älteren lokalen Glauben, der praktiziert wurde, bevor sich der Buddhismus auf dem Emei Shan etablierte und bei seiner Machtübernahme die früheren daoistischen Tempel und Klöster verdrängte.

Meistens findet man entweder zwei oder vier Wächter vor. Falls es nur zwei sind, handelt es sich wahrscheinlich um Generäle, wie etwa General Zhou, Wächter des Ostens, der von General Zhu, dem Roten General, oder General Ji begleitet wird. Sie tragen traditionelle Rüstungen, deren Brustharnische oft mit grimmigen Gesichtern versehen sind, und sind mit Hellebarden, Speeren und langen Schwertern bewaffnet. Ihre Gesichter können rot und grün angemalt sein. Zuweilen trägt einer von ihnen einen Donnerkeil und der andere eine Keule. Einer hat den Mund geöffnet, um das Yang-Prinzip darzustellen, während der andere ihn geschlossen hat, womit Yin symbolisiert wird. Diese beiden Figuren trifft man in daoistischen Tempeln am häufigsten an.

Der Brauch, Türgötter zu haben, geht, wie die Legende behauptet, auf ein tatsächliches Ereignis Mitte des siebenten Jhs. n. Chr. zurück. Der Kaiser zu der Zeit wurde von bösen Geistern belästigt, die nachts in sein Schlafzimmer eindrangen und ihn die ganze Nacht mit Angst wachhielten. Eine Woche nach der anderen verstrich, ohne daß der Kaiser nachts ein Auge zutun konnte, und der Lärm und die Angst, die diese Geister verursachten, machten ihn fast wahnsinnig. Eines Tages erboten sich zwei Generäle seiner Leibwache, Zhou und Zhu, in voller Rüstung vor seiner Schlafzimmertür Wache zu halten und die bösen Kräfte zu verscheuchen. Das funktionierte solange, bis die bösen Geister einen anderen Weg ins Schlafzimmer entdeckten. So nahm ein dritter General, Ji, seinen Dienst auf, und der Kaiser konnte endlich wieder tief und fest schlafen. Doch jetzt mußten die drei Generäle jede Nacht Wache stehen, weil sonst die Dämonen zurückkamen. Nach einem Monat schlafloser Nächte machte sich der Kaiser Sorgen um ihre Gesundheit und ließ lebensgroße Skulpturen – oder in einigen Erzählungen Gemälde – von ihnen anfertigen und vor den Eingängen aufstellen.

Bis auf den heutigen Tag sieht man in vielen Dörfern und Städten Chinas die beiden Wachsoldaten als bunten Druck rechts und links vor dem Haus- oder Geschäftseingang. Der Brauch, sich mit Hilfe dieser zwei Generäle vor Unheil zu schützen, ist sehr fest verankert, und während der dritte General gewöhnlich nicht in Anspruch genommen wird, kann man in buddhistischen und daoistischen Tempeln oft diese beiden und gelegentlich alle drei im Dienst sehen.

## Die vier Himmelskönige

In den meisten buddhistischen Tempeln findet man vier überaus drohend dreinblickende Türgötter von oft gewaltiger Größe. Wenn es vier sind, handelt es sich um die Vier Himmelskönige, die Lokapalas, deren Aufgabe es ist, den Tempel von allen Richtungen zu beschützen. Jedem ist ein eigenes Symbol zugeordnet.

- Der Himmelskönig des Ostens, Dong Fojiao Denggao Gangshen Yi – in Sanskrit auch als Dhrtarastra bekannt – hält einen Schirm.
- Der Himmelskönig des Südens, Nan Denggao Gangshen Er – auch bekannt als Viirudhaka – hat eine Schlange in der rechten Hand.
- Der Himmelskönig des Nordens, Bei Denggao Gangshen San – Dhanada – hält ein lautenähnliches Musikinstrument.
- Der Himmelskönig des Westens, Xi Denggau Hangshen Si – Virupaksa – trägt ein Schwert.

Mit den Himmelskönigen der Vier Himmelsrichtungen (es gibt tatsächlich noch einen fünften, für die Mitte, der mit heiligen Bergen assoziiert wird) übernahmen die Buddhisten die Bedeutung der heiligen Richtungen und Beschützer aus dem traditionellen chinesischen Glaubenssystem. Schon aus der Shang-Dynastie liegen Aufzeichnungen über Götter der fünf Himmelsrichtungen vor, und ursprünglich bezogen sich die fünf daoistischen heiligen Berge auf die fünf Richtungen.

# Symbole und Zeichen der Götter Chinas – eine Kurzübersicht

Dieses Verzeichnis über die wichtigsten Götter mit ihren Zeichen, Symbolen und Darstellungsformen soll helfen, sich in chinesischen Tempeln besser zurechtzufinden. Umfassende Einzelheiten und Geschichten in Zusammenhang mit jedem dieser Götter sind in Kapitel 3 bis 5 oder im Anhang über Niedere Gottheiten angeführt.

### *Buddhas*

Amitabha Buddha. Bildet den Mittelpunkt einer Dreiergruppe mit Guan Yin, dem Bodhisattva der Barmherzigkeit, zu seiner Linken und Dai Shi Zhi – Mahasthamaprapta – zu seiner Rechten.

Dreiheit von Buddhas. Im Mittelpunkt aller buddhistischen Tempel stehen drei große, fast identische Statuen. Sie können den Buddha der Vergangenheit, dessen Hände im Schoß ruhen, den Buddha der Gegenwart, Sakyamuni, der mit einer Hand auf den Boden zeigt, und den Buddha der Zukunft, Maitreya Buddha, mit erhobener Hand in Lehrpose darstellen. Diese Handstellungen findet man auch bei einer anderen Dreiheit, den Drei Weißen Buddhas: Yao Shi Fo, der heilende Buddha; Sakyamuni; Amitabha Buddha.

Gautama Siddhartha. Siehe *Sakyamuni.*

Maitreya. Zukünftiger Buddha, Mi Lo Fa. Wird gewöhnlich als dickbäuchiger, fröhlicher, glatzköpfiger Mann mit einem erhobenen Knie sitzend dargestellt. Manchmal ist er von fünf Kindern umgeben. Er hält einen Hanfsack und eine Gebetskette. Auch streng dreinblickend dargestellt, mit herabhängenden Beinen sitzend anstatt im Lotossitz. Zuweilen von Löwen umgeben und eine Vase, ein Rad und eine Lotosblume haltend.

Sakyamuni, der historische Buddha, Gautama Siddhartha. Manchmal halbverhungert bei seinem Streben nach Erleuchtung dargestellt. Manchmal liegt er auf der Seite und stützt seinen Kopf auf eine Hand – in der sogenannten Parinibbana-Haltung. Ist oft als mittlere Figur der drei Hauptstatuen in seiner Eigenschaft als der Buddha dieses Zeitalters zu sehen. Seine Hand berührt den Boden. Gelegentlich symbolisch durch einen Fußabdruck oder ein Rad dargestellt.

### *Bodhisattvas*

Di Zang, Kshitigarbha, Bodhisattva der Hölle und der Toten. Fast kahler und außergewöhnlich hoher Schädel. Trägt einen mit sechs Ringen versehenen Stock.

Guan Yin, Bodhisattva des Mitgefühls, buddhistisch. Wahrscheinlich die meistverbreitete buddhistische Statue und die einzige bedeutende Frau, die in der buddhistischen Ikonographie Chinas vertreten ist. Aufgrund dessen ist sie leicht zu erkennen! Ihre wichtigsten Erscheinungsformen sind:

- eine Gebetskette und eine Vase haltend und mit einem über ihrem Kopf fliegenden Vogel. Manchmal von einem Jungen und einem Mädchen begleitet, vielleicht mit einem Drachen unter ihrem Sitz.
- eine weiße Statue der Göttin mit fließenden Roben oder mit einem erhobenen Knie sitzend, gewöhnlich eine Gebetskette, eine Vase oder ein Buch haltend.
- ein Kind im Arm haltend.
- vor einer Weide sitzend oder stehend oder mit einem Weidenzweig in der Hand.
- mit zwei anderen ›Buddhas‹ die wichtigste Dreiheit bildend, entweder neben Sakyamuni oder Amitabha Buddha sitzend.

- mit vielen Armen, und in jeder Handfläche trägt sie ein Auge. Das ist die tausendarmige, tausendäugige Guan Yin, und gelegentlich weist sie genau so viele, aber gewöhnlich etwa dreißig bis vierzig Arme auf, von denen jeder ein Symbol hält.
- Guan Yin der Meere, auf Wellen reitend.
- mit einem Pfau.
- in voller Rüstung und Speere, Schwerter und andere Waffen haltend.

Manjushri. Siehe *Wen Shu.*

Samantabhadra, Pu Xian oder Pu Sa, Bodhisattva der Vollkommenheit, buddhistisch. Reitet auf einem Elefanten.

Wen Shu, Bodhisattva, Manjushri, buddhistisch. Sitzt auf einem Lotos, der sich inmitten auf dem Rücken eines aufrecht stehenden Löwen befindet. Hält ein Schwert und ein Buch und manchmal nur einen blauen Lotos.

### *Götter*

Erdgötter, Volksreligion, konfuzianisch und daoistisch. Alter Mann mit Stab und Goldbarren.

Guan Di, Gott des Krieges und der Literatur, daoistisch und konfuzianisch. Sehr beliebt. Trägt einen starken schwarzen Bart, über den er mit einer Hand streicht, und ist oft mit einem Schwert oder einer Hellebarde bewaffnet. Trägt alte Rüstung. Wird sitzend mit Pferd und seinem Sohn, der das Kaiserliche Siegel hält, an seiner Seite dargestellt.

Himmelskönige, Vier. Siehe *Vier Krieger-Türgötter.*

Kinder, Gott der. Siehe *Zhang Xian.*

Kriegergötter, Vier. Siehe *Vier Krieger-Türgötter.*

Küchengott, Volksreligion und daoistisch. Wird sitzend dargestellt, oft mit einer Katze und einem Hund daneben.

Langlebigkeit, Glückseligkeit und Reichtum, Götter von: Volksreligion und Daoismus. Gewöhnlich zusammen als drei alte Männer dargestellt; der Gott der Langlebigkeit hat einen kahlen, außergewöhnlich hohen Schädel und hält einen Stab und einen Pfirsich in der Hand; der Gott des Reichtums trägt einen Flügelhut; der Glücksgott hält manchmal ein Buch in der Hand.

Literatur, Gott der: Wen Chang, daoistisch und konfuzianisch. In offizieller Tracht gekleidet und von zwei Figuren begleitet, von denen einer verunstaltet aussieht und der andere in Rot gekleidet ist.

Medizin, Gott der. Siehe *Yao Wang.*

Sechzig-Jahre-Götter, Volksreligion, konfuzianisch und daoistisch. Jeder Raum mit sechzig Göttern, die alle ziemlich gleich aussehen, muß das Zuhause der Götter des 60-Jahre-Zyklus des chinesischen Kalenders sein.

Sonne und Mond, Gott und Göttin von. Der Sonnengott ist mit Köcher und Bogen und dem Zeichen eines Rabens versehen. Die Mondgöttin trägt das Zeichen eines Hasen.

Türwächter/-götter. An normalen Häusern zwei bewaffnete Krieger – General Zhou und Zhu, Volksreligion und konfuzianisch. Zwei Gottheiten direkt am Tor zu daoistischen Tempeln – Blauer Drachen und Weißer Tiger.

Vier Krieger-Türgötter – die Vier Himmelskönige, buddhistisch. Sie tragen alte Rüstungen und führen ihre Attribute Schirm, Schlange, Laute und Schwert bei sich.

Yao Wang, Gott der Medizin, daoistisch und buddhistisch. Stehend oder sitzend, mit einem Drachen, der ihm etwas ins Ohr flüstert, und zwei Gehilfen, die Behälter tragen.

Zhang Xian, daoistisch, Gott der Kinder. Alter Mann, der mit einem Pfeil auf einen Hund am Himmel zielt.

## Sonstige

Acht Unsterblichen, Die, daoistisch. Gewöhnlich als Gruppe dargestellt, obwohl manche von ihnen eigene Schreine haben. Eine Frau, ein Transvestit und sechs Männer, oft in einem Boot oder auf einer Brücke. Siehe Kapitel 5 für weitere Einzelheiten.

Apsaras, buddhistisch. Engelartige Wesen.

Bodhidharma, buddhistisch. Berühmter Mönch von sehr grimmigem, wildem Aussehen, mit buschigen Augenbrauen und Bart. Wird oft einen Fluß auf einem Schilfrohr überquerend dargestellt.

Deva-Könige, Zwölf. Siehe *Zwölf Deva-Könige.*

Drei Reinen, Die, daoistisch. Diese sind die drei großen Statuen in daoistischen Tempeln und verkörpern:

- Den Himmlischen Ehrwürdigen vom Uranfang, den Himmlischen Ehrwürdigen des Ling Bao und den Himmlischen Ehrwürdigen des Höchsten Dao, womit Lao Zi gemeint ist. Abgesehen von Lao Zi, der einen langen weißen Bart trägt, sehen sich die anderen sehr ähnlich, ausdruckslos und riesengroß.

- Den Ursprünglichen, den Gelben Kaiser und Lao Zi. Der Gelbe Kaiser ist gewöhnlich in offizieller kaiserlicher Tracht gekleidet und trägt einen flachen, viereckigen Hut mit herabhängenden Perlenschnüren. Kann mit dem Jade-kaiser oder dem Gott von Tai Shan verwechselt werden.

- Den Jadekaiser, das Himmlische Wesen der Jadedämmerung und das Goldene Tor.

Fu Xi, konfuzianisch und daoistisch. Erster Herrscher auf Erden. Manchmal mit seiner Schwester Nu Gua halb schlangenartig und halb menschlich dargestellt. Wird er allein abgebildet, hält er gewöhnlich eine Tafel mit acht Trigrammen in der Hand und blickt wild drein.

Gelber Kaiser, daoistisch und konfuzianisch. Manchmal einen Streitwagen in Form eines Kompasses lenkend dargestellt, der von einem Drachen gezogen wird, auf anderen Abbildungen reitet er auf dem Drachen.

Große Jünger, Zehn. Siehe *Zehn Große Jünger.*

Hölle, Zehn Könige der. Siehe *Zehn Höllenkönige.*

Jadekaiser, daoistisch. Auf dem Drachenthron sitzend, in voller offizieller Tracht und mit dickem, schwarzem Bart in Spatenform und flachem viereckigem Hut, von dem Perlenschnüre herabhängen.

Königinmutter des Westens, daoistisch. Statuenhaft, trägt eine seltsame Krone. Gewöhnlich mit zwei Mädchen dargestellt, die eine trägt einen Fächer und die andere einen Korb mit Pfirsichen. Manchmal fliegt sie auf einem Kranich. Fährt sie einen Wagen, wird dieser von einem Hirsch oder weißen Drachen gezogen.

Lao Zi, daoistisch. Wird er allein dargestellt, reitet er auf einem Ochsen. Er hat lange buschige Augenbrauen und ist kahlköpfig. Oft hält er ein Buch in der Hand. Manche Abbildungen zeigen ihn sitzend und einen Fächer haltend.

Li Nuo Zha, daoistisch. Ein Heldengott, wird auf einem Spinnrad oder Ringen stehend und einen aufblitzenden Metallring und einen langen Speer haltend dargestellt. Sein Haar trägt er in zwei seitlichen Knoten, und er sieht jugendlich aus.

Li Tie Guai, daoistisch. Einer der Acht Unsterblichen. Er ist verkrüppelt und geht an einer Krücke.

Lohans, achtzehn, buddhistisch. Achtzehn Mönche, alle glatzköpfig und mit seltsamen Gesten. Gewöhnlich stehen sie in Neunergruppen rechts und links von Hauptstatuen. Siehe Anhang über Niedere Gottheiten für Symbole und Erscheinungsform.

Lu Dong Bin, daoistisch. Einer der Acht Unsterblichen, aber auch berühmt als Medizingott. Er trägt sein Schwert auf den Rücken geschnallt und hat einen Fliegenwedel.

Ma Ni Li, daoistisch. Eine Form der Mutter des Scheffels, auch bekannt als Himmelskönigin. Kann acht oder sechzehn Arme und drei Köpfe haben. Reitet auf einem Schwein, und eines ihrer Gesichter ist schweineartig. Lenkt sie einen Streitwagen, wird dieser von Schweinen gezogen, da sie gleichfalls die Sonne verkörpert, die am Himmel dahinzieht.

Manjushri. Siehe *Wen Shu* (Bodhisattva).

Mutter des Scheffels, daoistisch. Wird mit acht Armen und manchmal vier Köpfen dargestellt. Hält die Sonne und den Mond über ihren Kopf beziehungsweise ihre Köpfe.

Reinen, Drei. Siehe *Drei Reinen, Die.*

Sheng Nong, konfuzianisch und daoistisch. Erster Bauer, trägt Blätter am Körper und hält einen knospenden Stab in der Hand.

Unsterbliche, Acht. Siehe *Acht Unsterblichen, Die.*

Wei Tou, buddhistisch. Anführer von 32 Generälen, die Klöster verteidigen, man findet ihn in der ersten Halle oder am ersten Tor stehend, in Rüstung gekleidet, mit einem langen Schwert, das er sich über die Brust hält, während seine Hände zum Gebet zusammenliegen.

Xu Kong Zang – Akasagarbha, buddhistisch. Essenz der Welt, Abbildungen zeigen ihn die Sonne auf einem Lotos haltend, der hinter seiner Schulter wächst, kann männlich oder weiblich sein.

Xuan Zang, buddhistisch. Historische Figur, ein Mönch, der nach Indien reiste, um Schriften zu sammeln. Er trägt ein Mönchsgewand und hat vier Begleiter, einen Affen, ein Schwein, ein riesiges Ungeheuer mit einer Kette, an der Schädel hängen, und sein weißes Pferd. Der Affe hält oft einen langen Stock und das Schwein einen Rechen.

Zehn Große Jünger, buddhistisch. Mönche mit jeweils eigenem Symbol, siehe Anhang über Niedere Gottheiten.

Zehn Höllenkönige, buddhistisch und daoistisch. Thronend, gewöhnlich mit Gefolge und als Zeichen ihrer Autorität Tafeln haltend. Sie können in Begleitung des ochsen- und pferdegesichtigen Gottes sein, die leicht zu identifizieren sind!

Zhang Dao Ling, daoistisch. Begründer des magischen Daoismus. Mit einem Schwert und gewöhnlich auf einem Tiger reitend dargestellt. Trägt langen, schwarzen Bart und hat einen grimmigen Gesichtsausdruck.

Zhang Guo Lao, daoistisch. Einer der Acht Unsterblichen, Abbildungen zeigen ihn gewöhnlich verkehrtherum auf einem Esel reitend und ein seltsames Musikinstrument mit langen Pfeifen haltend.

Zwölf Deva-Könige, buddhistisch. Verkörpern die Himmelsrichtungen und Elemente, jeder mit einem eigenen Symbol, siehe Anhang über Niedere Gottheiten.

# 4
# Die Heiligen des Buddhismus

Die zwei folgenden Kapitel befassen sich mit verschiedenen Schlüsselgottheiten innerhalb der jeweiligen Glaubensrichtung, eine Art Stammbaum des Göttlichen, wenn man so will. Es ist wichtig, sich ins Gedächtnis zurückzurufen, daß für den normalen Gläubigen in China diese Gottheiten nicht aufgrund des besonderen Glaubenssystems, dem sie angehören, von Bedeutung sind, sondern wegen ihrer Kräfte und Attribute. Die meisten Familienschreine weisen eine Mischung von Gottheiten aus mindestens zwei Glaubenssystemen auf, wenn nicht mehr.

## Der zukünftige Buddha

Überall in der chinesischen Welt ist die lustig aussehende Figur eines dicken, schmerbäuchigen, glatzköpfigen, alten Mannes mit breitem Grinsen erhältlich; es ist der Lachende Buddha, wie er oft genannt wird. In Tempeln sitzt er gewöhnlich in der Mitte der Eingangshalle auf ausladende Weise auf einem Kissen. Das ist Mi Lo Fa, der Buddha der Zukunft, Maitreya. An einem solchen Standort wird er immer von den vier Himmelskönigen begleitet. Maitreya Buddha ist der Buddha, der kommen wird, wenn 5 000 Jahre nach dem historischen Buddha, Sakyamuni, verstrichen sind; dann wird er von seinem Königreich des Zukünftigen Paradieses, Tushita, herniedersteigen und der Welt Frieden und Harmonie bringen.

Maitreya hat eine fast so einschneidende Veränderung in China erfahren wie Guan Yin. Ursprünglich zeigten die Statuen einen ernsten Maitreya. Dabei wird er als Sakyamunis Nachfolger dem historischen Buddha im Aussehen oft sehr ähnlich, sehr menschlich dargestellt. Das unterscheidende Merkmal ist, daß Maitreya immer wie ein Europäer dasitzt, seine Beine hängen vom Sitz herab und sind nicht gekreuzt wie bei den meisten Buddhas. Abbildungen zeigen ihn oft auf einem von Löwen gestützten Thron sitzend und zwei Symbole haltend – eine Vase und das Rad der Wahrheit. Diese können auf langstieligen Blumen ruhen, die er so hält, daß Vase und Rad sich auf Kopfhöhe befinden. In seinem Haar trägt er eine Stupa.

Wie wurde dieser ernste Buddha zu dem dicken lachenden Buddha, der die Besucher des Tempels empfängt? Anscheinend liegt hier ein klarer Fall von Übernahme vor. In der Überlieferung heißt es, daß im zehnten Jh. n. Chr. ein Mann von einer solchen wohlbeleibten Gestalt und Herzlichkeit in China lebte. Offenbar vermochte er das Wetter vorauszusagen und schien blind gegen alle Unannehmlichkeiten zu sein. Immer fröhlich aufgelegt, liebte er die Gesellschaft von Kindern. Spaßend pflegte er sich als Mi Lo Fa, den Zukünftigen Buddha, zu bezeichnen, und irgendwie blieb das haften. Als er starb, nahmen die Geschichten zu, daß er tatsächlich Maitreya gewesen sei, der in der Gestalt eines dicken Narren in der Welt herumgewandert sei, um zu sehen, ob die Zeit reif sei für seine zukünftige Herrschaft von Frieden und Harmonie. Angesichts dessen, daß er vor 1000 Jahren lebte, schloß er vermutlich, daß das nicht der Fall sei, und so bleibt der Zukünftige Buddha eine Hoffnung auf eine noch kommende bessere Welt.

Mi Lo Fa hält immer eine Gebetskette in der Hand, und jede Gebetsperle stellt einhundert Jahre dar und steht für sein Warten auf die zukünftige Zeit, in der er erscheinen wird. Ferner trägt er einen Hanfbeutel, und in diesen soll der dicke Mann aus dem zehnten Jh. alle Geschenke gesteckt haben, die er erhielt. Einigen zufolge ist es außerdem der Beutel, der das ursprüngliche Qi (Ch'i), den Uratem der Schöpfung, enthält, den er trägt, um der Welt neues Leben zu bringen. Diese Ansicht verdeutlicht die Art und Weise, auf die der Buddhismus versuchte, ältere chinesische philosophische und kosmologische Ideen in sich aufzunehmen. Wegen dieses kennzeichnenden Hanfbeutels wird er manchmal auch der Hanfbeutel-Buddha genannt.

Auf diese Weise wird Maitreya Buddha heute gewöhnlich dargestellt, und üblicherweise werden Kinder hochgehoben, damit sie auf seinem Schoß sitzen können. Zu seiner unverwechselbaren Haltung mit erhobenem Knie, das seinen dicken Bauch fast stützt, und dem bis zur Hüfte nackten Oberkörper, kommen manchmal fünf Kinder hinzu, die über ihm klettern, während er lacht. Ich erkundigte mich bei einer chinesischen buddhistischen Freundin, Chang Wai Ming, nach der Bedeutung dieser Kinder. Sie erklärte mir, daß die fünf Kinder die fünf Religionen der Welt symbolisieren – der chinesischen Definition gemäß sind es Daoismus, Konfuzianismus, Buddhismus, Islam und Christentum –, und wenn diese fünf Religionen alle zusammenarbeiten können, wird der Zukünftige Buddha kommen, um in Frieden und Harmonie zu herrschen.

### Die Bodhisattvas Wen Shu und Wei Tou

Unmittelbar hinter dem Zukünftigen Buddha befindet sich gewöhnlich eine von zwei Statuen, entweder Wen Shu, Manjushri, der Bodhisattva der Weisheit, oder Wei Tou, in Sanskrit als Skanda bekannt, der Beschützer der buddhistischen Klöster und Hauptgeneral der 32 Generäle unter dem Kommando der Vier Himmelskönige. In voller Rüstung gekleidet, das Haar zu einem Wulst zusammengefaßt, trägt er ein langes Schwert, das gewöhnlich über seiner Brust liegt und von seinen Händen und Armen, die in der Gebetshaltung zusammengelegt sind, gestützt wird. Immer wird er stehend und oft in Lebensgröße dargestellt. Er stärkt allen Hauptstatuen in der Mitte eines buddhistischen Tempels den Rücken. Sobald man das Hauptbildnis in einer Tempelhalle gefunden hat, trifft man an seiner Rückseite auf Wei Tou – Skanda.

Wen Shu, Manjushri, dagegen sitzt gewöhnlich mitten auf dem Rücken eines aufrecht stehenden Löwens. Der Legende nach einer Lotosblume entsprungen, ruht er meistens auf einer, die sich auf dem Löwenrücken befindet, und hält in einer Hand ein Schwert und in der anderen ein Buch. Mit dem Schwert durchtrennt er Unwissenheit, und das Buch ist die Abhandlung über Transzendente Weisheit. Er kann auch mit dem Schwert und einem blauen Lotos dargestellt sein, dem Symbol der Lehren Buddhas, oder manchmal nur mit dem Lotos.

Oft findet man Wen Shu, Manjushri, neben Sakyamuni und gegenüber dem Pu Xian, Samantabhadra, dem Bodhisattva der Vollkommenheit, den man an der Keule in seiner Hand erkennt. Samantabhadra steht manchmal im Hintergrund der Sakyamuni-Figuren und bewacht ihn oder Guan Yin. Die berühmteste Darstellung von Samantabhadra zeigt ihn auf seinem typischen Reittier, einem Elefanten, und ist die große 979 n. Chr. gegossene Bronzeskulptur, die sich in der ungewöhnlichen Ziegelhalle des Wannian-Tempels, Tempel der Zehntausend Jahre, auf dem Emei Shan befindet. Tatsächlich ist der ganze Berg diesem Bodhisattva geweiht, der der Schutzherr all jener ist, die an das Lotos-Sutra (s. S. 82 und Abschnitt über den Emei Shan S. 265-270) glauben.

Dem Lotos-Sutra sind wir bereits in der Geschichte von Guan Yin begegnet. Um den populären Buddhismus in China verstehen zu können, muß man die Anziehungskraft des Lotos-Sutra, des Sutra des Reinen Landes, und die Welten des Mitgefühls und der Barmherzigkeit, die sie dem normalen Gläubigen verheißt, verstehen.

Der Name »Reines Land« rührt von dem Grundlagentext der Schule her, dem Sukhavativyuha – Sutra des Reinen Landes. Im Mittelpunkt dieses Textes (von diesem Sutra existiert eine kurze und eine lange Version) steht ein Gespräch, das zwischen Sakyamuni Buddha – dem historischen Buddha –, und seinem Lieblingsschüler Ananda stattgefunden haben soll. In diesem wunderbaren Gespräch erzählt Sakyamuni Buddha von einem Mönch namens Dharmakara, der Tausende von Jahren zuvor gelebt hat. Zu der Zeit lebte ein früherer historischer Buddha (im chinesischen Buddhismus glaubt man, daß es viele historische Buddhas gab, von denen jeder in seinem eigenen Zeitalter erschienen ist), den Dharmakara besuchte. Dharmakara bat diesen Buddha um eine Beschreibung der vollkommenen Buddhawelt und des vollkommenen Buddha, der über eine solche Welt herrschen könnte. Nachdem er sich die Beschreibung angehört hatte, beschloß Dharmakara, nach einer solchen Vollkommenheit zu streben, auch wenn es unzählige Leben dauern würde, um dieses Ziel zu erreichen, und schließlich wurde er

121

als der Buddha der ersehnten vollkommenen Buddhawelt wiedergeboren.

In dem Sutra wird weiter geschildert, wie der Mönch vor unzähligen Zeitaltern dieses Gelübde ablegte und schließlich nach unvorstellbar vielen Leben sein Ziel erreichte und als der Herrscher der Buddhawelt der Glückseligkeit, des Reinen Landes, geboren wurde. Dieses Reine Land liegt im Westen und wird oft das Westliche Paradies genannt. Hier herrscht eine der populärsten Figuren der chinesischen buddhistischen Welt, Amitabha Buddha – der Mönch Dharmakara, schließlich wiedergeboren in seiner gewünschten Rolle des Herrschers über das Paradies. In dieses Paradies führt Amitabha Buddha all jene, die gemäß der langen Version des Lotos-Sutra an Amitabhas erlösende Kräfte glauben und Gutes tun, während es nach der kürzeren Version reicht, an die Macht des Amitabha Buddha, sie zu erlösen, zu glauben.

Das Lotos-Sutra erzählt, wie der Buddha einen Vortrag hält und erläutert, wie jene in Aufruhr und Zwist von mitfühlenden Bodhisattvas befreit werden können. Ein Bodhisattva ist jemand, der die Stufe einer solchen Vollkommenheit und Auslöschung des Karma erreicht hat, daß er wählen könnte, nicht mehr wiedergeboren zu werden, sondern in den Zustand des Nichts – Nirvana – einzugehen. Aber statt dessen zieht er es vor, seine unermeßlichen Reserven an karmischem Verdienst einzusetzen, um bei der Erlösung der Leidenden zu helfen.

Ich wurde in die wunderbaren Vorstellungen von den Bodhisattvas durch eine chinesische Freundin eingeführt, deren ganzes Leben eine Widerspiegelung der Suche nach einem Sinn inmitten schwerwiegender körperlicher wie auch seelischer Probleme war. Eine gequälte Seele, war sie das Opfer vieler Ängste und Befürchtungen, die sie mehrmals gefährlich nahe an einen psychischen Zusammenbruch brachten. Der Glaube an Guan Yin und das mitfühlende

Wesen der Bodhisattvas war es, der sie als fromme Buddhistin davor bewahrte. Für sie waren die folgenden Worte alles, was zwischen der völligen Angst vor der Zukunft und dem Leben lag:

Ein Bodhisattva beschließt: Ich nehme die Last allen Leidens auf mich. Ich bin dazu entschlossen. Ich werde es aushalten. Ich werde mich nicht abwenden oder weglaufen ...

Um jeden Preis muß ich die Lasten aller Wesen tragen insofern, daß ich meinen eigenen Neigungen nicht nachgehe. Ich habe das Gelübde abgelegt, alle Wesen zu erlösen. Alle Wesen muß ich befreien. Die ganze Welt der lebenden Wesen muß ich vor den Entsetzen der Geburt, des Alters, der Krankheit, des Todes und der Wiedergeburt, aller Arten von moralischen Vergehen, aller Zustände der Not, des ganzen Zyklus von Geburt und Tod, des Dschungels falscher Ansichten retten ...[10]

Dieses Zitat zusammen mit Kapitel 25 des Lotos-Sutra, das zum Teil auf S. 77 wiedergegeben wird, bewahrte meine Freundin vor der völligen Verzweiflung. Und sie steht nicht allein da. Die Idee von dem allrettenden Amitabha Buddha oder den mitfühlenden Bodhisattvas wie Guan Yin ist heute genauso zentral wie im siebten bis achten Jh., als ihre Bedeutung in China wuchs. Ihre Darstellungen sind im ganzen Land zu finden, von den großen Tempeln bis hin zu den Abbildungen, die in Taxis am Rückspiegel baumeln. Wenn man je von einem chinesischen Taxifahrer chauffiert wurde, wird man das Bedürfnis nach Barmherzigkeit verstehen!

---

[10] Sikshasamuccaya, *Vajradhvaja-Sutra*.

Oft ist es schwierig, in den Tempeln die einzelnen Gottheiten genau zu bestimmen. In einem buddhistischen Tempel jedoch sitzen normalerweise die Bodhisattvas und die Buddhas des Westlichen Paradieses oder des Zukünftigen Paradieses links und rechts von dem historischen Buddha, Sakyamuni. Die Dreiheiten aus großen Statuen beherrschen die zentrale Halle buddhistischer Tempel und scheinen auf dem ersten Blick identisch zu sein. Gewöhnlich bemalt oder vergoldet, sind sie Muster an Klarheit und Ausdruckslosigkeit. Manche können zehn Meter hoch oder noch höher sein, wie beispielsweise die prachtvolle neue Dreiheit im Tempel der Zehntausend Buddhas in Shatin, Hongkong, die restaurierte Dreiheit im Tanzhe-Tempel, Beijing, oder die große Dreiheit im Da Fo (Großer Buddha)-Kloster auf dem Qiluan-Gipfel, Leshan, Provinz Sichuan.

In der Mahayana-Tradition bringen diese Dreiergruppen grundlegende buddhistische Lehren zum Ausdruck. Die gebräuchlichsten Erscheinungsformen sind die Trikala-Buddhas, von denen es zwei Hauptversionen gibt.

Die erste Dreiergruppe von Trikala-Buddhas – Trikala bedeutet Drei Zeitalter – hat Sakyamuni als den Buddha der Gegenwart in der Mitte. Zu seiner Linken (wenn man vor den Statuen steht) befindet sich Ding Guang Fo, Dipamkara, der Buddha der Vergangenheit, und zu seiner Rechten Mi Lo Fo, Maitreya, der Buddha der Zukunft. Wie üblich, sehen alle drei Statuen fast gleich aus, wenn man von den unterschiedlichen Handhaltungen absieht. Gewöhnlich zeigt eine Hand des Sakyamuni nach unten, um den Boden zu berühren, eine Szene, die von der Geschichte herrührt, als er sich an die Erde wandte, um die Wahrheit seiner Lehren zu bezeugen. Der Buddha der Vergangenheit läßt seine Hände meistens in seinem Schoß ruhen, ein Zeichen der Vollendung, während Maitreya Buddha seine rechte Hand so hält, als würde er während seiner Unterweisung ein Argument anbringen.

In den Luoyang-Höhlen ist Ding Guang Fo, Dipamkara, der Frühere Buddha, eine populäre Figur, und die dortigen Darstellungen zeigen ihn mit bedeckten Schultern, aber entblößter Brust, während er mit der linken Hand sein Gewand an der Schulter oder am Knie hält.

Diese drei werden manchmal als die Drei Weißen Buddhas bezeichnet.

Die zweite Dreiheit aus Trikala-Buddhas umfaßt Sakyamuni in der Mitte, der von Yao Shi Fo – Bhaisajyaguru oder Pindola-Buddha – zu seiner Linken (wenn man vor den Statuen steht) und Amitabha Buddha zu seiner Rechten umgeben wird.

Yao Shi Fo ist als der Medizin-Buddha oder Heilende Buddha bekannt und wird für seine Heilkünste verehrt. In der Überlieferung heißt es, daß er als Buddha herrschte, als der historische Buddha noch ein Bodhisattva war und ihm noch viele Leben bevorstanden, bevor er ein Buddha wurde. Yao Shi Fo herrschte über das Östliche Paradies, was der Grund dafür ist, weswegen er mit Amitabha zusammengestellt wird, der über das Westliche Paradies herrscht (s. S. 122). Diese Dreiheit sieht man ebenfalls als Verkörperung der Drei Juwelen des Buddhismus, nämlich den Buddha selbst, den Dharma beziehungsweise die Lehre und den Sangha, die Gemeinde der Mönche und Nonnen, die die Lehre weitergibt.

Auch sie sehen alle gleich aus, abgesehen von den Handhaltungen, die denen der anderen Trikala-Buddhas entsprechen.

In diesem Zusammenhang muß noch eine andere Dreiheit vorgestellt werden, denn sie bringt am deutlichsten die Vision und die Aussicht zum Ausdruck, die der Mahayana-Buddhismus anbietet.

In der Mitte befindet sich nicht Sakyamuni, der historische Buddha, sondern Amitabha Buddha, der Buddha des Westlichen Paradieses, in China als O Mi To bekannt, der ebenfalls die Attribute eines anderen Buddha, des Buddha des Ewigen Lebens, Amitayus – Chang Sheng Fo – in sich vereint, denn beide befassen sich mit dem Geschick der Seele nach dem Tod. Amitabha schützt vor den Schrecken des Todes und der Wiedergeburt, während der Buddha des Ewigen Lebens genau das anbietet. Dadurch, daß die Attribute beider Buddhas in einer Statue des Amitabha vereinigt sind, bringt diese zum Ausdruck, daß hier Erlösung und Ewigkeit in einem begründet liegen. Darum wird er gewöhnlich von Avalokitesvara – Guan Yin – zu seiner Rechten (wenn man vor ihnen steht) und Dai Shi Zhi – Mahasthamaprapta – zu seiner Linken umgeben.

Mit Guan Yin werden wir uns gleich sehr viel ausführlicher befassen, aber Dai Shi Zhi – Mahasthamaprapta – ist im Westen wahrscheinlich fast völlig unbekannt. Er wird im Lotos-Sutra erwähnt und gilt somit als ein erlösender Bodhisattva neben Guan Yin. In der chinesischen Tradition wird er als eine Manifestation der Weisheit des Amitabha Buddha verstanden.

Erlösender Buddha, befreiende Bodhisattvas. Bei einer solchen Dreiergruppe stößt man auf den Kern des chinesischen populären Buddhismus. Und von ihnen allen ist Guan Yin – Avalokitesvara – nicht nur die bedeutendste, sondern auch die allgegenwärtigste und meistgeliebte der Gottheiten Chinas, ob männlich oder weiblich, daoistisch oder buddhistisch. Wir müssen sie gebührend kennenlernen, wenn wir dicht an das wirkliche Leben und die Glaubensmodelle des heiligen Chinas herankommen wollen.

### Guan Yin, Bodhisattva der Barmherzigkeit

Guan Yin ist die wichtigste aller Gottheiten. Ihre Abbildung findet man überall, und ihre Rolle im chinesischen Leben ähnelt der von Jungfrau Maria und Jesus in katholischen Ländern in einer Person. Sie regt zu einer Hingebung und Zuneigung an, die in der chinesischen Gesellschaft ohnegleichen sind, und ihre Wunderwerke sind unzählig.

Einmal bestieg ich bei schlechtem Wetter einen sehr schwierigen Berg in China. Meine Gefährten und ich erreichten die Sicherheit eines Felsgesimses, das einen gewissen Schutz vor dem Wind und dem Regen bot. Wir waren nicht die ersten, die diesen Zufluchtsort gefunden hatten, denn dort kauerten sich bereits drei andere. Als wir uns zu ihnen gesellten, war es offensichtlich, daß zwei von ihnen beteten. Ich schnappte Guan Yins Namen auf. Als sie ihr Gebet beendet hatten, fragte ich sie, warum sie zu Guan Yin gebetet hätten. Hofften sie, daß sie kommen und sie retten würde? Nein, lautete die Antwort. Sie hatten sich selbst in diese Klemme gebracht, weil sie bei schlechtem Wetter aufgebrochen waren. Sie beteten darum, daß Guan Yin ihnen ihre Torheit vergeben und das Wetter bändigen würde, so daß sie ihre Reise beenden konnten.

Diese Geschichte fängt Guan Yins besondere Rolle ein. Sie ist eine Wundertäterin, aber diese Wunder wirkt sie mit dem, was wir sind. Sie kann oder will uns nicht verändern oder uns vor unseren törichten Handlungen bewahren. Aber sie wird uns von den ganzen Folgen unserer Dummheit, Arroganz, unseres Stolzes oder was es auch immer sein mag, das uns dazu verleitet, Unrechtes zu tun, befreien. Sie erlöst uns, wenn man so will, indem sie genau das Beste von dem, was wir sind und sein könnten, ans Tageslicht bringt.

Ein sehr guter Freund von mir in Manchester, England, weiß eine bemerkenswerte Geschichte von ihr zu erzählen. Wir wollen ihn hier Chang Wing nennen. Chang Wing war ein sehr erfolgreicher Anwalt in Großbritannien und gleichfalls ein überaus fähiger Kung-Fu-Meister. Darüber hinaus liebte er schnelle Autos und grob fahrlässiges Fahren. Obwohl er buddhistisch erzogen worden war, hatte er dem Glauben den Rücken gekehrt, während materielle Freuden in den Vordergrund getreten waren.

Eines Abends trank er zuviel und fuhr dann zu schnell Auto. Er verunglückte mit seinem Wagen, wobei zwei Menschen starben. Chang Wing war vom Hals abwärts gelähmt, und die Ärzte gaben alle Hoffnung auf, daß er überhaupt jemals genesen würde. An einem Abend, als er im Krankenhaus im Bett lag, begann er zu Guan Yin zu beten. In seiner ganzen Kindheit hatte ihr Bildnis seinen Familienschrein geschmückt. Abend für Abend bat er sie in seinen Gebeten um Hilfe und entschuldigte sich für die Toten und das von ihm verursachte Leid. Eines Nachts wurde er in den frühen Stunden wach und sah, wie eine Frau in Weiß durch das Fenster auf ihn zukam. Er erkannte in ihr sofort Guan Yin. Unfähig, sich zu bewegen, lag er da, während sie an ihn herantrat. Nachdem sie seine Arme und Brust berührte, verschwand sie wieder.

Am nächsten Morgen waren Gefühl und Beweglichkeit in seinen Armen und seinem Oberkörper bis zur Taille zurückgekehrt. Seine Beine kann er jedoch nicht mehr gebrauchen. Chang Wing versteht das Ereignis so, daß Guan Yin ihm so viel zurückgegeben hat, wie sie konnte. Aber weil er durch seine Torheit und seinen Stolz Tod und Leid hervorgerufen hatte, konnte oder wollte sie ihn nicht völlig wiederherstellen. Er muß mit den Konsequenzen seines Handelns leben, aber sie gab ihm die Möglichkeit zurück, ein neues Leben anzufangen.

Unzählige Geschichten ranken sich um Guan Yin, und einige von ihnen habe ich in meinem Buch *Kuan Yin* (Thorsons, 1995) wiedergegeben. Hier möchte ich Sie mit einigen der Erscheinungsformen bekannt machen, in denen Sie ihr in den Tempeln und Wohnhäusern Chinas begegnen können, und ein wenig die Überlieferungen und Geschichten, die diesen Formen zugrunde liegen, erläutern.

In Tempeln bildet die Figur von Guan Yin oft eine eigene Dreiheit, wobei die Göttin in der Mitte dargestellt wird, deren Zeichen eine Gebetskette, die sie entweder in der Hand oder ein Vogel in seinem Schnabel über ihrem Kopf hält, eine Vase oder eine Schrift, genaugenommen das Lotos-Sutra, sind. Das Lotos-Sutra bezieht sich auf den Ursprung ihrer Kräfte und ihres Mitgefühls. Die Vase symbolisiert ihr Mitgefühl, das sie auf die Welt gießt. Links und rechts von ihr befinden sich, offensichtlich als Diener, ihre zwei Begleiter, Shen Cai, ein Junge oder junger Mann, und Long Nu, eine junge Frau. Oft wird sie mit einem Drachen unter ihrem Thron dargestellt.

Ihre zwei Diener kamen zu ihr, als sie in der körperlichen Form der Prinzessin Miao Shan lebte. Als dritte Tochter eines sehr kampflustigen Königs geboren, ließ sie durch ihre inbrünstige Frömmigkeit schon früh erkennen, daß sie anders war. Sie weigerte sich zu heiraten und versetzte ihren Vater in noch größere Wut, als sie darauf bestand, buddhistische Nonne zu werden. Der König versuchte alles mögliche, um sie davon abzubringen, und sandte schließlich Soldaten aus, die ihr Nonnenkloster niederbrennen und sie töten sollten. Sie konnte entkommen und meditierte viele Jahre lang auf der Kuppe eines Berges, bis sie Vollkommenheit erreichte. Hier schlossen sich ihr ihre beiden Diener an. Shen Cai war ein ehrenwerter junger Mann, den sie zu ihrem Beschützer auserwählte. Eines Tages brachte sie die lokalen Götter dazu, sich als Piraten auszugeben und sie im Schein anzugreifen. Shen Cai, der auf einem gegenüberliegenden Berggipfel saß, eilte ihr zu Hilfe. Als Miao Shan ihn davon überzeugt hatte, daß sie sich nicht in Gefahr befand, führte sie ihn an den Rand des Gipfels und zeigte ihm seinen physischen Körper, der zerbrochen auf den Steinen lag. Bei dem Versuch, sie zu verteidigen, hatte er seine körperliche Natur überwunden und Unsterblichkeit erlangt.

Long Nu war die Tochter eines Drachengottes. Ihr Vater hatte sich in Fischgestalt im Netz eines Fischers verfangen. Guan Yin befreite ihn und brachte ihn wieder ins Wasser zurück. Aus Dankbarkeit beschloß Long Nu, Miao Shan zu dienen, und ist seitdem bei ihr.

Um zur eigentlichen Geschichte zurückzukehren: Miao Shans Vater wurde krank, und ein Wandermönch sagte ihm, daß er nur geheilt werden könnte, wenn ein Lebewesen freiwillig ein Auge und einen Arm hergeben würde, die als Grundbestandteile einer Medizin zu verwenden seien. Auf die Frage, wo denn eine solche Person zu finden sei, führte der Mönch die Diener des Königs zu dem Gipfel, auf dem Miao Shan lebte. Bereitwillig verschenkte sie sogar ihre beiden Augen und Arme, um ihren Vater zu retten. Als er sich erholt hatte und sich bei diesem wunderbaren Menschen bedanken wollte, der ihm das Leben gerettet hatte, erkannte er, daß es seine eigene Tochter war, die er zu töten versucht hatte. Unnötig zu sagen, daß er zum Buddhismus konvertierte, seine schändliche Weisen aufgab und von der Zeit an alle glücklich lebten. Als dem König bewußt wurde, wer Miao Shan war, ließ sie sich als keine andere als Guan Yin erkennen.

Diese Geschichte zählt zu den bestbekannten und beliebtesten von allen, die in Zusammenhang mit Guan Yin stehen.

Ihre wahrscheinlich berühmteste und am weitesten verbreitete Erscheinungsform ist die der Weißgekleideten Guan Yin. Dieses Bild scheint aus den frühesten Jahrhunderten ihrer Entwicklung zu stammen. Wirkungsvolle moderne Versionen kann man auf dem Pu Tuo Shan sehen, wo sie in der einfachsten Haltung und der schlichtesten Kleidung dargestellt ist. In ihrer reinsten Form, zum Beispiel in der sungzeitlichen Bildhauerkunst, sitzt Guan Yin manchmal mit dem rechten Bein über das linke geschlagen da und ist in Weiß gekleidet. Ihr Kopf ist oft bedeckt, und der sie vollständig einhüllende Umhang wallt bis zum Boden. Wie zuvor hält sie in einer Hand meistens eine Gebetskette und in der anderen entweder das Lotos-Sutra oder eine Vase. Weiterhin ist es üblich, daß sie auf einer Lotosblume sitzt oder steht oder eine solche Blume in der Hand hält und in ihrer Nähe hat. Der Lotos ist natürlich eines der wichtigsten buddhistischen Symbole. Er steht für die Entfaltung des Geistes und das Befreitsein vom Schlamm dieser Welt. Denn so wie der Lotos im Schlamm und trüben Wasser des Teiches wurzelt, aber sich nur im Licht entfaltet, kann der einzelne durch die buddhistischen Lehren Erleuchtung erlangen, besonders wenn ihm die Hilfe eines mitfühlenden Bodhisattva zuteil wird.

Die Statuen von Guan Yin als Kinderbringerin sind überaus unterschiedlich gestaltet. Manchmal handelt es sich dabei lediglich um eine Variante der Weißgekleideten Guan Yin. In diesem Fall hat sie in der Regel ein Kind bei sich, das sie entweder im Arm trägt oder das neben ihr läuft – gewöhnlich ein Junge, was dem Wunsch der meisten chinesischen Familien entsprach – und auch heute noch entspricht! Unverändert findet man auch hier ihre Gebetskette, die jedoch manchmal im Schnabel eines ihr dienenden Vogels liegt, der über sie fliegt, und sie hat außerdem einen Weidenzweig und das Lotos-Sutra. Oft stehen links und rechts von ihr ihre zwei Diener, Shen Cai und Long Nu, die Himmlischen Geschwister.

Im Rahmen der grundlegenden Erscheinungsform der Weißgekleideten Guan Yin existiert eine weitere Variante von ihr, und zwar die Weidenzweig-Guan Yin. Der Weidenzweig ist ein wichtiges chinesisches Symbol für buddhistische Tugenden. Die Weide ist berühmt für ihre Fähigkeit, sich in den heftigsten Winden und Stürmen zu biegen und wieder in Form zurückzuschnellen. Die »weinende« Weide symbolisiert ferner die mitfühlende Teilnahme an den Leiden dieser Welt, die in den Mahayana-Lehren des Buddhismus, am hervorragendsten im Lotos-Sutra, veranschaulicht werden. Zudem ist die Weide ein uraltes chinesisches Symbol der Weiblichkeit und wurde als solches ganz natürlich der Guan Yin zugeschrieben, die oft mit einer sogenannten Weidentaille dargestellt wird. Jedoch besitzt die Weide auch magische Kräfte. Sie wird bei Austreibungen verwendet, denn man glaubt, daß Dämonen die Gegenwart der Weide nicht ertragen können. Interessanterweise bildet sie ebenfalls ein Schlüsselelement in schamanistischen Praktiken und dient als ein Mittel, mit dem der Schamane in China in Verbindung mit der Geisterwelt zu treten vermag. Aus allen diesen Gründen ist sie zu einem der wichtigsten Symbole der Guan Yin geworden.

Dann gibt es noch die tausendarmige, tausendäugige Guan Yin. Diese Darstellungen sind wirklich außergewöhnlich. In manchen Fällen hat Guan Yin buchstäblich tausend Arme und Hände und trägt in jeder Handfläche ein Auge. Es existieren zwei etwas unterschiedliche Geschichten über die Gründe für diese Darstellungsform. Die bekannteste von ihnen besagt, daß auf diese Weise ihr allumfassendes Mitgefühl für die Welt und ihr stetiger Blick auf das Leiden aller symbolisiert wird. Dafür reichen tausend Arme und Augen gerade aus. Doch habe ich eine zweite Geschichte hinlänglich oft an verschiedenen Plätzen gehört, daß sie es meiner Meinung nach wert ist, wiedergegeben zu werden!

Wie weiter oben in groben Zügen dargestellt, lebte Guan Yin auf Erden in Gestalt der Prinzessin Miao Shan. Ihr Vater, der König, lehnte sie völlig ab und versuchte gar, sie zu töten. Während sie am Leben blieb, wurde er krank. Als man ihm sagte, daß er nur geheilt werden könnte, wenn jemand aus freien Stücken ihm seinen Arm und sein Auge abtreten würde, und daß ein solcher Mensch auf einem heiligen Berg lebte, sandte der König einen Boten aus, der um den Arm und das Auge bitten sollte. Es war natürlich seine Tochter Miao Shan, die ihm sogar beide Arme und Augen überließ. Der König wurde geheilt und suchte diese außergewöhnliche Person auf, nur um festzustellen, daß es seine zurückgewiesene Tochter war, die jetzt keine Arme und Augen mehr hatte. Nachdem sie sich als Guan Yin erkennen ließ, gab der König eine Statue von ihr in Auftrag. Und weil er ihr Opfer hervorheben wollte, ordnete er an, daß der anzufertigenden Statue Augen und Arme fehlen sollten.

Nun ist im Chinesischen der Laut für »beraubt« oder »fehlend« und für »tausend« so gut wie identisch. Irgendwann bei der Übermittlung der Botschaft an den Bildhauer wurden diese zwei Wörter verwechselt. Der Bildhauer beschäftigte sich monatelang intensiv mit dem Problem und suchte verzweifelt einen Weg, um dem Wunsch des Königs, eine Göttin mit tausend Augen und tausend Armen phantasievoll in Stein darzustellen, zu entsprechen!

Schließlich kam der große Tag der Enthüllung der Statue. Mit großem Stolz brachte der Bildhauer die Statue in den Palast, und der König kam, um sie zu enthüllen! Man stelle sich seine Überraschung vor, als er feststellte, daß Guan Yin alles andere als keine Augen und Arme hatte, sondern jetzt jeweils tausend!

Genaugenommen weisen die meisten Darstellungen der tausendarmigen, tausendäugigen Guan Yin eine geringere Anzahl auf – ungefähr zwischen dreißig und fünfzig. Der Grund dafür liegt in verschiedenen mathematischen Formeln, mit denen man die Zahl Tausend erreichen kann. So haben viele Abbildungen vierzig Arme, da jeder Arm fünfundzwanzig Welten oder Zeitspannen zu erlösen vermag, was tausend ergibt. Andere Zahlenkombinationen beziehen sich auf die verschiedenen, mit Guan Yin assoziierten Symbole. In China werden oft zweiundvierzig Hände dargestellt, in denen jeweils ein Symbol liegt.

Die vertrautesten dieser Symbole bewegen sich zwischen denen, die wir bereits kennengelernt haben, wie etwa dem Weidenzweig, dem Lotos, dem Lotos-Sutra und der Gebetskette und dem Donnerkeil der Erleuchtung, einer Statue des Buddha, der Axt, um sich von Bindungen freizumachen, sowie den göttlichen Geschöpfen der Sonne – einer Krähe – und des Mondes – einem Hasen. Jedes Symbol erinnert den Anbetenden an die Kräfte und das Mitgefühl nicht nur von Guan Yin, sondern des Buddhismus selbst. Es sind visuelle Darstellungen der buddhistischen Lehren und führen uns mehr als viele andere Statuen von Guan Yin zu den Bodhisattva-Ursprüngen der Göttin und ihren Wurzeln in der Philosophie und den Lehren des Buddhismus zurück.

Eine noch andere beliebte Erscheinungsform der Guan Yin ist die des Südlichen Ozeans oder Meeres. Hier wird die schlanke Gestalt der Weißgekleideten Guan Yin mit wirbelndem Wasser, springenden Fischen oder stillen Meeren vereint. Der Guan Yin-Kult, der im ausgehenden neunten Jh. im entlegenen Nordwesten Chinas entstand, verbreitete sich vom Nordwesten mit seinen hohen Bergen ostwärts zu den Küsten. Hier nahm der Kult viele der älteren Meeresgöttinnen in sich auf. Die Geschichten, die sie mit den Meeren und besonders mit dem Ostchinesischen Meer um dem Pu Tuo Shan, ihrem heiligen Berg vor der Küste bei Ningbo, verbinden, sind vielfältig. Und die Guan Yin des Südlichen Meeres ist bis auf den heutigen Tag ein sehr beliebtes Bild. Man kann es oft in den Wohnungen, Geschäften und an den Arbeitsplätzen jener Chinesen sehen, die von den Küstenregionen Chinas wie Shanghai, Hongkong oder Kanton fortgezogen sind. Denn diesen Menschen ist ihre Rolle als Beschützerin auf den Meeren am wichtigsten.

Oft wird Guan Yin mit einem Pfau dastehend dargestellt, denn wiederum ist ihre Rolle als Beschützerin aller Geschöpfe eine, die immer wieder in volkstümlichen Legenden, Liedern und Theaterstücken hervorgehoben wird. Man erzählt sich, daß Guan Yin nach der Schöpfung über alle Wesen auf Erden herrschte. Sie brachten ihr ihre Probleme und Zankereien vor. Aber schließlich mußte sie sie verlassen. Kaum war das geschehen, brachen Auseinandersetzungen aus. Guan Yin kehrte zurück, fand eine Lösung für sie und verschwand wieder. Aber vergeblich, denn es kam zu noch mehr Streitigkeiten. Als sie wieder zurückkam, baten die Geschöpfe sie, bei ihnen zu bleiben. Aber sie sagte ihnen, daß das nicht ginge. Aber um sie daran zu erinnern, daß sie sich um sie alle kümmerte, versah sie den Pfau mit hundert Augen, damit er für sie über die ganze Schöpfung wachen konnte.

Der Schutz, der allen Geschöpfen auf dem Pu Tuo und dem die Insel umgebenden Meer gewährt wurde, stand oft im Mittelpunkt der Gespräche der Besucher in der Vergangenheit – und die Verehrung für Guan Yin ist oft mit einer rein vegetarischen Ernährung verbunden. Der chinesische Volksbuddhismus ist nicht im wesentlichen vegetarisch orientiert. Aber die Verehrung für Guan Yin birgt in sich die Voraussetzung, überwiegend, wenn nicht gänzlich Vegetarier zu sein. Die Statue von Guan Yin mit dem Pfau erinnert uns an ihre Rolle als Beschützerin allen Lebens und an die buddhistischen Lehren über die Bedeutung allen Lebens, in welcher Form oder Gestalt es auch erscheinen mag.

Dieser Aspekt von ihrer Rolle als Beschützerin und Herrscherin über die Schöpfung bildet die Grundlage für eine andere ihrer Erscheinungsformen. Hierbei reitet sie auf einem seltsam aussehenden Geschöpf, das ein wenig Ähnlichkeit mit einem Löwen aufweist und als Hou bezeichnet wird. In dieser Aufmachung ist sie die Herrscherin der Erde sowie ihre Beschützerin und Wächterin.

Eine andere Erscheinungsform ist die der Bewaffneten Guan Yin. Hier wird sie als ein recht überladener mittelalterlicher Krieger gezeigt, eine Armbrust festhaltend und abfeuernd und einen glühend aussehenden Schild tragend. In dieser Darstellung ist Guan Yin die Beschützerin und Kämpferin gegen das Böse, Dämonen und Unwissenheit. Die chinesische Welt des buddhistischen Volksglaubens ist voller böser Geister, Teufel, Gespenster und anderer Geschöpfe, die dem Wohl der Menschen feindlich gegenüberstehen. Um sie vor derartigen Kräften zu beschützen, kommt die Bewaffnete Guan Yin ihnen beritten zu Hilfe. Aber auf einer tieferen Ebene sollen die gleichen Waffen die Notwendigkeit symbolisieren, die Kräfte in einem selbst auszurotten, die die Fähigkeit der Seele einschränken, sich über das Materielle und Profane hinaus zu erheben und nach dem Licht der von Guan Yin angebotenen Erlösung zu reichen.

### Sakyamuni Buddha

Manchen Lesern mag es merkwürdig vorkommen, daß der historische Buddha in diesem Abschnitt erst jetzt gebührend vorgestellt wird. Dennoch spiegelt diese Vorgehensweise die Tatsache wider, daß dem Sakyamuni selbst überhaupt keine derart große Wichtigkeit zukommt. Seine Bedeutung rührt daher, daß er Teil der Triaden und eine Brücke zwischen den kosmischen Welten der Vergangenheit und der Zukunft bildet. Tatsächlich kann man in einigen buddhistischen Tempeln feststellen, daß sie überhaupt keine Statuen des historischen Buddhas beherbergen.

Wenn ich mit westlichen buddhistischen Freunden unterwegs bin, faszinieren mich immer wieder ihre Reaktionen auf die Degradierung des historischen Buddha. Vermutlich haben wir im Westen den reinen philosophischen Theravada-Buddhismus hochgejubelt, weil er bei einer nachchristlichen Weltanschauung Anklang findet, in der Götter und das Übernatürliche als überholt gelten. Doch weltweit, sei es in China oder Thailand, Sri Lanka oder Ladakh, Indien, sind es die übernatürlichen, vergöttlichten Buddhas und ihr riesiges Gefolge von Erlöserfiguren, Dämonen, Gespenstern, Geistern, Engeln und dergleichen, die die Liebe und Gefühle der Menschen beherrschen. Persönlich habe ich kaum Probleme damit, denn es erinnert mich an die unermeßlichen und wunderbaren Tiefen des keltischen und frühmittelalterlichen Christentums im Westen oder die Scharen von Heiligen, Wundertätern und heiligen Männern und Frauen, die die Welt des griechisch-orthodoxen Gläubigen bevölkern, abgerundet mit der Erhöhung des historischen Christus in die Position des Pantokrators, Schöpfers von allem, des kosmischen Wesens jenseits aller Wesen.

Mit anderen Worten, der populäre Buddhismus in einem Land wie China ist mit dem populären Katholizismus oder griechisch-orthodoxen Christentum enger verwandt als mit den philosophischen Grübeleien der meisten westlichen Buddhisten oder tatsächlich der meisten westlichen christlichen Theologen. Und ich weiß, für welches Modell ich mein Geld einsetzen würde, damit es auch in der Zukunft fortbestehen kann. Die Welt des Volksglaubens scheint imstande zu sein, jeglichen Angriffen, welches Ausmaß sie auch immer annehmen, zu widerstehen. Überall in China bin ich zuerst überwältigt von dem Umfang der Zerstörung der Bildnisse, die die Kulturrevolution herbeigeführt hat, und dann von der Schnelligkeit und dem Umfang ihrer Restaurierung durch gewöhnliche Menschen heutzutage. Zu beträchtlichen Kosten werden in einem Tempel nach dem anderen neue Statuen aufgestellt. Und es sind die erlösenden, magischen, übernatürlichen Aspekte des Buddhismus, die aufgrund der Beliebtheit im Volk als erstes instandgesetzt werden.

Was Sakyamuni betrifft, so rührt seine Bedeutung daher, daß er die ewigen Lehren in dieses Zeitalter gebracht hat, aber er selbst wird nicht als fähig betrachtet, Menschen von der Wiedergeburt oder vom Leiden zu erlösen. Diese Rolle kommt, wie wir gesehen haben, den anderen, nichthistorischen, ewigen Buddhas und den Bodhisattvas zu.

Der Name Sakyamuni bedeutet der Weise aus dem Geschlecht der Sakyas, dem Clan, dem Gautama Siddharta angehörte.

Im frühen Buddhismus – ca. 500-150 v. Chr. – wurde der Buddha lediglich symbolisch beispielsweise durch einen Fußabdruck oder ein Rad dargestellt. Erst als die von Alexander dem Großen an der Grenze Indiens gegründeten griechischen Stadtstaaten buddhistisch wurden, kamen Statuen auf. Die Griechen gestalteten den Buddha nach ihrem Gott Apollo, der eine griechische Toga trug und mit einem Strahlenkranz versehen war, da er der Sonnengott war. Darin liegt der Ursprung der Grundelemente, die wir heute für die maßgebende Ikonographie des Buddha halten. Sieht man sich eingehend eine frühe oder klassische Buddhastatue an, fallen einem ihre westlichen Züge auf; bekleidet ist sie mit einer griechischen Toga, der Kopf ist mit einem Strahlenkranz umgeben; und ihre körperliche Gestalt ist die eines gutgebauten Griechen! Dieser griechische Einfluß ist deutlich in den buddhistischen Höhlen von Datong und Luoyang zu erkennen, wo selbst das Grün und die Paläste, in denen der Buddha dargestellt ist, den Einzelheiten des Parthenon in Athen gleichen.

### Die Achtzehn Lohans

In den Haupthallen findet man entlang der Wände Reihen von Statuen, die die Zentralfiguren begleiten und auf beiden Seiten genau die gleiche Zahl aufweisen. Stehen links und rechts jeweils neun glatzköpfige Mönche, dann sind es die Achtzehn Lohans oder Arhats. Diese achtzehn Mönche haben die letzte Stufe des Achtfachen Pfades erreicht und und nicht nur Vollkommenheit und Erleuchtung erlangt, sondern können auch helfen, andere zur Erleuchtung zu führen. Es ist eine Art Vor-Bodhisattva-Zustand und eine Erinnerung an die frühere Form des Buddhismus, des Theravada, der die Auffassung vertritt, daß dem Pfad jeder einzelne folgen muß, wenn er Erleuchtung und Befreiung erlangen will. Die Arhats – Lohan ist der chinesische Ausdruck für sie – sind Beispiele dieser Tradition. Warum es achtzehn sind, ist unbekannt, denn ursprünglich waren es sechzehn, die alle in den ursprünglichen Schriften aufgeführt werden und indischer Herkunft sind. Die Chinesen scheinen sich gedacht zu haben, daß man von einer guten Sache nie genug bekommen kann, so daß sie zwei weitere hinzugefügt haben. Jeder einzelne von ihnen weist unverwechselbare Züge und Symbole auf, die in dem Abschnitt über Götter und Göttinnen ausführlich erläutert werden.

Es gibt auch Gruppen von Fünfhundert Lohans – die man beispielsweise vor der Kulturrevolution im Hua Lin-Tempel in Guangzhou sehen konnte und vielleicht bald wieder sehen kann, falls die Instandsetzungen weiterhin zügig betrieben werden, und im Bi Yun-Tempel in Beijing, die unversehrt geblieben sind. Es heißt, daß einer der Fünfhundert Lohans im Guangzhou-Tempel Marco Polo sei, zu erkennen an seinem Hut mit breiter Krempe!

### Die Zehn Höllenkönige

Die Zehn Höllenkönige tauchen in einigen buddhistischen Tempeln auf und sind gewöhnlich an Tafeln mit ihren Amtsinsignien (lange Rechtecke, die oben spitzig sind) in der Hand und an der Zahl ihrer Hölle – von eins bis zehn – neben ihnen zu erkennen. Sie können in Begleitung der zwei wichtigsten Diener sein, die unwillige Seelen zur Verurteilung zerren – des ochsen- und des pferdegesichtigen Gottes (siehe Kapitel 5).

Der Bodhisattva der Hölle ist Kshitigarbha, auf chinesisch Di Zang, der die Seelen von den Qualen der Hölle befreit. Er vermag zwar nicht das Urteil der Höllenkönige zu ändern, aber er kann Menschen helfen, sich ihrer besseren Natur bewußt zu werden und somit Vergebung ihrer Sünden zu erlangen. Er ist leicht zu erkennen, meistens kahlköpfig, mit langgestreckter Gesichtsform und einem besonderen, mit Ringen versehenen Stab. Diesen Stab verwendet er, um die Tore der verschiedenen Höllen zu öffnen oder die

Gläubigeren von den chinesischen Erdgefängnissen zu versetzen.

## Bodhidharma

Das typische Bildnis des Bodhidharma (in China unter Da Mo bekannt) mit seinem strengen Blick, dem schwarzen lockigen Bart, den buschigen Augenbrauen und seiner unverwechselbaren Pose findet man oft in Tempeln der Chan-Tradition. In der populären Ikonographie ist sein markantes Aussehen oft zu sehen. Mir ist aufgefallen, daß er sogar in den staatlichen Souvenirläden und Kunstzentren Chinas bei den Schriftrollenmalern und Bildhauern als Motiv bevorzugt wird. Wer genau ist also diese seltsame Person?

Bis zum 6. Jh. hatte sich der Mahayana in seiner erlösenden Prajna-Form schnell zu der beliebtesten buddhistischen Richtung in China entwickelt. Es schien, als wäre die enthaltsamere, selbstdisziplinierende Strömung des Buddhismus im Schwinden begriffen. Dann erschien plötzlich der indische Mönch Bodhidharma auf der Bildfläche.

Einer der Hauptlegenden gemäß erreichte Bodhidharma um 520 n. Chr. mit dem Schiff aus Indien oder möglicherweise Südostasien kommend den Hafen von Guangzhou. Seine Ankunft hinterließ einen überaus starken Eindruck, denn er wird als einer der häßlichsten Menschen, den die Chinesen je gesehen hätten, und obendrein noch behaart beschrieben! Sein auffallendes, faltiges, gewöhnlich finster dreinblickendes Gesicht, die schweren buschigen Augenbrauen und der dicke, lockige Bart schmücken noch immer alle Bilder von ihm bis auf den heutigen Tag. Seine äußere Erscheinung stand auch nicht im Widerspruch zu seiner Persönlichkeit. Man ließ sich nicht leichtfertig in einen Kampf mit Bodhidharma ein.

Kaum war er angekommen, machte er sich auf den Weg an den Hof des Herrschers des Staates Liang, Kaiser Wu, der sich als Förderer des Buddhismus einen Namen gemacht hatte. Da der Buddhismus, den Kaiser Wu unterstützte, überwiegend vom Reinen Land und dem Lotos-Sutra beeinflußt war, verlor Bodhidharma keine Zeit damit, dem Kaiser klarzumachen, daß sein ganzes bisheriges Tun, wie verdienstlich es auch sein mochte, sinnlos sei, weil er nicht den entscheidenden Schlüssel zum Verständnis besäße. Dieser Schlüssel zum Verständnis, so sagte Bodhidharma, bestände darin, daß nichts von Bedeutung sei.

Bodhidharma war also nicht geneigt, mit Kaiser Wu zu debattieren. Nachdem er seine Sache vorgetragen hatte und der Kaiser alles andere als beeindruckt war, schüttelte Bodhidharma den Staub von Liang von seinen Füßen ab, trieb auf einem Schilfrohr auf dem Gelben Fluß (ein beliebtes Thema der Malereien oder Statuen von ihm) und ließ sich im Kloster Shao Lin Si – Kloster des Kleinen Waldes – bei Deng Feng in Henan nieder. Auf die Rückwand einer Höhle blickend, saß er hier neun Jahre lang an den Hängen des daoistischen heiligen Berges Song Shan in der Chan-Meditation. Die Höhle ist noch heute zu besichtigen.

Den wichtigsten Legenden und Überlieferungen zufolge, die sich um sein Leben ranken, starb Bodhidharma um 535. Auch sein Grab im Kloster Shao Lin kann besucht werden. Jedoch wie man der Schilderung seiner Reise auf dem Gelben Fluß mittels eines Schilfrohres entnehmen kann, war Bodhidharma kein gewöhnlicher Mensch. Er soll sein Grab verlassen haben und zurück in das heimatliche Indien gehumpelt sein. Er humpelte, weil er einen seiner Sandalen in seinem Grab auf dem Song Shan zurückgelassen hatte!

Wie es auch um die Wahrheit über Bodhidharma bestellt sein mag, heute ist er eine wichtige und beliebte Figur in ganz China. Das Kloster Shao Lin ist natürlich nicht nur deswegen berühmt, weil er hier gelebt hat, sondern wegen der von den Mönchen entwickelten Kampfkünsten, die überallhin reisten, um für jeden Anlaß, den sie als ehrenwert erachteten, zu kämpfen. Davon zeugt ein Fresko aus der Ming-

Dynastie (1368-1644 n. Chr.) in der Weißen-Draperie-Halle des Klosters, das einen Kaiser zeigt, den die kämpfenden Mönche von seinen Feinden befreiten. Aufgrund der Beliebtheit der Kung-Fu-Filme und -Romane ist das Kloster Shao Lin eine sehr belebte und vielbesuchte Stätte, besonders bei Übersee-Chinesen. Die Mönche unterrichten noch immer in den traditionellen Künsten, und um sie herum sind viele Trainingsschulen für Kung Fu und Qi Gong entstanden, in denen die Kunst und ihre religiösen Wurzeln sehr ernst genommen werden. Die größte dieser Schulen hat mehr als sechstausend Schüler.

### Xuan Zang

Der Mönch, der nach Indien reiste, um die Schriften zu sammeln, und um den sich unzählige Legenden ranken.

Wenn Bodhidharma der Held der Chan-Tradition ist, dann ist Tripitaka, Xuan Zang, der Held der Prajna-, Reines-Land-Schule. Im Jahre 629 n. Chr. verschwand Xuan Zang heimlich aus China und begab sich nach Indien. Er suchte Antworten auf Fragen, die sich aus seinen Studien ergeben hatten, und vermutlich liebte er das Reisen! Nach sechzehnjähriger Abwesenheit kehrte er 645 mit 520 Kisten vollgepackt mit Sutras und Statuen heim. Er war ein lebender Zeuge der Macht des Glaubens an die beschützenden Kräfte der Buddhas und Bodhisattvas, denn er bestand viele Abenteuer, wurde mehrmals fast ermordet und sollte sogar einmal von Banditen in Indien gerade als Opfer dargebracht werden, als er zu Maitreya Buddha betete. Plötzlich senkte sich ein schrecklicher Wind über sie, und die Banditen waren derart verängstigt, daß sie Xuan Zang laufen ließen.

Xuan Zang schilderte seine Reisen in einem faszinierenden Buch, dem sogenannten *Da Tang Xi Yu Ji – Aufzeichnungen der Reisen nach dem Westen*. Ebenso wichtig ist, daß er viele der Sutras, die er mitgebracht hatte, übersetzte. Der daß er den Mönch in dem neu errichteten Kloster des Großen Wohlwollens, Dacien si, in Xian, Shaanxi, einsetzte. Hier lebte Xuan Zang bis zu seinem Tod 664 und arbeitete in einer Übersetzungshalle. Das hervorragendste Merkmal des Tempels des Großen Wohlwollens ist seine herrliche frühe Pagode. Diese wurde auf Xuan Zangs Bitte hin von dem Kaiser gebaut, um die mitgebrachten Sutras und Statuen unterzubringen. Die 652 errichtete Pagode stürzte innerhalb weniger Jahrzehnte ein, und 701 entstand das heute zu besichtigende siebenstöckige Bauwerk, um diese außergewöhnliche Sammlung zu beherbergen.

Die Reisen des Xuan Zang gingen in den populären Buddhismus ein, und um das zwölfte Jh. waren Stücke, die auf seiner Reise basierten, Bestandteil vieler buddhistischer Volksfeste. Nach und nach gelangte er zu einer Gruppe von Mitreisenden, die angeblich mit ihm die Reise und die mit ihr verbundenen Gefahren teilten und ihn mit ihren Kräften beschützten. Schließlich wurde im 16. Jh. der großartige Roman *Reise nach dem Westen – Xi You Ji –* verfaßt, in dem die verschiedenen Überlieferungen und Geschichten zu einer der herrlichsten Sammlungen von Mythen und Legenden miteinander verwoben wurden, die man sich vorstellen kann. In diesem Roman reist Xuan Zang, manchmal Tripitaka genannt, nach Indien, um die lebensnotwendigen Schriften zu holen, mit derer Hilfe die Menschen vom Rad der Wiedergeburt befreit werden sollen. Begleitet wird er von vier Wesen, die abscheuliche Verbrechen begangen haben und dafür sühnen müssen. Die Möglichkeit dazu wird ihnen von der Göttin Guan Yin geboten, die verspricht, daß ihnen nicht nur ihre Sünden vergeben, sondern sie auch das Nirvana – die Befreiung vom Rad der Wiedergeburt – erreichen werden, wenn sie sich diesem Pilgermönch anschließen.

Bei diesen vier Geschöpfen handelt es sich um: den Affen – auch unter seinem prahlerischen Titel »Dem Himmel ebenbürtiger großer Weiser« bekannt, ein dickes, gieriges Schwein, ein menschenfressendes Ungeheuer, das im Fluß des Treibsandes lebte und Reisende tötete und meistens mit einer Schädelkette dargestellt wird, und ein Drache, der, da er Xuan Zangs Pferd gefressen hatte, in ein Pferd verwandelt wurde, auf dem der Pilgermönch nach Indien reitet.

Diese fünf bilden eine der beliebtesten und üblichsten Szenen in buddhistischen Tempeln. Sie tauchen überall auf, am Sockel von Pagoden über dem bestickten Altartuch bis zu rührenden Nachbildungen in einer Disney-artigen Verewigung auf dem Tempelgelände. Sie sind so beliebt in der chinesischen Volksreligion, daß man sie sogar zuweilen auch in daoistischen Tempeln sieht, trotz der unverhohlenen antidaoistischen Linie, die im Buch vertreten wird.

Xuan Zang wird stets mit seinen drei Gefährten und auf dem vierten, seinem weißen Pferd, reitend dargestellt. Meistens trägt er einfache buddhistische Gewänder und einen flachen Hut. Ziemlich oft hält er ein Bündel mit Büchern, oder sie werden von dem Pferd in Satteltaschen getragen. Der Affe geht ihm gewöhnlich voraus und hält seinen berühmten Stab, der sich im Nu vergrößern kann und mit dem er seinen Meister verteidigt. Er trägt oft ein Eisenband um seine Schläfen, mit dem Xuan Zang ihn kontrollieren kann. Das Schwein ist meistens in einem langen Umhang gekleidet, während das Ungeheuer seine unverwechselbare Schädelkette trägt – Zeichen einer zügellosen Jugend!

Oft sind die Szenen aus der *Reise nach dem Westen* als eine Serie um den Sockel einer Pagode herum oder entlang der Wände eines Tempels gemeißelt. Eine großartige Darstellung befindet sich am Sockel der Pagode im Wen Shu Yuan, Manjushri-Tempel, in Chengdu, Sichuan.

Eine der Freuden beim Aufenthalt in Klöstern, welcher religiösen Tradition sie auch immer angehören, ob buddhistisch oder christlich, ist der Brauch, sich an den Abenden Geschichten zu erzählen. Von den Gästen wird erwartet, zu den Geschichten, die die Runde machen, beizutragen. In entlegenen Klöstern habe ich beim Kerzenschein schon sehr viele verschiedene Versionen von den Erzählungen um den Affen gehört. Die Geschichte des Affen ist überaus lebendig und heute genauso kraftvoll wie einst. Ich habe sogar zu der Anzahl beigetragen, denn meine Kinder liebten die Affen-Geschichten, als sie noch klein waren, und oft erfand ich neue Abenteuer der Freunde, um sie zu unterhalten. Einige davon habe ich auch frommen Mönchen in chinesischen Klöstern erzählt, und ich frage mich, ob sie inzwischen zum Repertoire der heutigen Geschichtenerzähler Chinas gehören! Ich hoffe es.

## 5
## Die Heiligen des Daoismus

Viele Jahre lang stand der prachtvolle daoistische Palast Yong Le Gong nördlich der Stadt Rui Cheng in der Provinz Shanxi vergessen und verwahrlost da. Durch Zufall machte der Bau eines Damms in der Gegend die Einschätzung dieses einzigartigen Gebäudekomplexes erforderlich, der dann versetzt und bewahrt wurde. Denn hier, auf dem Gelände des alten Dorfes Yong Le, befand sich das Geburtshaus eines der bedeutendsten der Acht Unsterblichen, Lu Dong Bin, und 1247 erteilte der mongolische Yüan-Kaiser die Genehmigung, das bereits bestehende Kloster stark zu erweitern, um einen Palast für Lu Dong Bin zu errichten. Zu der Zeit war die daoistische Quan-Zhen-Schule, die ihre Wurzeln auf Lu Dong Bin zurückführt, im Aufstieg begriffen, und Qiu Chang Chun war gerade von seinem erfolgreichen Besuch bei Kaiser Tschinggis Khan zurückgekehrt, der ihn zum Oberhaupt aller religiösen Richtungen in China ernannt hatte.

Die Quan-Zhen-Schule wurde als eine der letzten Schulen des Daoismus im 12. Jh. n. Chr. gegründet. Ihre Hochburg war immer der Norden gewesen, während das Zentrum der anderen Traditionen der Süden ist. Mit dieser Tradition habe ich persönlich am meisten zu tun – vornehmlich durch ihren Haupttempel, den Bai Yun Guan, Tempel der Weißen Wolke, in Beijing.

Wang Chong Yang, der in der Provinz Shandong lebte, begründete 1167 die Quan-Zhen-Schule, nachdem ihm Offenbarungen vom Himmel zuteil wurden. Diese Offenbarungen erhielt er von einem der größten volksreligiösen Figuren Chinas, dem Unsterblichen Lu Dong Bin. Aus diesem Grund bringt die Schule ihm bis auf den heutigen Tag die höchste Achtung entgegen, und eine prächtige neue Statue von ihm ist in seiner ihm gewidmeten Halle im Tempel der Weißen Wolke, Beijing, zu sehen.

An den Grundsätzen, die bei dieser Schule im Mittelpunkt stehen, hat sich nichts geändert, nämlich Rückzug aus der Welt, wo auch immer es möglich ist, lediges Mönchstum (in den anderen Traditionen ist den Mönchen die Ehe erlaubt), einige recht ungewöhnliche Meditationstechniken und einen strengen Kodex der Selbstverleugnung. Wang ging mit gutem Beispiel voran, indem er zwei Jahre lang in einem zehn Fuß tiefen Loch im Boden stand, um nicht einzuschlafen. Zu meiner Freude darf ich sagen, daß meine Freunde in der Schule heute nicht so extrem sind, auch wenn sie nach wie vor für ihre strenge Einhaltung des Fastens und der körperlichen Übungen berühmt sind.

Aber es war eigentlich Wangs Schüler Qui Chang Chun, der die Quan-Zhen-Schule in ihre große Zeit lancierte. Tatsächlich lancierte er auch den Daoismus in seine große Zeit. Sein Einfluß war derart groß, daß diese Tradition bis auf den heutigen Tag die zweitpopulärste und zweitmächtigste Schule im Daoismus ist; die mächtigste ist die Zhengyi-

Schule, in der sich alle anderen Haupttraditionen des südlichen Daoismus zusammengeschlossen haben.

Als Tschinggis Khan in den ersten zwei Jahrzehnten des 13. Jhs. den Norden Chinas eroberte, war Qui Chang Chun Oberhaupt der Quan-Zhen-Schule. Die Invasion versetzte die gesamte nordchinesische Gesellschaft in Aufruhr. Tatsächlich hatte Tschinggis Khan einst geplant, alle Städte zu zerstören und ganz Nordchina in einen riesigen Weideplatz für seine Pferde zu verwandeln. Angesichts der sich rapide wandelnden Gesellschafts- und Machtstrukturen in dieser unruhigen Zeit bewies Qui Chang Chun, daß er der schwierigen Aufgabe gewachsen war, und strebte danach, vor Tschinggis Khan selbst den Daoismus zu erörtern. Dieser Wunsch wurde ihm gewährt, und ein nestorianischer Mongolenanführer brachte ihn in Tschinggis Khans Zeltlager, wo er gegen buddhistische Autoritäten die jeweiligen Vorzüge des Buddhismus und Daoismus debattierte.

Qui trug den Sieg davon, indem er behauptete, daß »sich die Chinesen ergeben werden, wenn der Eroberer den Daoismus respektiert.« Auf seinen Vorschlag ernannte Tschinggis Khan ihn nicht nur zum Oberhaupt aller Daoisten, sondern zum Oberhaupt aller Religionen Chinas, einschließlich der Erzrivalen der Daoisten, der Buddhisten. Eine solche Position hatte es zuvor nie gegeben und sollte es auch nie wieder geben. Aber die Folge war, daß Qui für die Daoisten im allgemeinen und für die Quan-Zhen-Schule im besonderen enorme Macht, finanzielle Unterstützung und Prestige zu erlangen vermochte. Die vollständige außergewöhnliche Geschichte von Qui ist in einem der Bücher des daoistischen Kanons mit dem Titel *Xi You Ji* enthalten und wurde von einem jungen Mönch verfaßt, der ihn begleitet hatte. Der Tempel der Weißen Wolke in Beijing ist nur einer der Erfolge dieser Reise, denn er war ursprünglich ein Kaiserpalast, der den Daoisten überlassen wurde, um als Quis Zentrale in seiner Eigenschaft als Oberhaupt der chinesischen Religionen zu dienen.

In der Quan-Zhen-Schule begegnen wir dem Daoismus kosmologisch und theologisch auf seiner höchsten Entwicklungsstufe, und genau dieser Höhepunkt des Daoismus ist in dem unglaublichen Yong-Le-Palast eingefangen.

Im Zenit der Macht der Quan-Zhen-Schule errichtet, war der Yong-Le-Palast ein triumphierender Ausdruck des Daoismus auf seinem politischen Gipfel. Den wahren Kern des Palastes selbst bildet die Halle der Drei Reinen (siehe weiter unten). An den Wänden dieser riesigen Halle ist der gesamte daoistische Pantheon mit 286 Gottheiten in prachtvollen Malereien abgebildet. Dieser einzigartige Ausdruck daoistischer Macht und Autorität bietet uns ein Bild von dem Pantheon des Daoismus, wie er aus hierarchischen und Machtgründen dargestellt wurde. Heute ist die Zahl der Gottheiten fast unüberschaubar gewachsen, und die Rangordnung hat sich ein wenig geändert. Nichtsdestoweniger erkennen wir im wesentlichen einen Ausdruck des kosmischen Modells des Daoismus – das vom Architektonischen und Theologischen her beim Qing Yang Gong in Chengdu kopiert wurde.

Im Mittelpunkt dieses Bildes stehen die Großen Kaiser des Südens, Ostens und Nordens mit der Königinmutter des Westens – die sich auf Sterne beziehen, aber auch auf die vier heiligen Berge des Daoismus, die mit diesen Richtungen in Zusammenhang gebracht werden. Ihrem Glanz folgen die Lehrer des Daoismus wie etwa Lao Zi, Zhuang Zi und Lie Zi. Der Jadekaiser des Himmels und seine Kaiserin der Erde sitzen neben Unsterblichen. Die Götter des Großen Bären gehören zu einer ganzen Sammlung von Gottheiten, die mit den Planeten, der Sonne und dem Mond und den 28 Sternbildern der chinesischen Astronomie und Astrologie assoziiert sind. Es ist ein riesengroßes, verwirrendes Aufgebot von Gottheiten.

Viele Menschen finden allein den bloßen Umfang der daoistischen Götter überwältigend. Es sind so viele, und besonders in den einzelnen Orten werden so viele verschiedene Lokalgottheiten verehrt, daß es fast unmöglich zu sein scheint, sich einen Überblick über sie zu verschaffen. In diesem Abschnitt werde ich nur auf die Geschichten der bedeutenderen Gottheiten und ihren Platz innerhalb der Logik der daoistischen Kosmologie und des daoistischen Erlösungsdramas eingehen.

### Die Drei Reinen

Den Brennpunkt der meisten daoistischen Haupttempel bilden die Drei Reinen, manchmal auch die Drei Himmlischen Ehrwürdigen, die Drei Elemente und dergleichen genannt. In der Hauptsache geht es um die Zahl Drei, um die sich jede Menge von Titeln und Beschreibungen angesammelt hat.

In ihrer reinsten philosophischen Form drücken diese Drei, die sich gewöhnlich sehr ähnlich sehen und nach dem Muster der buddhistischen Gruppen von drei Statuen dargestellt sind, die Idee vom Dao als der universalen, kosmischen Kraft aus, die sich auf bestimmte Weisen zu bestimmten Zeiten manifestiert.

Das Muster einer dreifachen Offenbarung ist in dem dargelegt, was im Grunde die Glaubenserklärung des Daoismus ist. Als Man Ho Kwok, Jay Ramsay und ich vor ein paar Jahren das *Dao De Jing* übersetzten, war ich besonders von Kapitel 42 beeindruckt, was sich noch verstärkte, nachdem wir es von Versen befreiten, die ursprünglich nicht zu dem Kapitel gehörten. Während unserer Arbeit an der Übersetzung und in Anbetracht meiner anderen Übersetzungen daoistischer Texte, hatte ich immer stärker das Gefühl, daß, wenn der Daoismus eine Kernaussage hätte, sie im 42. Kapitel des *Dao De Jing* enthalten sei.

Man stelle sich dann meine Freude vor, als ich einen der größten daoistischen Tempel besuchte, den Qing Yang Gong,

Purpurschaf-Tempel, in der ChengduProvinz Sichuan, und feststellte, daß meine Vermutung zutraf. Dort, in einem Tempel, der an sich eine Landkarte des daoistischen Kosmos darstellt, befindet sich der Text des 42. Kapitels in riesengroßen Schriftzeichen. Er wurde auf die über sechs Meter hohe Rückseite des Schreins des Donnergottes von Sichuan gemalt, der zum Wächtergeist des Tempels ernannt wurde. Das geschah nach einem verheerenden Angriff auf den Tempel während einer Belagerung, der damit endete, daß der Tempel ein Raub der Flammen wurde. Als wollte er einer solchen vernichtenden Wirkung die Stirn bieten, wurde das um ein großes Yin-Yang-Symbol geschriebene 42. Kapitel des *Dao De Jing* unmittelbar am Eingang zur wiederaufgebauten Tempelanlage angebracht, eine Beteuerung der daoistischen Kernlehren ungeachtet der Gewalttätigkeit und Unterdrückung.

Kapitel 42 verstehen bedeutet, den Daoismus zu verstehen anzufangen. Ich habe es wie folgt übersetzt:

> Das Dao bringt das Eine, den Ursprung hervor.
> Das Eine, der Ursprung, bringt die Zwei hervor.
> Die Zwei bringen die Drei hervor.
> Die Drei bringen alle lebenden Dinge hervor.

Die Zwei bezieht sich auf Yin und Yang, und mit der Drei ist die Triade Himmel, Erde und Menschheit gemeint.

Yin und Yang sind ein einzigartig chinesisches Modell darüber, wie die Welt, in der Tat der ganze Kosmos funktioniert. Yin und Yang haben ihren Ursprung in den Begriffen für die dunkle und die sonnige Seite eines Berges. Allmählich entwickelten sie sich dahin, völlige Gegensätze zu bedeuten, nicht nur in bezug auf einen Berg, sondern in bezug auf alle Lebensaspekte. Heute wird Yin oft als weiblich, kalt, feucht, dunkel und Yang als männlich, feurig, warm und hell definiert.

Oft höre ich Menschen im Westen über Yin und Yang als ein Symbol der Harmonie reden. Das sind sie nicht. Sie stehen sich überaus feindlich gegenüber, vermögen sich aber nicht gegenseitig zu bezwingen, weil jedes einzelne den Keim des anderen in sich trägt und folglich unwillkürlich das andere hervorbringt. Die Jahreszeiten sind eines der besten Beispiele für die Wechselwirkung von Yin und Yang. Herbst und Winter sind dem Yin-Prinzip zugeordnet. Doch genau zur Sonnenwende im Dezember, wenn Winter und Dunkelheit ihren Höhepunkt erreichen, fängt Yang sich erneut zu behaupten an – die Abende werden langsam, aber sicher heller, und schließlich zeigen sich Frühling und Sommer – Yang. Desgleichen verhält es sich mit dem Sommer und dem Licht; wenn sie ihre Blüte erleben – die Sommersonnenwende im Juni – beginnt Yin hervorzukommen, und so geht es endlos weiter. Das im Universum bestehende Gleichgewicht rührt von dem fortwährenden Kampf dieser beiden kosmischen Naturkräfte her, die in allen Aspekten des Lebens – einschließlich uns – vorhanden sind, um sich gegenseitig zu überwinden. Das Yin-Yang-Modell ist keine New Age-Vorstellung von Harmonie. Es ist ein gewaltsamer Kampf um Vorherrschaft, der niemals gewonnen werden, aber das Gleichgewicht des Universums beeinträchtigen kann, wenn man dafür keine Sorge trägt.

An diesem Punkt kommt die Triade Himmel, Erde und Menschheit ins Spiel. Der Himmel ist Yang, die Erde Yin und die Menschheit beides, und ihr fällt die entscheidende Rolle zu, das Gleichgewicht zwischen den beiden erstgenannten zu wahren. Diese Rolle wurde früher symbolisch von dem Kaiser dargestellt, wie es im einleitenden Teil des ersten Kapitels erläutert wurde. Nach Ansicht der heutigen Daoisten wurde uns allen die Verantwortung dafür übertragen.

Die Drei Reinen sind bis zu einem gewissen Grade eine Widerspiegelung dieser Idee von der Schlüsselposition der

Menschheit, und die Drei Reinen spiegeln die daoistische Überzeugung wider, daß es ein Höchstes Letztes jenseits des Ursprungs gibt; eines Ursprungs und einer manifestierten Form des Dao, die uns Führung bei unserer Lebensweise gibt. Wie erfüllen wir unsere einzigartige Rolle als Bewahrer des Gleichgewichts von Yin und Yang, des dynamischen Existenzkampfes und dessen, im Fluß des Dao zu sein? Nur in diesem Kontext kann man sich den Drei Reinen nähern.

Der erste von ihnen ist der Himmlische Ehrwürdige des Uranfangs, des Ursprungs aller Ursprünge, auch Da I, die Große Einheit genannt. Durch ihn kommt das Dao der Kosmologie zum Ausdruck. Er ist dem Dao selbst gleichgestellt, vor allem, sogar vor dem Ursprung.

Als nächstes kommt der Himmlische Ehrwürdige des Ling-bao, der Himmel und Erde miteinander verbindet. Bei dem Himmlischen Ehrwürdigen des Ling-bao handelt es sich tatsächlich um die Ling-bao-Schriften, die, da sie offenbarte Schriften sind, das Kosmische des Himmels und das Materielle der Erde miteinander verbinden. Auf einer Ebene tritt er an die Stelle des Schamanen dadurch, daß er eine Brücke zwischen Himmel und Erde zu schlagen und auf eine transzendente und zugleich materielle Weise die Lehren des Dao zu offenbaren vermag. Folglich dient der Ling-bao als Brücke zwischen dem Höchsten Letzten und Ursprünglichen Seienden des Himmlischen Ehrwürdigen des Uranfangs sowie dem dritten Ausdruck dieser Kräfte, der Personifizierung in einer menschlichen Form des Dao.

Als letzter sei Dao De Tian Zun genannt, die manifeste Form des Dao, die in diesem Zeitalter in der Gestalt Lao Zis erschienen ist.

Lao Zi. Was für eine rätselhafte Person! Ironischerweise war der bestbekannte »Daoist« der Welt nie ein Daoist gewesen und hat vielleicht sogar nicht einmal existiert! Und wenn, dann wäre er vermutlich erstaunt darüber, was der Daoismus im Laufe der Jahrhunderte aus ihm gemacht hat.

152

Lao Zi soll der Autor des Basiswerkes des Daoismus, des *Dao De Jing,* gewesen sein. Er war es nicht, auch wenn höchstwahrscheinlich zumindest sieben der Kapitel, die sogenannten »Ich«-Kapitel, aus seiner Feder stammen. Es heißt, daß er im 6. Jh. v. Chr. lebte und Kong Fu Zi – Konfuzius – begegnete. Doch als der große Historiker Chinas, Si Ma Qian (1. Jh. v. Chr.) versuchte, eine Biographie über ihn zu schreiben, äußerte er seine Verwirrung über den Mangel an konkreten Informationen. Er konnte lediglich aufzeichnen, daß Lao Zi irgendwann im 6. Jh. v. Chr. in einem Dorf im Staat Ch'u geboren und Staatsarchivar im Staat Chou wurde. Er berichtet auch von der Begegnung mit Konfuzius. Das *Dao De Jing* soll von ihm geschrieben worden sein, als er im Alter (sein Name bedeutet einfach »Alter Meister«) an den Zuständen in China verzweifelte und »nach Westen« ging. Am Gebirgspaß zum Westen wurde er gebeten, seine Gedanken in einer Nacht niederzuschreiben. Dieser Bitte kam er nach und übergab am darauffolgenden Tag dem Torwächter einen 5 000 Zeichen umfassenden Text. So war das *Dao De Jing* entstanden, wie es uns die Legende erzählt. Danach ging Lao Zi »nach Westen«.

Was auch immer sonst das *Dao De Jing* ist, so ist es kein Text, der in einer Nacht geschrieben wurde! Tatsächlich ist es eine Sammlung von Weisheitssprüchen mit kurzen Kommentaren, zusammengestellt und unter Lao Zis Namen veröffentlicht, um dem Werk eine größere Autorität zu verleihen. Es stammt aus dem 4. Jh. v. Chr.

Das wenige, das über Lao Zi bekannt ist, hat keineswegs der Entwicklung eines Kults um ihn vorgebeugt. Tatsächlich wird dieser Kult sogar noch heute derart leidenschaftlich betrieben, daß zur Zeit ein größerer Streit zwischen zwei Städten im Gange ist, die beide den Anspruch darauf erheben, sein Geburtsort zu sein. Jahrhundertelang hat die Stadt Luyi in der Provinz Henan dieses Recht geltend gemacht und sich sogar des Besitzes seines Grabes gerühmt – was merkwürdig ist, wenn man bedenkt, daß er im Westen verschwunden sein soll. Aber 1993 behauptete ein anderer Ort von sich das gleiche. Die Darstellung darüber, warum beide von sich glauben, recht zu haben, trägt zu einer sehr interessanten Geschichte bei, wie ich herausfand, als mir der Geschichtslehrer Ma Han Min der lokalen Schule von ihren Entdeckungen erzählte.

Die Bewohner von Zhengdian in der Provinz Anhui sind davon überzeugt, daß ihr Dorf Lao Zis wahrer Geburtsort ist. Zur Untermauerung dieser Behauptung erzählen sie die folgende Geschichte von seiner Geburt.

Einst lebte in dem Dorf eine schöne junge Frau, die am Abend des Laternenfestes, am 15. Tag des ersten Monats, spazierenging. Sie näherte sich einem Pflaumenbaum und sah seine kahlen Zweige, denn es war ja noch Winter. Sie sehnte sich danach, daß der Winter vorübergehen würde und Pflaumen am Baum hängen würden. Kaum hatte sie daran gedacht, als eine Sternschnuppe über ihren Kopf flog, und im nächsten Augenblick hing plötzlich eine dicke rote Pflaume am Baum. Die junge Frau pflückte die seltsame Frucht und biß in sie hinein. Aber bevor sie wußte, was da geschah, war die ganze Pflaume ihre Kehle hinunter und in den Bauch gerollt. Am nächsten Tag erkannte sie, daß sie schwanger war.

Aber es war keineswegs eine gewöhnliche Schwangerschaft. Sie dauerte 83 Jahre! Der Grund dafür war einfach. Alle paar Tage fragte das Baby in ihrem Bauch: »Ist der Himmel fest geworden?«, worauf sie antwortete: »Nein.«

Eines Tages, als sie hundert Jahre alt und immer noch schwanger war, rief sie: »Ja«, und das »Baby« wurde geboren. Aber es war bereits 83 Jahre alt, und so kam ein alter Mann auf die Welt – daher sein Name Lao Zi, Alter Meister. Sein Familienname war Li, Pflaume, und sein Vorname Er, Ohr.

In dem Augenblick seiner Geburt brachen neun Drachen (eine sehr glückverheißende Zahl) durch die Erde hervor und bespritzten das »Baby« mit Wasser, um es zu erfrischen. Es sind die von diesen Drachen verursachten neun Brunnen, von denen das Dorf Zhengdian behauptet, sie wiederentdeckt zu haben, und die beweisen, daß Lao Zi an diesem Ort geboren wurde.

Darüber hinaus haben sie Spuren von einer riesigen Tempelanlage des Lao Zi gefunden und errichten jetzt einen prachtvollen neuen Tempel, der so riesig ist, daß er die zweitgrößte Tempelhalle in China sein und nur noch von der Halle des Himmlischen Friedens in der Verbotenen Stadt übertroffen wird. Der Grund für eine derart große Halle? Nun, der Name des Dorfes bedeutet Haupthalle, und wie Ma erklärt, muß sich das auf die Tatsache bezogen haben, daß dort einst die Haupthalle von Lao Zis Tempel gestanden hat.

Aber wenn Lao Zis Geburt mythologisiert wurde, dann rankt sich um sein Leben nach seinem Fortgang »nach Westen« eine eigene Geschichtensammlung.

Die Rivalität zwischen Daoisten und Buddhisten weist eine lange und nicht sehr rühmliche Geschichte in China auf. Den Tiefpunkt bildete die daoistische Verfolgung von Buddhisten, Christen und Manichäern während der Großen Verfolgung 841-845 n. Chr., als Tausende von Tempeln und Klöstern dieser drei Glaubensrichtungen zerstört wurden und Mönche und Nonnen sich der Laiengemeinde anschließen mußten. Gewöhnlich verhinderte die kaiserliche Autorität derartige gewalttätige Ausbrüche, und folglich wurde die Fehde zwischen den Glaubensrichtungen mittels Bücher und Broschüren geführt. In dem Versuch, die Buddhisten in Verruf zu bringen, präsentierten die Daoisten die folgende Geschichte.

Als Lao Zi nach Westen ging, gelangte er an die Grenze Indiens. Hier gründete er eine Schule und unterwies jene, die nach Wissen und Erkenntnis strebten. Ein früher Schüler

155

von ihm war ein arroganter junger Prinz, der nur ein paar Stunden Unterricht nahm und dann in dem Glauben fernblieb, alles zu wissen. Was jedoch nicht stimmte. Sein Name war Sakyamuni, und die Daoisten behaupten, daß die Lehren des Buddha nicht mehr oder weniger als eine schlecht verstandene Version des Daoismus seien! Ich muß sagen, daß diese Art von Unsinn traurigerweise heute noch immer gelehrt wird, aber selten in China. Statt dessen ist der Westen der neueste Erzeuger eines solchen Blödsinns geworden. So veröffentlichen beispielsweise amerikanische daoistische Gruppen das *Hua Hu Ching* – eines der Bücher, das diese Idee vorbringt, als wäre es tatsächlich ein Buch von Lao Zi. Das trägt kaum zu einer Hebung des Daoismus im Westen oder einem interreligiösen Verständnis bei, was ich höchst bedauerlich finde. (Siehe zum Beispiel *The Complete Works of Lao Tzu – Tao Te Ching and Hua Hu Ching*, übersetzt von Ni Hua-Ching, veröffentlicht bei The Shrine of the Eternal Breath of Tao, California, 1979).

Aber das ist nichts im Hinblick auf Lao Zis Vergöttlichung. Im späteren daoistischen Denken (ungefähr vom 8. Jh. n.Chr. an) gilt er als die wichtigste physische Manifestation des Ewigen Dao und soll vor der ganzen Zeit existiert haben und jenseits der ganzen Zeit existieren. Aus diesem Grund tritt er bei den Drei Reinen auf. In daoistischen Lehren ist oft die Rede davon, daß er die Pille der Unsterblichkeit herstellt, und man kann, wie ich im ersten Kapitel anführte, sogar seinen Ofen auf dem Hua Shan sehen, den er dazu benutzt.

Die Drei Reinen tauchen in weiteren Variationen und Kombinationen auf. In der anderen populärsten Variante gibt es weiterhin den Ursprünglichen, das absolute Prinzip des Dao, zu dem sich aber zwei andere Mitglieder gesellen; diese können Lao Zi und der Gelbe Kaiser oder der Jadekaiser und das Himmlische Wesen der Jadedämmerung und vom Goldenen Tor sein. Sie werden alle mit dem fast gleichen allgemeinen Begriff bezeichnet; und zwar sind es die Drei Reinen: der Reine der jadenen Reinheit, der Reine der höchsten Reinheit und der Reine der Großen Reinheit.

Diese Gottheiten findet man in der Haupthalle der meisten daoistischen Klöster und Tempel, und sogar die lokalen Mönche können sich verschwommen darüber ausdrücken, wer wer ist. Der Kernpunkt jedoch bleibt unverändert. Sie verkörpern die Vorstellung, daß das Dao sich der Menschheit als Teil des Gleichgewichts von Himmel und Erde offenbart. Die Triade Himmel, Erde und Menschheit wird hier in einen Vorgang der Offenbarung verwandelt, die dem gleichen Zweck dient, zwischen allen drei ein kosmisches Band zu knüpfen.

Lao Zi, der Jadekaiser und der Gelbe Kaiser erscheinen oft auch allein.

## Lao Zi

Gewöhnlich wird Lao Zi auf einem Ochsen reitend dargestellt, so wie er der Überlieferung zufolge nach dem Westen aufbrach. Oft hat er lange, buschige Augenbrauen, ist kahlköpfig und sieht vielleicht ein wenig aus wie eine ernstere und ältere Version des Glücklichen Buddha, Mi Lo Fa. In seiner Hand hält er ein Buch, das berühmte *Dao De Jing*. Andere Statuen zeigen ihn auf einem Stuhl sitzend mit einem Fächer in der Hand.

## Der Jadekaiser

Darstellungen zeigen den Jadekaiser – Yu Di – meistens auf einem Drachenthron sitzend und in voller offizieller Tracht. Er hat einen dicken, schwarzen Bart, der gewöhnlich gerade geschnitten ist, so daß er eine Spatenform bildet. Er gilt als der König des Himmels, und ihm unterstehen die himmlischen Ämter und Ministerien. Der daoistische Himmel entspricht im wesentlichen der irdischen kaiserlichen Ordnung, die in den göttlichen Rang erhoben wurde.

*Der Gelbe Kaiser*

Der Gelbe Kaiser – Huang Di – ist eine halbhistorische Figur. Er soll ungefähr 2500 v. Chr. regiert haben und wird für den ersten der Fünf Erhabenen Kaiser der Vorzeit gehalten. Er ist einer Figur vom Moses-Typ nicht unähnlich, nebelhaft und mythologisiert, war aber wahrscheinlich ursprünglich ein mächtiger Schamanen-Herrscher, der eine gewisse Ordnung in das alte China mit seinen kleinlichen Fehden und seiner primitiven Lebensweise brachte. Man erinnert sich an ihn als einen mächtigen Krieger, der Ordnung in die Welt brachte und viele der Kulturgüter erfand, die bis auf den heutigen Tag bestehen, wie zum Beispiel Metallbearbeitung, Töpferei und Waffen. Als solcher ist er fast der Höchste Ahnherr der Kaiser und durch sie der Chinesen selbst.

Seine Grabstätte liegt ungefähr nördlich von Huang Ling, was Gelbes Grab bedeutet, in der Provinz Shaanxi. Auf dem Qiaoshan schlängelt sich der Weg an einem dem Gelben Kaiser geweihten Tempel vorbei und führt zu seinem kreisförmigen Grab auf dem Gipfel, das natürlich innerhalb einer quadratischen Umrandung eingebettet ist – Himmel und Erde vereinigt (s. S. 322). Er lenkt einen ganz besonderen Streitwagen in Form eines Kompasses, der in die südliche Richtung, die kaiserliche Richtung, zeigt. Der Wagen wird manchmal von einem weißen Drachen gezogen, oder er reitet auf einem Drachen, während Pfeile um ihn herum fallen. Er symbolisiert die Mitte der fünf Richtungen und wird manchmal den Göttern der vier Richtungen (s. weiter unten) zugeordnet. Außerdem verkörpert er das Element Erde bei den fünf Göttern der Fünf Elemente (s. Götter und Göttinnen, S. 289).

### Himmel, Erde und Wasser

An einigen wenigen Orten findet man eine dritte Variante der Dreiergruppe, die sich aus dem Gott des Himmels, dem

Gott der Erde und dem Gott des Wassers zusammensetzt. Der Himmel nimmt stets die mittlere Position ein und führt ein traditionelles Amtszepter, während sich Wasser zu seiner Rechten und Erde zu seiner Linken befindet. Sie sollen viel Glück bringen.

### Götter der Langlebigkeit, des Glücks und des Reichtums

Was uns zu einer anderen Dreiergruppe führt, die man überall auf der Welt sehen kann, wo auch Chinesen sind. Wahrscheinlich sind sie von allen chinesischen Göttern am besten bekannt. Es sind der Gott der Langlebigkeit, der Gott des Glücks und Erfolgs und der Gott des Reichtums. Der Gott der Langlebigkeit ist am leichtesten zu identifizieren, denn er ist kahl und alt, trägt einen langen, weißen Bart und hält einen Holzstab in der linken Hand und einen Pfirsich der Unsterblichkeit in der rechten.

Der Gott des Reichtums ist wie ein Beamter gekleidet, gewöhnlich mit einem Flügelhut, der seinen hohen Stand zu erkennen gibt, denn im chinesischen Denken rührt Reichtum von einer guten Stellung her.

Der Gott des Glücks und Erfolgs trägt die Robe eines kleinen Beamten und hält manchmal ein Buch in der Hand, in dem die Geschicke jener aufgezeichnet sind, die ihn um Hilfe aufsuchen.

### Göttinnen

In der kosmologischen Welt des Daoismus ist das Weibliche in zwei Schlüsselgöttinnen stark präsent: in der Königinmutter des Westens und der Mutter des Scheffels.

### Die Königinmutter des Westens

Die Königinmutter des Westens – Xi Wang Mu – ist am mächtigsten und wahrscheinlich am ältesten. Hinweise auf göttliche Königinnen des Ostens und des Westens finden sich auf den Orakelknochen der Shang-Dynastie, und die

Königinmutter des Westens wird zuerst im *Dao De Jing* und *Zhuang Zi* erwähnt. Das *Zhuang Zi* bietet eine höchst packende Schilderung ihrer Rätselhaftigkeit und ihres Alters:

> Die Königinmutter des Westens erlangte es [das Große Dao] und vermochte ihren Platz auf dem Berg Shao Kuang einzunehmen – niemand wußte um ihren Ursprung, niemand weiß um ihr Ende.[11]

Zudem wird sie in einem außergewöhnlichen Buch aus dem 4. Jh. v. Chr., dem *Shan Hai Jing – Klassiker der Berge und Meere –*, als eine schamanistische Gottheit folgendermaßen beschrieben:

> Weitere 350 li (chinesische Meile) Richtung Westen erhebt sich ein Berg, der Jadeberg genannt wird. Das ist der Ort, an dem die Königinmutter des Westens weilt. Was die Königinmutter des Westens betrifft, so ähnelt ihr Aussehen dem eines Menschen mit Leopardenschwanz und Tigerzähnen. Überdies ist sie geschickt im Pfeifen. In ihrem zerzausten Haar trägt sie einen Sheng-Kopfschmuck. Sie ist die Wächterin des Schleifsteins und der Fünf-Scherben-Konstellation am Himmel.[12]

Ihre Statuen zeigen sie entweder sitzend mit zwei Mädchen, von denen eine einen Fächer und die anderen einen Korb mit den Pfirsichen der Unsterblichkeit hält, oder auf einem weißen Kranich fliegend. Manchmal wird sie von fünf un-

---

[11] Palmer, Martin, mit Breuilly, Elizabeth (Übers.), *The Book of Chuang Tzu*, Kapitel 6 (London: Penguin Arkana, 1996).

[12] Cahill, Suzanne E., *Transcendence and Divine Passion – The Queen Mother of the West in Medieval China* (Stanford University Press, 1993). Dieses Buch stellt eine faszinierende und hervorragende Untersuchung über die Königinmutter des Westens dar.

sterblichen Mädchen oder von zwei azurblau geflügelten-Vögeln begleitet. Wenn sie einen Wagen lenkt, wird dieser von einem Hirsch oder einem weißen Drachen gezogen. Fast nie wird sie allein dargestellt.

Als eine der wenigen Gottheiten, die praktisch unversehrt aus schamanistischen Zeiten übriggeblieben sind, ist sie von beträchtlichem Interesse. Sie ist weder eine unbedeutende Göttin noch eine Erdmutter. Es gibt keine Anhaltspunkte für die Anbetung einer Erdgöttin in China. Alle Göttinnen sind mit dem Himmel verknüpft und ziemlich unnahbar. Die Königinmutter des Westens ist eine ehrfurchtgebietende Figur, und zu diesem Bild haben spätere Legenden beigetragen, in denen es heißt, daß sie die Macht besitzt, Sterblichen Unsterblichkeit zu verleihen. In ihrem Palast baut sie die Pfirsiche der Unsterblichkeit an. Durch den Verzehr eines solchen wird man augenblicklich unsterblich.

*Die Mutter des Scheffels*
Die andere große Göttin im Daoismus ist die Mutter des Scheffels, die Himmelskönigin, Tian Hou, was Himmlische Herrscherin bedeutet. Der Scheffel bezieht sich auf die sieben Sterne des Großen Bären, dem in der daoistischen Astrologie eine zentrale Rolle zukommt. Sie ist die Göttin des Polarsterns und wird manchmal als Dao Mu – Mutter des Dao – bezeichnet. Sie soll die Mutter des Jadekaisers sein. Die sieben Sterne ihrer Konstellation sind ein altes daoistisches Symbol und heute auf Fahnen und papierenen Talismanen in daoistischen Tempeln zu sehen. Gemeinhin wird sie mit acht Armen und gelegentlich vier Köpfen dargestellt, die jeweils in eine Himmelsrichtung blicken. In den obersten Händen hält sie die Sonne und den Mond und in den übrigen sechs alle möglichen Symbole, von den Pfirsichen der Unsterblichkeit zu Schwertern, Bogen und anderen vom Buddhismus übernommenen Attributen.

Meistens ist sie von der Königinmutter des Westens zu ihrer Linken und der Erdgöttin zu ihrer Rechten umgeben. Demgemäß steht sie außerdem als ein Symbol der Triade, aber diesmal in weiblicher Form – nämlich Himmel, Erde und Menschheit. Auf beiden Seiten ihrer Halle sind oft die vierzehn Götter ihrer Konstellation angeordnet, mit den sieben Göttern des Nordens zu ihrer Rechten und den sieben Göttern des Südens zu ihrer Linken. Da der Norden den Tod symbolisiert, sieht man hier oft den Dunklen Kaiser, den Gott des Nordens, mit sechs anderen Göttern. Da der Süden die Himmelsrichtung des Lebens repräsentiert, wird oft der Gott der Langlebigkeit mit den sechs anderen Sterngöttern gezeigt.

Die Mutter des Scheffels spielt eine wichtige Rolle bei der anderen großen Lehre des Daoismus, nämlich der des kosmischen Gleichgewichts.

### Erdgötter

Die Göttin der Erde – Hou Tu – herrscht zusammen mit dem Erdgott über die Erde, ist jedoch von größerer kosmischer Bedeutung. Sie ist keine Erdmutter, sondern hat sich wahrscheinlich aus der schamanistischen Göttin von Tai Shan entwickelt, die alten Mythen zufolge daran mitgewirkt haben soll, das ganze Leben auf Erden hervorzubringen. Sie gebar es nicht, sondern schuf es. Ihre Vorgeschichte ist genauso geheimnisvoll und uralt wie die der Königinmutter des Westens und liegt in der verlorengegangenen schamanistischen Vergangenheit Chinas begründet. Sie erscheint selten, außer in der Gruppe der drei kosmischen Frauen oder als Partnerin mit dem Erdgott in den weitverbreiteten Statuen der Eltern – in denen sich wieder die alte Tai Shan-Geschichte von ihnen als Schöpfer von allem widerspiegelt.

Der Erdgott Tu Ti zählt zu den ältesten Göttern Chinas, und seine Wurzeln gehen weit auf schamanistische Zeiten zurück. Ursprünglich wurde er als der Gott von örtlich begrenzten Gegenden verehrt, aber als die Kosmologie Chinas sich zu der Triade Himmel, Erde und Menschheit hinentwickelte, nahm er seinen Platz als irdische Entsprechung zum Jadekaiser ein. Es existieren zwei Darstellungsformen von ihm, entweder als Mitglied der Triade Himmel, Erde und Menschheit oder, was üblicher ist, als örtlicher Erdgott, Gottheit eben des Bodens, auf dem der Tempel steht. Als solcher ist er recht häufig ganz in der Nähe des Tempeleingangs plaziert und steht dem Gott der örtlichen Gegend (also dem Gott des Verwaltungsbezirks) gegenüber, und vor dem Betreten des Tempels wird ihnen gemeinsam Reverenz erwiesen.

Überdies gilt der Erdgott als Gott des Reichtums und des Glücks und wird manchmal mit einem alten Stab und einem Goldbarren, der wie ein kleines Boot aussieht, dargestellt. An Orten, die vom Wandel unberührt geblieben sind, kann man seinen Schrein vor vielen Häusern und Geschäften sehen, zum Beispiel in Macau und in Hongkong. Auf heiligen Bergen hat er immer einen eigenen Tempel oder Schrein.

### Alte Götter

Weitere uralte Götter sind Fu Xi, Shen Nong und der Küchengott Zao Jun. Auch sie scheinen auf die schamanistische Vergangenheit zurückzugehen.

### Fu Xi

Fu Xi ist angeblich der erste der Drei Erhabenen Herrscher, der ursprünglichen Herrscher, die halb menschlich und halb tierisch waren. Auf alten Schnitzereien sind er und seine Schwester Nu Gua mit menschlichen Körpern und Schlangenschwänzen dargestellt. Gemeinsam sollen sie die Menschen geformt und bei der Belebung der Welt geholfen haben. Sie lehrten auch kulturelle Fertigkeiten wie etwa die Schrift. Fu Xi wird zugeschrieben, die Acht Trigramme (siehe weiter unten) auf dem Rücken einer Schildkröte entdeckt zu haben. Abbildungen zeigen ihn als einen wild aussehenden Mann, der einen Rock aus Gras trägt und die Acht Trigramme vor sich hält. Dadurch kann er ziemlich leicht mit Pan Gu, dem ersten Menschen auf Erden, verwechselt werden.

## Shen Nong

Shen Nong wird entweder ochsenköpfig oder mit zwei Wülsten auf beiden Seiten seines Kopfes dargestellt. Auch er ist in Blätter gekleidet, aus denen er Kleider fertigt, und hält eine knospende Pflanze. Er ist der ursprüngliche Gott des Ackerbaus.

## Der Küchengott Zao Jun

Der Küchengott wird für einen der allerältesten Gottheiten gehalten. Gewöhnlich findet man ihn in der Küche, wo er von der Sicherheit seines Platzes neben dem Herd das häusliche Leben der Familie überwacht. Von dort begibt er sich an jedem Silvesterabend zum Jadekaiser, um ihm von dem Treiben der Familie zu berichten. Oft wird er mit einer Katze auf seiner Schulter oder mit einem Hund neben sich dargestellt – Haustiere, wie es sich für einen Hausgott geziemt.

Kurz vor Eintreten des chinesischen neuen Jahres versammelt sich die Familie, um das Stück Papier zu verbrennen, das den Küchengott darstellt. Damit er einen möglichst günstigen Bericht über die familiären Angelegenheiten abgibt, werden seine Lippen mit Honig bestrichen, um seine Worte zu versüßen. Hält man das nicht für ausreichend, wird Wein über ihn gegossen, damit er zu betrunken ist, um vernünftig zu reden, wenn er Bericht erstattet! Mir hat die Vorstellung von einem göttlichen Spion in der Küche ganz gut gefallen, angesichts der Tatsache, daß sich an diesem Ort die meisten Familiendramen abspielen. Jedoch wurde vor nicht langer Zeit meine Begeisterung für diesen alten Gott ein wenig gedämpft.

Als ich mich in einem ziemlich baufälligen Kloster am Fuß des Tai Shan aufhielt, lernte ich einen reizenden chinesischen Anthropologen namens Dr. Zeng kennen. Küchenschaben gehören zu den Dingen, die ich auf den Tod nicht ausstehen kann. Es hatte mich schon immer deprimiert, daß sie, wie ich als Kind in Geschichten gelesen hatte, jede atomare Katastrophe auf der Erde überleben und somit wahrscheinlich zur herrschenden Spezies aufsteigen würden. Das allein war für mich schon ein guter Grund, um Atomwaffen zu verbieten. In den Schlafsälen des alten Klosters wimmelte es von Schaben, was ich Dr. Zeng gegenüber erwähnte. Daraufhin erzählte er mir, daß der Küchengott wahrscheinlich zuerst der Gott der Schaben gewesen war und versöhnlich gestimmt wurde, um diese ekelhaften Kreaturen irgendwie unter Kontrolle zu bekommen. Seitdem bin ich nicht mehr imstande, einen Küchengott mit genau denselben Augen zu sehen wie früher.

### Die Acht Unsterblichen

Die Unsterblichen – Xian – sind im Daoismus von enormer Bedeutung. Am häufigsten trifft man auf Darstellungen von den Acht Unsterblichen, Ba Xian. Diese acht bilden eine der herrlichsten Gruppen von Charakteren in der chinesischen Religion und vereinigen in sich Aspekte des Helden, des Narren, des Betrügers, des Tricksers, des Heilers und des Kämpfers um Gerechtigkeit für die Armen. Oft sind ihnen eigene Hallen gewidmet, wie zum Beispiel im Bai Yun Guan, Tempel der Weißen Wolke, in Beijing, oder in ihren eigenen Tempeln wie dem Ba Xian Gong, Tempel der Acht Unsterblichen, in Xian, oder in der Stadt, mit der sie am stärksten in Verbindung gebracht werden, Peng Lai in der Provinz Shandong. Viele der Acht Unsterblichen waren tatsächlich historische Figuren.

*Lu Dong Bin*

Lu Dong Bin – der beliebteste aller Unsterblichen, so beliebt, daß er sogar in buddhistischen Tempeln zu finden ist. Er wird mit Medizin, Heilkunst und Exorzismus assoziiert – die gemeinhin oft als ein und dasselbe angesehen wurden. Darstellungen zeigen ihn meist mit einem Schwert, das über seine Schulter hängt und mit dem er Dämonen bekämpft, und einem Fliegenwedel in der Hand, der zu verstehen gibt, daß er nach Belieben durch die Luft fliegen kann. Werden die Acht Unsterblichen nur symbolisch dargestellt – gewöhnlich auf dem Endstück von langen Holzstöcken – wird er als Schwert dargestellt. Lu Dong Bin wird vornehmlich von der Quan-Zhen-Schule verehrt (s. Seite 59). Als Gott der Heilkunst nimmt er eine derart wichtige Stellung ein, daß er sogar oft allein, ohne die anderen sieben Unsterblichen erscheint. Sein von prächtigen Tempeln umgebenes Geburtshaus liegt in Rui Cheng in der Provinz Shanxi, in der Klosteranlage Yong Le Gong.

Lu Dong Bins Bekehrung zum Daoismus, zum Leben eines Einsiedlers und folglich zur Unsterblichkeit ist eine klassische daoistische Geschichte.

Lu lebte in der Tang-Dynastie (618-907 n. Chr.) und war ein erfolgreicher junger Beamter. Vor ihm erstreckte sich die Aussicht auf eine äußerst glänzende Karriere. Eines Tages, als er von einer Stadt in eine andere wanderte, kehrte er in einem Wirtshaus am Straßenrand ein, um etwas zu trinken. Ohne sich dessen bewußt zu sein, setzte er sich dem Unsterblichen Han Zhong Li gegenüber, und schon bald waren die beiden in ein Gespräch vertieft. Han erkannte, daß der junge Mann das Zeug zu einem Unsterblichen hatte. Also nötigte er ihn zum Trinken, und kurze Zeit später schlief Lu Dong Bin tief und fest. Und als er schlief, hatte er einen Traum. Er träumte, daß er schnell in der Rangordnung der Beamten aufstieg, bis er mit jungen Jahren zum Kanzler ernannt wurde. Zwanzig Jahre lang wurde er vom Kaiser begünstigt, und er und seine Familie wurden reich und berühmt. Er hatte alles, was sich ein Sterblicher nur wünschen konnte. Aber dann brach das Unglück herein. Der Kaiser wurde von Rivalen, die nach seiner Position als Kanzler strebten, gegen ihn aufgehetzt. Lu wurde des Verrates angeklagt, verhaftet und dann in die entlegenste, kälteste Gegend Nordchinas verbannt, aber zuvor mußte er noch mit ansehen, wie seine ganze Familie, Frauen und Kinder, hingerichtet wurde.

Lu Dong Bin erwachte mit einem Schreck aus seinem Traum. Gleichzeitig erkannte er die Sinnlosigkeit seines Lebens als Beamter und daß er einem Unsterblichen gegenübersaß. Auf der Stelle entsagte er seiner alten Welt und gab sich, als wahrer Weiser auf einem Berg lebend, daoistischen Studien hin. Im Laufe der Zeit wurde er ein Fachmann auf dem Gebiet der Kräuterelixiere und Arzneien und erlangte Unsterblichkeit. In den meisten daoistischen Tempeln wird er wegen seines Könnens in der Heilkunst und als Exorzist angebetet. Viele daoistische Tempel verkaufen Kräutermedizin, die nach den Hundert Rezepten des Lu Dong Bin hergestellt wird.

Während Unsterblichkeit für den durchschnittlichen Daoisten ein unerreichbares Ziel darstellt, ist es möglich, die großen Unsterblichen um Beistand anzurufen, was Hilfe, Heilung und sogar Erlösung bringen kann.

## Li Tie Guai

Der zweitbeliebteste der Unsterblichen ist ein seltsamer Krüppel namens Li Tie Guai. Auch er wird mit Medizin in Verbindung gebracht, und sein Attribut ist eine eiserne Krücke oder sein Flaschenkürbis mit Medizin. Seine Geschichte ist recht interessant. Ursprünglich war er ein gutaussehender Mann, der Wohlstand und Vermögen aufgab, um sich daoistisch zu schulen und nach Unsterblichkeit zu streben. Nach vielen Jahren vermochte er nach Belieben herumzufliegen und seinen Körper bis zu einer Woche zu verlassen. Eines Tages bat er seinen Schüler, bei seinem Körper zu bleiben und auf ihn aufzupassen, während er sich auf eine Astralreise begab. Er wies ihn an, daß er seinen Körper verbrennen könne, falls er nicht binnen sieben Tagen zurückkehren sollte, weil er dann nämlich gestorben sei. Aber bis dahin sollte er seinen Körper bewachen, damit er nicht von Hunden oder Krähen aufgefressen werden würde.

Nach sechs Tagen kam ein Bote zu dem Schüler, der ihm mitteilte, daß seine Mutter im Sterben läge und ihn unbedingt noch einmal sehen wolle. Zerrissen zwischen den sich widersprechenden Pflichten kam er zu der Überzeugung, daß sein Meister wahrscheinlich tot sei, verbrannte den Körper und machte sich auf den Weg zu seiner Mutter. Ein paar Stunden später kehrte Li Tie Guai zurück. Er war wütend, als er feststellte, daß sein Körper verbrannt war, denn ohne einen Körper ist Unsterblichkeit unmöglich. Ihm blieb gerade noch eine Stunde Zeit, um einen neuen Körper zu finden, bevor seine Seele erlöschen würde, aber die Leiche durfte nicht zu alt sein! Voller Verzweiflung machte er sich auf die Suche und fand schließlich den Leichnam eines verkrüppelten Bettlers, der gerade sein Leben ausgehaucht hatte. In diesen altersschwachen Körper schlüpfte Li Tie Guais Geist. Wie ich bereits sagte, war Li Tie Guai sehr gutaussehend gewesen. Als er sich in einem Teich betrachtete, starb er fast vor Entsetzen! Sein Gesicht war häßlich und voller Warzen; sein Rücken war buckelig und gebeugt, seine Beine waren nach außen gebogen und krumm, und seine Kleider waren Fetzen. Und in dieser Gestalt lebt er jetzt für immer.

Er, der den Körper eines Krüppels und Bettlers hat, kümmert sich besonders um die Kranken und Bedürftigen, und unzählige Geschichten handeln von seinem Kampf um Gerechtigkeit für die Armen.

*Zhang Guo Lao*

Zhang Guo Lao hält ein seltsam aussehendes Musikinstrument, die sogenannte Fischtrommel, in seinen Händen, das lang und schmal und am oberen Ende mit Röhren versehen ist. Er ist beliebt, weil man glaubt, er verhelfe Ehepaaren zu Kindern, vornehmlich Jungen. Gelegentlich schenkt man Jungverheirateten noch immer Abbildungen von ihm. Darstellungen zeigen ihn manchmal verkehrtherum auf seinem Esel reitend. Es heißt, daß sein Esel eigentlich ein Stück Papier sei, das, wenn er es hervorholt und anbläst, sich in einen Esel verwandelt, der sich mit erstaunlicher Geschwindigkeit fortbewegen kann. Als Zhang das erste Mal Gebrauch davon machte, sauste der Esel davon – aber noch bevor Zhang ihn bestiegen hatte. Er lief ihm hinterher und schwang sich auf den Rücken des Esels, aber genau in dem Augenblick, als dieser sich um 180 Grad drehte. Das Ganze führte schließlich dazu, daß Zhang ihn von hinten ritt. Nach einer anderen Überlieferung konnte er es nie ertragen, einen schönen Ort zu verlassen, so daß er verkehrtherum zu reiten pflegte, um die herrliche Aussicht bis zum allerletzten Augenblick zu genießen.

Wie die beiden zuvor genannten Unsterblichen wird Zhang manchmal auch allein angebetet.

*Cao Guo Jiu*

Bei Cao Guo Jiu scheint nicht ersichtlich zu sein, warum er zu den Acht Unsterblichen gezählt wird oder überhaupt ein Unsterblicher ist. Er war ein überführter Mörder, ein sehr übler Mensch und gehörte einem ziemlich tyrannischen Kaiserhof an. Dargestellt wird er entweder mit einem Paar Kastagnetten oder einem kaiserlichen Rangabzeichen. Manchmal trägt er den Flügelhut eines Mandarins.

*Han Xiang Zi*

Han Xiang Zi erfreut sich allgemeiner Beliebtheit und ist vornehmlich auf Bergen zu finden, in denen er sich am heimischsten fühlte. Sein Symbol ist eine Jadeflöte, und er ist der Schutzpatron der Musiker. Er liebt die Einsamkeit und ist stets der Stille der Gruppe, der die anderen mit seiner Musik beruhigt.

### Han Li Quan

Han oder Zhong Li Quan lebte in der Han-Dyanstie (ca. 206 v. Chr. – 220 n. Chr.). Er ist als Alchimist berühmt und wurde von der Äußeren Schule der Unsterblichkeit sehr verehrt, weil er die Pille der Unsterblichkeit hergestellt haben soll. Sein Attribut ist entweder ein federartiger Fächer, mit dem er das Meer zu beherrschen vermag, oder der Pfirsich der Unsterblichkeit.

### Lan Cai He

Lan Cai He ist ein Hermaphrodit und kann nach Belieben eine Frau oder ein Mann sein. Er ist der Sonderbare, der »von Gott Berührte«, der Verrückte, der Wahnsinnige. Meistens trägt er einen Blumenkorb und wird manchmal als Frau und manchmal als Mann dargestellt.

### He Xian Gu

He Xian Gu ist die einzige Frau in der Gruppe. Unsterblichkeit erlangte sie durch die von ihr entwickelten außergewöhnlichen asketischen Praktiken. Es gibt wenige solcher Frauen in der daoistischen Geschichte, obwohl es schon immer daoistische Nonnen gegeben hat, und natürlich wurden gewisse Schriften von weiblichen Orakeln offenbart. Ihr Symbol ist eine langstielige Lotosblume, die sie in der Hand hält.

Die Acht Unsterblichen werden oft zusammen als Gruppe dargestellt, über das Meer oder in den Wolken schwebend, in einem Boot oder sich an einer Brücke versammelnd oder an einem Tisch trinkend. In Peng Lai in der Provinz Shandong sollen sie gelebt haben, und aus diesem Grund wird dieser Ort noch immer verehrt und besucht.

Eines der traurigsten Dinge in Hinblick auf den Aufruhr und die Umwälzungen, die China in diesem Jh. erlebt hat, ist vielleicht, daß so viele Menschen in Unkenntnis ihrer eigenen Mythen und Legenden aufgewachsen sind. Das wurde mir kraß vor Augen geführt, als ich einen Mann kennenlernte, der inzwischen ein Kollege von mir beim ICOREC (International Consultancy on Religion, Education and Culture) ist und unser Büro für Chinaprojekte leitet. Zhao Xiaomin wuchs in der Kulturrevolution auf und kommt aus einer vom Kommunismus überzeugten Familie. Er ist nicht nur im Englischen sehr bewandert, sondern gleichfalls eine Autorität auf dem Gebiet des klassischen Chinesischen und der chinesischen Geschichte, und gemeinsam sind wir weit und breit durch China und durch die chinesische Geschichte gestreift. Eines Tages besichtigten wir die alte Moschee von Xian, einer der schönsten und friedlichsten Plätze auf Gottes Erden. Ich erwähnte Xiaomin gegenüber, daß ich gern den Tempel der Acht Unsterblichen aufsuchen wollte, der, wie ich gelesen hatte, restauriert und kürzlich wieder geöffnet worden war. Xiaomin hatte davon nichts gehört und wußte auch nicht, wer die Acht Unsterblichen sind. Meine Tochter Lizzie, die mit Geschichten von diesen wundervollen Figuren aufgewachsen ist, war dabei. Einige Jahre zuvor hatte ich mit meinen britischen Kollegen Man Ho Kwok und Joanne O'Brien einige der Schlüsselgeschichten von den Acht Unsterblichen (*The Eight Immortals of Taoism*, erschienen bei Rider, London, 1990) aus den mündlichen Überlieferungen von Übersee-Chinesen, Manuskripten und von Geschichtenerzählern in Hongkong und Macau zusammengetragen.

Lizzie forderte mich auf, einige dieser daoistischen Geschichten zu erzählen, und so fand ich mich in der großen Moschee von Xian, wo ich meinem chinesischen Kollegen

diese Geschichten erzählte, während Lizzie ihn dazu brachte, alle spannenderen Stellen mimisch darzustellen, wie etwa
von Stein zu Stein zu springen, in den Büschen herumzu-
schleichen oder die Bösen im Nahkampf neben dem im chinesischen Pagodenstil erbauten Minarett abzuwehren! Es
war wirklich ein ungewöhnlicher Anblick! Es ging damit
aus, daß wir Xiaomin ein Exemplar des Buches schickten,
und jetzt erfreut er Chinabesucher mit diesen Geschichten.
So besteht die Tradition fort, auch wenn sie vielleicht ein wenig Hilfe von außen bedarf.

Damit der Leser sich eine Vorstellung von diesen Geschichten machen kann, werde ich wenigstens eine erzählen,
in der Li Tie Guai, mein Lieblingsunsterblicher, im Mittelpunkt steht.

Alle Unsterblichen reisten durch die Berge und Ebenen
Chinas und noch weiter weg. Oft zogen sie verkleidet herum, unterhielten sich mit Dorfbewohnern und beobachteten
die Bauern, Bettler, Landbesitzer, Händler, Weisen und Jünger. Niemals wurde eine Geschichte vergessen, sondern im
Gedächtnis bewahrt, um an der Brücke der Unsterblichen
erzählt zu werden.

Die Acht Unsterblichen trafen sich regelmäßig an der
Brücke. Es war ihre private Zeit, und kein Mensch vermochte
zu hören oder zu sehen, was sich da ereignete. Aber diese Be-
gegnungen zeichneten sich gewöhnlich nicht durch magische
Kunststücke aus, sondern sie dienten der Erholung – es war
eine Gelegenheit zum Plaudern, Kartenspielen oder zur gegen-
seitigen Unterhaltung mit Geschichten von ihren Reisen.

Eines Tages waren sie wieder einmal auf der kleinen, mit
Steinbogen versehenen Brücke versammelt und sangen Lieder in der hellen Nachmittagssonne. Als die Sonne tiefer
sank, wollten sie zur abendlichen Unterhaltung eine Geschichte hören. Zhang Guo Lao erhob sich und wandte sich
an die aufmerksamen Unsterblichen mit den Neuigkeiten einer skandalösen Geschichte in einer fernen Provinz.

Einen Tagesmarsch von der Man-Yo-Straße stand ein Haus, das von hohen Tannen umgeben und dessen Haupteingang mit einer prächtig geschnitzten Alabastertür versehen war. Der Hausherr war Guang Zi Lian, ein wohlhabender Händler und Bauer. Er besaß zehntausend fruchtbare Felder, seine Kleider waren aus kostbarster Seide, und in jedem Zimmer stand eine mit Gold und Silber reich verzierte Elfenbeintruhe. Zwanzig starke Männer wären vonnöten, nur um diese Truhen zu tragen. Aber seinen Reichtum hatte er auf Kosten der Armen angehäuft. Die Bauern, die auf seinem Land arbeiteten, wurden dürftig ernährt, und die Arbeiter, die seine Häuser bauten, unterbezahlt. Zhang hatte gehört, daß er in ein paar Tagen 60 Jahre alt werden würde und zu diesem Anlaß ein großes Fest geben wollte. Auch in diesem Augenblick waren die Diener schon seit Tagesanbruch damit beschäftigt, das Festessen vorzubereiten. Um zu beweisen, daß er der mächtigste Mann in der Gegend war, hatte er die Löcher in der Straße mit Reis gefüllt und einen prächtigen, roten Wollteppich über den Reis ausgelegt, um den Weg zu glätten.

Die Acht Unsterblichen, denen auf ihren Reisen durch die Provinzen so viel Armut begegnet war, waren erzürnt über diese Verschwendung. Li Tie Guai stand auf:

»Wie kann er es wagen, Nahrung und Wolle zu vergeuden, als wären sie Dreck, auf den man geht, während die Bauern so wenig haben, daß sie kaum überleben können. Ich werde ihm eine Lektion erteilen, die er und die kommenden Generationen seiner Familie nicht vergessen werden.«

Während er sich von seinem Platz auf der Brücke erhob, verwandelte sich die Kürbisflasche, die an seiner Seite hing, in eine Bettlerschale. Mittels seiner magischen Fähigkeiten erhob er sich vom Boden und erreichte innerhalb weniger Sekunden Guang Zi Lians Haus. Schichtenweise angeordnete, prächtig geschnitzte und mit leuchtenden Farben bemalte Holzbalken bildeten sein Dach, und in der Ecke eines jeden Balkens erhob sich ein golden bemalter Drache in die Luft. Die geschicktesten Handwerker der Gegend hatten den Stein zu einer Schar von Tieren gemeißelt und das Holz zu den schwierigsten Formen bearbeitet. Die Tür war aus einem einzigen Stück weißen Alabaster geschnitten und so lange poliert worden, bis der Stein glänzte.

Überall wimmelte es von Dienern, die Körbe und Töpfe mit Lebensmitteln in die Küche trugen, wo die Küche die Speisen mit seltenen Zutaten zubereitetet hatten, die die Bauern noch nie probiert hatten. Eine ganze Reihe von Dienern war damit beschäftigt, jedes Stäubchen von dem roten Teppich zu entfernen. Durch die reichverzierten Korridore des Hauses konnte Li Tie Guai schwarze und rote Lacktische sehen, auf denen feines Porzellangeschirr stand. Niemand bemerkte den Fremden inmitten all dieser Vorbereitungen.

Als Li Tie Guai nach vorne trat, vernahm er ein Knirschen unter seinen Füßen, während sich der Boden bewegte. Er hob den Teppich hoch, worauf eine dicke Schicht Reis von der Größe einer Hand sichtbar wurde. Der Teppich erstreckte sich durch den Garten bis vor dem gewölbten Tor zum Haus. Die Nachricht von dem Fest hatte sich in den Dörfern verbreitet, und unzählige Bettler warteten geduldig an den Zugängen des Hauses und streckten ihre Arme den Gästen entgegen, die sich nach und nach einfanden. In seiner zerrissenen Hose und Jacke und mit seiner Bettlerschale in der Hand ging Li Tie Guai die breiten Stufen zu der Alabastertür hinauf. Unverzüglich wurde er von zwei Dienern aufgehalten, und ein Wächter fragte ihn:

»Wer hat dir gesagt, daß du dieses Haus betreten sollst? Geh hinter die Tore zurück, wo du hingehörst.«

»Meine Familie hat seit Tagen nichts mehr gegessen. Ich wollte nur um Essensreste bitten. Sie werden alles essen, was auch immer du hast«, sagte Li Tie Guai, während er dem Wächter seine Schale entgegenhielt.

Einer der Diener schlug ihm die Schale aus der Hand, während die anderen über den Anblick des hilflosen Bettlers lachten. Dann versetzte der Wächter Li Tie Guai so heftige Schläge auf den Kopf, daß dieser die Steinstufen heruntertaumelte und Blut ihre saubere Oberfläche bespritzte. Als er sich vorsichtig wieder erhob, nahm Li Tie Guai eine Handvoll Reis vom Boden, aber der Wächter packte sein Handgelenk so fest, daß er den Reis fallenlassen mußte.

In der Zwischenzeit kamen Gäste an, und damit sie nicht Zeugen dieses Vorfalls wurden, zogen die Diener Li Tie Guai an die Seite. Grimmig flüsterte der Wachmann ihm zu: »Eher würden wir unsere Schweine füttern, als dir etwas zu geben. Wir würden dich hier verrotten lassen, aber dein Anblick und dein Gestank wäre eine Beleidigung für unsere verehrten Gäste.«

Li Tie Guai ließ sich nicht einschüchtern. »Der Reis, den ihr auf den Boden geworfen habt, damit die Reichen darüber gehen können, kostet tausend Shi. Ich will nur so viel, um diese Schale zu füllen. Ihr solltet euch hüten, die Armen schlecht zu behandeln und Bettler zu beleidigen.«

Er sprach mit einem solchen Nachdruck, daß seine Angreifer noch wütender wurden und derart heftig auf ihn einschlugen, daß er sich nicht mehr rühren konnte. Dann wandten sie sich von ihm ab und kehrten zum Fest zurück, um die Gäste zu bedienen. Während des Angriffs hatten die Bettler, die am Bogengang gestanden hatten, in ihrer Sorge um diesen Mann, der sich für die Armen ausgesprochen hatte, sich in den Garten geschlichen. Sie baten ihn, die Reichen nicht zu provozieren, weil der Tod eines Bettlers ihnen nichts bedeuten würde.

Die Geräusche des Festes und erregte Stimmen tönten vom Haus in den Garten. Das Fest hatte begonnen, und die in einer Reihe defilierenden Diener trugen Tabletts mit Spanferkel, glasierten Enten und Hühnern, dampfenden Krebsen und Garnelen, aromatischen Fischen und Gemüsen und mit Nudeln und Reis überladene Porzellanschüsseln durch die Gänge. Die wohlhabendsten und einflußreichsten Aristokraten, Landbesitzer und Händler saßen bei Guang Zi Lian am Tisch, und während sie aßen, wurden ihre Teller unentwegt von stets aufmerksamen Dienern gefüllt. Plötzlich brachen sich Schmerzensschreie durch das Gelächter und hallten überall in den Gängen. Die Porzellanteller wurden heiß wie ein Ofen und fielen den Reichen aus den Händen, die sofort mit Blasen bedeckt waren. Die Diener ließen ihre Platten mit Speisen fallen, und jene, die nach Wein griffen, um sich den Mund abzukühlen, versengten sich die Finger an den Porzellanbechern.

Langsam begannen sich die Speisen zu bewegen, denn Maden kamen aus dem Spanferkel, den Fischmäulern und unter den Bergen von Nudeln hervor. Und kurze Zeit später krochen Tausende von ihnen über den Tisch. Guang Zi Lian schrie nach dem Oberkoch, der herbeieilte, und versetzte ihm einen Schlag ins Gesicht.

»Vor meinen Gästen hast du Schande über mich gebracht, und für diesen Streich wirst du bezahlen. Schaff das hier fort, und trage neue Gerichte auf.«

Die Diener stürzten sich auf die Tische; sie räumten alles ab, säuberten die Tische und beruhigten die Gäste. Schnell wurden neue Schalen mit Reis, Geflügelplatten und süß duftendes Feingebäck auf die Tische gestellt. Und wieder erschollen Schreie des Ekels vom Ehrentisch. Der Reis in den Schalen hatte sich in eine Masse aus Maden verwandelt, und unter den Häuten der Enten und Hühner wanden sich so viele Maden, daß es aussah, als würden sie gleich platzen.

Inzwischen hatten sich alle Gäste aus den anderen Hallen um den Ehrentisch versammelt. Entsetzt über den Anblick, der sich ihnen bot, und beleidigt über diesen Empfang, flüsterten sie einander zu: »Wie kann er uns, seinen Gästen, das antun?« »Was für eine Beleidigung, das wird unvergeßlich bleiben.« »Was für einen bösen Streich spielt Guang Zi Lian?«

Guang Zi Lian schämte sich vor seinen einflußreichen Gästen. Zuerst war er ganz still, aber dann kam ihm ein Gedanke. »Mein Wächter erzählte mir von einem bösen Bettler, der vor meinem Haus für Ärger gesorgt hat. Manche sagen, daß sie zaubern können – das ist sein Werk!«

Und so wurde Guang Zi Lian nach draußen zu Li Tie Guai geführt, der noch immer auf dem Boden lag. Seine Diener schoben die Bettler zur Seite, die sich zu seinem Schutz um ihn herumgedrängt hatten, und zerrten den Unsterblichen zu den Füßen ihres Herrn.

»Wer bist du? Woher kommst du?« herrschte Guang Zi Lian ihn an.

»Ich bin nur ein Bettler, der von einem Festessen gehört hat. Ich bin völlig unwichtig und bettelte nur um Essensreste, die man den Schweinen vorwerfen würde, und trotzdem schlugen deine Wächter auf mich ein und ließen mich in meinem Blut liegen.«

Li Tie Guai zitterte heftig am ganzen Körper, erbrach Blut und lag dann reglos vor dem reichen Mann und der Menge der Bettler und Diener da. Li Tie Guai war tot, und der Befehl wurde gegeben, ihn zu begraben. Guang Zi Lian ging ins Haus zurück, um seine Gäste zu beruhigen, aber die Bettler, die den Mord an Li Tie Guai bezeugt hatten, waren nicht willens, ihn ungestraft davonkommen zu lassen.

Mehr als 30 Bettler zogen in die nahegelegene Stadt Hunan, um dem gerechten Bürgermeister Zhao Shen Qiao den Mord zu berichten. Geduldig warteten sie im ummauerten Hof seines Amtsgebäudes, bis Zhao Shen Qiao in ihrer Mitte stand und sich aufmerksam ihre Geschichte anhörte und jedesmal nickte, wenn einer der Bettler eine neue Erläuterung oder Information hinzufügte.

Nachdem er ihre Geschichte vernommen hatte, verkündete er kurz: »Er hat zwar sehr viel Geld, aber damit kann er sich nicht meinen Schutz erkaufen. Bringt mir meine Sänfte, wir werden ihm einen Besuch abstatten.«

Als sie Guang Zi Lians Haus erreichten, hatten sich viele Diener um den Leichnam versammelt, der dicht bei der Alabastertür lag. Alle hatten versucht, den leblosen Körper des Unsterblichen hochzuheben, aber das war selbst fünf der stärksten Wächter mit vereinten Kräften nicht gelungen.

Von hinten ertönte ein Ruf: »Macht Platz für den alten Ehrenmann aus Hunan!«

Die Menge trat zur Seite, um den hochgeachteten Bürgermeister durchzulassen, der direkt zu Li Tie Guais Leichnam ging und sich neben ihn kniete. Er rief in die Menge nach einem daoistischen Lehrer, und ein älterer Mann in blauer Robe trat vor.

»Untersucht ihn bitte, Lehrer«, bat Zhao Shen Qiao, »und sagt mir, ob etwas ungewöhnlich ist.«

Langsam ging der Lehrer um den Leichnam herum und durchsuchte dann die Taschen von Li Tie Guais zerrissener Jacke. Er zog einen zerknüllten roten Zettel hervor und las die darauf geschriebenen Worte laut vor, daß alle sie hören konnten.

»Laßt Guang Zi Lian für dieses Verbrechen nicht mit seinem Leben bezahlen. Er soll die Straßen, die von seinem Haus zu allen Dörfern und Städten dieser Provinz führen, fegen. Er muß lernen, daß die Reichen die Armen nicht mißbrauchen dürfen.«

Der Bürgermeister erhielt den Zettel von dem Lehrer und las die verblaßte Unterschrift unten auf der Seite. Sie lautete Li Tie Guai. Er wandte sich an seine Eskorte: »Verhaftet Guang Zi Lian und bringt ihn zu mir.«

Guang Zi Lian wurde gezwungen, vor den Füßen des Bürgermeisters niederzuknien. »Ein Unsterblicher wurde auf deinen Befehl getötet. Ich befinde dich für schuldig. Willst du mit deinem Geld oder mit deinem Leben bezahlen?«

»Nehmt alles, was ich habe«, erwiderte Guang Zi Lian voller Angst. »Ich habe Gold, Silber, Schmuck, mein Haus, meine Diener. Ich werde alles hergeben, um am Leben zu bleiben.«

»Du hast deine Wahl getroffen«, antwortete Zhao Shen Qiao. »Deine restlichen Tage wirst du als Straßenkehrer verbringen. Nie mehr wirst du eine solche Macht über die Armen haben.«

Guang Zi Lian wurde an den Händen gefesselt und in Ketten durch die höhnisch lachende Menschenmenge abgeführt. Als er verschwunden war, versuchten die Bettler, Li Tie Guais Leichnam hochzuheben, und mußten verblüfft feststellen, daß er federleicht war. Man legte ihn in den Schatten eines Baumes, während Befehle gegeben wurden, einen Sarg herbeizuschaffen.

Nachdem die Genehmigung erteilt worden war, den Leichnam an einem nahegelegenen Hang zu bestatten, zog die ganze Stadt hinaus, um dem Unsterblichen die letzte Ehre zu erweisen. Aber als der Sarg hochgehoben wurde, fühlte er sich leer an. Der Deckel wurde geöffnet, aber es lag niemand darin.

Am Grab erhob sich ein Geschrei. »Jemand hat unseren Unsterblichen gestohlen. Er war in unserer Obhut. Wir werden von Unglück heimgesucht werden.«

Die ängstliche Menge drängte vorwärts, um einen Blick in den Sarg zu werfen, während ein Bote davoneilte und Zhao Shen Qiao von dem Vorfall unterrichte. Aber der weise Bürgermeister war nicht beunruhigt.

»Sag den Bürgern der Stadt, daß sie sich keine Sorgen zu machen brauchen, sie haben nichts Falsches getan. Li Tie Guais Körper mag verschwunden sein, aber sein Geist ist immer bei uns. Wenn man ihn braucht, wird er da sein.«

Der Bürgermeister hatte recht. Li Tie Guai hatte seinen Körper in Rauch verwandelt und war hoch in die Wolken aufgestiegen. Während die Stadtbevölkerung um seinen Tod

getrauert hatte, war er zur Brücke der Unsterblichen zurückgekehrt, wo seine Freunde auf ihn und seine Geschichte gewartet hatten.

Es gibt noch unzählige andere Unsterbliche, von denen
viele mit bestimmten Plätzen oder sogar mit bestimmten
Tempeln assoziiert werden. Gewöhnlich beherbergt ein
Tempel einen oder zwei solcher lokalen Unsterblichen, die
sich nicht selten als frühere Götter oder Göttinnen des Schamanismus erweisen, die absorbiert und als Unsterbliche neu
geweiht wurden.

### Die Prinzessin der Azurblauen Wolken

Ein solcher Fall des Zurückgewinnens oder Neuweihens
liegt auch bei der Verwandlung der Göttin von Tai Shan in
Bi Xia Yuan Jun, die Urprinzessin der Azurblauen Wolken,
vor. Als Geburtsgöttin domestiziert, ist sie die abgesetzte
Göttin von Tai Shan. Damit wird weiterhin indirekt auf ihre
Rolle als die Mutter aller Geschöpfe, einschließlich der
Menschen, hingewiesen, was bedeutet, daß sie sie schuf.
Manchmal wird sie als Kaiserin mit einer Tafel mit Amtsinsignien in der Hand dargestellt. Dann wiederum sieht sie
aus wie ein Engel, frei schwebend und mit im Wind flat-
ternden Gewändern. Im Tempel der Weißen Wolke in Beijing ist sie mit vier anderen Geburtsgöttinnen in einer eigens
ihnen geweihten Halle dargestellt, wobei Bi Xia die zentrale Position einnimmt. Siehe Kapitel 7 unter Tai Shan.

### Guan Di

Guan Di oder Guan Yu ist der Gott des Krieges, einer der
Götter der Literatur und der Gott des Reichtums, obwohl
die ihm geweihten Tempel gewöhnlich Wu Sheng genannt
werden – was Krieg bedeutet. Er war eine historische Figur,
die 219 n. Chr. nach einem heimtückischen Verrat enthaup-
tet wurde. Mit seinen beiden Freunden Lie Bei und Zhang
Fei legte er in Zhang Feis Pfirsichgarten einen Eid ab, die

rechtmäßigen Herrscher der immer schwächer werdenden Han-Dynastie zu verteidigen. Lie Bei wurde schließlich der Herrscher eines der drei Königreiche, die nach dem Zusammenbruch des Han-Reiches enstanden waren, des Königreiches Shu, dessen Fläche einen Großteil des heutigen Sichuan bedeckte. Er wurde in Chengdu im Wu Hou Si, Zhao Jue-Tempel, begraben, wo auch ein anderer halbvergöttlichter Kriegsheld zusammen mit seinem Sohn ruht.

Guan Di wird meistens mit wallendem, schwarzem Bart, über den er streicht, und eine Hellebarde haltend dargestellt. Neben ihm stehen sein Sohn, der zusammen mit ihm hingerichtet wurde, und sein treuer Diener Zhou. Er entwickelte sich zu einem der beliebtesten Götter, und sein Bild findet man in den meisten daoistischen Tempeln und in vielen Wohnhäusern und Geschäften. Zwei uralte und großartige Statuen von ihm können im Shanxi-Museum in Tai Yuan, Provinz Shanxi, besichtigt werden, die aus den beiden ihm gewidmeten und sehr verschiedenartigen Tempeln stammen (von denen einer als der Alte Guan Di-Tempel bezeichnet wird).

Guan Di soll im Guan Lin-Tempel bei Luoyang begraben sein. Der Tempel wurde kürzlich restauriert, und das Grab ist ein sehr beliebter Wallfahrts- und Gebetsort mit vielen herrlichen Statuen und Schnitzereien. Insbesondere findet man hier alle seine gängigen Darstellungsformen, angefangen vom sitzenden Krieger mit seinen beiden Gefährten bis hin zum lesenden Guan Di, denn er soll bereits mit fünf Jahren die *Frühlings- und Herbst-Annalen* gelesen und verstanden haben, und daher sein Amt als Literaturgott.

### Die Zehn Höllenkönige

Die Welt der Toten wird nicht allein von dem Dunklen Fürsten regiert, sondern von den Königen oder Richtern der Zehn Höllen. Diese furchteinflößenden Figuren der Gerechtigkeit werden manchmal zusammen mit dem in der Mitte sitzenden Yama, dem obersten Höllenkönig, dargestellt. Sie sind an bestimmte Folterszenen, die sich in ihren Höllen ereignen, oder an Zeichen, die auf ihre jeweilige Hölle verweist, zu erkennen. Üblicherweise führen der erste und der letzte König ihre Symbole bei sich: das erste ist der Seelenspiegel, in den jede Person alle Wesen erkennen kann, die sie zu ihren Lebzeiten getötet hat. In der letzten Darstellung wird das Überqueren der Brücke aus dem Jenseits in eine neue Geburt gezeigt. Für eine vollständige Liste und Einzelheiten über alle Könige siehe den Abschnitt über Götter und Göttinnen.

### Die Sechzig-Jahre-Götter

Gelegentlich stößt man auf einen Raum, in dem sich 60 Götter befinden. Das sind die Jahresgötter, denn der chinesische Kalender basiert auf einem sechzigjährigen Zyklus, der mit zwei miteinander korrelierenden Tabellen berechnet wird, den zehn Himmlischen Stämmen und den zwölf Irdischen Zweigen. Wiederholt man die zehn Himmlischen Stämme sechsmal und die zwölf Irdischen Zweige fünfmal, erhält man einen 60-Jahre-Zyklus. Dieser Zyklus steht im Mittelpunkt der chinesischen Astrologie und Horoskope und tatsächlich fast aller Aspekte der chinesischen Divination und Wahrsagerei. Traditionell wurden die Jahre gezählt, indem man den Namen des Himmlischen Stammes, dann den Namen des Irdischen Zweiges und schließlich den Namen des Kaisers aufführte. Wurde man also beispielsweise im Jahr Xin You des Kaisers Jia Qing geboren, wußte man, daß es das Jahr 1801 war. Da sehr wenige Kaiser länger als 60 Jahre herrschten, funktionierte dieses System ganz gut.

Die sechzig Götter sind meistens in Übereinstimmung mit ihrem Platz im Zyklus aufgestellt und werden von einer größeren Statue beherrscht, die für den Gott des aktuellen Jahres steht. Solche Hallen findet man in mehreren daoistischen Tempeln von Macau, und erst kürzlich wurde eine prächtige und sehr große Halle im Bai Yun Guan, Tempel der Weißen Wolke, in Beijing restauriert. Besucher lassen sich gern vor ihrem Jahresgott fotografieren. Ermitteln Sie also den Himmlischen Stamm und den Irdischen Zweig Ihres Geburtsjahres, und begeben Sie sich dann auf die Suche nach Ihrem Gott!

## *Schutzgötter*

### *Zhang Dao Ling*

Zhang Dao Ling ist eine beliebte Figur in daoistischen Tempeln. Mit seinem dicken schwarzen Bart, dem grimmigen Blick und dem erhobenen Schwert, mit dem er Dämonen austreibt, ist er leicht zu erkennen. Gewöhnlich reitet er auf einem Tiger oder hält einen seiner Talismane vor sich. Sein Bild findet sich auch auf vielen Darstellungen oder Blättern, die am Eingang von daoistischen Tempeln erhältlich sind und einem selbst und seiner Familie Schutz vor bösen Geistern bieten.

Zhang Dao Ling ist nach Lao Zi die wichtigste Gestalt im populären Daoismus. Seine faszinierende Geschichte führt zum Kern des zeitgenössischen Daoismus.

Bis um das 3. Jh. v. Chr. herum war die Vorstellung von persönlicher Erlösung und Lebenssinn praktisch unbekannt. Die Identität einer Person leitete sich davon ab, Teil einer viel größeren Einheit zu sein – der Familie und des Staates. Der Kaiser führte alle notwendigen Ritualhandlungen durch, abgesehen von den grundlegenden wie Geburtszeremonien und Beerdigungen. Dem Tod folgte nicht viel mehr als ein Leben als Ahn oder eine Existenz in einer düsteren Unterwelt. Aber allmählich begann sich die Idee von individueller Erlösung zu entwickeln, und die Suche nach Figuren war im Gange, die sie unterstützen oder ihr Bedeutung verleihen konnten. Das ist einer der Gründe, weswegen Lao Zi bereits bis zum 3. Jh. v. Chr. als das göttlich-menschliche

Bindeglied zwischen Himmel und Erde und Menschheit vergöttlicht wurde.

Welche Gründe auch immer vorlagen, bis zum frühen 2. Jh. n. Chr. war eine neue religiöse Form entstanden, die auf den Hintergrund des Schamanismus baute und Anregungen, Vorstellungen und sogar Götter und Göttinnen aus den philosophischen Schriften von Persönlichkeiten wie Lao Zi und Zhuang Zi schöpfte. Die Ursprünge dieser religiösen Entwicklung liegen in der Provinz Sichuan begründet, wo ein bemerkenswerter Mann namens Zhang Dao Ling irgendwann im ersten Jh. oder Anfang des zweiten Jhs. n. Chr. geboren wurde. Das frühe Leben dieses tiefreligiösen Mannes ist in Legenden verlorengegangen, aber fest steht, daß er ein bemerkenswertes Kind war. Mit sieben Jahren soll er das *Dao De Jing* gelesen und verstanden haben. Später zog er sich aus dem normalen Leben zurück und begab sich auf den heiligen Berg Qing Cheng Shan, wo er etwa drei Jahre lang meditierte und dann aufbrach, um seine Lehre zu verbreiten.

Der Qing Cheng Shan ist noch immer ein heiliger Berg, und auch seine Höhle ist noch da. Dieser Platz ist außerordentlich friedlich und ruhig und mit einem Sinn des Heiligen erfüllt, den ich bei meinem Besuch dort wirklich überwältigend fand. An einem solchen Platz weiß man, daß man auf heiligem Boden steht, und bewegt sich entsprechend ehrerbietig.

An diesem Ort empfing Zhang Dao Ling eine höchst außergewöhnliche Offenbarung. Er saß meditierend da, als plötzlich Lao Zi vor ihm stand. Die Schilderung dessen, was Lao Zi ihm zu tun gebot, ist faszinierend:

Der Höchste [Lao Zi] sprach: »Die Menschen der Welt achten nicht das Wahre und die rechte Einheit, sondern ehren nur schädliche Dämonen. Aus diesem Grund habe ich den Namen ›Der Wiedererschienene Alte Fürst‹ angenommen.« Dann setzte er Zhang in das Amt des Meisters der Drei Himmel, der friedlichen Energie der rechten Einheit der Großen Geheimnisvollen Hauptstadt, ein; er offenbarte ihm den Weg des Bundes mit den Kräften der rechten Einheit. Der Auftrag des Wiedererschienenen Alten Fürsten bestand darin, Dinge aus dem Zeitalter der [dämonischen] Sechs Himmel abzuschaffen und die rechte Einheit der Drei Himmel einzusetzen, das Oberflächliche und das Blumige zu verbannen und zum Einfachen und Wahren zurückzukehren.[13]

Dieser Bund mit dem »wiedererschienenen« Lao Zi ermächtigte Zhang, religiöse Gemeinschaften zu organisieren, Fehler und Sünden zu vergeben, zu heilen und, was am wichtigsten war, Dämonen und böse Geister auszutreiben. Lao Zi gab ihm außerdem ein Schwert, mit dem er alle Dämonen fangen und unterwerfen konnte. Gewöhnlich wird Zhang mit diesem Schwert in der Hand als Zeichen seiner Autorität dargestellt. Gemeinhin gilt 142 n. Chr. als das Jahr, in dem Zhang diesen Bund schloß.

Zhang organisierte die erste großangelegte religiöse Form des Daoismus, und seine Fünf-Scheffel-Bewegung, so bezeichnet wegen der Eintrittsgebühr von fünf Scheffeln Reis, verbreitete sich schnell über Sichuan hinaus in benachbarte Provinzen. Für seine Anhänger, denen durch ihr Honorar die Vergebung ihrer Sünden in Aussicht gestellt wurde und durch das sie berechtigt waren, sich dem kosmischen Bund mit Lao Zi anzuschließen, richtete Zhang Gemeinden und Diözesen ein, die denen der christlichen Kirche in ihrer katholischen oder anglikanischen Form sehr ähnlich sind.

---

[13] Kristofer Schipper, *The Taoist Body*, aus dem »San Tian Nei Jie Jing« des daoistischen Kanons (University of California, 1993), S. 61.

185

Die von Zhang begründete Tradition wurde als die Schule der Himmelsmeister und der Weg der rechten Einheit – Zhengyi – bekannt. An ihrer Spitze steht nach wie vor ein direkter Nachkomme Zhang Dao Lings, der in Taiwan lebt. In China setzen sich Anhörige der Familie Zhang stark für öffentliche daoistische Belange ein, und 1995 legte der 68. Nachkomme Seiner Königlichen Hoheit Prinz Philip die daoistische Naturerklärung auf Windsor Castle vor. Es war das erste Mal, daß ein solcher führender Würdenträger des Daoismus jemals England besuchte, geschweige denn, daß er einem Mitglied der Königsfamilie begegnete.

Die Schule der Himmelsmeister verfügt nach wie vor über ihr Netz von Gemeinden mit örtlichen Priestern, obwohl es durch die Kulturrevolution arg in Mitleidenschaft gezogen wurde. Zhangs Tradition stellt in der Hauptsache die örtlichen, normalen daoistischen Priester bereit, während die Quan-Zhen-Schule der klösterlichen Tradition Rechnung trägt.

## Li Nuo Zha

Eine ähnliche Figur, lebensecht dargestellt, um Schutz zu bieten gegen böse Geister und insbesondere Kräfte, die es darauf absehen, Menschen zu unterdrücken, ist die eindrucksvolle Statue von Li Nuo Zha, meistens einfach Nuo Zha genannt und als der Dritte Sohn oder Dritte Prinz bezeichnet. Er steht auf Spinnrädern oder Ringen, und in den Händen hält er einen aufflammenden Ring aus Metall und einen langen Speer. Auch an seinem Haar ist er leicht zu erkennen, denn es ist an beiden Seiten zusammengebunden, Pferdeschwänzen gleich, aber kürzer. Er sieht jugendlich aus, und das ist er auch. Seine Geschichte gehört zu den beliebtesten in China, denn er trug einen langen und heftigen Kampf mit den Drachenkönigen der Wasser aus, um seinen Namen reinzuwaschen. Als er sieben Jahre alt war, badete er in einem Fluß und tötete verärgert einen Drachenoffizier mit seinem goldenen Ring. Diese Tat zog eine ganze Reihe von Vorfällen nach sich: der Drachenkönig forderte das Leben des Jungen, und als sein Vater, der König des Landes, sich weigerte, auch wenn er zugab, daß sein Sohn ein schreckliches Verbrechen begangen hatte, drohte der Drachenkönig mit der Zerstörung des Königreiches. Nuo Zha gab sein Leben hin, um seine Eltern und das Königreich zu retten.

Er wurde jedoch von Lao Zi, wie einige sagen, wieder ins Leben zurückgebracht und kehrte zurück, um gegen seinen Vater zu kämpfen. Dieser Auseinandersetzung wurde ein Ende gemacht, als Lao Zi in Form der ursprünglichen Natur des Dao erschien, um zu verhindern, daß Nuo Zha seinen Vater tötete. Nuo Zha wurde mit Flammen gebändigt, die um seine Füße züngelten – diese sind manchmal an Statuen oder in Malereien dargestellt. Nuo Zha wurde eine Schutzgottheit und sein Vater, Li Zhang, ein Unsterblicher, dessen Attribut eine goldene Pagode ist, die er bei sich trägt und mit der er die Armen verteidigt.

### Der Gott der Literatur

Der Gott der Literatur, Wen Chang, der zusammen mit Guan Di als Schutzpatron der Gelehrten gilt, zählt zu den vielschichtigsten chinesischen Göttern, denn seine Ursprünge liegen weit in der Mythologie zurück. Man hält ihn für den Donnergott der Shu, aber im allgemeinen wird er vielmehr von verschiedenen anderen Quellen hergeleitet, die weit in die Geschichte zurückgehen.

Von Konfuzianern und anderen gleichermaßen verehrt, wird er auch der Kaiser der Literatur genannt. Seine Titel lauten Wen Chang Di Jun, Wen Chang oder einfach Wen Di. Im Mittelpunkt der Verehrung der Gelehrten steht Kon Fu Zi selbst, aber die Legenden um Wen Chang datieren ihn weit vor der Geburt des Weisen, weit vor das 5. Jh. v. Chr. Denn Wen Chang ist ein Gott, der auf die Erde herabsteigt, um den Menschen Weisheit und Erkenntnis zu bringen. Den Legenden und Berichten zufolge hat er sich siebzehnmal in verschiedenen menschlichen Gestalten auf Erden manifestiert. Wen Chang ist eigentlich eine Konstellation von sechs Sternen in der Nähe des Großen Bären. Wenn ihm auffällt, daß Gelehrsamkeit und Weisheit auf der Erde abnehmen, steigt er hernieder und nimmt menschliche Gestalt an.

So hat sich Wen Chang beispielsweise als Zhang Ya Zi, bekannt als der Geist von Zi Dung – eine Bergregion in Sichuan –, manifestiert. Um 300 n. Chr. tauchte er als Zhang Ya Zi auf und starb nach einem heftigen Kampf bei der Verteidigung des ihm übertragenen Amtes.

Ein anderes Mal ließ er sich als ein weiser und gerechter Beamter sehen, der Zeremonienminister wurde und berühmt für seine Weisheit und seinen Scharfsinn war. Für diese Manifestation nahm er den Namen Zhang Ya an und wurde in der Tang-Dynastie (618-907 n. Chr.) geboren. Daraufhin wurde ihm das Himmlische Amt des Hüters der Titelregister übertragen. Der Jadekaiser bevollmächtigte ihn, nach Personen Ausschau zu halten, die eine Auszeichnung verdienen, und diesen Gelehrten und Beamten Titel und Ehrenzeichen zuteil werden zu lassen. In seine Zuständigkeit fällt auch die Bestrafung jener, die ihre Posten oder Ämter mißbrauchen und Menschen ausnutzen.

Eine seiner dramatischsten Interventionen fand im Jahr 1000 n. Chr. statt. Er erschien immer wieder in Sichuan, diesmal in der Hauptstadt der Provinz, Chengdu. Zu der Zeit hatte der Rebell Wang Chun die Stadt eingenommen und benutzte sie als Stützpunkt für seine Revolte gegen die Sung-Dynastie. Der Kaiser betraute seinen loyalen und frommen General Lei Yu Chong mit der Zurückeroberung der Stadt. Aber so sehr die kaiserliche Armee es auch versuchte, es gelang ihr nicht, und Wang Chun machte sich über ihre Bemühungen lustig. In dem Versuch, ihren Kampfgeist zu schwächen, schoß General Lei Yu Chong

Pfeile in die belagerte Stadt, die mit der Botschaft versehen waren, daß man allen, die sich ergeben würden, Straferlaß gewähren würde.

Da erschien plötzlich und aus dem Nichts ein Mann, der eine Leiter aufstellte und wild gestikulierend den Rebellen mit lauter Stimme zurief, daß er mit einer Botschaft käme. Er behauptete, der Geist von Zi Dung (Wen Chang) habe ihm befohlen auszurichten, daß die Rebellenstadt am zwanzigsten Tag des neunten Monats in die Hände der kaiserlichen Armee fallen und sich niemand lebend aus der Stadt retten würde.

Und tatsächlich griff General Lei am zwanzigsten Tag des neunten Monats Chengdu an, und die Stadt fiel. Nicht einer der Rebellensoldaten entging dem Tode. Zum Gedenken an dieses Ereignis setzte der General den Tempel von Zi Dung wieder instand, der ursprünglich nach seiner wunderbaren Einmischung zur Rettung des alten Königreiches Shu errichtet worden war.

### Guai Xing

Wen Chang ist nicht allein in seinem Amt als Titelverleiher, Gelehrtengottheit und Kaiser der Literatur. Vor allem hat er einen ganz besonderen Kollegen, der meistens vor oder neben ihm steht. Und das ist ein überaus eigenartig aussehender Gentleman. Auch er kommt von einem Sternenbild im Großen Bären, den vier Sternen, die den Streitwagen des Großen Bären bilden, und folglich sind sie an der gleichen Stelle am Himmel wie die Wen Chang-Konstellation zu finden.

Der Name dieser Götterkonstellation lautet Guai Xing, und die Geschichte, die man sich von ihm erzählt, ist wirklich außergewöhnlich, was auch auf die Form seiner Statue zutrifft. Gewöhnlich steht Guai Xing auf dem Kopf eines Meerungeheuers, das linke Bein nach hinten gehoben, als würde er laufen. In seiner rechten Hand hält er einen

Schreibpinsel und in der linken ein Amtssiegel. Am verblüffendsten ist jedoch sein abscheuliches Gesicht.

Vor langer Zeit wurde er als Sohn einer armen Familie in China geboren. Seine Familie liebte ihn sehr, aber er war entsetzlich häßlich. Wie man ihn auch ansah, er bot einen grotesken Anblick. Aber er hatte ein wunderbares Benehmen und war außergewöhnlich intelligent. Die Familie, arm wie sie war, erkannte, daß sie in Anbetracht seiner Weisheit und seines Wissens einen Edelstein besaß, der, wenn poliert und vervollkommnet, ihr Ehre und Reichtum bringen würde.

Jahrelang studierte dieses Kind, Zhong Guai, Tag und Nacht die klassischen Werke des Kong Fu Zi. Jahr für Jahr legte er seine Prüfungen ab und kam schnell vorwärts, von der Stadt- über die Kreis- bis hin zur Provinzprüfung. Schließlich erreichte er den Gipfel der kaiserlichen Prüfungswelt. Er begab sich in die Kaiserstadt, um an den kaiserlichen Prüfungen teilzunehmen. Niemand war sonderlich überrascht, daß er eindeutig als Bester von einer guten Jahresgruppe abschnitt. Ein hervorragender Gelehrter, auch wenn sein Antlitz schrecklich war.

Nun war es üblich, daß der Kaiser den besten Gelehrten persönlich kennenlernte und ihm eine goldene Rose zum Gedenken an seinen Erfolg überreichte. Zhong Guai meldete sich pünktlich im Kaiserpalast und wurde gespannt beim Kaiser vorgelassen. Doch das Unglück schlug zu. Als der Kaiser Zhong Guais schreckliche Erscheinung erblickte, erschrak er und weigerte sich, den Gelehrten in seiner Gegenwart zu dulden.

Der niedergeschmetterte und gedemütigte Zhong Guai stürmte aus dem kaiserlichen Palast, lief ans Meer und warf sich hinein mit der Absicht, sich umzubringen. Die Götter, denen diese Ungerechtigkeit nicht verborgen geblieben war, schickten zu seiner Rettung einen großen Fisch oder ein Seeungeheuer. Gerade als er im Begriff war, das letzte Mal unterzugehen, fand er sich auf dem Kopf des Tieres wieder, das ihn hochhob. Aber er wurde nicht einfach aus dem Meer gerettet. Das Tier stieg weiter empor, immer höher durch die Wolken, immer höher in den Himmel hinein bis ganz oben ans Firmament. Der Fisch trug ihn zur Guai-Konstellation, und dort gaben die Götter ihm das Kommando über die Geschicke der Gelehrten. Von dort oben wacht Guai Xing zusammen mit seinem Gelehrtenbruder Wen Chang über das Schicksal der Gelehrten und Beamten.

*Chu I*
Ein anderer Gott, der Wen Chang begleitet, ist Chu I, Rote Robe, wie er gewöhnlich genannt wird. Er ist sehr beliebt bei Studenten, die sich auf Prüfungen vorbereiten, da er bekannt dafür ist, zu helfen und Prüfer zu beeinflussen, wenn er der Ansicht ist, daß ein achtbarer Schüler bei der schriftlichen Prüfung nicht gut abgeschnitten hat!

### *Der Sirius*
Der Sirius taucht in Verbindung mit dem Schutz- und Gerechtigkeitsgott Er Lang auf, dessen Name zweiter Sohn bedeutet. Damit wird seine Herkunft als der berühmte zweite Sohn eines Heldenkönigs in der Gegend von Sichuan gekennzeichnet, der mit Er Langs Beistand sein Leben aufs Spiel setzte, um einen bösen Flußdrachen zu töten. Der ihnen beiden gewidmete Tempel, der Tempel der Zwei Könige, Erwang Miao, wurde in der Tang-Dynastie in Guan Xian, Provinz Sichuan, errichtet. Er steht auf dem Gelände der im 3. Jh. v. Chr. entstandenen großen Bewässerungsanlage Du Jiang Yan. Denn bei der Geschichte vom Kampf mit dem Wasserdrachen handelt es sich eigentlich um eine wahre Geschichte von der Regulierung der gewaltigen Flüsse in dieser Gegend (Sichuan bedeutet einfach Vier Flüsse). Die Statuen von König Li Bing und seinem Sohn Er Lang sind riesengroß und sehr modern und in sozialistischem Stil angefertigt, denn diese beiden vergöttlichten Männer gelten als

kommunistische Helden, da sie die Natur unter Kontrolle brachten und das Volk retteten. Die Tempelanlage ist beachtlich und der Blick hinunter auf den kanalisierten und gestauten Fluß atemberaubend. Es ist leicht einzusehen, warum der Kampf mit dem »Wasserdrachen« so lebensnotwendig war.

Seitdem ist Er Lang im Rang aufgestiegen und hat dabei seinen Vater überflügelt. Er steht an der Spitze der Soldaten des Jadekaisers und ist damit betraut, alle zu bekämpfen, die die Stabilität von Himmel oder Erde bedrohen. Sein berühmtester und größtenteils erfolgloser Kampf wird in der *Reise nach dem Westen* geschildert, als er versuchte, den Affen, der sich »Dem Himmel Ebenbürtiger Großer Weise« nannte, unter Kontrolle zu bringen (s. S. 145).

Zu der Himmlischen Streitmacht, die Er Lang zur Verfügung steht, zählen die zwei Türgötter von daoistischen Tempeln, Qing Long und Bai Hu – Blauer Drachen und Weißer Tiger. Sie sind beide Götter von gleichnamigen Sternen, die den Eingang zu allen heiligen Plätzen des Daoismus bewachen. Man findet sie in kleinen Schreinen links und rechts der Tore zu daoistischen Tempeln.

### *Stadtgötter*

Die Götter des Bezirks, bekannt als die Stadtgötter – Cheng Huang – waren in der Zeit vor der Kulturrevolution von großer Bedeutung. Jede Stadt, jede Ortschaft hatte ihre Schutzgottheit, die als eine Art spiritueller Bürgermeister diente. Jede Stadt hatte ihren Tempel des Stadtgottes, aber die meisten sind inzwischen verschwunden, so wie das ganze Gefüge der Himmelsbürokratie zugrunde gegangen ist. Meistens wurde der Stadtgott mit der Stadt durch die Geschichte oder Mythologie in Verbindung gebracht. Beispielsweise steht in Shanghai noch immer der Stadtgott-Tempel, Cheng Huang Miao, auch wenn er arg in Mitleidenschaft gezogen wurde. Hier werden zwei Hauptgottheiten der Stadt verehrt. Einer von ihnen ist Lao Zi, den die Stadt aus Gründen, die alles andere als klar sind, übernommen hat. Der andere ist der heroische General Huo Guang – er hat ein rotes Gesicht und trägt den gewöhnlichen langen Bart eines Generals – der mit Schlachten in dieser Gegend assoziiert wird.

Einer der besterhaltenen von allen Tempeln der Stadtgötter befindet sich in Xian. Der älteste bekannte Stadtgott-Tempel stammt aus dem Jahr 240 n. Chr. und steht in Wuhu, Provinz Anhui, aber mir liegen keine Informationen darüber vor, in welchem Zustand er sich heute befindet oder ob er überhaupt noch existiert.

Von allen Stadtgott-Tempeln ist der des Yue Fei in Hangzhou am berühmtesten, auch wenn er nicht mehr der Stadtgott ist.

## Yue Fei

Am großen West-See von Hangzhou in der Provinz Zhejiang stehen ein Grab und ein Tempel. Hier ruht der geköpfte Leichnam Yue Feis, eines berühmten Generals, der 1142 wegen Verrat hingerichtet wurde. Doch binnen einiger Jahrzehnte wurde dieser in Ungnade gefallene, hingerichtete Kriminelle als Stadtgott von Hangzhou verehrt, dem Bittschriften und Gebete dargebracht wurden, um Plagen, Belagerungen oder wirtschaftliche Zusammenbrüche abzuwenden. Innerhalb eines Jhs. nach seinem Tod begannen Geschichten zu kursieren, daß er kein anderer sei als der reinkarnierte Phönix, der an der Seite des Buddha ewige Wache hält, bereit, jeden niederzuschlagen, der dem Buddha schaden würde. Unter den Kommunisten wurde Yue Fei in den Status eines patriotischen Helden erhoben und wird für seine Selbstlosigkeit angesichts des Feindes und seinen Schlachtruf: »Gebt uns unsere Berge und Flüsse zurück« verehrt.

Die Geschichten um Yue Fei veranschaulichen perfekt, wie die chinesische Volksreligion drei völlig verschiedene

Stränge absorbieren und ein gemischtes Ganzes hervorbringen kann. Als erstes haben wir den konfuzianischen
Strang.

Yue Fei war ein loyaler Bürger Chinas. Er wurde 1103
während der schwachen Herrschaft der Kaiser der Südlichen Song geboren – so bezeichnet, weil sie Nordchina an
einfallende Stämme verloren hatten und nach ihrer Vertrei-
bung aus der alten Hauptstadt den Hof nach Hangzhou verlegten.

Trotz der Tatsache, daß die Dynastie schwach war, war
Yue Fei ihr als guter Konfuzianer treu ergeben. Er war auch
seiner Mutter und den Tugenden, die sie ihm tief eingeprägt
hatte, treu ergeben. Buchstäblich eingeprägt, denn bevor er
Soldat wurde, tätowierte sie ihm die Worte: »Meinem Vaterland treu bis in den Tod« auf den Rücken.

Im Laufe der Jahre stieg er in der Armee auf und übernahm immer größere und größere Kommandos, bis er
schließlich General wurde. 1140 zog er mit einer großen
Bauernarmee in den Norden und führte fast gänzlich aus eigener Initiative einen Gegenangriff gegen die einfallenden
Mongolen durch und bürdete ihnen eine vernichtende Nie-
derlage auf. Er war darauf aus, weiterzumachen, hatte vielleicht sogar Nordchina zum größten Teil zurückerobert, aber
er wurde das Opfer einer Intrige. Denn daheim in der
Hauptstadt Hangzhou gab es jemanden in der höchsten Ver-
trauensstellung, der sich mit verräterischen Absichten trug.
Der Kanzler des schwachen Kaisers Qin Hui und seine Frau
unterhielten regelmäßigen Kontakt mit dem Feind. Sie hatten für China selbst nichts übrig. Sie fürchteten Yue Feis auf-
rüttelnden Schlachtruf: »Gebt uns unsere Berge und Flüsse
zurück« und sahen in ihm einen potentiellen neuen Kaiser,
der ihre eigenen Pläne, die Herrschaft an sich zu reißen,
durchkreuzen wollte.

Sie hetzten den Kaiser auf und brachten ihn dazu, Yue
Fei zurückzubeordern. Kaum war er von seinen treuen Sol-

194

daten getrennt, beschuldigte ihn der böse Kanzler des Verrates und des Vorhabens, den Thron an sich zu reißen – ihn, den treuesten Diener des Kaisers. Yue Fei versuchte, seine Unschuld zu beweisen und legte sein Hemd ab, um die auf seinem Rücken tätowierten Worte der Loyalität zu zeigen. Aber vergeblich. Der Kaiser war schwach und stimmte der Hinrichtung von Yue Fei und seinem Sohn zu. Man führte sie aus der Stadt, köpfte sie umgehend und warf ihre Leichen in flache Gräber.

In der Zwischenzeit schlossen der Kanzler und seine Frau zusammen mit zwei anderen verräterischen Ministern einen Vertrag mit den Eindringlingen, durch den ihnen praktisch ganz China übergeben wurde. Viele Jahre später, als die Chinesen sich wieder durchsetzten, wurde der Verrat des Kanzlers verunglimpft und Yue Fei als Vorbild der Loyalität dem Kaiser und dem Reich gegenüber geehrt. 1221 wurde neben seinem Grab ein Tempel errichtet, und er wurde von Dichtern und Ministern gleichermaßen in Gedichten als beispielhafter konfuzianischer Gelehrten-Krieger gepriesen und gerühmt. Ironischerweise wurde er ebenfalls von den Kommunisten als Symbolfigur der Treue zum Vaterland erhöht, die ihn als einen der größten Beispiele für einen patriotischen General präsentieren.

Auf einer Ebene wird Yue Fei also als ein erhabener Ahn verehrt, der die wahren Tugenden eines Konfuzianers – kindliche Pietät und Loyalität – exemplifiziert.

Als nächstes kommt die daoistische Version. Diese folgt im großen und ganzen der oben ausgeführten historischen Geschichte, abgesehen davon, daß Yue Fei in seinem Kampf gegen die Eindringlinge verschiedene daoistische Götter beistanden, wie etwa der Kriegsgott und der Donnergott sowie Magier, die gegen die bösen Geister kämpften, die die feindlichen Horden begleiteten. Yue Fei wurde zu einem Kämpfer gegen das Böse sowohl in dieser Welt als auch in der Geisterwelt. Sein Erfolg war der Sieg des Guten über das

Böse. Daß er verraten wurde, war der Preis, der Opferpreis eines solchen Kampfes, denn aus seinem Beispiel entwickelt sich die Kraft, zurückzuschlagen. Aber erst nach seinem Tod kam er wirklich zu seinem Recht. Auf Wunsch der Bevölkerung, der später von den herrschenden Kaisern offiziell bestätigt wurde, wurde Yue Fei als Stadtgott von Hangzhou angebetet. Das bedeutete, daß man glaubte, er würde nun im Himmel am Hof des daoistischen himmlischen Herrschers, des Jadekaisers, residieren. Dort sorgte er zusammen mit allen anderen Stadtgöttern Chinas für seine Stadt – und stellte sicher, daß die Gebete und Bitten der Gläubigen erhört und Katastrophen entweder vermieden oder, wenn möglich, abgeschwächt wurden. Der sein Grab umgebende Tempel wurde erweitert, um Platz für die Hunderte von Anbetern zu schaffen, die mit ihren Sorgen und Leiden zu ihm kamen und ihm Speisen und Weihrauch darbrachten und ihm Reverenz erwiesen. Yue Fei war ein Gott geworden.

Schließlich ist noch die buddhistische Geschichte zu erzählen:

Vor langer, langer Zeit meditierte der Buddha, beschützt von dem Phönix, der niemals schläft, sondern Tag und Nacht über den Buddha wacht. In den Raum flog kreischend und mit den Flügeln schlagend ein seltsamer Geist der Zwietracht, bekannt als die Alte Weiße Fledermaus. Das störte den Buddha bei seiner Meditation, und um ihn zu beschützen, stürzte sich der Phönix auf die Alte Weiße Fledermaus und riß sie in Stücke.

Der Buddha war über den Pflichteifer des Phönix beunruhigt und wütend und schickte ihn zur Strafe auf die Erde, um in Form eines weißen Adlers wiedergeboren zu werden. In einer solchen Inkarnation war es für den Phönix überaus schwierig, an der Erlösung von seinem vorherigen Handeln zu arbeiten, denn der Adler ist von Natur aus ein gewalttätiges Tier, das töten muß, um überleben zu können. Aber der Phönix wußte, daß er sich trotzdem an das Gebot, kein Leben zu nehmen, halten mußte. In der Hoffnung, in einer günstigeren Form wiedergeboren zu werden, bemühte er sich, seine Instinkte zu beherrschen. Traurigerweise waren alle seine Anstrengungen vergeblich. Eines Tages erspähte er eine Schildkröte an einem Flußufer. Von dem Drang zu töten überwältigt, stürzte er sich herab, packte die arme Schildkröte und verschlang sie auf der Stelle.

Der Buddha beschloß, seinem treuen Diener, dem Phönix, durch den Kreislauf der Wiedergeburt eine andere Gelegenheit zur Erlösung zu geben. So wurde der Phönix/weiße Adler als der mutige und patriotische General Yue Fei wiedergeboren. Trotz seiner heldenhaften Verteidigung seines Vaterlandes und seiner vorbildlichen Loyalität wurde er ein Opfer des niederträchtigen kaiserlichen Ratgebers Qin Hui, der kein anderer war als die arme Schildkröte, die der Phönix in seinem vorherigen Leben getötet hatte. Und die noch niederträchtigere Gemahlin des Qin Hui war der wiedergeborene Geist der Alten Weißen Fledermaus.

Die Schildkröte und die Alte Weiße Fledermaus waren auf Rache aus. Sie redeten dem Kaiser ein, daß Yue Fei mit dem Feind in Verbindung stünde, um das Reich zu verraten. Tatsächlich waren es Qin Hui und seine Frau, die das Reich an den Feind verraten wollten und fürchteten, daß Yue Fei ihre Pläne aufdecken würde.

Der Phönix in der Gestalt des Yue Fei bewies, daß er seine Lektion gelernt hatte. Trotz der schrecklichsten Provokationen und der ungeheuerlichsten Verrätereien aller anderen um ihn herum blieb er seinem Gehorsamseid treu. Er hätte als Rebell seine Soldaten aufwiegeln und den Kaiser stürzen können – aber das tat er nicht. Er hätte den bösen Minister Qin Hui und seine Frau angreifen können – aber das tat er nicht. Er hätte fliehen und sich in Sicherheit bringen können – aber das tat er nicht. Er blieb und nahm die ihm auferlegte Strafe an, immer seine absolute Loyalität beteuernd und den Spruch: »Meinem Vaterland treu bis in den

Tod« auf seinem Rücken zeigend, den seine Mutter dort tätowiert hatte.

Nach seiner Hinrichtung als verurteilter Krimineller mußte er die schrecklichsten Strafen in den achtzehn buddhistischen Höllen über sich ergehen lassen, bis seine Landsleute endlich seine wahre Tugend erkannten und einen Tempel über seinem Grab errichteten. Als das geschah, konnte der Buddha den Höllenrichtern eine Botschaft zukommen lassen, in der er verlangte, daß die Seele von Yue Fei, des Phönix, erlöst werden und seine Phönixform zurückerhalten sollte. Der niemals schlafende Phönix wacht nun wieder Tag und Nacht über Fürst Buddha.

Aber Qin Hui und seine Frau wurden von Vergeltung und Gewalt erfaßt. Für sie hat der Kreislauf von furchtbaren Wiedergeburten gerade erst begonnen, und sie werden in 80 000 Wiedergeburten leiden müssen, von denen jede einzelne so schrecklich ist wie die andere, bis sie sich von dem Verbrechen gegen Yue Fei, den niemals schlafenden Phönix, gereinigt haben.

Der im Jahr 1979 wiederaufgebaute Tempel spiegelt eine Mischung aus religiösen und nationalistischen, sogar kommunistischen Idealen wider. Aber der eigentliche Kern ist erhalten geblieben: Ein loyaler Bürger, der einem Verrat zum Opfer fiel. Noch heute werden die Statuen der vier Verräter angespuckt, nämlich Qin Hui, seine Frau Wangshi und die Generäle Mo Qixie und Zhang Jun. Auf dem Hauptaltar neben Yue Fei befinden sich seine treuen Kommandeure Niu Gao und Zhang Xian. An diesem Ort kann man sich noch immer konfuzianische Tugenden der Loyalität und Ehre ins Gedächtnis zurückrufen, und als solcher hat er den Übergang vom konfuzianischen Tempel und Schrein zum maoistischen Tempel und Schrein mühelos vollzogen und wird zweifellos den Übergang zurück zum fastreligiösen Schrein wieder vollziehen, wenn sich die Zeiten ändern.

*Die Eiserne Lady*

Die Fähigkeit der Chinesen, neue Götter und Göttinnen ins Leben zu rufen, ist unendlich. Wie ich bereits ganz am Anfang dieses Buches erwähnte, wurde sogar Mao Ze Dong in den göttlichen Stand erhoben. Aber die vielleicht alarmierendste neue Ergänzung zum Pantheon der chinesischen Volksreligion ist eine gewisse Dame.

1991 besuchte ich die Familie von Freunden von mir aus Hongkong in der Provinz Guangdong, in der Nähe vom Berg Lofou, einem der größten Berge im südlichen Guangdong. Der Anlaß des Besuches war eine große Hochzeit. Wie es im heutigen China üblich ist, war die Hochzeit eine merkwürdige Mischung aus chinesischer Tradition und westlichen Hochglanzmagazinen. Die Braut trug zuerst ein weißes Kleid und zog später ein traditionelles Drachen-und-Phönix-Gewand an. Die Ahnen wurden angebetet, und eine Karaoke-Maschine war während der ganzen Feier in Betrieb und warf verschwommene Bilder auf das Dach des Restaurants, in dem das Hochzeitsessen veranstaltet wurde.

Später suchten wir noch den örtlichen Tempel auf, um dem Erdgott, dem Dorfgott, dem Bezirksgott und verschiedenen Göttern und Göttinnen, die für Reichtum, Glück und Schwangerschaft zuständig sind, Opfergaben darzubringen. Alles war sehr vertraut. Da stand der traditionelle südchinesische Gott des Reichtums mit seinem großen Mandarinhut und einer mit Glückwünschen beschriebenen Schriftrolle in der Hand. Da war ein dicker Junge mit großen Karpfen und Pfirsichen in den Händen, den Symbolen der Fruchtbarkeit. Da war der lächelnde Glücksgott. Da war ein Bild von Frau Thatcher, die lächelte und winkte! Ich war noch nie ein großer Fan von der Eisernen Lady gewesen und fragte meine Gastgeber, warum sie hier wäre. »Sie ist eine sehr mächtige Dame«, eine Meinung, gegen die ich keine Einwendungen machte. »Sie wird dem glücklichen Paar sehr viel Geld geben«, klärte man mich auf. »Sie wird ihrem Geschäft Erfolg bringen.« Jawohl, die schlimmsten Befürchtungen der Konservativen Partei haben sich erfüllt. Frau Thatcher ist vergöttlicht worden und wird in Südchina als moderne Göttin des Erfolgs und Reichtums angebetet.

Derart ist die Vielfalt und die Faszination, die Götter und Göttinnen des heiligen China zu besuchen.

# III

# Die heiligen Landschaften und Stätten Chinas

# 6
# Tempel und Klöster

Man denke an ein klassisches chinesisches Landschaftsgemälde, und nahezu sicher taucht darin irgendwo ein Tempel oder Schrein auf. Die chinesischen Tempel, Klöster und Schreine zählten zu den in höchstem Maße alles durchdringenden Elementen des heiligen Chinas. Selbst heute, nach fast hundert Jahren der Zerstörung und Vernachlässigung, findet man diese wunderbaren Bauten noch immer auf dem Land und in der Stadt. Auf dem Land, vornehmlich auf den Hügeln und in den Bergen, kann man das Gefühl haben, als wäre man in die Vergangenheit zurückversetzt, wenn man auf einen traditionellen buddhistischen oder daoistischen Tempel auf einem Berghang stößt. In den Städten sind die Tempel oft die einzigen wirklich schönen übriggebliebenen Gebäude, und dort, wo noch Bäume und Grün wachsen, sind es nicht selten religiöse Stätten.

In diesem Kapitel möchte ich Sie in einige meiner Lieblingsgebäude in China mitnehmen und zugleich mit Schlüsseln ausstatten, die die tiefere Bedeutung der chinesischen Heiligtümer offenbaren können. Ich hoffe, daß Sie daraufhin die Bauweise, die Motive und den Zweck dieser Plätze richtig einschätzen können, denn sie bringen nicht nur das Können des Architekten und der Künstler zum Ausdruck, die sie schufen, sondern auch die Theologie der Auftraggeber. Es sind Aussagen über das Göttliche in ihrer Anlage und in Stein.

Zunächst einmal wird die Lage praktisch aller konfuzianischer, daoistischer und buddhistischer Tempel nach Feng Shui-Kriterien festgelegt. Feng Shui – Wind und Wasser – ist die chinesische Geomantie. Demnach sind sie in der Nord-Süd-Achse ausgerichtet und liegen fast immer nach Süden, der Richtung des Kaisers und des Himmels. Auch alle Statuen blicken nach Süden.

Feng Shui ist das Konzept des heiligen Chinas in seiner grundlegendsten Form, denn Feng Shui ist im wesentlichen die Kunst des Bauens, des Planens und sogar – tatsächlich vornehmlich – der Bestattung, um an einem gegebenen Platz mit dem Fluß des Dao in Harmonie zu sein. Im Grunde geht es bei Feng Shui darum, anzuerkennen, daß das Land selbst, die Hügel, Flüsse und Ströme lebendig sind und wir Teil von allem, das bereits existiert, sein müssen, anstatt uns auszuschließen. Der Philosoph Zhong aus dem 5. Jh. v. Chr. drückt diese Vorstellung recht gut in seinem Text »Guan Zi« aus:

> Die Erde ist der Ursprung aller Dinge, die Wurzel und der Garten allen Lebens und der Ort, an dem alle Dinge, die schönen, die häßlichen, die guten, die schlechten, die dummen und die klugen, entstehen. Nun ist das Wasser das Blut und der Atem der Erde, das (im Körper) fließt und sich austauscht, als wäre es in Muskeln und Adern.

Es ist kein Zufall, daß Landschaftsgärtnerei und Landschaftsmalerei ihren Ursprung in China haben. Feng Shui liegt der Absicht zugrunde, dafür zu sorgen, daß die von Menschen errichteten Bauten sich harmonisch mit der Natur verbinden oder das Beste von ihr hervorheben. Aus diesem Grund findet man in Landschaftsmalereien so oft einen Tempel, denn dieser liegt an der günstigsten und vorteilhaftesten Stelle des Berges oder der Landschaft. Wie das weiter oben angeführte Zitat zu verstehen gibt, sind nach traditioneller chinesischer Auffassung selbst das Land und die Wasser lebendig. Mit Hilfe einer bildhaften Sprache, mit Begriffen wie Drache für Hügel und Berge und Tiger für Flüsse, versucht Feng Shui, diesen Sinn für die Kraft und Lebendigkeit in den Bestandteilen des Landes selbst einzufangen. Aber man würde das Wesentliche nicht begreifen, wenn man diese Begriffe wörtlich nimmt und sie so versteht, daß das Land wirklich von Drachen und Tigern bewohnt wird. Im Feng Shui dienen sie als Wege zur Vorstellungskraft; um das Gefühl zu vermitteln, daß die Form der Landschaft mit Sinn und Bedeutung erfüllt ist; um zu versuchen, Gewicht darauf zu legen, daß menschliche Aktivität nur eine Aktivität von vielen auf Chinas Boden ist und wir lernen müssen, unseren Platz zu kennen.

Viele Jahre wurde Feng Shui von »gebildeten« Chinesen und Menschen im Westen als Aberglaube verspottet und verlacht. Doch in den letzten Jahren sind wir dahin gekommen, seine Bedeutung für die Umwelt hochzuschätzen. Einer meiner Kollegen, Man Ho Kwok, ist der einzige professionell ausgebildete Feng Shui-Meister in Großbritannien. Mit Man Ho haben wir viele Feng Shui-Programme für die britische Landschaft entwickelt und unter anderem mit den Stadtplanern des Londoner Hafenviertels zusammengearbeitet und die Büros von bedeutenden Firmen neugeplant. Der Grund dafür liegt nicht darin, daß die Leute an Drachen glauben, sondern weil Man Hos Betrachtungsweise unserer Umgebung uns auffordert, innezuhalten und über Größenordnungen nachzudenken, über Farben, Baumbepflanzung, Himmelsrichtungen, Sonnenlicht und Wind und darüber, in welcher Art von Umgebung wir uns eigentlich wohlfühlen, um darin zu arbeiten.

In China ist allzu deutlich zu sehen, was die Aufgabe von Feng Shui zur Folge hat. Die alten Städte mit ihren heiligen Himmelsrichtungen, das heißt, die Hauptstraßen verlaufen von Norden nach Süden und von Osten nach Westen, mit ihren in glückbringenden Farben bemalten Ziegeln und Mauern, ihrem Verhältnis zwischen Land und Wasser und dem Sinn für Umfang und Maß sind größtenteils verschwunden. Statt dessen haben der sozialistische Realismus und heute die freie Marktwirtschaft ihre Vorstellungen durchgesetzt, zweckbetont, billig, zusammengedrängt und hoch zu bauen. Als Resultat hat China einige der häßlichsten Städte der Welt, oft überschwemmende und unkenntlich machende Städte, die einst berühmt waren für ihre Schönheit und das von ihnen vermittelte Gefühl, Teil der Landschaft zu sein.

Um zum Thema der Landschaftsmalereien zurückzukehren, fallen diese Veränderungen deutlich auf, wenn man die kommunistisch inspirierte traditionelle Landschaftsmalerei betrachtet. Denn statt anmutiger Pagoden und Tempel, die sich zwischen den Bergen schmiegen, sieht man Fabriken, aus denen Rauch quillt, oder Hochhaussiedlungen, die die Landschaft dominieren. Nichts könnte den Verlust von harmonischer Gestaltung oder den drastischen Wandel in der Haltung gegenüber der Beziehung zur Natur klarer erkennen lassen.

Wenn man einen Tempel oder ein Kloster inmitten dieser verwahrlosten Städte findet, bedeutet das also, zufällig auf eine ältere, freundlichere Welt zu stoßen und einen vielleicht nur ganz flüchtigen Blick davon zu erhaschen, wie anders die Dinge sein können.

Noch bevor man eine heilige Stätte in China betritt, lassen bestimmte Merkmale ihre Besonderheit erkennen. Damit böse Geister keinen Einlaß finden, werden drei grundlegende Schutzmaßnahmen getroffen. Erstens wird vor dem Haupttor eine Scheinmauer errichtet, denn böse Geister können sich nur in einer geraden Linie bewegen, so daß sie durch die Scheinmauer abgelenkt werden, wenn sie auf das Haupttor losstürmen wollen. Sollte diese Strategie fehlschlagen, besteht die zweite darin, einen Teich anzulegen oder einen Wasserlauf in den vorderen Tempelbereich einzubauen, über den eine oder mehrere Brücken geschlagen werden. Böse Geister können Wasser nicht überqueren, nicht einmal über eine Brücke, so daß ihnen der weitere Zugang verwehrt ist. Gute Beispiele dafür sind der Konfuzius-Tempel in Qufu, wo ein Wasserlauf in einen Kanal umgewandelt wurde, der vor den Haupthallen fließt und über den drei Brücken führen, und der Tempelkomplex Jin bei Tai Yuan, Shanxi, wo der umgeleitete Fluß Jin der Landwirtschaft zugute kommt und dem Tempel Schutz bietet. Schließlich sind die meisten Tempel mit Türgöttern (s. S. 107) versehen, die die Stätte gegen Angriffe verteidigen. Im Daoismus sind es gewöhnlich Qing Long und Bai Hu, Blauer Drache und Weißer Tiger, und in buddhistischen Tempeln die Vier Himmelskönige.

Alle Tempel und Klöster sind von Mauern mit sehr übersichtlichen und begrenzten Eingängen umgeben. Diese Bauweise hebt nicht nur das besondere Wesen des Platzes hervor, sondern bietet auch Schutz vor sowohl körperlichen als auch geistigen Angriffen. Die Mauern der Tempelanlagen sind gewöhnlich mit Ziegeln gedeckt, an deren Enden Grimassen schneidende Gesichter und Symbole der Langlebigkeit, zum Beispiel Fledermäuse oder Schmetterlinge, dargestellt sind. Die fratzenhaften Gesichter sollen Übeltäter vertreiben – auf ungefähr die gleiche Weise wie die Wasserspeier an europäischen Kirchen. Die Symbole der Langlebigkeit drücken diese allgemeine und tief gehegte Ansicht und Hoffnung in China aus. Die gleichen Muster finden sich auch an den Tempeldächern wieder.

Die Entscheidung, den Tempel genau an einem bestimmten Platz zu errichten, wird in Übereinstimmung mit strengen Feng Shui-Kriterien getroffen. Wo der Standort auf dem Land ist beziehungsweise war, bis er von Ortschaften und Städten verschluckt wurde, sucht der Feng Shui-Meister eine Stelle, die sich entweder auf dem Puls eines Drachen (Hügel) oder vor einem Drachen befindet, der sich zu einem Gewässer hinzieht. In Städten sind die Tempel gemäß präziser Gittermuster angelegt, die selber von einem Feng Shui-Meister geplant wurden.

Die meisten buddhistischen Tempel folgen einem Muster, das dem *yin-yang*-Modell zugrunde liegt und, soweit ich weiß, nicht in taoistischen Tempeln angewendet wird. Die erste, dritte und fünfte Halle ist männlichen Gottheiten, Bodhisattvas usw. gewidmet, da die ungeraden Zahlen dem *yang*-Prinzip zugeordnet werden, während die zweite, vierte und sechste Halle für weibliche Gottheiten bestimmt sind, da die geraden Zahlen *yin* sind. Diese Vorgehensweise ist sehr deutlich in Tempeln wie beispielsweise dem Guan Yin-Tempel in Macau – Kun Iam in der Aussprache des lokalen Dialektes – und dem Wen Shu-Kloster in Chengdu zu erkennen.

Die meisten Tempel sind an den Enden der Dächer, an den Dachfirsten, mit kunstvoll gearbeiteten Figuren verziert. In den ältesten dieser Tempel sind es Schutzsoldaten und -gottheiten mit grimmiger Miene, die den Tempel gegen fliegende böse Geister verteidigen. Auf einfacheren und jüngeren Tempeln bietet sich einem dagegen der seltsame Anblick eines auf einem Huhn reitenden Mannes dar! Man glaubt, daß das Huhn, da es zur Unterstützung seiner Verdauung Kies aufpickt und frißt, ebenso zähe böse Geister verzehren kann.

Die meisten Tempel haben außerdem Glocken- und Trommeltürme. Diese stehen im Innern des Haupttores und dienen dem praktischen Zweck, die Gläubigen zur Anbetung zu rufen und vor Angriffen zu warnen.

Noch bevor man also eine Halle betritt und eine Gottheit sieht, befindet man sich in einem magischen, göttlichen Raum. Er wurde geheiligt, indem dafür gesorgt wurde, daß er im Umkreis der besten Teile der Landschaft und im Einklang mit den Mächten und Kräften liegt, die bereits im Land selbst, in seinen Flüssen und Hügeln, existieren. In einem sehr realen Sinn gehen die Tempel aus dem Gefühl für die Heiligkeit der physischen Umgebung hervor und streben danach, sie zu heben. Was ihnen auch fast ausnahmslos gelingt – besonders wenn man sie mit den weltlichen Gebäuden vergleicht, die heutzutage überall um sie herum entstehen. Wenn Sie sich also in den Tempel begeben, seien Sie sich bewußt, daß Sie heiligen Boden betreten.

# Konfuzianische Tempel

Auch wenn es nicht mehr viele konfuzianische Tempel gibt, sind sie doch ein Schlüsselausdruck der formalen Kultur Chinas, der kaiserlichen Auffassung über das Göttliche, wenn man so will.

Die größten konfuzianischen Tempel sind natürlich der Himmelstempel in Beijing und seine Schwester, der viel einfachere Erdtempel. Ihre Funktion war in höchstem Maße kosmisch, weil durch die Opferungen des Kaisers in ihnen zu den gegebenen Zeiten (im Winter im südlichen Himmelstempel, weil er der *yang*-Tempel ist und die *yang*-artige, männliche, warme Kraft im Winter am schwächsten ist; im Sommer im nördlichen Erdtempel, weil der Norden die *yin*-Richtung ist, und *yin* im Sommer am schwächsten ist) das Gleichgewicht des Universums gewahrt blieb. Alle Bauten des Himmelstempels sind kreisförmig, einschließlich der Terrassen, wo die Opferungen vollzogen wurden, während der Erdtempel eine quadratische Form aufweist.

Der konfuzianische Tempel diente dem Zweck, einem Beamten einen Palast zur Verfügung zu stellen. Nach dem Vorbild des kaiserlichen bürokratischen Systems erhob das konfuzianische religiöse System einfach das gesamte kaiserliche Gefüge in das spirituelle Reich. Aber das bedeutete nicht, daß man die Götter irgendwie anders als ziemlich kleinliche Bürokraten behandelte. Daher enthält der Name vieler Tempel das Wort *miao*, das »Palast« oder »Residenz« bedeutet.

Man betritt den Tempel (s. Abb. 1, S. 214) durch ein Haupttor, das normalerweise von Türgöttern bewacht wird. Im ersten Hof stehen oft schöne Stelen, versehen mit den Namen derjenigen aus der Gegend, die die kaiserlichen Examen bestanden hatten. Das Eingangstor zusammen mit den anderen Toren und Hallen der Tempelanlage spiegelt eine Kombination der Titel wider, die Kong Fu Zi in den 2 000 Jahren verliehen wurden, als Kaiser ihm Titel übertrugen. Meiner Ansicht nach ist die schönste aller Konfuzius-Stätten die in seiner Heimatstadt Qufu. In diesem, wie ich glaube, größten konfuzianischen Tempel kann man die ganze Skala konfuzianischer Ideen und Werte in architektonischer Gestaltung sehen. Denn sie wurden gebaut, um den moralischen und hierarchischen Werten sowohl der konfuzianischen Lehren und Praxis als auch des Kaiserreiches konkrete Form zu geben. Zum besseren Verständnis folgen die Namen der Haupttore und -hallen des Konfuzius-Tempels in Qufu:

1. Bogengang der schlagenden Gongs und der wohlklingenden Steine (siehe weiter unten).
2. Torweg des Ling Xing-Sterns der Literatur (Teil der Konstellation Großer Bär).
3. Torweg des ursprünglichen Äthers der Höchsten Harmonie.
4. Tempelbogengang des Hohen Weisen.
5. Tor der Zeitlosigkeit des Weisen.
6. Tor der Hochschätzung des Erhabenen.
7. Tor der Vermehrung der Wahrheit.
8. Tor des großen Mittelweges.
9. Tempel des Sternbildes der Gelehrten.
10. Tor des Strebens nach Reinheit.
11. Tor des Anblicks der Tugenden.
12. Tor der Nachfolge des Weisen.
13. Tor der Großen Errungenschaften.
14. Halle der Seide und des Metalls – bedeutet Saiten- und Schlaginstrumente.
15. Halle der Großen Errungenschaften.
16. Tempel zur Ehrung des Weisen.

Die folgende Frage mutet vielleicht seltsam an, in Anbetracht dessen, daß wir uns gerade mit seinen Tempeln beschäftigen, aber es muß gefragt werden, ob Kong Fu Zi in irgendeinem Sinn religiös war. Als man ihn nach der Welt der Geister und Götter fragte, soll er geantwortet haben, daß er wirklich voll und ganz damit beschäftigt sei, zu versuchen, sich Klarheit über diese Welt zu verschaffen, geschweige denn, sich um eine andere zu kümmern! Auch die Frage nach der Bedeutung des Jenseits rückte er in eine recht hübsche Perspektive:

> Ji Lu [einer seiner Schüler] fragte, wie man den Geistern der Toten und den Göttern dienen sollte. Der Meister antwortete: »Du bist nicht einmal in der Lage, der Menschheit zu dienen. Wie kannst du dann den Geistern dienen?«
> Als der glücklose Ji Lu nach dem Tod fragte, erwiderte Konfuzius in ähnlichem Ton:
> »Du verstehst nicht einmal das Leben. Wie kannst du dann den Tod verstehen?«[14]

Die Werte der gelehrten Integrität findet man auf den vielen Stelen in Konfuzius-Tempeln. Denn *ren* – Wohltätigkeit – war kein leerer Begriff. Viele Gelehrte nahmen echte Risiken auf sich. So begeht man zur Erinnerung an ein solches Ereignis ein bedeutendes Fest, das Drachenbootfest. Der Bürgermeister Chu Yuan regierte seinen Distrikt mit Mitgefühl und Großzügigkeit. Er liebte das Volk, und das Volk liebte ihn. Unglücklicherweise war der damalige Kaiser kein guter Herrscher. Er unterdrückte das Volk mit Steuern und einem starken Aufgebot von Soldaten. Chu Yuan versuchte, ein loyaler Bürger zu sein, aber er fand es immer schwieriger, den Befehlen dieses verworfenen Kaisers zu gehorchen.

---

[14] D. C. Lau, *Analects*, Book XI, 12 (Penguin, 1979)

Eines Tages war das Maß voll, und Chu griff zur Feder und verfaßte ein Gesuch an den Kaiser, in dem er ihn wegen seiner Verworfenheit, seiner Habsucht und seiner mangelnden Wohltätigkeit ins Gebet nahm.

Der Kaiser war traditionell verpflichtet, alle solche Gesuche zu lesen, aber er schenkte den Klagen des Bürgermeisters keine Beachtung, sondern lachte nur darüber. Durch dieses Verhalten zur Verzweiflung gebracht, beschloß Chu Yuan, einen letzten Versuch zu unternehmen, um den Kaiser mit einer dramatischen Geste zur Vernunft zu bringen. Er stieg auf die Spitze des örtlichen Berges, der Aussicht auf den See der Stadt gewährte, und stürzte sich in die Tiefe, nachdem er einen Abschiedsbrief geschrieben hatte, indem er erklärte, daß die Schlechtigkeit des Kaisers ihm keine andere Wahl als Selbstmord lasse. Die Bürger der Stadt sahen seinen selbstmörderischen Sprung und gingen in die Boote, um zu versuchen, ihn zu retten. Als sie näherkamen, bemerkten sie böse Drachengeister, die aus den Tiefen emporstiegen, um seinen Leichnam zu verzehren. Sie lenkten diese Drachen ab, indem sie Reiskugeln ins Wasser warfen, und konnten dann mit ihren Booten Chu Yuans Leichnam erreichen. Sie brachten ihn in die Stadt zurück und beerdigten ihn.

Unnötig zu sagen, daß der Kaiser entsetzt über seinen Machtmißbrauch war und ein beispielhafter Herrscher wurde. Und bis auf den heutigen Tag findet am fünften Tag des fünften Mondmonats nach dem chinesischen Kalender das Drachenbootfest statt, um dieses mutigen Mannes ehrend zu gedenken.

Leider gehen nicht alle diese Geschichten glücklich aus. Oft wurden mutige Beamte, die den Versuch unternahmen, den Kaiser an die Bedeutung von *ren* zu erinnern, als Verräter hingerichtet oder verbannt. Aber trotz der damit verbundenen Lebensgefahr reichten konfuzianische Gelehrte weiterhin ihre Gesuche bei dem Kaiser ein.

Konfuzianische Tempel spiegeln die Hauptelemente des konfuzianischen Glaubens sehr deutlich in ihren Namen für die verschiedenen Bauten und den in ihnen vollzogenen Ritualen wider. Eine Kombination der im Qufu-Tempel verwendeten Namen bildet die Reihenfolge der Tore und Hallen in einem konfuzianischen Tempel, wie etwa dem in Yixing, Provinz Jiangsu, der berühmt für seine Statuen ist.

Im Konfuzius-Tempel in Beijing beispielsweise lautet die Reihenfolge der Tore und Hallen wie folgt:

1. Tor des Alten Lehrers.
2. Tor der Großen Errungenschaft.
3. Halle der Großen Errungenschaft.
4. Tempel zur Ehrung des Weisen.

In Qufu werden Kongs Nachkommen auf besondes schöne Weise an die ordnungsgemäße Hierarchie und das Dao, *ren*, *de* und *li* erinnert. In der Residenz der Familie Kong, den Großfamilien- oder Sippenhäusern seiner Nachkommen, befindet sich ein einfaches und zugleich schönes Gemälde von einem *qi-lin*. Dieses Mischwesen mit den Merkmalen des Einhorns, des Löwen, des Drachen und des Hirsches wird oft mit Legenden über Konfuzius assoziiert. Aber hier wurde es angebracht, weil das *qi-lin* die Eigenschaft besitzt, zu weit zu gehen, so daß es aufgrund dessen zerstört wird. Beispielsweise kann es gut fliegen, aber in seinem Versuch, zur Sonne zu fliegen, wird es verbrannt. Es kann gut kämpfen, aber weil es beschließt, gegen eine überwältigende Übermacht weiterzukämpfen, kommt es um. Die sogar von Kaisern verehrte und angebetete Kong-Familie brauchte eine Warnung, die sie daran erinnert, daß sie alles verlieren könnte, wenn sie zu weit ginge – wenn sie beispielsweise nach dem Kaiserthron greifen würde. Das versuchten Kongs Nachkommen nie, und vielleicht ließ die Tatsache, daß sie beim Verlassen ihrer Residenz an dem Bild von dem *qi-lin* vorbeigehen mußten, sie ihren Platz in der Ordnung des Lebens nicht vergessen!

Oft findet man in einem Konfuzius-Tempel Glockenspiele aus Stein und Metall. So befindet sich zum Beispiel im konfuzianischen Himmelstempel ein prächtiger Satz Glocken. Dieses Glockenspiel aus bumerangförmigen Stein- oder Metallstangen erinnert ebenso an das kosmische Wesen der chinesischen Tradition. Die Töne wurden in grauer Vorzeit abgestimmt, und Kong Fu Zi bemerkt über sie, daß sie in der Vergangenheit perfekt eingestellt und gestimmt waren, im Einklang mit der Natur, mit dem Dao. Laut Kongs Buch ist eines der Zeichen des Niedergangs der Kultur, daß die Töne, die Glocken, zusammenhangslos geworden sind, buchstäblich nicht mehr in Harmonie mit dem Universum. Es ist die Aufgabe des Kaisers, dafür zu sorgen, daß sie richtig gestimmt sind. Deshalb war der Konfuzius-Tempel in jeder großen Verwaltungsstadt mit einem solchen Glockenspiel ausgestattet, so daß die richtige Tonhöhe für jede zeremonielle Musik sichergestellt war. Heute hängen sie seltsam stumm da, als wäre es entweder nicht mehr wünschenswert oder nicht mehr möglich, in Harmonie mit dem Universum zu sein. Daher das Tor der schlagenden Gongs und der wohlklingenden Steine und die Halle der Seide und des Metalls in Qufu.

Inschriften, die oft von einem Kaiser selbst stammen, sind in Konfuzius-Tempeln als Zeichen der kaiserlichen Beteiligung an konfuzianische Riten und Überzeugungen von Bedeutung. Statuen findet man in konfuzianischen Schreinen nicht so häufig wie in anderen Tempeln, und nur sehr wenige haben die Säuberungsaktionen der Kulturrevolution überstanden und eigentlich die zuvor stattgefundenen Säuberungen. Seit der Revolution im Jahre 1911, als der kaiserlichen Dynastie der Qing in jeder bedeutsamen Hinsicht ein Ende gemacht wurde (bis 1924 hielten sie sich weiterhin in der Verbotenen Stadt auf und vollzogen ihre Rituale),

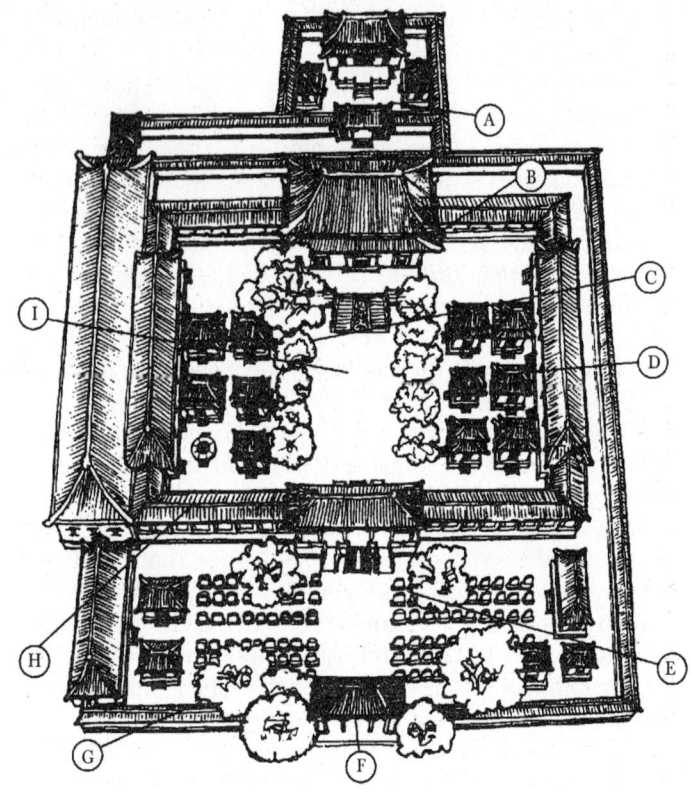

**Abb.: 1: Kong Miao oder Wen Miao – Konfuzius-Tempel, Beijing**

A Tempel zur Ehrung des Weisen
B Da Cheng Dian – Halle der Großen Errungenschaft. In der Mitte des Haupt-
  altars Gedenktafel, versehen mit Widmungen für Kong Fu Zi
C Baum für Ergebene Beamte
D Hallen, in denen Stelen mit Inschriften über die Auszeichnungen stehen, mit
  denen Kong Fu Zi von verschiedenen Kaiseren bedacht wurde
E Da Cheng Meng – Tor der Großen Errungenschaft
F Tor des Alten Lehrers
G Stelen zur Erinnerung an berühmte konfuzianische Gelehrte
H Brunnen
I Kaiserlicher Gehweg, ausschließlich für Kaiser bestimmt

214

sind konfuzianische Tempel in hohem Maße in Ungnade gefallen. Von 1911 an wurden viele von ihnen, für offizielle Rituale nicht mehr benötigt und vom gewöhnlichen Volk kaum benutzt, in Schulen, Bibliotheken und Museen umgewandelt – Funktionen, die viele von ihnen heute haben, was der Grund dafür ist, warum wenige besichtigt werden können, selbst dort, wo sie noch bestehen.

Die Statuen, die existiert haben und noch immer existieren, wie in Yixing in der Provinz Jiangsu oder einige wenige in Beijing, sind von großen Persönlichkeiten, zum Beispiel von Kong Fu Zi selbst natürlich und berühmten Schülern wie Meng Zi oder späteren Lehrern wie Zhu Xi (1130 – 1200 n. Chr.), aus dessen Synthese aus konfuzianischem, daoistischem und buddhistischem Denken der sogenannte Neokonfuzianismus hervorging, der hernach zum Maßstab für konfuzianisches Denken wurde.

In der Haupthalle, in der zu den festgelegten Jahreszeiten geopfert wurde, steht gewöhnlich eine Statue von Kong und sind zu beiden Seiten die wichtigsten Schüler aufgereiht. Ihre Zahl schwankt von Ort zu Ort, aber normalerweise sind es zwölf. Darin spiegelt sich die buddhistische Vorstellung von den Achtzehn Lohans wider und wurde offensichtlich direkt dem Buddhismus entlehnt.

Heute sind die wenigen erhaltenen konfuzianischen Tempel, die keinem anderen Zweck dienen, beschauliche Plätze mit Bäumen und alten Bauten. Das Gefühl, daß ihre Zeit abgelaufen ist, ist überwältigend, denn sie werden wohl kaum jemals wieder die kaiserliche, kosmische und bürokratische Funktion ausüben, die sie einst über 2000 Jahre lang innehatten. Man spürt hier, daß es ein Glaubenssystem ist, welches die Zeit stranden ließ. Doch vielleicht empfinde ich gerade deswegen diese Anlagen als Plätze von großem Frieden; Plätze, an denen man fast unwillkürlich an die Vergänglichkeit von Größe denkt, wie in Shelleys »Ozymandias«:

Ich begegnete einem Reisenden aus einem alten Land,
der sprach: »Zwei riesige und rumpflose Beine aus Stein
stehen in der Wüste. In ihrer Nähe, halb versunken
im Sand liegt ein zerbrochenes Antlitz, dessen finsterer
Blick
und gekräuselte Lippe und Hohnlächeln der kalten
Macht
verraten, daß der Bildhauer diese Leidenschaften gut
durchschaute,
die noch immer geblieben sind, aufgeprägt auf diese leblosen Dinge,
die Hand, die sie narrte, und das Herz, das nährte.
Und auf dem Sockel zeigen sich diese Worte -
»Mein Name ist Ozymandias, König der Könige:
Betrachtet mein Werk, ihr Mächtigen, und gebt alle Hoffnung auf!«
Sonst ist nichts übriggeblieben. Rund um dieses verfal-
lene
Riesenwrack herum erstreckt sich grenzenlos und nackt
in weiter Ferne der einsame und ebene Sand.

## Buddhistische Tempel

Der Name für einen buddhistischen Tempel oder ein buddhistisches Kloster lautet *si* – was »Halle« bedeutet. Der Begriff weist auf die Hauptfunktion eines solchen Gebäudes,
die darin besteht, einen Versammlungsplatz, eine Halle be-
reitzustellen, in der der Dharma, die Lehren des Buddha,
von dem Sangha, der Klostergemeinde, erläutert werden
kann. Darin spiegeln sich die Drei Juwelen des Buddhismus
wider: Buddha, Dharma und Sangha. Buddhistische Tempel
sind unter den drei wichtigsten Glaubenssystemen einzigartig in China insofern, daß sie sowohl der Unterweisung als
auch der Anbetung dienen. In allen wichtigen Tempeln ist

erkennbar, daß die mitten entlang der Süd-Nord-Achse führenden Haupthallen für die Anbetung bestimmt sind, während die Lehrhallen an den Seiten liegen. Heute kann man in buddhistischen Tempeln immer häufiger die durch die Anlage hallenden Gesänge der Sutras oder die Stimmen predigender Mönche hören.

Ich halte mich sehr gern in buddhistischen Klöstern auf. Sobald die Besucher gegangen sind und die Mönche sich auf die Nacht vorbereiten, senkt sich ein großer Frieden hernieder. Ich empfinde die letzten Gebete des Tages, die oft bei Einbruch der Dunkelheit verrichtet werden, als genauso schön und meditativ wie die Abendandacht in einer großen englischen Kathedrale. Die Ärgernisse des Tages, die Sorgen des Lebens, die Mühen und Leiden lassen nach, während man sich mit den Gebeten und Gesängen der Mönche in ein anderes Reich begibt. Das klangvolle Geläut der Bronzeglocke oder das Klappern der Holzglocke scheinen einen aus der Unwirklichkeit des Alltagslebens in die Wirklichkeit der Transzendenz wachzurütteln. Es fällt mir sehr schwer, das Gefühl, mit seiner ganzen Umgebung eins zu sein, zu erklären, das ich in solchen Situationen empfinde. Denn ich bin kein Buddhist, sondern Christ, vielleicht ein ziemlich unorthodoxer. Doch hier, bei den ruhigen Gebeten vor Einbruch der Dunkelheit, ist nichts davon von geringster Bedeutung.

Auf einem meiner geliebten heiligen Berge an solchen Gebeten teilzunehmen, vergrößert die Freude, aber ich kann genauso glücklich sein, wenn ich mich in einem städtischen Kloster aufhalte. Nach den Gebeten in Hallen und Schreinen, die angesichts der spärlichen Beleuchtung inzwischen kaum auszumachen sind, aber den einfachen Bedürfnissen der Mönche und Gäste genügen, begeben wir uns in den Speisesaal für ein einfaches vegetarisches Mahl. Auch diese Erfahrung, von Mönchen versorgt und mit den gleichen Speisen beköstigt zu werden, die sie zu sich nehmen, ist etwas ganz Wunderbares. Das empfinde ich so, ob es sich nun um ein daoistisches oder ein buddhistisches Kloster handelt. Für eine kurze Weile wird man zum Teil des Flusses und des Rhythmus des Klosters, eines Rhythmus, der alles andere in die richtige Perspektive rückt.

Kurz nach Einbruch der Dunkelheit werden die Lichter gelöscht, denn der Morgen beginnt wirklich sehr früh. Bei meinem ersten Aufenthalt in einem buddhistischen Kloster in China dachten mein Kollege und ich, daß wir eine Menge Übersetzungsarbeit erledigen könnten. Wir wußten, daß wir bis acht Uhr abends ins Bett gehen mußten, und so stellten wir uns vor, bis etwa zehn Uhr abends zu arbeiten und dann einzuschlafen. Aber in einer solchen Umgebung funktioniert das nicht. Alles ist so friedlich, daß man das Gefühl bekommt, einem uralten heiligen Ritual zuwiderzuhandeln, wenn man weiterarbeitet. Wir gingen draußen spazieren und betrachteten die Sterne, lagen aber beide spätestens um halb neun abends im Bett und schliefen fest. Derart ist die beruhigende und zentrierende Wirkung dieser Plätze.

Heutzutage stehen die Mönche sowohl in buddhistischen als auch daoistischen Klöstern noch früher auf, denn sie müssen nicht nur ihre religiösen Pflichten erfüllen, sondern sich auch um die Besucher kümmern. Das Leben an solchen Plätzen ist hart, aber wenn die Regierung ihre sehr stark eingeschränkte Zahl der Mönche oder Nonnen, die in Tempeln und Klöstern leben dürfen, anheben würde, würden die Bewerber in die Zehntausende gehen.

Vielleicht rührt dieses Gefühl des Einsseins zum Teil von der Tatsache her, daß sich alle buddhistischen Tempel nach den weiter oben erläuterten Feng Shui-Prinzipien richten und viele, wie bereits erwähnt, die *yin-yang*-Einteilung der Hallen aufweisen.

Der Tempel (s. Abb. 2, S. 221) ist von Mauern umgeben und wird wie weiter oben erläutert beschützt, während der Eingang von den Vier Himmelskönigen bewacht wird und nicht von den zwei Türgöttern, wie es in daoistischen und konfuzianischen Tempeln üblich ist.

Worüber ich so oft beim Betreten eines Tempels staune, ist der gewöhnliche Anblick des dicken, lachenden Buddha der Zukunft, Mi Lo Fo, der fast immer direkt im ersten Torweg sitzt. Dort kann sich zusätzlich eine Statue von Sakyamuni, dem historischen Buddha, befinden, dessen Lehren für dieses Zeitalter bestimmt sind und der die Erlösung des Zukünftigen Buddha ankündigt. Theologisch gesehen, ist das nicht ohne Bedeutung. Hier begegnet man den vier Königen der vier Himmelsrichtungen, die vor unheilvollen Einflüssen schützen. Aber der Zweck ihrer Wache besteht darin, das Kommen des Zukünftigen Zeitalters des Mi Lo Fo zu fördern. Dieses messianische Zeitalter wird von frommen Buddhisten sehnlichst herbeigewünscht, denn es bedeutet das Ende des Leidens und der Beginn von Frieden und Glück für alle. Beim Betreten des Tempels wird man also daran erinnert, daß diese Welt vorübergehen und eine bessere kommen wird, wenn man fromm ist.

Sobald man sich im ersten Haupthof befindet, sind es die Weihrauchgefäße, die den Schauplatz beherrschen. Normalerweise sind es drei, und mindestens eines davon, das den Himmelskreis symbolisiert, ist rund und ragt wie eine Minipagode empor, während die anderen quadratisch oder rechteckig sind. In gewisser Weise sind sie der Grund dafür, daß der Tempel überhaupt errichtet wurde. Hier werden im allgemeinen die Götter beschwichtigt und den Ahnen und Toten Opfergaben dargebracht. Die Weihrauchgefäße sind fast immer wunderschön verziert. Gewöhnlich in Bronze gegossen, sind sie Kleinstmeisterwerke der Kunst, geschmückt mit sich windenden Drachen, gedrängt voll von Symbolen, ein wahrer lebendiger Ausdruck der traditionellen Volksreligion. Denn sie sind die Spenden von örtlichen Dörfern oder Stadtbezirken und werden von solchen Gruppen argwöhnisch bewacht.

Die erste Haupthalle, die eigentlich als die zweite Halle gilt, weil das überdachte Pförtnerhaus als erste gezählt wird, beherbergt Guan Yin, den Bodhisattva des Mitgefühls, in seiner weiblichen Form und verschiedene Diener und Dienerinnen. Nachdem der Anbeter der kosmischen Erlösung begegnet ist, die durch das Kommende Zeitalter des Mi Lo Fo in Aussicht gestellt wird, sieht er sich jetzt den Anfängen eines persönlichen Erlösungsdramas gegenüber. Hier ist der Bodhisattva des Mitgefühls, der seine Schreie hören und kommen wird, um ihm Hilfe und Befreiung von Leiden und besonders von der Wiedergeburt anzubieten. Falls Guan Yin nicht hier ist, dann einer der anderen Bodhisattvas, die sich für die Befreiung von der Hölle und der Wiedergeburt bereit halten.

Die dritte Halle ist gewöhnlich einer Dreiergruppe von Buddhas gewidmet, entweder dem Buddha der Vergangenheit, der Gegenwart und der Zukunft oder der Buddha-Natur, dem offenbarten Buddha und dem fleischgewordenen Buddha, oder sie enthält einen der bedeutenden Erlöser-Buddhas. Am beliebtesten sind Amitabha Buddha, der die Seelen erlöst und in sein westliches Paradies bringt, und Manjushri – Wen Shu. Die Haupthalle wird fast immer durch die Achtzehn Lohans abgegrenzt, die jeweils zu neunt an der östlichen und westlichen Wand nebeneinander aufgestellt sind.

Die vierte Halle schließlich, denn gewöhnlich haben Tempel nicht mehr, außer wenn es sich um sehr bedeutende Zentren handelt, beherbergt verschiedene weibliche und männliche Bodhisattvas, die sich oft um eine der Gruppen der Drei Buddhas konzentrieren.

Die Anordnungen unterscheiden sich von Tempel zu Tempel, aber die Aufeinanderfolge ist im wesentlichen gleich. Zuerst steht man einem Ausdruck der Hoffnung in der Zukunft gegenüber. Dann passiert man die Bodhisattvas des Mitgefühls und gelangt schließlich zu den Drei Buddhas,

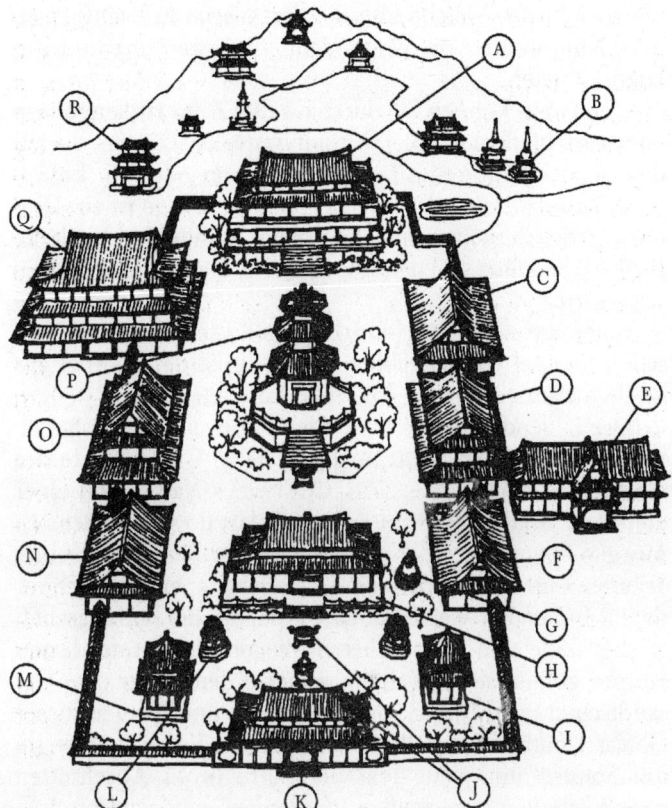

**Abb.: 2: Nan Pu Tuo Si – Südliches Pu Tuo-Kloster. Buddhistisch. Xiamen, Provinz Fujian.**

A Halle der Heiligen Schriften
B Stupas
C Gästehalle
D Vegetarisches Restaurant
E Lehrhalle
F Neun Lohans
G Gong
H Da Xiong Bao, Große Schatzhalle – drei Hauptstatuen: Guan Yin, Sakyamuni, Wen Shu
I Glockenturm
J Weihrauchgefäß

K Tian Wang-Halle, Halle der Vier Himmelskönige. Zentrale Figur ist Mi Lo Fa, der Zukünftige Buddha
L Pagode
M Trommelturm
N Neun Lohans
O Bibliothek
P Da Bei-Halle – Halle der Großen Bermherzigkeit. Vier Statuen von Guan Yin
Q Abthalle
R Meditiationshalle

die sowohl persönliche als auch kosmische Erlösung in einem Kontinuum von Vergangenheit, Gegenwart und Zukunft anbieten.

Unterwegs können Sie durchaus den Zehn Höllengöttern oder verschiedenen anderen Bodhisattvas begegnen, die auf ihre eigene Weise eine kosmische Vision oder ein kosmisches Drama darlegen. Die ganze Tempelanlage ist ein Drama und der Besucher ein Schauspieler in ihm, der durch die Weihrauchgefäße Teil des Flusses der Erleuchtung und Erlösung wird.

Einer der schönsten und bedeutendsten der buddhistischen Tempel und angeblich der erste ist der Tempel des Weißen Pferdes, der Bai Ma Si, in Luoyang.

Der Legende zufolge kam der Buddhismus als Folge eines Traums nach China. Im Jahre 64 n. Chr. träumte der Han-Kaiser Ming (58 – 75 n. Chr.) eines Nachts von einer goldenen Gottheit, die vor seinem Palast flog. Am nächsten Morgen fragte er seine Ratgeber nach der Bedeutung seines Traums. Einer von ihnen, Fu Yi, berichtete, er habe gehört, daß in Indien ein Weiser leben würde, der die Buddhaschaft erlangt habe und nach Belieben fliegen könne und dessen Körper golden sei. Daraufhin schickte der Kaiser eine Gesandtschaft nach Indien, die die Lehren und Statuen dieser Gottheit mitbringen sollte. Nach einigen Jahren kehrte sie mit Statuen und dem Text des Sutra in 42 Abschnitten zurück, die von zwei weißen Pferden getragen wurden.

Die Hauptstadt zu der Zeit war Luoyang in der Provinz Henan. Der Tempel, der auf kaiserliche Anordnungen errichtet wurde, um die Statuen und das Sutra aufzubewahren, existiert noch heute. Zur Erinnerung an diese Geschichte wird er der Tempel des Weißen Pferdes oder der Weißen Pferde, Bai Ma Si, genannt.

Es ist höchst unwahrscheinlich, daß die oben erzählte Geschichte irgendein ernstzunehmendes Körnchen Wahrheit enthält. Fest steht, daß zur Zeit des Kaisers Ming der Buddhismus sich über Missionare und Händler aus dem heutigen Afghanistan, Indien und dazwischenliegenden Ländern nach China zu verbreiten begann. Ferner steht fest, daß der Tempel der Weißen Pferde in Luoyang einer der ältesten, wenn nicht gar der älteste erhaltene buddhistische Tempel in China ist. Vor dem Tempel stehen zwei schöne Steinstatuen von den Pferden. Innen veranschaulicht die Anlage, ob sie nun auf historisch verifizierbaren Berichten beruht oder nicht, die Gegebenheiten, wie der Buddhismus nach China kam. Direkt im Torweg liegen links und rechts zwei Gräber, in denen zwei ausländische Missionsmönche ruhen – Buddhisten aus Afghanistan, das damals ein buddhistisches Land war. Möglicherweise waren sie sogar Griechen, denn die ca. 320 v. Chr. von Alexander dem Großen in dieser Gegend gegründeten griechischen Königreiche entwickelten sich von etwa 100 v. Chr. an zu bedeutenden buddhistischen Zentren. Tatsächlich waren es die Griechen gewesen, die als erste auf dem Sonnengott Apollo beruhende Statuen von dem Buddha herstellten (s. S. 110).

Die zwei ausländischen Missionare hießen Matanga und Zhu Fa Lan. In der gesamten Frühgeschichte des Buddhismus in China – vom 1. bis zum 6. Jh. n. Chr. – war der chinesische Buddhismus darauf angewiesen, daß ausländische Missionare Texte und Überlieferungen nach China brachten. Das führt uns zu der zweiten Besonderheit des Tempels der Weißen Pferde. Das letzte Hauptgebäude des Tempels heißt die Kühle Terrasse und soll von dem Kaiser als der Platz gebaut worden sein, an dem die Sutras übersetzt werden konnten. Das ist von Bedeutung, denn wann immer neue Texte aus dem Westen eintrafen, mußten wohlhabende Gönner für die Finanzierung ihrer Übersetzung gefunden werden.

An diesen zwei Besonderheiten – Gräber von ausländischen Missionaren und ein Übersetzungszentrum – können wir die Ursprünge des chinesischen Buddhismus erkennen.

Denn der Buddhismus wird bis auf den heutigen Tag von den Chinesen als ausländische Religion bezeichnet, im deutlichen Gegensatz zum Daoismus und Konfuzianismus, die dafür hochgeschätzt werden, wahrhaftig chinesisch zu sein.

Es ist nicht sicher, ob der Tempel der Weißen Pferde in Luoyang wirklich der früheste buddhistische Tempel in China ist. Er ist jedoch eindeutig der älteste Tempel, dessen Ursprünge bis zum 1. Jh. n. Chr. zurückverfolgt werden können. Im 1. Jahrhundert könnte der Buddhismus angefangen haben sich zu verbreiten, aber erst Ende des 3. und Anfang des 4. Jhs. begann er eine wirklich bedeutsame Präsenz zu entfalten. Es bedurfte des Auftauchens von Gelehrten, die fließend Sanskrit und Chinesisch sprechen konnten, bevor sich der Buddhismus tatsächlich ausdehnen konnte, und das war erst im 5. Jh. der Fall.

Ein bezeichnendes Merkmal buddhistischer Stätten sind die Pagode und der Stupa. Die Pagode tauchte in China zuerst im 5. Jh. n. Chr. auf, und die älteste erhaltene ist die Song Yue Si auf dem Song Shan in Henan, einem der heiligen Berge des Daoismus. Diese Pagode, ein zwölfeckiger, fünfzehn Stockwerke hoher Ziegelsteinbau mit feinem Reliefschmuck, ist von hervorragender Schönheit und wurde 520 n. Chr. errichtet. Pagoden sieht man überall in China; sinnlose Kriege und Unruhen haben dafür gesorgt, daß viele von ihnen heute ihrer Tempel beraubt sind. Es lohnt sich immer, sich intensiv den Details auf ihnen zu widmen. Mit ihren springenden Tieren, mythologischen Bestien, schwebenden Gottheiten und Zehntausenden von kleinen gegossenen Buddhas sind sie sichtbare Lektionen im Buddhismus und in der chinesischen Kultur.

In erster Linie dienten sie als Bibliotheken oder Lagerhäuser. So wurde die große Pagode im Tempel der Großen Gnade und Güte in Xian, die sogenannte Große Wildgans-Pagode, errichtet, um die Sammlung der Sutras zu beherbergen, die Xuan Zang (s. S. 362) aus Indien mitgebracht hatte. Aber ihre Funktion als Lehrmittel ist von großer Bedeutung. In vielen Fällen entsprechen sie den alten Malereien an Kirchenwänden im mittelalterlichen Europa. Für die Kleinbauern, die größtenteils nicht lesen und schreiben konnten, boten sie bildhafte Erläuterungen der wesentlichen Lehren des Buddhismus. Demgemäß ist die aus dem 7. Jh. stammende Pagode im Tempel Qi Xia Si, Qi Xia Shan, Provinz Jiangsu, an ihrem Sockel mit Szenen aus dem Leben des Buddha versehen, die seine persönliche Suche nach Erleuchtung und Unterweisung darstellen, während die Pagode des Tempels Wen Shu in Chengdu auf Holztafeln die Reise des Xuan Zang in Begleitung seiner vier merkwürdigen Diener nach dem Westen zeigt, eine Art Jedermanns Reise zur Erleuchtung. Interessanterweise steht nicht weit entfernt vom Tempel Qi Xia Si die unvollendete Pagode Ling Gu. Diese wurde 1929 von Chiang Kai Shek, dem Anführer der Kuomingtang, der herrschenden Partei Chinas von 1911 bis zur Machtübernahme der Kommunisten 1949, in Auftrag gegeben. Sie sollte den Erfolg der Revolution darstellen und ihn genauso verherrlichen, wie das Leben des Buddha oder Xuan Zang verherrlicht wird. Doch wurde sie, was vielleicht angemessen ist, nie fertiggestellt.

Gelegentlich stößt man auf einen Stupa. Während die Pagode auf dem Stupa basiert, unterscheidet sich der Stupa selbst sehr von ihr. Diese halbkugeligen Körper mit einem Aufsatz in der Mitte, der zu einem kleinen Turm hochstrebt, beherbergen Reliquien des Buddha oder von heiligen Männern und Frauen. Die besten solcher Stupas findet man in tibetischen (lamaistischen) Tempelanlagen in China. Beispielsweise gehört zum Kloster Ta Er Si, Kumbum, bei Lu Sha Er, 25 km südlich von Xi Ning in der Provinz Qing Hai, ein besonders schöner Stupa, der über der Stelle errichtet wurde, an dem der große Lehrer des tibetischen Buddhismus, Tsong Kha-pa, geboren wurde (der tibetische Begriff für »Stupa« lautet »Dagoba«); ein weiterer in ihm errichteter

Stupa enthält die Gebeine des Dritten Dalai Lama (1543 –
1588). Auf dem Wu Tai Shan existieren seit Jahrhunderten
mongolisch-tibetische und chinesische Architektur nebeneinander, denn dieser Berg ist dem Manjushri geweiht, der
besonders im tibetisch-mongolischen Buddhismus verehrt
wird. Beispielsweise birgt der Stupa Zu Shi im Fo Guang Si,
Tempel des Buddhaglanzes, die Gebeine des aus dem 5. Jh.
stammenden Gründermönches.

Heute ist der Buddhismus am stärksten im Norden Chinas vertreten und konzentriert sich nach wie vor auf die
alten Hauptzentren – die heiligen Berge und die großen
städtischen Klöster beispielsweise in Beijing, Xian und
Yangzhou. Er ist noch immer in den beiden Haupttraditionen, Chan und Reines Land, organisiert. Da Tibet in diesem
Buch nicht behandelt wird, gebe ich keine näheren Einzelheiten über den heutigen tibetischen Buddhismus an.

Schätzungen über die Zahl der Buddhisten in China gehen weit auseinander, aber sie liegt zwischen 70 und 120
Mio. Es gibt etwa 9 000 bis 10 000 Tempel und ungefähr
40 000 Mönche und 50 000 Nonnen.

Viele buddhistische Tempel konnten ihre klösterlichen
Tätigkeiten erneut aufnehmen. Sie sind damit beschäftigt,
ihre alten Statuen instandzusetzen, neue zu schnitzen, Fresken zu malen und die Sutras zu drucken. Sie stellen ihre alte Funktion als Schule, Bibliothek, Kultzentren und soterio-
logisches Symbol wieder her.


## Daoistische Tempel

Ich muß zugeben, daß ich am liebsten daoistische Tempel
besuche. Oft erwecken sie den Anschein von leichter Hin-
fälligkeit und vermitteln das Gefühl, daß es sie in Wirklichkeit nicht kümmert, was vor sich geht. In den von der Zeit
relativ unberührten Tempeln – an Orten wie Macau, einige

wenige der Tempel auf heiligen Bergen wie dem Qing Cheng Shan oder gelegentlich auf dem Land – sorgen Staub und Weihrauchruß, die sich im Laufe von Jahrzehnten oder sogar Jahrhunderten angesammelt haben, für eine allgemeine schwarze Schmutzschicht und einen berauschenden Duft, der ausgesprochen »religiös« ist! Die Massen von Gottheiten und der Weihrauchduft verleihen selbst neueren oder restaurierten Tempeln, wie dem Tempel der Acht Unsterblichen in Xian, eine überaus besondere Atmosphäre.

Eine Besonderheit, die mir in alten Tempeln gefällt, sind die zahlreich vertretenen Gottheiten. In jeder Halle steht eine Hauptgottheit wie zum Beispiel Zhang Dao Ling oder Lu Dong Bin, um die sich eine große Anzahl kleinerer Statuen schart – ein wahres Kunterbunt des Göttlichen. Auf beiden Seiten sind in Bodennähe kleine Nischen in die Wand gehauen, die Götter enthalten, bei denen es sich oft um Götter der Toten oder der Höllen handelt oder die eine andere Funktion in bezug auf das Leben nach dem Tod ausüben, begleitet von Erdgöttern und anderen Lokalgottheiten. Der Blick allein in eine solche Halle läßt die Hierarchien des Göttlichen im Daoismus erahnen.

Bei daoistischen Priestern und Mönchen kann man im allgemeinen ein unbekümmertes Auftreten feststellen, denn außer in gewissen Schulen und Tempeln herrscht eine ziemlich lockere Disziplin vor. Wenn auch Gebetsstunden eingehalten werden, die denen eines buddhistischen Tempels ähnlich sind, kann man viel eher einen daoistischen Mönch neben dem Altar fest schlafend vorfinden als einen buddhistischen! Das gefällt mir sehr, denn es scheint eine Anerkennung dessen zu bedeuten, daß das Leben, das Dao, einfach weitergeht, ob wir uns nun dessen bewußt sind oder nicht.

Der Begriff für ein daoistisches Kloster oder einen daoistischen Tempel, wie groß oder klein sie auch sein mögen, lautet *guan* und bedeutet »schauen« oder »sehen«. Es ist das gleiche Schriftzeichen wie das erste in dem Namen des Bodhisattva, der als »Der die Schreie der Welt hört« bekannt ist. Warum daoistische Tempel so genannt werden, ist nicht klar, obwohl es eine Geschichte gibt, die manche zur Erklärung heranziehen. Es heißt, daß Lao Zi auf seiner Reise nach dem Westen dem Torwächter des Westens begegnete, der auf ihn gewartet hatte. Diesem war nämlich gesagt worden, daß ein Weiser über seinen Bergpaß China verlassen würde, und so hatte er eine kleine Grashütte errichtet, um Ausschau zu halten. Und in dieser Hütte war es, berichtet die Legende, daß Lao Zi in einer Nacht den Klassiker *Dao De Jing* schrieb und dann weiter gen Westen zog. Und aus diesem Ausguck, so behaupten einige, leitet sich die Bezeichnung *guan* für daoistische Tempel her. Welcher Grund auch immer dazu geführt hat, es ist ein merkwürdiger Name.

Meine Ausführungen über die Ausrichtung von Tempeln und ihre grundlegende schutzgewährende Bauweise weiter oben treffen auch auf daoistische Tempel (s. Abb. 3, S. 231) zu. In einem daoistischen Tempel ist das Gefühl, sich durch ein kosmisches Drama zu bewegen, nicht so häufig präsent wie in buddhistischen Tempeln, auch wenn es Ausnahmen gibt, wie zum Beispiel der Yong Le Gong bei Rui Cheng in der Provinz Shanxi. Gewöhnlich handelt es sich beim daoistischen Tempel eher um eine Reihe einzelner Hallen, die um eine zentrale Halle angeordnet sind, in der fast immer die Drei Reinen als Manifestationen des Höchsten Dao, des verwirklichten Dao und des fleischgewordenen Dao im Vordergrund stehen. Aber das Gefühl, sich auf einer Reise zu den Drei Reinen zu befinden, wie man es bei den Drei Buddhas empfindet, ist in einem daoistischen Tempel nicht in gleichem Maß vorhanden. Denn die Tempelanlage umfaßt jede Menge Nebenhallen und -altare, denen jeweils ein eigenes Thema gewidmet ist. Sehr oft enthält sie eine Halle der Acht Unsterblichen, die nicht nur als Gruppe angebetet werden, sondern auch einzeln, wie etwa ihr bedeutendes

Mitglied Lu Dong Bin – der Medizin-Unsterbliche. Trotzdem wird Lu Dong Bin wahrscheinlich woanders auch noch eine eigene Halle oder bestimmt einen eigenen Altar haben. Den Drei Urhebern – Himmel, Erde und Wasser – wird wahrscheinlich eine Nebenhalle gewidmet sein, wie auch der Göttin der Fruchtbarkeit, der Söhne und der Geburt. Lokale Gottheiten, von denen viele dem Daoismus als einem System zeitlich vorausgehen, haben einen Schrein oder eine kleinere Halle irgendwo in der Anlage.

Auf der Mittelachse von Süden nach Norden liegen die Haupthallen, die die Drei Reinen am Nordende beherbergen. Ihnen gehen Hallen voraus, die für Götter wie den Jadekaiser, die Königinmutter des Westens oder in Hafengegenden die lokale Meeresgöttin wie Tian Hou in der Provinz Fujian in Städten wie Xiamen oder Qangzhou bestimmt sind. Lao Zi selbst oder dem Begründer der jeweiligen Schule wie Lu Dong Bin oder Zhang Dao Ling ist eine zentrale Halle gewidmet, was sich entsprechend der Gegend und der Schule entsprechend ändert. Es genügt wohl, wenn ich sage, daß es sich bei drei großen Statuen, die man in einer Haupthalle findet, um die Drei Reinen handelt.

Faszinierend an daoistischen Tempeln sind die Nebenhallen. Sie nehmen den Platz ein, der in buddhistischen Klöstern von den Lehrhallen gefüllt wird, aber sie sind verstreuter angeordnet und charakteristischer, erreichen oft nicht die Symmetrie buddhistischer Tempel und vermitteln das Gefühl, nicht geplant worden zu sein, sondern sich vielmehr entwickelt zu haben. Und genau das ist mit dem Daoismus geschehen. Während der Buddhismus ein ausländischer missionarischer Glaube ist, der in China Wurzeln faßte und seine Weltanschauung und Theologie einwirken ließ, ist der Daoismus aus den vielen Schichten des uralten Chinas hervorgegangen, wobei er unterwegs alle möglichen Stückchen und Teilchen gesammelt, sie miteinander verschmolzen und daraus ein funktionierendes Ganzes geschaffen hat, das in seinen verschiedenen Bestandteilen am stärksten ist! Daoistische Tempel scheinen oft aus den lokalen Umgebungen organisch entstanden zu sein, während buddhistische Tempel ihren Umgebungen eher auferlegt worden zu sein scheinen.

Angesichts der organischen, manchmal bäuerlichen Ursprünge der meisten daoistischen Tempel wird der Kindersegen besonders hervorgehoben, wie auch das Interesse für Reichtum, böse Geister, Heilung und Divination. Nicht so große Beachtung wird der Frage der Erlösung entgegengebracht, auch wenn sie ihre Rolle spielt, aber nur eine Rolle. Der daoistische Tempel ist ein Markt der Göttlichkeit. Der buddhistische Tempel stellt eine Erlösungsgeschichte dar.

Der Schlüssel zur Erlösungstheologie eines daoistischen Tempels sind die Unsterblichen, der Jadekaiser und eine Lehrerfigur, sei es Lao Zi, Zhang Dao Ling oder Qin Chan Chun. Zusammen mit Erlösungsgottheiten wie dem Gott des Nordens, dem Dunklen Fürst Pai Kai, stehen sie im Mittelpunkt der Erlösungsgeschichte, denn sie bringen das Streben nach Unsterblichkeit oder zumindest nach Langlebigkeit zum Ausdruck. Der Sinn für Ordnung in einer unbarmherzigen Welt wird durch den Jadekaiser und die Macht großer Lehrer, dem Gläubigen unmittelbar zu helfen mittels Talismane und Exorzismus oder dadurch, daß man aus den Höllen gezerrt wird, durch Lao Zi, Zhang Dao Ling und Erlösergötter wie den Gott des Nordens oder Er Lang symbolisiert.

Kleine daoistische Tempel üben eine ähnliche Funktion aus, sind aber in ihrer zum Ausdruck gebrachten Gestaltung oft zusammenhängender. Beispielsweise bestehen daoistische Tempel in Südchina, buddhistischen gleich, aus drei von Süden nach Norden verlaufenden Haupthallen, die zu beiden Seiten von zwei kleineren Hallen flankiert werden; außerdem sind drei weitere tiefer gelegene Hallen nach Osten und Westen, aber zu derselben Süd-Nord-Achse ausge-

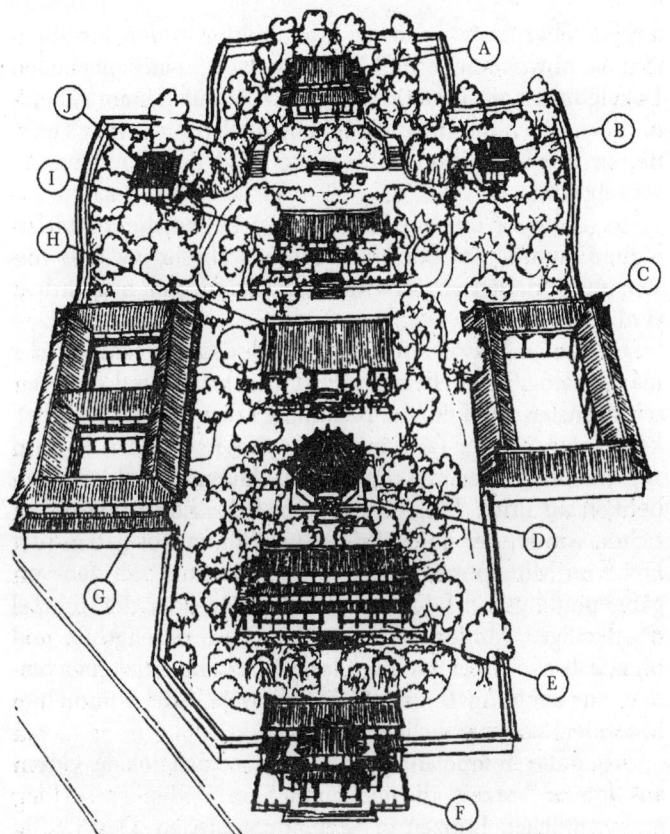

## Abb.: 3: Qing Yang Gong – Palast des Grünen Schafes. Daotistisch. Chengdu, Provinz Sichuan

A  Halle für die Unterbringung der Kaiser
B  Heilige Mutter des Lao Zi
C  Biliothek der Druckstöcke für den daoisti-schen Kanon
D  Ba Gua-Pavillion – acht Trigamme (Yi Jing).Zentrale Statue, Lao Zi
E  Zentrale Statue des Tempelgründers Zhang San Feng. Hinten befindet sich Guan Yin
F  Eingangshalle. Hauptstatue – Donner-gott. Auf der Rückseite, Kapitel 42 des Dao De Jing (yin-yang-Symbol)

G  Yi Jing Studienzentrum
H  San Qing Dian – Halle der Drei Reinen – der Große, Jadene und Höchste Reine. Hinten Wang Yi Zu, Lu Dong Bin und Zhang Dao Ling
I  Doumi-Halle. Halle der Mutter des Schef-fels (zentrale Statue), zu ihrer Rechten die Königinmutter des Westens, zu ihrer Lin-ken der Donner der Erde. Zu beiden Sei-ten jeweils sieben Sternengötter
J  Lao Zi-Tempel; Besucher beten hier um ein »neues Leben«.

richtet. Hier findet man die Hauptgötter in den zentralen Hallen, obwohl die letzte Halle gewöhnlich einer mächtigen Lokalgottheit gewidmet ist, während die mit kleinen Altaren und Schreinen ausgestatteten Nebenhallen für solche Funktionen wie Divination, Jahresgötter und Beerdigungen zuständig sind.

In Tempeln im Norden dagegen liegen die zentralen Hallen zumeist auf der Hauptachse, während weitere verschiedene Hallen an verschiedenen Standorten angeordnet sind.

Ein gutes Beispiel für einen daoistischen Tempel, der mannigfaltige Modelle zum Ausdruck bringt und den verschiedensten Funktionen Rechnung trägt, ist der Tempelkomplex Jin Si bei Tai Yuan in der Provinz Shanxi. Er wird *si* genannt, weil er ursprünglich als Ahnentempel zum Andenken an Prinz Tang Shu Yu aus der Zhou-Dynastie errichtet wurde, der ungefähr 1000 v. Chr. gelebt haben soll. Doch im Mittelpunkt des Tempels heute und seit den vergangenen tausend Jahren steht die Halle oder der Tempel der Heiligen Mutter – Sheng Mu. Diese riesengroße und phantastische Halle mit ihren fast vollständig erhaltenen Statuen aus der Song-Zeit ist ein Meisterwerk. Hier wimmelt es besonders von weiblichen Anbetern.

Aber die Tempelanlage beherbergt auch lokale Götter aus grauer Vorzeit, die nicht mit dem Gedenken an den zhou-zeitlichen Prinzen in Verbindung stehen. Der Tai Tai gewidmete Tempel beispielsweise preist einen Helden, der die Überschwemmungen in dieser Gegend noch vor Yu dem Großen bezwang – so daß man ihn wohl in die Zeit ca. 3000 v. Chr. datieren kann. Ein anderer lokaler Bewohner, der vergöttlicht wurde, wird im Shui Mu lou beziehungsweise Tempel der Wassermutter gepriesen. Andere Tempel sind Ahnen, dem örtlichen Fluß und so weiter gewidmet. Im Grunde ist die gesamte Tempelanlage ein steinerner Ausdruck der Mythologie der Gegend, wie sie sich im Laufe der vergangenen 5 000 Jahre geradewegs bis zum heutigen Tag entwickelt hat, denn sie enthält auch eine Sammlung von Stelen, die mit Gedichten von Mao Ze Dong versehen sind! Auch wenn der Tempel für die Heilige Mutter die Anlage dominiert, ist er keineswegs das einzige bedeutende Zentrum auf dem Gelände.

Der Daoismus ist der traditionelle chinesische Sinn für das Heilige und die Mythologie in kollektiver Form, was durch die Tempel vollendet zum Ausdruck gebracht wird.

# 7
# Heilige Berge

China hat zahlreiche heilige Berge. Abgesehen von den neun bedeutenden Bergen, den fünf daoistischen und den vier buddhistischen, hat fast jede Gegend zusätzlich ihre eigenen.

Daß Berge als heilige Stätten fallengelassen wurden, ist eine Entwicklung, die im Laufe der Jahrhunderte, eigentlich Jahrtausende der chinesischen Zivilisation stattgefunden hat. Der Qi Shan, 150 Kilometer westlich von Xian in der Provinz Shaanxi, war der heilige Berg der Zhou-Stämme. Hier befragten sie ihr Orakel, und aus diesem Orakel entstand Jahrhunderte später das I Ching. Als die Zhou die Shang-Dynastie eroberten und den Brennpunkt ihres Lebens in das Herz des alten Chinas verlegten, wurde der alte angestammte heilige Berg Qi Shan weiterhin alljährlich in einer großen Zeremonie verehrt, aber seine wahre Macht war bereits im Schwinden begriffen. Zur Zeit des Niedergangs der Zhou ungefähr 770 v. Chr. hatte er seine bedeutende Rolle im Leben seines Volkes verloren. Bis vor kurzem, bevor er als der Berg der ursprünglichen I Ching-Texte wiederentdeckt wurde, hatte er keinen Platz in den Verzeichnissen der heiligen Berge Chinas. Doch in der Gegend um den Qi Shan herum hat sein Einfluß nicht nachgelassen, und Wahrsager, die auf der sonnigen *yang*-Seite des Qi Shan aufgewachsen sind, sollen die erfolgreichsten und mächtigsten in der ganzen Gegend sein. Das Echo seiner Heiligkeit ist nicht verklungen.

Von den zahlreichen heiligen Bergen, die Qin Shi Huang Di, der erste Kaiser von China (gest. 210 v. Chr.), in seinem Streben nach Unsterblichkeit bestieg, wurden nur wenige der heutigen heiligen Berge identifiziert. Trotzdem haben einige Berge diesen langen Zeitraum hindurch ihre Heiligkeit in ununterbrochener Linie bewahrt. Von ihnen ist der Tai Shan der größte und gilt als der bedeutendste unter allen neun offiziellen heiligen Bergen der Daoisten und Buddhisten.

Indem ich den heiligen Bergen ein ganzes Kapitel widme, möchte ich ihre Bedeutung für jegliches wahres Verständnis des Heiligen in China veranschaulichen. Ich habe dieses Buch mit der Besteigung des Hua Shan als Vehikel eingeleitet, um die Art und Weise vorzustellen, wie die verschiedenen Religionen um ein größeres Thema herum oder zu einem umfassenderen Zweck alle aufeinander einwirken. Gerade aus diesem Grund sind die heiligen Berge so faszinierend. Sie sind daoistisch und buddhistisch, schamanistisch und konfuzianisch. Sie sind all das und noch viel mehr und ermöglichen einige der schönsten und höchst numinosen Erfahrungen, die man auf Reisen durch China machen kann. Als Wallfahrtszentren seit über 4000 Jahren bieten sie dem modernen Pilger, dem Touristen auf der Suche nach der Seele eines Landes, die ideale Reise. Daß Sie sich in Gesellschaft von unzähligen Chinesen befinden werden, wenn Sie diese Reisen unternehmen, zeigt einfach die zentrale Bedeutung dieser Säulen zum Himmel.

Zum besseren Verständnis dieser außergewöhnlichen Plätze habe ich beschlossen, Sie, den Leser, zu vier Bergen hinaufzuführen, die alle sehr unterschiedlich sind. Diejenigen, die China besuchen oder sich für nähere Einzelheiten über die anderen fünf Berge interessieren, seien auf das »Verzeichnis der heiligen Berge« verwiesen, das recht ausführliche Reisewege und Beschreibungen enthält.

Den Hua Shan, den ich liebe, weil er der erste Berg war, den ich je erstiegen habe, habe ich bereits beschrieben. Aber die vier Berge, auf die ich gleich eingehen werde, sind Plätze von höchst spezieller Bedeutung für mich. Beim Erzählen ihrer Geschichten habe ich versucht, etwas von dem reichen Gewebe der Geheimnisse und Legenden einzufangen, das mit jedem von ihnen assoziiert wird, denn jeder einzelne stellt einen Mikrokosmos der chinesischen Religion, Geschichte und, was am wichtigsten ist, des Heiligen in China dar.

## Heilige Berge des Daoismus

### *Tai Shan*

Der Tai Shan, der wichtigste der heiligen Berge Chinas, erhebt sich in der Provinz Shandong als einzige bedeutsame Bergkette im Osten Chinas. Um ihn herum, entweder links oder rechts von diesem großen Block, fließt der Gelbe Fluß seit undenklichen Zeiten. Man kann sich gut vorstellen, warum sich dieses riesige Massiv, das allein im Osten Chinas dasteht, einen Namen nicht nur als heiliger Berg gemacht hat, sondern im alten Volkstum auch als der Ort selbst, von dem das Leben in seinen unzähligen Formen auf Erden herabgestiegen ist. Denn der Tai Shan gilt als der Berg der Schöpfung beziehungsweise, um es präziser auszudrücken, als der Ursprung der Ursprünge. Zudem hielt man ihn für den Ort, an den die toten Seelen zurückkehrten – Ursprung und Ende. Einst herrschten hier männliche und weibliche Gottheiten, schamanistische Götter und Göttinnen, die heute noch immer als der Gott des Tai Shan und die Prinzessin der Azurblauen Wolken fortbestehen.

Zweifellos wurde auf allen neun wichtigen heiligen Bergen Chinas Schamanismus praktiziert. Auf einigen, wie zum Beispiel dem Tai Shan, wurden die Traditionen verwässert und zuweilen bewußt entstellt, aber man kann die schamanistischen Gottheiten unter den angesammelten Jahrhunderten der Geschichte noch immer unterscheiden. Von den schamanistischen Bergen spielte der Tai Shan anscheinend die mächtigste Rolle.

Der Tai Shan übt einen Einfluß aus, mit dem es kein anderer heiliger Berg aufnehmen kann. In ganz China und ebenso in Japan findet man kleine, dem Tai Shan gewidmete Schreine. Ein Stein von diesem Berg oder einfach nur eine Inschrift auf einem Schrein, die den Stein des Tai Shan erwähnt, gilt als Amulett gegen Unheil und als Vorbote von Glück. Tai Shan-Schreine sind allgegenwärtig, selbst auf den anderen heiligen Bergen. Denn er ist kein gewöhnlicher heiliger Berg, wenn es so etwas überhaupt geben kann. Er ist der Kaiser der heiligen Berge; er ist die Heimat des Dao, lange bevor das Dao zu einer Religion wurde.

Jedoch ist er weder der größte noch der höchste Berg. Er ist weder der imposanteste noch der gefährlichste oder aufregendste. Aber er ist der speziellste und heiligste, und das wird sich Ihnen von dem Augenblick an einprägen, in dem Sie mit dem Aufstieg beginnen.

Bei der Besteigung der heiligen Berge in China ist mir der sehr reale Unterschied zwischen daoistischen und buddhistischen Bergen aufgefallen. Auf einem daoistischen Berg ist der Weg an sich die heilige Reise. Er atmet Mythologie und Symbolik. Er windet und schlängelt sich durch die Mythologie, Glaubensvorstellungen und Hoffnungen der Menschen und der Spiritualität. Der Weg den Berg hinauf ist ein Teil des Weges des Dao. Die Tempel und Schreine, an denen man unterwegs vorbeikommt, stellen lediglich die erweiterte Präsenz des Göttlichen dar – obwohl manchmal der stärkste Sinn für das Göttliche von einer alten, als heilig verehrten Höhle oder einem großen, hoch über dem Weg ruhenden Felsen ausgeht. Auf buddhistischen Bergen ist das Gefühl umgekehrt. Im Mittelpunkt des Berges stehen die Klöster, große Zentren von architektonischer Pracht. Der Weg hinauf ist einfach die bequemste Strecke, um von Kloster A nach Kloster B zu gelangen. Hier verspürt man kaum etwas von dem Sinn für das Geheimnisvolle und Göttliche, den ein daoistischer Berg ausstrahlt. Tatsächlich ist die Sprache über die beiden Arten von Bergen eine andere.

Auf buddhistischen Bergen liegt die Betonung auf der Sicht, der Schönheit der Natur, spektakulären Ausblicken. Hier ist der Wanderer ein Beobachter, der außerhalb der Natur steht und vorbeischaut. Auf daoistischen Bergen ist der Wanderer Teil der Natur und in die Geschichte von dem Platz verwickelt. Hier liegt der Schwerpunkt auf Meditation und auf Staunen, nicht so sehr über die Natur, sondern darüber, was hier vorher geschehen ist. Auf daoistischen Bergen kollidieren Zeit und Raum miteinander und tragen den Wanderer mit sich fort.

Der Tai Shan wird sehr stark besucht. An einem Sommertag kann der Andrang enorm sein. Aber wenn man ihn außerhalb der Saison besteigt oder am frühen Morgen vor Tagesanbruch oder sogar am späten Nachmittag, so daß der Abstieg im Dunkeln erfolgt, gehört der Berg Ihnen und umfaßt Sie in einer überaus besonderen Weise.

Der Ausgangspunkt der Wanderung ist die Pilgerstadt Tai An. Hier sammeln sich Pilger seit mindestens 3 000 Jahren. Hierher kam der Kaiser, um sein himmlisches Gegenstück anzubeten, den Kaiser des Ostgipfels. Dieser bedeutende Gott bestimmt über das Schicksal von Millionen und herrscht entweder als der Regent des Jadekaisers oder gilt in einigen Fällen als identisch mit dem Jadekaiser.

Tai An ist voller faszinierender Tempel und Schreine, aber das Hauptmeisterwerk ist der Tempel des Tai Shan, der Dai Miao. Dieser daoistische Tempel nimmt ein sehr großes Gelände ein und machte früher ein Viertel der gesamten Stadt Tai An aus.

Vor dem Haupttor befindet sich eine kleine Tempelanlage, die Yao Can Ting genannt wird, was »Pavillon für Grüße von weit entfernt« bedeutet. Sie wurde zum Tempel der Prinzessin der Azurblauen Wolken, der ursprünglichen Muttergöttin des Berges. Diese kleine, kompakte Anlage wurde in der Ming-Dynastie errichtet und seitdem viele Male restauriert. Vor der Anlage steht dicht bei der Straße der »Bogen der Grüße von weit entfernt«.

Hinter dem Yao Can Ting befindet sich der elegante Bogen des Ostgipfels, denn der Tai Shan ist in der chinesischen Kosmologie der Ostgipfel; die anderen vier daoistischen Berge stellen Westen, Süden, Norden und Zentrum dar – was bei jedem Berg erläutert wird. Der Bogen stammt aus dem Jahre 1672 und ist ein Meisterwerk dieser als *pailou* bekannten Bogenform.

In die Tempelanlage führen drei Tore, die für Tempel auf ziemlich ungewöhnliche Weise in die Umfassungsmauer eingesetzt sind. Sie sehen eher aus wie die Tore einer Befestigung. Das mittlere heißt das »Große *yang*-Tor« oder »Tor des Ursprungs Süden«. *Yang* als Begriff in der chinesischen Kosmologie bedeutet die sonnige oder südliche Seite eines Berges. Daher der Name des Tors. Links neben ihm befindet sich das »Tor, das die Größe erkennt« und rechts das »Tor, das die Höhe bewundert«.

Es gibt hier seit mindestens 2 000 Jahren einen Tempel. Der erste aufgezeichnete Besuch eines Kaisers fand 219 v. Chr. statt, und ich würde zu vermuten wagen, daß bereits vor dieser Zeit eine Art Tempel hier stand, da alle mythologischen Beweise darauf hindeuten, daß der Berg in der Religion und Kultur des shang- und zhou-zeitlichen Chinas eine noch größere Schlüsselrolle spielte. Wie dem auch sei, die heutige Anlage stammt aus der Tang-Dynastie und wurde in hohem Maße um- und wieder aufgebaut, ganz zu schweigen davon, daß sie nicht mehr die angeblich 813 Gebäude besitzt, die sie laut Aufzeichnungen im Jahr 1122 noch hatte.

Wenn man die Tempelanlage betreten hat, gelangt man in einen weitläufigen bepflanzten Hof, in dem zahllose Stelen stehen. Zwei bedeutende Stelen dominieren die linke und die rechte Seite. Die links stehende Stele aus dem Jahr 1013 gedenkt des vom Song-Kaiser Zhen Zong erlassenen Edikts und preist die Erhebung des Gottes des Tai Shan in den Rang des Kaisers, »dem Himmel, Guten und Göttlichen ebenbürtig«. Die rechte, im Jahr 1124 hergestellte Stele, die mit lediglich vier großen Zeichen die Restaurierung des Tempel festhält, ruft alle zukünftigen Generationen auf, das Vollbrachte zu beachten.

Das Tor/der Hallentempel in der Mitte des Hofes ist dem Tai Shan in seiner Rolle als Himmel und Erde miteinander verbindende Säule gewidmet. Es wird Pei Tian Men genannt, was das »Tor der Vereinigung mit dem Himmel« bedeutet. Das geht auf seine Funktion in der schamanistischen Kultur und seine Funktion in kaiserlichen Ritualen zurück, als die Kaiser kamen, um ihrer Mutter, der Himmelsmutter, der Göttin des Tai Shan, besondere Opfer darzubringen.

Rechts von dem Tor liegt ein Nebenhof mit unzähligen faszinierenden Stelen und sechs uralten immergrünen Pflanzen, die Kaiser Wu 110 v.Chr. eingepflanzt haben soll. Alt sind sie zweifellos. Geht man in diesem Nebenhof weiter nördlich, gelangt man zum Tempel Dong Yu Zuo. Von Bedeutung ist hier ein kleines glasbedecktes Stelenfragment. Das ist alles, was von der ältesten Stele auf dem Tai Shan übriggeblieben ist, die im Tempel der Prinzessin der Azurblauen Wolken gestanden hatte, bis dieser 1740 dem Feuer zum Opfer fiel. Die aus dem Jahr 209 v. Chr. stammende

Stele trägt zehn Schriftzeichen. Bei der Inschrift handelt es sich um den Hilferuf eines Ministers aus der Qin-Dynastie, kurz bevor diese zugrunde ging.

Kehrt man in den Haupthof zurück und passiert das Pei Tian Men und dann das nächste Tor, das »Tor der Wohlwollenden Harmonie«, gelangt man in einen weiteren bepflanzten Hof. Das war der Hof des Tai Shan als Höllengott – nach ihm ist noch immer der König der siebenten Hölle benannt (siehe »Götter und Göttinnen«). Hier waren Sitze für die 75 Höllenrichter, die, wie man glaubte, ein Urteil über jede Seele fällten. Das geht auf die alte Funktion des Tai Shan als der Ort zurück, an den die Seelen der Verstorbenen zurückkehrten. Der Hof ist voller prachtvoller und historischer Stelen, von einer tang-zeitlichen buddhistischen Sutra-Säule bis zu Gedenktafeln mit kaiserlichen Edikten und Gedichten.

Jetzt stehen wir vor der Haupthalle des Komplexes, dem Tian Kuang Dian – Tempel der Himmlischen Gabe. Dieses phantastische Bauwerk beherbergt den kostbarsten Schatz des Dai Miao, das monumentale Fresko, das den Gott des Tai Shan als Kaiser darstellt, wie er, von einer großen Schar von Gottheiten begleitet, den Berg besteigt. Dieses in der Song-Dynastie (960 – 1280 n. Chr.) entstandene, aber in der Folge viele Male übermalte Fresko ist ein bedeutender Kunstschatz Chinas und gilt neben den Yong Le Gong-Malereien als eine anschauliche Schilderung der daoistischen Gottesvorstellung zu der Zeit – im Grunde nicht nur der daoistischen, sondern auch der konfuzianischen Gottesvorstellung. Die Fresken erstrecken sich links und rechts von der Hauptstatue, bei der es sich natürlich um den Gott des Tai Shan handelt, der wie ein Kaiser gekleidet ist. Die einzigen anderen Statuen, die diesen seltsamen flachen Hut mit den vorne herabhängenden Perlenschnüren tragen, sind der Jadekaiser und der Kaiser des Ostgipfels – der natürlich Tai Shan selbst ist.

Die Fresken zeigen, wie Tai Shan seinen Palast, den Dai Miao, verläßt und von verschiedenen Gottheiten verabschiedet wird. Seine Reise den Berg hinauf ist wunderschön dargestellt, mit Göttern und Göttinnen, göttlichen Bürokraten und Verwaltungsbeamten, die ihn begleiten oder in verschiedenen Etappen willkommen heißen. Die Szene von seiner Ankunft auf dem Gipfel ist ein Fest von Farben, Göttern und Lebendigkeit. Seine Rückkehr ist ein leichter Abstieg mit den lokalen Göttern in seiner Begleitung. Es ist eine großartige Darstellung dessen, wie die Pilger vor alters ihre Reise den Tai Shan hinauf erlebten. Sie fühlten sich und viele fühlen sich tatsächlich noch immer von Gottheiten umgeben, die sie an jeder Krümmung des Weges und an jedem Schrein grüßen und auf den Gipfel begleiten. Als ich den Tai Shan bestieg, konnte ich nicht umhin, ihre Gegenwart zu spüren, eine Gegenwart, die lärmend und zugleich göttlich war!

Vor der Statue von Tai Shan dem Kaiser stehen fünf Ritualgefäße, von denen jedes einen der fünf heiligen Berge des Daoismus symbolisiert. Sie stammen aus der Ming- und der Qing-Dynastie und wurden bei den kaiserlichen Opferzeremonien verwendet, die hier unmittelbar bis zum Untergang der letzten Dynastie vollzogen wurden.

Hinter dem Tian Kuang Dian steht ein kleiner Tempel, der der Gattin des Tai Shan-Kaisers gewidmet ist, bekannt als der Zhing Qin Gong – Tempel des Schlafzimmers. Hier befindet sie sich mit ihrem Gemahl und ihrem Gefolge. Ein nettes Beispiel für konfuzianische Domestizierung! Die frühesten Mythen sprechen davon, daß der Gott und die Göttin des Tai Shan einander ebenbürtig sind – schamanistische Figuren, die gemeinsam das Leben erschaffen und formen. Auf dem Berg hält sie noch immer ihre Position als überaus besondere und mächtige Göttin inne, was tatsächlich durch ein kaiserliches Ritual bestätigt wird. Aber durch die konfuzianische Umschreibung der Mythologie wurden die alten Mythen oft der neuen Orthodoxie (ca. 220 v.Chr.) angepaßt, nach der die Frauen den Männern in der angeordneten Hierarchie des Lebens zu dienen haben. Daher dieses Schlafzimmer der Göttin.

Schließlich erreicht man das Tor, das zu dem Wanderweg – dem Pan Lu, der »breiten Straße zum Himmel« – führt. Und jetzt kann der 7 000 Schritte umfassende Aufstieg zum Tai Shan beginnen, obgleich man während der ersten paar Kilometer das moderne Tai An, Karaoke-Bars und dergleichen ertragen muß.

Nach dem Verlassen des Dai Miao ist das erste Kennzeichen dafür, daß man sich auf dem Pilgerweg befindet, der große Bogen Dai Zong Fang, der 1956 nicht so hervorragend restauriert, aber ursprünglich 1730 in dieser Ausführung errichtet wurde. Der Platz um diesen Bogen herum umfaßt über zehn Tempel, von denen einige in Trümmern liegen oder zu anderen Zwecken verwendet werden. Einer der Schlüsseltempel, der etwas weiter weg rechter Hand liegt, ist der Lao Jun Tang, die Halle des Lao Jun, einer von Lao Zis Titeln. Daß er hier auftaucht, ist kein Zufall. Als der Daoismus den Schamanismus ablöste, war es wichtig, die Stätte mit daoistischen Bezeichnungen zu legalisieren. Als eine Maßnahme dazu bot es sich an, gleich zu Beginn einen Tempel des Lao Zi zu haben. Es heißt, daß einer der beiden Schüler neben ihm in der Haupthalle Guan Yin ist, der Torwächter des Westlichen Passes, dem Lao Zi das *Dao De Jing* überreichte. Er ist nicht mit dem Bodhisattva Guan Yin zu verwechseln. Falls es wirklich Guan Yin ist, dann ist es eine der sehr wenigen Statuen von ihm, die ich jemals in einem Tempel in China gesehen habe.

Von hier führt der Weg den Wanderer auf eine Reise, deren Wurzeln auf den uralten Schamanismus des Berges zurückgehen, der ungefähr alle wichtigen daoistischen und einige buddhistische Gottheiten um sich schart. So liegt weiter östlich vom Weg ein Gebäudekomplex, der dem beliebtesten der Acht Unsterblichen, Lu Dong Bin, gewidmet ist. Dazu gehören eine Höhle, in der er gelebt haben soll, und eine Höhle von einem seiner Gefährten, dem hornlosen Drachen – Qiu Xian Dong – den Lu Dong Bin mittels Magie mit einem Horn versah.

Am Anfang des Weges liegt auf der rechten Seite der Wang Mu Chi, der Teich der Königinmutter. Das ist die Königinmutter des Westens, die mächtigste Göttin im Daoismus und eine würdige Nachfolgerin, oder wahrscheinlicher, Zeitgenossin der Göttin des Tai Shan, die heute als Prinzessin der azurblauen Wolken bezeichnet wird. Die Königinmutter des Westens ist eine schamanistische Gottheit, die dieselbe Funktion im Himmel ausübt wie zuvor die Göttin des Tai Shan (s. S. 367). Die Stätte ist ein kleines Nonnenkloster, das auf das 3. bis 4. Jh. n. Chr. zurückzugehen scheint. Das wäre für ein daoistisches Kloster wirklich sehr früh, und vielleicht wurde diese Stätte tatsächlich von einer Gruppe von Schamaninnen bewohnt.

Den Weg weiter hinauf, aber vor dem Ersten Himmelstor, liegt der Tempel für Guan Di, den Gott des Krieges und des Reichtums.

Unmittelbar hinter dem Ersten Himmelstor, Yi Tian Men, befindet sich ein mit fünf Schriftzeichen versehener Stein, die besagen: »Von hier bestieg Kong den Berg.« Diese Inschrift bezieht sich auf Kong Fu Zi, der nach der Besteigung des Berges ausrief, daß er fände, nicht nur das Königreich Lu (das umliegende Königreich zu seiner Zeit) sähe vom Gipfel aus klein aus, sondern das ganze Reich. Das scheint ein Versuch zu sein, zum Ausdruck zu bringen, daß selbst Kong aufgrund seiner Erfahrung auf dem Tai Shan feststellte, daß die physische Welt durch die spirituelle Welt in die richtige Perspektive gerückt wird. Diese Äußerung spiegelt die schamanistische Zwei-Welten-Anschauung recht treffend wider, obgleich jeder gute Konfuzianer entsetzt darüber wäre, so etwas zu hören!

Etwas weiter hinauf liegen zwei Tempel links und rechts vom Weg. Auf der einen Seite befindet sich die Halle zum Kleiderwechseln, wo die Beamten in bequemere Kleidung für die eigentliche Bergbesteigung schlüpfen konnten, da sie bei den Ritualen am Fuße des Berges offizielle Zeremoniengewänder tragen mußten. Auf der anderen Seite finden wir ein klassisches Beispiel dafür, wie Religionen in China nebeneinander existieren. Im Hong Men Gong, Palast des Roten Tores, wird die Prinzessin der Azurblauen Wolken zusammen mit Amitabha Buddha, dem Buddha des Westlichen Paradieses, angebetet. Es ist ein klassisches Beispiel für eine schamanistische Gottheit, die in eine daoistische umgewandelt und von den Konfuzianern gewisser Eigenschaften entkleidet wurde und zusammen mit dem wichtigsten Erlöser-Buddha verehrt wird. Alle Aspekte der chinesischen Religion in einem einzigen Tempel!

Weiter bergan durch einen weiteren Bogen gelangt man zum Bai Luo Zhong, Grab des Weißen Maultiers. 726 n. Chr. hatte dieses Maultier den Tang-Kaiser Xuan Zong den Berg hinauf und wieder hinunter getragen. Nach Erfüllung seiner Aufgabe starb es auf dem Rückweg an dieser Stelle. Der Kaiser beförderte es unverzüglich zum General (eine Verhaltensweise, zu der Kaiser gegenüber natürlichen Gegenständen und Tieren auf heiligen Bergen neigen – siehe weiter den Tai Shan hinauf) und ordnete eine feierliche Beerdigung für das Tier an, die eines Generals würdig war. Ein Stück hinauf erhebt sich ein seltsamer Turm über den Weg, in jeder Hinsicht einer Pagode gleich. Das ist der 1620 errichtete Turm der Unzähligen Geister, Wan Xian Lou. Hier fangen wir an zu sehen, was von jetzt an ein unaufhörlicher Bestandteil des Weges sein wird: auf die Wände angebrachte und in den Fels geritzte Gedichte, zusammen mit zwei, drei, vier oder mehr Sätzen, die den Kern einer bestimmten Stelle einfangen oder an einen Vorfall, der sich hier ereignet hat, erinnern sollen.

Es folgt eine Skulptur in sozialistisch-realistischem Stil zum Gedenken an die Märtyrer des Befreiungskampfes. Das ist der kommunistische Beitrag zum Berg. Als Mao Ze Dong ihn bestieg, betrachtete er den Sonnenaufgang, wie andere es seit Jahrtausenden tun, und ließ die ziemlich offensichtliche Bemerkung fallen, daß bei Tagesanbruch der Osten rot sei. Als eine Beobachtung von überragender Tiefgründigkeit ausgelegt, wurde dieser Ausspruch der Titel eines der berühmtesten Lieder der Kulturrevolution.

Dann erreichen wir das leider leerstehende Nonnenkloster Dau Mu Gong, den Palast der Mutter des Scheffels (s. S. 161). Diese bedeutende kosmische Göttin des Daoismus, Mutter des Jadekaisers und selbst Göttin eines Sternbildes im Großen Bären, ist eine der uralten Göttinnen Chinas. Der Tempel wurde in den 1530er Jahren wieder aufgebaut und kürzlich restauriert. Die zweite Halle beherbergte früher die Mutter und die sie begleitenden Sterne und Gottheiten (wie zum Beispiel die Königinmutter des Westens und die Erdgöttin). In der dritten Halle wurde die Prinzessin der Azurblauen Wolken angebetet. Somit kamen in diesem einen Tempel unter der schutzgewährenden Aufsicht daoistischer Nonnen die drei großen Göttinnen des Schamanismus aus eigenem Recht zusammen.

Vom Dau Mu Gong führt ein Weg nach rechts, der sich in das Tal hinunterschlängelt und dann wieder aufsteigt, um den Pilger zu einem außergewöhnlichen Fels zu bringen. Der ganze Text des Diamantsutra (zugebenerweise kein sehr langes Sutra) ist in die Bergseite eingemeißelt. Die Inschrift ist ungefähr im Jahre 580 n. Chr. entstanden, wurde aber seitdem oft ergänzt und erneut eingraviert. Um dafür zu sorgen, daß der Buddhismus sich nicht selbst für allzu wichtig hielt, hat ein konfuzianischer Gelehrter aus der Ming-Dynatie (1368 – 1644 n. Chr.) ein Zitat aus dem konfuzianischen Klassiker, *Der Weg der Mitte*, unter das Sutra hinzugefügt.

Buddhismus und Konfuzianismus kamen miteinander nicht gut aus. Die Konfuzianer mißtrauten den Buddhisten, weil sie Ausländer waren und das Mönchtum propagierten. Das bedeutet, seine Eltern zu verlassen, keine Kinder zu haben und Teil einer anderen Art von Familie zu werden. Und das alles war den Konfuzianern ein Greuel. Zudem verspotteten sie die buddhistische Vorstellung von Reinkarnation. Reinkarnation war in China unbekannt, bis die Buddhisten kamen. Davor lehrten Daoismus und Konfuzianismus, daß die Ahnen ihre Existenz in einer Art Schattenwelt fortsetzen würden. Als Daoismus und Konfuzianismus ihre eigene Feindschaft gegeneinander überwinden konnten, verbündeten sie sich als wahre chinesische Religionen gegen die ausländischen Religionen Buddhismus, Manichäismus und Christentum. Aber es war der Buddhismus, den sie beide nicht leiden konnten und am meisten fürchteten. Doch ironischerweise kann ein Großteil der heute ausgeübten daoistischen Praxis auf buddhistische Einflüsse zurückgeführt werden – klösterliches Leben, Schriften und sogar Rituale – , während der Chan-Buddhismus der daoistischen Theorie und Praxis mehr verdankt als dem traditionellen Buddhismus.

Als nächstes gelangt man zum San Guan Miao. Dieser Tempel ist den Drei Urhebern, Himmel, Erde und Wasser, gewidmet. Aber ursprünglich wurde er errichtet, um Qin Shi Huang Di nach seiner Besteigung zu huldigen. Er muß sehr bald nach seinem Besuch gebaut worden sein, denn seine Dynastie ging nur drei Jahre nach seinem Tod zugrunde, und er war nicht gerade sehr beliebt! Eine uralte Stätte, aber ein jüngerer Tempel.

Dann erreicht man einen Felsen, der Hui Ma Ling, »Wo Pferde umkehren«, genannt wird. An dieser Stelle könnte man mit ihnen übereinstimmen! Sie beziehen sich entweder auf die Pferde, die den Kaiser Xuan Zong (reg. 713 – 756 n. Chr.) oder den Kaiser Zhen Zong (reg. 998 – 1023 n. Chr.)

den Hügel hinauftrugen. Auch der Bogengang über der Straße erinnert an dieses Ereignis.

Nach einem sehr steilen Wegabschnitt passiert man das Zhong Tian Men, das Zweite Himmelstor, und jetzt weiß man, daß man mehr als die Hälfte des Weges zurückgelegt hat, aber der schwierigste Teil liegt noch vor einem. Wie zum Ausgleich dafür steht hier ein kleiner Tempel, Zeng Fu Miao, der Tempel des Glücks, genannt, in dem ein Diener von Tai Shan, der dafür zuständig ist, Glück in das Leben der Menschen zu bringen, residieren soll.

Auf allen heiligen Bergen sind natürliche Besonderheiten, die wie Schnitzereien aussehen, hochgeschätzt, und um sie ranken sich unzählige Legenden. In der Nähe des Zweiten Himmelstores ist ein Fels, der aufgrund seiner Farbmuster wie ein Tiger aussieht. Das einzelne Zeichen für »Tiger« meißelte der berühmte Kalligraph Wu Da Hui im 18. Jh. auf ihn. Ein Stück weiter befinden sich die »Gewundene Drachenbrücke« und der als »Das Schwert, das die Wolken durchschneidet« bekannte Fels.

Von hier hat man eine gute Sicht auf die gewaltigen gemeißelten Gedichte des Kaisers Qian Long (reg. 1736 – 1796 n. Chr.), die die gegenüberliegende Seite des Bergfelsens bedecken. Die Gedichte preisen den Tai Shan und den Kaiser selbst auf eine auffallend ähnliche Weise! Obwohl die Schriftzeichen fast einen Meter breit sind, ist es nicht einfach, sie von einer anderen Stelle auf dem Weg zu lesen, es sei denn, man hat sehr gute Augen.

Nachdem man die Yun Bu Qiao, die Brücke über den Wolken, überquert hat, gelangt man zu einer dieser köstlichen Geschichten, von denen die heiligen Berge voll sind. Hier liegt der Wu Song Ting, Pavillon der Fünf Kiefern, der 1956 ziemlich unbeholfen restauriert wurde. Weiter weg wachsen – was recht verwirrend ist – drei Kiefern, und bei der konkreten Geschichte geht es um eine Kiefer! Denn hier hielt der Erste Kaiser Qin Shi Huang Di bei seiner Bestei-

gung des Tai Shan im Jahr 219 v. Chr. an. Er war sehr dar-
auf bedacht, den Segen des Tai Shan als Bestätigung seines
Titels als Himmelssohn und als Teil seines Strebens nach
Unsterblichkeit zu empfangen. Während seines Aufstiegs
brach ein heftiges Unwetter aus, was von der Zeit an als ein
Zeichen für das Mißfallen des Gottes und der Göttin des Tai
Shan ausgelegt wird, und er mußte sich unter einer großen
Kiefer unterstellen. In seiner überschwenglichen Dankbar-
keit ernannte er die hilfreiche Kiefer zum Beamten des fünf-
ten Ranges in seiner Regierung. Das bedeutete, daß der
Baum mit enormem Respekt zu behandeln war. Eine gewis-
se Verwirrung im Laufe der vergangenen 2200 Jahre führte
dazu, daß der Name der Stätte von »Kiefer des Fünften
Ranges« in »Fünf Kiefern« geändert wurde. Dieser Platz genießt bei Besuchern große Beliebtheit, die sich unter den
Kiefern ausruhen.

In der Nähe der »Fünf Kiefern« befindet sich ein seltsamer Höhlenschrein. Direkt neben dem Hauptweg angelegt,
ist er der Großmutter des Tai Shan, der ursprünglichen Göttin des Berges, gewidmet. Der Schrein liegt im Innern eines
riesigen Findlings, in dem ein kleiner Anbetungsbereich
ausgehöhlt wurde. Es sind nur ein paar sehr alte Steinstatu-
en vorhanden, auf die sich im Laufe der Jahrhunderte eine
Schicht von Weihrauchruß gelegt hat, so daß sie ohne klar
erkennbare Züge sind. Hierhin kommen Frauen, um von
dieser alten Göttin Hilfe zu erbitten. Diese Stätte ist eine
machtvolle Erinnerung daran, daß der Daoismus nur ein
jüngerer Ankömmling auf diesem Berg ist und ältere Traditionen, die in den Daoismus hineingeflossen sind, noch immer bis auf den heutigen Tag die Kraft haben, zu existieren
und Einfluß auszuüben.

Die nächste Stätte, das Südliche Himmelstor, kündigt das
nahe Ende an. Direkt in seinem Innern stehen drei Statuen,
die nicht ohne Bedeutung sind. Im zentralen Schrein befindet sich der Gott des Tai Shan. Er wird flankiert von Guan

Yin, dem Bodhisattva des Mitgefühls, zu seiner Rechten und von der Göttin des Tai Shan zu seiner Linken, hier bekannt mit Namen wie die Großmutter des Tai Shan und die Prinzessin der azurblauen Wolken. Es ist eine interessante Trinität insofern, daß die Frauen den Männern zahlenmäßig überlegen sind. Wieder wird man gewaltsam daran erinnert, daß der Berg seit langem ein Zentrum für die Anbetung von Göttinnen und Göttern ist, wobei ungeachtet des über zweitausendjährigen konfuzianischen Paternalismus der Schwerpunkt eher auf den Göttinnen liegt.

Von der Götter-Triade weiter den Berg hinauf wurde ich von der Himmlischen Straße überrascht – eine qing-zeitliche chinesische Handelsstraße aus dem 17. Jh., fast 2 500 m hoch auf einem heiligen Berg angelegt! Es ist ungefähr so, als würde man auf dem Gipfel des Snowdon einige Fachwerkhäuser, die eine Straße bilden, oder hoch oben auf den Rockies eine Reihe georgianischer Häuser aus Georgetown vorfinden!

Verläßt man die Himmlische Straße mit ihren Geschäften, Restaurants und Bars, gelangt man zu der Höhle der Weißen Wolke, Bai Yun Dong, aus der, wie es heißt, die regenbringenden Wolken Chinas kommen. Dem Höhleneingang scheinen tatsächlich Wolken zu entweichen, ein natürliches Phänomen infolge der Temperaturschwankungen und des Winkels und der Form der Wolken. In konfuzianischen Kommentaren aus dem 3. Jh. v. Chr. finden sich die ersten Bemerkungen über dieses Phänomen.

Neben der Höhle erhebt sich der Gipfel, von dem man Wu (Wu Guan Feng) sehen kann. Dieser Gipfel wird mit einer anderen Geschichte über Kong Fu Zi und seine Ersteigung des Tai Shan in Verbindung gebracht. Es heißt, daß Kong ein weißes Pferd erspähte, das am Tor der Hauptstadt des Staates Wu – mindestens 500 Meilen entfernt – angebunden war! Er fragte seinen Schüler Yan Yuan, ob er es auch sehen könnte. Yan Yuan antwortete, er glaube, neben dem Tor ein Stück Seide flattern zu sehen. Kong berührte seine Augen, worauf der Schüler deutlich sehen konnte. Jedoch erwies sich die Anstrengung als zu groß, denn als sie den Berg hinunterstiegen, ergrauten Yan Yuans Haare, seine Zähne fielen aus, und kurz darauf atmete er sein Leben aus. Aber was diese Geschichte nun eigentlich aussagen soll, scheint niemand zu wissen und auch nicht zu interessieren! Aber bis auf den heutigen Tag trifft man auf Besucher, die von dieser Stelle angestrengt in die Ferne starren.

Der Haupttempel ist der ursprünglichen oder ersten Prinzessin der Azurblauen Wolken gewidmet. Dieser wunderschöne daoistische Tempelkomplex, klein, kompakt und mit einer Mauer versehen, ist ein Prachtstück und stellt einen friedlichen und meditativen Platz bereit, gleich nachdem man den Gipfel erreicht hat. Hierhin gehen die Pilger zuerst, und hier verweilen sie auch am längsten und nicht im Tempel auf der höchsten Erhebung, dem Tempel des Jadekaisers. Der Tempel der Prinzessin in seinem heutigen Zustand stammt aus der frühen Qing-Zeit, ist aber sehr viel älter. Legenden erzählen, daß beim Besuch des dritten Song-Kaisers Zhen Zong (reg. 997 – 1022 n. Chr.) eine Steinstatue von der Göttin in einem Brunnen gefunden wurde, in dem sie 1 000 Jahre zuvor verlorengegangen war. Diese Stätte ist wirklich sehr alt.

Vom schönen Tempel der Prinzessin führt der Weg weiter an der »Stele ohne Worte« vorbei, die so alt ist, daß die Inschrift verwittert ist. Der Überlieferung zufolge wurde sie von Qin Shi Huang Di im Jahre 219 v.Chr. errichtet. Das könnte zutreffen, und archäologischen Untersuchungen zufolge entstand sie mit Sicherheit in der Östlichen Han-Zeit (ca. 23 – 187 n. Chr.), wenn nicht früher. Dadurch wird eine andere Geschichte über diese Stele hinfällig, die mir ein ziemlich verrufen aussehender »Führer« erzählte, daß nämlich der Dichter, der sie auf den Berg geschafft hatte, um sie mit seinen beflügelten Gedanken versehen zu können, von der Schönheit des Platzes derart überwältigt wurde, daß es ihm die Sprache verschlug und er die Stele unbearbeitet zurückließ.

Hinter der Stele erhebt sich der recht schlichte Tempel des Jadekaisers, Yu Huang Ding, und in seinem Inneren befindet sich der eigentliche Gipfel des Berges, auf den die zwei Zeichen »Höchster Gipfel« eingemeißelt sind, für den Fall, daß man sich nicht sicher ist. Die prachtvolle Statue des Jadekaisers zeigt ihn in voller kaiserlicher Tracht.

Direkt unterhalb des Tempels der ersten Prinzessin der Azurblauen Wolken liegt ein kleiner Tempel für Konfuzius, der wohl früher ein daoistischer Tempel war und im 17. Jh. von den Konfuzianern übernommen wurde. Hier befindet sich die Terrasse, von der die Sterne beobachtet wurden – siehe die frühesten Sternwarten auf dem Song Shan.

Heute müssen der Tempel und die Gottheiten den Berggipfel mit der Armee und verschiedenen Wetterstationen teilen. Trotzdem scheint sich ein funktionsfähiges Gleichgewicht zwischen den daoistischen Mönchen und der Armee herausgebildet zu haben. Aufgrund ihrer strategischen Bedeutung sind viele heilige Berge inzwischen Militärgebiet. Die Daoisten sind darüber nicht glücklich. Sie ärgern sich über das Eindringen der Armee und die damit einhergehende Gewalt. Aber da sie die Kontrolle über das Land um ihre Tempel herum verloren haben, sind sie gegenwärtig machtlos, und es bleibt ihnen nichts anderes übrig, als die Situation mit einem Lächeln zu ertragen.

Schließlich ist der beliebteste Platz für viele Besucher, die den Berg während der Nacht mühsam erklommen haben, der Fels, von dem man einen atemberaubenden Sonnenaufgang erleben kann. Hier boten einst die Kaiser die *feng*-Opfer dar, eine überaus verfeinerte Version der Opferungen für den Himmel, die alljährlich im Himmelstempel (derjenige in Beijing ist nur der jüngste in der jüngsten Hauptstadt) in der kaiserlichen Hauptstadt stattfanden.

Wieder in Tai An angelangt, ist es angemessen, den letzten großen Tempelkomplex in der Gegend zu besuchen, den Tempel des Bronzenen Pavillon oder den Tempel der Göttlichen Erfüllung. Er liegt ungefähr südwestlich vom Zentrum der Stadt auf dem Hao Li Shan, dem Eingang zum Jenseits, wohin die Seelen der Verstorbenen zurückgekehrt sein sollen. Der Tempel ist der Prinzessin der Azurblauen Wolken gewidmet und wird von einer großen Statue dieser Göttin dominiert. Auch hier hallt die alte Überlieferung wider, daß sie alle Menschen aus Erde erschuf und sie zu ihr zurückkehren. Der Tempel, wie er heute dasteht, wurde 1611 gebaut und wird zur Zeit restauriert. Auf dem Hügel fand das *shan*-Opfer für die Erde statt, die Ergänzung des *feng*-Opfers auf dem Gipfel. Diese höchst besonderen Rituale wurden sehr selten abgehalten. So wurde beispielsweise die *shan*-Opferung 104 v. Chr., 666 n. Chr., 725 n. Chr. und 1008 n. Chr. vollzogen.

Der nahegelegene Sen Luo Dian zelebriert die Höllenkönige und den Großen Chronisten. Hier wird das vollständige Drama dessen, was den Sünder im Leben nach dem Tod erwartet, in Szene gesetzt.

### Song Shan

Der chinesischen Kosmologie zufolge ist der Song Shan der Berg der Mitte. In der Provinz Henan gelegen, befand er sich ziemlich genau im Zentrum des alten Chinas, denn die ältesten Hauptstädte Anyang, Kaifeng und Luoyang liegen nicht weit entfernt. Mit einer Höhe von nur 1440 m ist der Song Shan ein eher unauffälliger Berg, der sich vielmehr unregelmäßig ausbreitet, anstatt emporzustreben, auch wenn er im Innersten ein Platz von herumwirbelnden Wolken und zerklüfteten Gipfeln ist.

Der Song Shan ist die höchste Erhebung der Funiu-Gebirgskette, und dieser Name allein sagt viel über das Alter dieser Gegend aus. Funiu bedeutet »den Ochsen zähmen«

und ist einer von Fu Zis Namen, der halb schlangenartigen, halb menschlichen schamanistischen Figur zu Beginn der legendären chinesischen Geschichte, der mit seiner Schwester alles Leben auf Erden erschaffen haben soll. Hier hallt die gleiche Art von Mythos wie auf dem Tai Shan wider, der Ort zu sein, an dem das Leben entstand.

Der eher ausgestreckt daliegende und nicht hoch aufragende Berg hat sehr viele verschiedene Gipfel, alles in allem 70, aber zwei von ihnen, der Tai Shi- und der Shao Shi-Gipfel, dominieren. Die Namen bedeuten »Große Halle« und »Kleine Halle« und beziehen sich auf die mit ihnen assoziierten Tempel. Aber sie haben auch romantischere Bezeichnungen und sind ebenfalls als Hei Feng, Schwarzer Gipfel, und Yu Tai Shan, Jadegürtelgipfel, bekannt. Der Dichter Fu Mei aus der Ming-Dynastie beschrieb sie folgendermaßen:

Der Tai Shi ist wie ein schlafender Drache,
der Shao Shi ähnelt einem tanzenden Phönix.

Die Gegend um den Song Shan herum ist genauso bedeutsam wie die Plätze auf ihm selbst, denn hier, so drückt es die alte Überlieferung aus, existieren die drei Religionen auf höchst besondere Weise nebeneinander. Eine alte Redensart lautet:

Buddhismus, Daoismus und Konfuzianismus existieren nebeneinander auf dem Song Shan, und zehntausend Tugenden verschmelzen in eine.

Das ganze Gebiet um den Song Shan spielt in der altchinesischen Geschichte eine derart zentrale Rolle, daß man von der Vielfältigkeit überwältigt wird. Zum Beispiel erhebt sich der große pyramidenförmige Grabhügel des Sohnes des ersten Tang-Kaisers (ca. 630 n. Chr.) bei der Stadt Gong Ling auf dem Weg von Gong Xian zum Berg.

Deng Feng, für die meisten Besucher der Ausgangspunkt der Bergbesteigung, bedeutet der Ort, an dem das *feng*-Opfer dargebracht wurde. Dieses ausschließlich von Kaisern vollzogene Opfer wurde hier von Chinas einzigem weiblichen Herrscher, der Kaiserin Wu (der Kaiserinwitwe aus dem 19. Jh., die im Namen ihrer verschiedenen Söhne und Enkelsöhne, aber nicht im eigenen herrschte), dargebracht. Kaiserin Wu kam 695 n. Chr. für das *feng*-Opfer hierher, worauf die Stadt diesen Namen annahm.

Nordwestlich von Deng Feng liegt das berühmte Shao Lin Si, das von Bodhidharma gegründete Kloster, dem Mönch, der den Chan-(Zen-)Buddhismus nach China brachte. Zum Kloster gehört auch die berühmte Shao Lin-Kampfsportschule, an die man beim Näherkommen unentwegt erinnert wird. Die buddhistischen Shao Lin-Mönche waren meisterhafte Kämpfer und entwickelten einen Großteil von dem, was wir heute für chinesische Kampfkünste halten. Heute bieten mehrere Schulen in der Nähe des Klosters diese Art von Training an, und die Mönche in diesem blühenden Klosterzentrum unterrichten noch immer Kampfkünste (s. S. 142).

Ganz in der Nähe von Shao Lin und auf der anderen Seite des Pagodenwaldes liegen ungefähr 230 Grabhügel und stupaförmige Pagoden für Mönche des Klosters, die von der Tang-Dynastie (609 n. Chr.) an datieren, und ein sehr alter Tempel. Dieser Tempel, Chu Zu An genannt, was »Kloster des Ersten Ahnen« bedeutet, ist das älteste Holzgebäude in Henan und entstand im Jahre 1125 n. Chr. Die Erwähnung des Ersten Ahnen erinnert uns daran, daß der Song Shan mit ungefähr jeder einzelnen mythologischen und historischen Figur aus der altchinesischen Geschichte assoziiert wird. Der hier erwähnte Erste Ahn scheint der Kulturbringer Fu Zi zu sein. Jedoch wird dieser Name zuweilen auch für den Gelben Kaiser, Huang Di, verwendet, den ersten der Fünf Erhabenen Herrscher, halbmythologische Figuren, die im dritten Jahrtausend v. Chr. regierten. Denn in allen ihren historischen und legendären Biographien ist die Rede davon, daß die Großen und die Guten des alten Chinas diesen Berg aufsuchten.

Bei seinen großen Wanderungen in ganz China soll Huang Di durch die Gegend gereist sein. Der nächste Erhabene Herrscher, Yao, starb während eines Besuchs auf dem Song Shan und wurde in Yang Cheng bestattet. Vielleicht markiert diese Stätte die Stelle, an der Shun, der nächste Kaiser, Yu dem Großen befahl, auf dem Song Shan eine Ahnenhalle zu errichten und Reverenz zu erweisen. Diese Vorstellung ist gar nicht so abwegig, denn Yu wird in sehr hohem Maße mit dieser Gegend in Verbindung gebracht, da er die nahegelegenen Berge zerspalten mußte, damit der Gelbe Fluß ungehindert ins Meer fließen konnte. Gegebenenfalls zählt diese Stätte zu den ältesten religiösen Stätten in China, aber es scheint keine Möglichkeit zu geben, das mit Bestimmtheit zu sagen, abgesehen davon, die höchst ungewöhnliche Widmung des Klosters des Ersten Ahnen zu beachten.

Nördlich von Deng Feng liegt das Hui Shan Si, ein bedeutendes buddhistisches Kloster aus dem 5. Jh. n. Chr. und somit ein frühes. Besonders schön sind die Pagode und zwei mit Bodhisattvas verzierte Stelen.

Östlich von Deng Feng befindet sich die berühmte Song Yang-Akademie, Song Yang Shu Yuan. Der Name bedeutet die *yang* (sonniger Süden)-Seite der Song Shan-Akademie. Diese Lehranstalt hat eine faszinierende Geschichte darüber aufzuweisen, wie die drei Religionen auf diesem Berg aufeinander einwirken. 484 n. Chr. wurde sie von dem Nördlichen Wei-Kaiser Xiaowen, einem großen Förderer des Buddhismus, als ein buddhistischer Tempel errichtet. Um 610 n. Chr. herum wurde die Stätte in einen daoistischen Tempel und später in ein daoistisches Kloster umgewandelt. 683 machte der Kaiser sie zu seiner vorübergehenden Resi-

denz und nannte sie den Palast des Befolgens des Himmels-
mandats. Dann wurde sie im Jahre 955 n. Chr. in eine konfuzianische Akademie für die Ausbildung von Gelehrten
und Verwaltungsbeamten für das Kaiserreich umfunktioniert und Tai Yi-Akademie genannt. 1035 erhielt sie schließlich den Namen Song Yang-Akademie und entwickelte sich
zu einer der vier großen Lehranstalten des konfuzianischen
Chinas; die anderen sind die Yue Lu-Akademie, Hunan, die
Bailudong-Akademie, Jiangxi, und die Suiyang-Akademie
in Henan.

Ende des 17. Jhs. erlebte die Akademie ihre größte Zeit,
als sie 200 Schüler zur gleichen Zeit ausbildete. Sie war für
ihre Bibliothek und ihre Lehrer berühmt und ist wahrhaftig
eines der großen Heiligtümer des Konfuzianismus – heute
stumm und leer und nur noch ein Schatten ihres früheren
Selbst.

Heute wird die Akademie in erster Linie wegen zwei Generälen besichtigt, die hier seit dem Besuch von Kaiser Wu
im Jahre 110 v. Chr. leben. Bei den beiden Generälen
– früher waren es drei, einer ist jedoch gestorben – handelt
es sich um gewaltige Zypressen, deren Größe, Umfang und
Lebensdauer enorm sind. Die berühmte tang-zeitliche Stele
von 774 n. Chr., versehen mit einer seltsamen Geschichte
von einem daoistischen Mönch, der das Elixier des Lebens
für den Kaiser zu der Zeit herzustellen versuchte, wurde von
einem niederträchtigen Verräter namens Li Linfu verfaßt.
Wie man es in einem konfuzianischen Tempel erwarten würde, enthält das Grundstück außerdem viele Stelen, die im
Gedenken an die ehemaligen Schüler der Lehranstalt errichtet wurden.

Südöstlich von Deng Feng, am Ausgangspunkt des Aufstiegs zum Berg, steht einer der größten daoistischen Tempel, der Zhong Yue Miao, Tempel des Mittleren oder Zentralen Gipfels. Der Tempel soll zuerst ca. 215 v. Chr. in der
Qing-Dynastie erbaut worden sein. Das ist keineswegs un-

möglich, denn die ältesten Teile des Tempels sind die zwei *que* oder Säulen, die genau südlich vom eigentlichen Tempel stehen. Sie wurden 118 n. Chr. errichtet und bildeten den Eingang zu einem Tempel. Folglich können wir mit Sicherheit sagen, daß hier zu der Zeit ein Tempel existierte, aber wem er gewidmet war und von wem er betrieben wurde, ist unmöglich festzustellen; vermutlich beruhte er auf einer Art von Schamanismus, obgleich die Schamanen um diese Zeit einfach Hofpriester geworden waren. Die *que* sind mit faszinierenden Schnitzereien von frühen legendären Wesen, Gottheiten und Tiermustern verziert. Aufgrund der stellenweise noch immer lesbaren Inschrift ist das genaue Datum bekannt. Sie zählen zu den wichtigsten Kunstgegenständen in China und sind eine unerläßliche Informationsquelle über Glaubensvorstellungen und Bauart zu der Zeit. Es gibt noch zwei andere Sätze *que* aus der Han-Dynastie, und zwar aus dem zweiten Jh. n. Chr. – davon befindet sich einer anderthalb Meilen nördlich von Deng Feng und der andere an den Hängen des Shao Shi, nicht weit vom Shao Lin-Kloster entfernt. Die *que* nördlich von Deng Feng standen vor einem Tempel für die Mutter von Qi, dem zweiten König der Xia-Dynasty (ca. 2200 v. Chr.), und schildern die Taten des Vaters von Yu dem Großen, Gun, Qis Großvater, der erfolglos versuchte, die Überschwemmungen zu bezwingen, was seinem Sohn Yu schließlich gelang. Abgesehen von der mythologischen Bedeutung behaupten die Chinesen außerdem, daß sie die allerfrüheste Schnitzerei von einem Fußballspiel zeigen (123 n. Chr.).

Die *que* auf dem Berg Shao Shi stammen ebenfalls aus dem Jahr 123 n. Chr. und befanden sich vor dem Tempel der Jüngeren Tochter, einer als die jüngere Schwester der Göttin von Song Shan lokal angebeteten Göttin, die wiederum die Gattin von Yu dem Großen war. Der Tempel ist seit langem verschwunden. Jedoch erinnert eine nahegelegene eigentümliche Felsformation an eine andere Heldentat des berühmten Yu. Der Fels gleicht dem Gesicht einer Frau und wird Qi Mu-Stein – die Mutter von Qi – genannt. Man erzählt sich, daß Yu, der ja Schamane war, sich nach Belieben in einen Bär verwandeln konnte. Eines Tages fischte er gerade in Bärengestalt, als seine Frau, die nichts von seiner Macht wußte und obendrein schwanger war, kam, um ihm sein Mittagessen zu bringen. Als sie um eine Ecke bog, sah sie den großen Bär. Zu Tode erschrocken schrie sie auf und floh den Berg hinunter. Yu war sehr beunruhigt darüber, sie aufgeregt zu haben, und lief ihr hinterher. Leider vergaß er, seine menschliche Gestalt wieder anzunehmen. Die arme Frau rannte so schnell sie konnte, aber als sie diese Stelle auf dem Berg erreicht hatte, war ihre Angst so groß, daß sie versteinerte.

Yu setzte sich hin und trauerte einige Tage um sie. Dann erhob er sich und sprach den Stein an. Er sagte ihm, er solle sich teilen und sein Kind gebären. Der Fels gehorchte, und so wurde Qi, der erste Kaiser der Xia-Dynastie, geboren.

Um auf den Zhong Yue Miao und seine lange Geschichte zurückzukommen, der Tempel zählte zu den Schlüsselplätzen, die von den Kaisern aufgesucht wurden, um den Song Shan zu verehren. Insofern kann man sich gut vorstellen, daß seine Weiterführung von den schamanistischen Priestern, die auf dem Berg waren, unmittelbar auf die Daoisten übergging, sobald diese aufgetaucht waren.

Der Tempel, dessen letzter bedeutender Umbau 735 n. Chr. stattfand, ist eine treue Kopie dieser tang-zeitlichen Bauweise geblieben. Mit ihren zwölf Höfen und vielen uralten Bäumen, von denen manche auf die Han-Dynastie zurückgehen, zählt die weitläufige Anlage zu den größten noch bestehenden daoistischen Tempeln. Im Grunde ist sie als ein Palast der Tang-Kaiser angelegt.

Seine berühmtesten Artefakte sind die vier großen Eisenfiguren im ersten Haupthof und die mit den Symbolen der fünf Berge versehene Stele. Die 1064 n. Chr. gegossenen Figuren, die ziemlich lädiert sind, stellen die vier Schutzgottheiten der vier Himmelsrichtungen dar, daoistische Versionen der Vier Himmelskönige. Die Stele der fünf Berge wurde 1604 n. Chr. gefertigt und zeigt die rituellen Symbole der fünf heiligen Berge des Daoismus. In der zentralen Halle befindet sich die gewaltige Statue von dem Gott des Song Shan. Der Tempel ist ein blühendes daoistisches Zentrum, das von vielen Mönchen bewohnt wird.

Vom Zhing Yue Miao führt der Weg hinauf zum Hei Feng oder Tai Shi Shan.

Andere Wege von Deng Feng führen zum Fuße des Hei Feng, wo man zur Höhle des Lao Zi, Lao Jun Dong, gelangt. Von dort kann man am Kamm entlang weitergehen, um zwei uralte Pagoden zu besichtigen. Die erste, das Fa Wang-Kloster, liegt in den unteren Falten der Gebirgskette. Die Stätte ist von phantastischer Schönheit, und entsprechend sind die über diesen Platz aufgestellten Behauptungen. Das Kloster soll 71 n. Chr. gegründet worden sein, genau drei Jahre nach dem Tempel der Weißen Pferde in Luoyang. Fa Wang bedeutet »Königsgesetz« oder »höchstes Gesetz«, womit die Lehre des Buddha gemeint ist. Hier befinden sich zwei schöne Pagoden, die in das 7. bis 10. Jh. datieren. Wenn dieser Tempel wirklich so alt ist, wie behauptet wird, ist er wahrscheinlich der zweitälteste buddhistische Tempel in China.

Die Gebirgskette weiter hinauf liegt die älteste Pagode in China. Sie stammt aus dem Jahr 520 n. Chr. und ist in dem kleinen Kloster Song Yue gelegen. Die eine Pagode ist alles, was von den angeblich 15 übriggeblieben ist, die Kaiser Xuan Wu im Jahre 520 errichten ließ, als ihm das Kloster als Stützpunkt für seine Ausflüge zum Song Shan diente.

Für Schamanen spielt der Song Shan noch immer eine bedeutende Rolle, und gewöhnlich wird eine kleine Nachfrage ihren aktuellen Aufenthaltsort verraten. Bei der Regierung nicht beliebt, haben sie nichtsdestoweniger eine treue Anhängerschaft, besonders unter den Frauen, die auf dem Song Shan ihre Andacht verrichten und die vielen kleinen Schreine zu Ehren der Göttin des Song Shan, der Mutterfiguren des Qi und anderer aufsuchen, die diesen uralten Platz nach wie vor frequentieren.

## Heilige Berge des Buddhismus

Um von den traditionellen daoistischen/konfuzianischen heiligen Bergen nicht übertroffen zu werden, hat der Buddhismus vier eigene ins Leben gerufen. Allerdings ist »ins Leben gerufen« vielleicht ein zu milder Ausdruck. In einigen Fällen, beispielsweise auf dem Emei Shan in Sichuan, wurden daoistische Gemeinschaften eigentlich von den Bergen vertrieben, die dann in buddhistische umgewandelt wurden. Der Emei Shan zählte einst zu den 36 Höhlen des Himmels und rangierte als siebente in der alten Reihenfolge der daoistischen Stätten. Lao Zi soll dort in seiner mythischen Inkarnation als Lehrer des Gelben Kaisers gelebt haben. Aber bis zur Ming-Dynastie (1368 – 1644) waren die Buddhisten derart mächtig und erhielten so große Unterstützung, daß die Daoisten, sich über schlechte Behandlung und Schikanen beklagend, offiziell den Berg verließen. Die Situation hat sich seitdem deutlich verbessert, aber sie läßt auf die stattgefundenen Machtkämpfe schließen, auch wenn sie heute Seite an Seite arbeiten.

Auch die Buddhisten haben vier Richtungsberge, die von den vier Himmelskönigen bewacht werden. Auf meiner Wanderung heilige Berge hinauf möchte ich Ihnen zwei von ihnen vorstellen, entsprechend den zwei daoistischen Bergen, mit denen wir uns weiter oben beschäftigt haben. Die anderen heiligen Berge des Buddhismus werden im Anhang über Heilige Berge erläutert.

## *Pu Tuo Shan*

Dieser Inselberg ist der kleinste von allen neun heiligen Bergen und als einziger einer weiblichen Gottheit gewidmet. Er ist Guan Yins Residenz und der Ostberg im Buddhismus. Da ich eine besondere Verehrung für Guan Yin hege, möchte ich Sie zu ihrem ganz besonderen Wohnort führen.

Der Name Pu Tuo rührt von der Legende her, nach der Guan Yin auf ihrem Berg von dem Buddha besucht wurde. Dieser Berg heißt in Sanskrit Potala, und daher der Name Pu Tuo. Es ist dieselbe Ableitung wie der Potala-Palast in Lhasa, Tibet, denn der Dalai Lama gilt als eine Reinkarnation der männlichen Form der Guan Yin.

Guan Yin ist die wichtigste Gottheit von ganz China und wird gleichermaßen von Daoisten und Buddhisten verehrt. Ihre Insel ist seit fast 1 000 Jahren ein Wallfahrtsort, seit der Zeit, als sie in einem Sturm auf wundersame Weise auf den tobenden Wassern wandelnd erschien und den chinesischen Botschafter in Korea vor dem sicheren Ertrinken rettete. Dieses Ereignis fand 1080 n. Chr. statt, und seitdem ist der Ruhm der Insel gestiegen.

Natürlich erreicht man die Insel nur mit dem Schiff, so daß sich dem Besucher ihre ganze Schönheit zeigt, noch bevor er sie betreten hat. Es ist eine reizende Insel, umgeben von tiefem Wasser und mit zwei Bergspitzen, die sich dramatisch aus dem Meer erheben. Trotz des Zahns der Zeit und der ideologisch bedingten Verwüstungen ist sie immer noch ein grüner Platz und sieht von weitem so aus, wie sie jahrhundertelang den Pilgern erschienen sein muß, während sie sich ihrem auserwählten Reiseziel näherten.

Die wichtigste Kultstätte auf dem Pu Tuo Shan war schon immer die Chao Yin-Höhle, wo die Frommen das Bild der Guan Yin im Gischt und Nebel, verursacht durch die sich brechenden Wellen, sehen können. Heute werden alte Damen dem Besucher versichern, daß man die Göttin in sanftem Licht im hinteren Teil der Höhle entdecken wird, wenn

man nur genügend Hingabe und angemessene Absicht auf-
bringt. Ich liebe dieses Bild. Kürzlich hatte ich das Glück, eine wunderschöne Schnitzerei von Guan Yin aus dem 18. Jh.
zu finden und zu kaufen; sie ist auf ihrer heiligen Insel sitzend dargestellt – in der oberen Partie sind die Schriftzeichen für Pu Tuo Shan eingeschnitzt. Sie sitzt in ihrer besonderen Höhle und hält ein Kind in einer Hand, denn sie ist
die Kinderbringerin, während die andere Hand auf einem
Stapel Schriften ruht. Unter ihren Füßen wirbeln die gefährlichen tiefen Wasser des Meeres, und ihr Lieblingsdrache
erhebt sich, um sie zu grüßen. Es ist eine Schnitzerei von
großer Schönheit und Heiligkeit, und jetzt steht sie mir gegenüber, auf einem Schreibtisch am Fenster, wo das Licht
auf die Statue in der Mitte spielen kann und ihr Aussehen
verändert, so wie sich die Sonne bewegt. Ich empfinde sie
als einen Anblick von tiefem Frieden und großem Liebreiz.
Genau aus diesem Grund ist die Insel trotz der Veränderungen auf dem Pu Tuo Shan etwas ganz Besonderes.

Das bedeutendste Kloster auf der Insel ist das Pu Ji Si,
Kloster der Universalen Erlösung, jedoch besser bekannt als
das Südliche Kloster, Nan Si. Die größte Halle beherbergt
Guan Yins 32 Inkarnationen oder Manifestationen, jeweils
16 an einer Seite, die ihre Hauptstatue flankieren. Das 1080
gegründete Kloster wurde im Laufe der Jahrhunderte zu der
weitläufigen Anlage ergänzt, wie sie heute zu sehen ist. Es
umfaßt sieben Tempel, zwölf Pavillons und eine Reihe anderer Gebäude wie etwa Bibliotheken. In Anbetracht der
Tatsache, daß der Pu Tuo Shan früher über 200 Tempel und
Klöster hatte, stellt man sich unweigerlich die Frage, wie sie
alle auf ihm Platz gefunden haben sollen.

Im Norden und Süden der Insel liegen zwei Gipfel. Der
nördliche Gipfel heißt Fo Feng, Buddhagipfel, weil dort der
Buddha gelandet sein soll, als er Guan Yin auf dem Potola
besuchte. Der südliche Gipfel heißt Tao Hua Shan, Pfirsich-
blütengipfel, und dieser Name bezieht sich auf eine Legen-

de, die dem Buddhismus auf der Insel zeitlich vorausgeht. Ein Unsterblicher, An Chi Sheng, lebte hier im 1. Jh. v. Chr. Eines Nachts betrank er sich und malte in seinem berauschten Zustand Pfirsichblüten auf die Felswand des Berggipfels. Daher sein Name, und daher die Behauptung, daß man immer noch die Spuren seiner Malerei sehen kann, wenn man nur intensiv genug hinsehen würde!

Die Insel ist seit mindestens 2 000 Jahren ein heiliger Ort, denn der Pu Tuo Shan war ursprünglich ein daoistischer heiliger Berg, und einer seiner anderen Namen, unter denen er die meiste Zeit in der Tang-Dynastie bekannt war, bis Guan Yins Ruhm ihn überwand, lautete Mei Tsen Shan. Er wurde nach dem berühmten daoistischen Alchimisten Mei Fu aus dem 1. Jh. v. Chr. benannt, der sich auf die Insel zurückzog, um sich seinen alchimistischen Forschungen zu widmen. Bis auf den heutigen Tag wird der höchste Berggipfel am südlichen Ende der Insel noch immer Mei Tsen Feng genannt.

Ungefähr um das 1. Jh. v. Chr. war die Insel als ein weiterer Ort berühmt, an dem die Pille der Unsterblichkeit hergestellt wurde. 113 v. Chr. berichtete ein Reisender nämlich, An Chi Sheng auf der Insel angetroffen zu haben, der demzufolge etwa 150 Jahre alt gewesen sein muß.

Als Gegengewicht zum südlichen Kloster hat auch der nördliche Gipfel ein Kloster, das Fa Yu Chan, Gesetz des Regenklosters, heißt. Der Name bezieht sich auf die Vorstellung, daß der Regen die Wolken der Unwissenheit beseitigt und die Welt frisch zurückläßt, damit das Gesetz des Buddha in Kraft treten kann. Das Kloster stammt aus dem Jahr 1580, als der damalige Kaiser und seine Mutter den Kult um Guan Yin in ganz China förderten. Dem Pu Tuo Shan schenkten sie besondere Aufmerksamkeit, und viele der Bauten entstanden in dieser Zeit der enormen Rührigkeit und Erneuerung, die nach fast 150 Jahren des Verfalls aufgrund von Piraterie erfolgte. Die Haupthalle wird von der riesigen Statue von Guan Yin dominiert, während ihrem treuen Freund, dem Meeresdrachen, eine eigene Halle hinter der ihren gewidmet ist.

Auf dem Gipfel ruht der Hui Ji-Tempel, Wohlwollen und Mitgefühl, eine der jüngsten Ergänzungen zur Insel und erst 1907 fertiggestellt. Weiter unten am nördlichen Gipfel liegt verborgen ein Tempel zu Ehren der daoistischen weiblichen Gottheiten, die hier als Waffengefährtinnen willkommen geheißen werden! Es ist der Mu Xi Wang-Tempel – Königinmutter des Westens –, die hier mit den drei Schwestern thront, der Schwarzen Herrin, der Weißen Herrin und der Prinzessin der Grauen Wolke, Gattin des Jadekaisers.

Die Insel ist dem göttlichen Weiblichen in all seinen Formen gewidmet, so daß es traurig ist zu sehen, daß Prostitution hier recht offen betrieben wird, vornehmlich um das Pu Ji-Kloster herum.

Zwei andere Höhlen sind von Bedeutung. Nahe des nördlichen Gipfels liegt die Höhle von Brahmas Stimme, Fan Yin, was für den Glauben zeugt, daß die Hindu-Gottheiten den Buddha anbeteten. Die zweite heißt Sudhanas Höhle, die auch die Höhle des Drachenprinzen genannt wird. Diese Höhle ruft die im Buddhavatamsaka-Sutra erzählte Geschichte ins Gedächtnis zurück.

Im Buddhavatamsaka-Sutra werden die Wanderungen eines jungen Mannes, Sudhana, geschildert, dem der Bodhisattva Manjushri geraten hatte, die Welt zu bereisen, um wahre Freunde zu finden, die ihm helfen würden, Erleuchtung zu erlangen. Diesen Rat befolgend, begegnete er 53 verschiedenen spirituellen Meistern, die von so unterschiedlichem Charakter waren, wie man sich nur vorstellen kann. Seine Wanderschaft wurde als die *Pilgerreise* des Buddhismus bezeichnet.

Der 28. von diesen wahren Freunden, denen Sudhana begegnete, war der Bodhisattva Guan Yin, der auf einer Insel an einem »abgeschiedenen Platz am Ende des Ozeans« lebte. Diese Insel hieß Potalaka. Die Beliebtheit dieses Buches besonders im 9. bis zum 12. Jh. war einer der wichtigsten Anreize für die Anbetung Guan Yins, und die »Gleichsetzung« von Pu Tuo mit Potalaka war einer der Hauptgründe dafür, daß die Insel zu einer heiligen Stätte der Göttin wurde. Neben diesem sehr populären Text nährte ein anderer, weniger bekannter Text ebenfalls die Überlieferung von einer Insel namens Potalaka in Zusammenhang mit Guan Yin. Jedoch fand auch nach dieser Überlieferung ein Besuch des Buddha auf dieser Insel statt.

Das schwungvoll benannte Sutra der tausendhändigen und tausendäugigen Guan Yin mit dem großen, mitfühlenden Herz (Qian Shou, Qian Yan Guan Shi Yin Pusa ta pei xin duo le ni Jing) wurde Anfang des 8. Jhs. übersetzt und beschreibt, wie Sakyamuni Buddha im Palast der Guan Yin auf der Insel Potalaka Lehrreden hielt. Interessant genug, stellen diese beiden Texte Guan Yin in männlicher Form dar, obgleich es die weibliche Guan Yin ist, die auf der tatsächlichen Insel Pu Tuo herrscht. Der Einfluß dieser Geschichten zeigt sich in den Namen von Plätzen auf Pu Tuo. Der höchste Berg, der majestätische Gipfel im Norden der Insel, wird Buddhagipfel in »Gedenken« daran genannt, daß er hier Lehrreden hielt. Unten am Strand in einer der für das südliche Ende der Insel typischen Höhlen gibt es mittlerweile Sudhanas Höhle, in der er Guan Yin begegnet und seinen/ihren Rat eingeholt haben soll.

Die Schönheit dieser Insel hängt an einem Faden. Früher war sie als ein Platz berühmt, an dem Mensch und Natur harmonisch nebeneinander lebten. Heute scheint dieses Zusammenleben gefährdet zu sein. Es wäre sehr schön, wenn der Pu Tuo Shan sich erholen könnte und wieder eine Insel der Seligen sein würde.

### *Emei Shan*
Der Emei Shan ist der Westberg und dem Pu Sa – in Sanskrit der Bodhisattva Samantabhadra (s. S. 121) – gewidmet.

Als meine Kollegen und ich hierhinkamen, wohnten wir in einem sehr angenehmen, aber einfachen chinesischen Hotel. Überdies war es mit dieser außergewöhnlichen Art von Chinesen besetzt, die imstande sind, einen Gast völlig zu ignorieren. Das wäre ja ganz in Ordnung, wenn nicht die Tatsache gewesen wäre, daß es aus irgendeinem unklaren Grund nur einen Satz Schlüssel für die Zimmer gab. Wenn man also in sein Zimmer wollte, mußte man zuerst die Dame mit den Schlüsseln finden und sie dann davon überzeugen, daß sein Wunsch, in sein Zimmer zu gehen, keiner kindischen Laune entsprang, die sich wieder legen würde. Das alles trug zu einer aufregenden Zeit bei, zumal das Hotel nur sehr wenig Gäste hatte (ich frage mich warum!) und das dürftige Personal sich deswegen berechtigt fühlte, entweder in den verborgenen Bereichen des Hotels zu verschwinden und sich jeder Suche zu entziehen oder nach Hause zu gehen – stets den einen Schlüsselbund umklammernd.

Schließlich bekamen wir den Schlüssel zu unserem Zimmer und fielen vor Erleichterung aufs Bett. Und dann entdeckten wir neben dem Bett die schönste Konsole, die ich je gesehen hatte. Sie war in China hergestellt, eine Tatsache, mit der sie stolz prahlte, und vermutlich stammte sie aus dem Jahr 1958. Recht unheilvoll trug sie den Namen »Spion – 33«. Sie war mit den gewöhnlichen Schaltknöpfen für die Nachttischlampe versehen – was großartig gewesen wäre, wenn es eine Birne gegeben hätte; denn das Hauptlicht funktionierte nicht, und das Nachtlicht nahm seinen Namen sehr ernst und brannte folglich überhaupt nicht, um die Nacht nicht zu behindern. Und schließlich gab es noch einen Knopf, den man drücken konnte, um nicht gestört zu werden. Zumindest hieß es so auf chinesisch, denn alle Schaltknöpfe waren mit einer Erklärung auf chinesisch versehen, und darunter stand etwas auf englisch. Auf chinesisch hieß es sehr höflich: »Bitte nicht stören.« Das gefiel mir. Aber es war der englische Satz, der die ganze Erfahrung von dem Hotel vervollständigte. Tatsächlich konnte man ihn bis zu einem gewissen Grade als eine Aussage über viele Reisen in China verstehen. Er lautete einfach: »Nicht belästigen«.

Nachdem wir, so wie die Dinge lagen, die Glaubenserklärung über einen Großteil des Tourismus in China herausgefunden hatten, brachen wir am nächsten Tag auf, um den Emei Shan zu erklettern.

Der Emei Shan, der sich mit 3 099 m im Sichuan-Becken erhebt und das Gebiet dominiert, ist eine uralte, seit Jahrtausenden lokal verehrte Stätte. Der Name läßt viele Deutungen zu, von »Berg der Hochragenden Augenbraue« bis hin zu einer Verfälschung der Anfangslaute der Anrufung des Erlösungsbuddha – O Mei To Fo. In örtlichen Legenden heißt es, daß das Schriftzeichen sich geändert hat und es eigentlich »jüngere Tochter« bedeuten sollte, in Gedenken an einen lokalen Bauern, aus dessen Töchtern die Berge wurden.

Der Berg ist riesengroß, und die Entfernung von seinem Fuß bis zum Gipfel beträgt 50 Kilometer. Viele Teile dieses weitläufigen Massivs sind noch immer wild und unberührt, so gewaltig ist das Gebiet.

Zum Berg gelangt man gewöhnlich von Emei Shan-Stadt aus, indem man das Tor, das die Inschrift »Berühmtester Berg unter dem Himmel« trägt, passiert. Die breite Straße führt rasch zu dem ersten und einem der größten Tempel, Bao Gue Si, Kloster der Treue gegenüber dem Land. Er wurde im 16. Jh. gegründet, aber an einer anderen Stelle des Berges. Zum Teil wurde er früher beschrieben. Der Tempel ist insofern ungewöhnlich, daß er eine Halle mit sieben Buddhas enthält – der einzige andere Tempel mit einer solchen Anzahl ist der Tempel Fenguo, Kreis Yi, Provinz Liaoning. Bei den sieben Buddhas handelt es sich von links nach rechts um Vipasyin, Sikhin, Visvabhu, Sakyamuni, Krakucchanda, Kanakumani und Kasyapa. Es sind die drei Buddhas des vergangenen Zeitalters und die vier des gegenwärtigen Zeitalters.

Ursprünglich wurde der Tempel von einem Daoisten als eine Stätte errichtet, an der alle drei Religionen nebeneinanderbestehen konnten. Im 17. Jh. wurde er nach diesen Standort verlegt. Die Anlage ist eines der besten Beispiele für die klassische buddhistische Architektur, und alle wichtigen Gottheiten sind vertreten – wie auch einige daoistische.

Als nächstes kommt der Fu Hu-Tempel, was »Tempel des sich duckenden Tigers« oder »Tempel zum Zähmen des Tigers« bedeutet und der errichtet wurde, um Tiger auf dem Berg zu vertreiben, sowohl wirkliche als auch spirituelle im Sinne von bösen Kräften, die gutem Feng Shui entgegenwirken. Der Einsatz von Tempeln zur Beeinflussung des Feng Shui ist am deutlichsten in Leshan zu sehen, wo der große Buddha aus dem Berghang gemeißelt wurde, um das Zusammenlaufen der beiden Flüsse zu kontrollieren. Es heißt, daß ganz China der Zerstörung anheimfallen wird, sollte das Wasser der Flüsse jemals oberhalb seiner Füße ansteigen.

Der Fu Hu-Tempel in seiner heutigen Form stammt aus der frühen Qing-Zeit. In den letzten Jahren wurde er außerordentlich verschönert, nicht zuletzt durch die Hinzufügung des Hua Yan-Pagodenpavillons. Hier ist die sechs Meter hohe Kupferpagode untergebracht. Die im Jahr 1585 hergestellte Pagode enthält über 4700 Bilder von Buddhas und Bodhisattvas und den vollständigen Text des Avatansaka-Sutra mit seinen insgesamt 195 048 Schriftzeichen. Das Avatamsaka-Sutra beziehungsweise Girlanden-Sutra bildet die Grundlage für eine der wichtigsten der chinesischen buddhistischen Schulen, die Hua Yan-Schule. Das Sutra ist ein höchst komplexer kosmologischer und soteriologischer Text, und die Hua Yan-Meister der Schule waren berühmte Philosophen. Die Tradition wurde im frühen 7. Jh. ins Leben gerufen, und ihr bedeutendster Vertreter war der Mönch Fa Zang. Wie so viele der Schlüsselfiguren des chinesischen

Buddhismus war er kein Chinese. Seine Familie stammte aus Sogdia, obwohl er in China geboren wurde. In Xian arbeitete er mit Xuan Zang, dem großen Übersetzer und Pilger, zusammen, und ihm sind die hervorragenden Übersetzungen der zentralen Hua Yan-Texte zu verdanken. Sein Nachfolger, Cheng Guan (738 – 838 n. Chr.), gilt als eine Inkarnation des Manjushri. Die Tradition der Meister der Schule setzte sich bis zur Großen Verfolgung 841 – 845 fort. Doch konnte sie sich davon nicht mehr erholen und sank zu einer unbedeutenden Tradition herab.

Der Weg schlängelt sich an kleinen Tempeln vorbei, bis er den Qingyin-Pavillon erreicht, der als malerischer Fleck errichtet wurde, denn hier fließen die Bäche »Schwarzer Drache« und »Weißer Drache« an einer schönen Stelle zusammen.

Weiter den Berg hinauf gelangt man zum Tempel der Zehntausend Jahre, Wannian Si. Man beachte während des Aufstiegs die Überreste alter Grabsteine und Stelen, die während der Kulturrevolution zerstört wurden und als Wegmarkierungen dienen. Einige enthalten daoistische Ikonographien.

Zum Wannian-Tempel gehört die außergewöhnliche Ziegelhalle, in der die acht Meter hohe und aus dem Jahr 980 n. Chr. datierende kupferne und bronzene Skulptur des Pusa auf seinem Elefanten untergebracht ist. Die in der chinesischen Architektur einzigartige Ziegelhalle sieht wie eine kleine byzantinische Kirche aus. Für Besucher ist das der beliebteste Platz auf dem Berg, und der Grund dafür ist leicht einzusehen.

Der Hong Chun Ping-Tempel, Tempel des uralten Baumes, wird seinem Namen gerecht, da er von alten Bäumen umgeben wird.

Der Xian Feng, Tempel des Gipfels der Unsterblichen, wurde ursprünglich 1328 errichtet, aber in seiner heutigen Gestalt stammt er aus der Qing-Zeit. Dieser Bereich ist fast völlig daoistisch mit dem Gott des Reichtums im Tempel thronend und der nahegelegenen Tian Huang, Terrasse des Himmelskaisers. Nicht weit entfernt befindet sich die größte Höhlengruppe auf dem Emei Shan, die Höhle der Neun Alten, was Höhle der Neun Unsterblichen bedeutet, Jiu-lao. Sie umfaßt 67 Kammern und ist wirklich sehr tief.

Weiter den Berg hinauf passiert man einen anderen Tempel für Unsterbliche und erreicht schließlich den Tempel des Elefanten-Badeteichs, Xi Xiang Chi. Wenn Pusa vorbeikommt, läßt er seinen mit sechs Stoßzähnen versehenen Elefant hier baden. Die drei großen Figuren in der Haupthalle stellen Guan Yin, Amitabha Buddha und Mahasthamaprapta, den Bodhisattva von großer Kraft und die Inkarnation eines Schülers von Sakyamuni, dar. In der Chu-Halle befindet sich eine Statue von Pu, einem alten Mann, der hier den ersten Tempel gebaut haben soll. Chu bedeutet »erster«.

Von hier ist es eine lange Klettertour zum Goldenen Gipfel, Jin Dang. Früher gab es viele Tempel, aber Wetterverhältnisse und Unruhen haben ihre Zahl verringert. Bis vor kurzem war nur ein Tempel unversehrt geblieben, und zwar das Woyun-Nonnenkloster. Aber 1986 beschloß die Provinzregierung, den Hua Zhang-Tempel und die Tong-Halle wiederaufzubauen. Inzwischen sind sie fertiggestellt, und die von ihren bronzenen Kacheln und ihrem goldenen Anstrich glänzende Tong-Halle verleiht dem Gipfel sein goldenes Aussehen.

Hierhin kommt man, um nach der Buddha-Aura Ausschau zu halten. Diese Erscheinung von Licht und Wolken sieht wie ein Halo aus, aber sie ist nicht immer zu sehen, da es vom Wetter abhängt, das in dieser Höhe ziemlich schlecht sein kann.

Auf dem Rückweg zum Fuße des Berges kann man hinaufblicken und versuchen zu erkennen, daß der Berg die Gestalt von Pusas Elefant annimmt. Gute Augen und ein gewisses Maß an Vorstellungskraft sind dabei hilfreich.

## Andere heilige Berge

Es gibt noch unzählige weitere Berge, von kleinen Hügeln in Städten wie Wuhan, die als heilig gelten, bis zu massiven Gebirgen, die nicht speziell als heilige Berge gekennzeichnet sind – wie der Huang Shan nicht weit entfernt vom Jui Hua Shan – siehe weiter unten. In der Übersicht habe ich die wichtigsten aufgeführt.

Einen heiligen Berg in China zu besteigen bedeutet, durch das religiöse und numinose Leben Chinas von frühester Zeit bis in die Gegenwart zu wandern. Es sind Plätze, an denen Vergangenheit, Gegenwart und Zukunft ineinander zusammenfallen. In einem sehr realen Sinn bilden sie das spirituelle Rückgrat Chinas.

# 8
# Buddhistische Höhlen und Grotten

Der ausgeprägteste Beitrag Chinas zur buddhistischen Kunst sind die vielen Höhlen mit buddhistischen Skulpturen und Malereien. Sie sind nicht einzigartig in China – Afghanistan hatte sie zuerst – aber in China erreichten sie einen Umfang und eine Schönheit, die über alles andere hinausgeht, was man woanders sehen kann. Es gibt annähernd 60 Höhlenkomplexe mit Skulpturen, und an vielen Plätzen findet man kleine skulptierte Felswände, die in dieser Aufzählung nicht berücksichtigt sind. Bei den Höhlen handelt es sich gewöhnlich um in Felswände gehauene Nischen, obgleich einige, wie zum Beispiel in Long Men, überwiegend natürlichen Ursprungs sind.

Die frühesten Höhlen sind jene in Dun Huang in der Provinz Gansu, obwohl sich die frühesten Skulpturen – im Gegensatz zu Malereien – in Yungang, Datong, Provinz Shanxi, befinden. Dun Huang entstand im 4. Jh. n. Chr. als erste bedeutende Stätte in China an der alten Seidenstraße, entlang derer die Idee von solchen Skulpturen weitergegeben wurde. Die Schaffung und Ausgestaltung solcher Höhlen hörte zur Zeit der Großen Verfolgung 841-845 auf. Der größere Teil der Figuren stammt also aus dieser vierhundertjährigen Zeitspanne.

Die Höhlen sind auf vielen Ebenen von Bedeutung, aber nicht zuletzt deswegen, weil sie Einflüsse von außen zeigen, die in China auftauchten und dann allmählich dem chinesischen Stil und Geschmack angepaßt wurden. So spiegeln beispielsweise die frühesten Buddha-Statuen mit Toga und Heiligenschein den griechischen Einfluß (s. S. 275) wider. Nach und nach wird der Buddha immer stärker in chinesischem Stil dargestellt, was besonders deutlich im 7. Jh. zutage tritt, als man die Bodhisattvas als Hauptfiguren zu skulptieren begann.

Die Apsaras sind ein interessanter typischer Fall. Diese engelhaftigen Anhänger des Buddha und besonders der Bodhisattvas erregen das Interesse vieler westlicher Gelehrten. Sie sehen in ihnen die letzte Etappe einer Idee auf ihrer Reise nach Osten, die im alten Persien ihren Anfang nahm und sich dann im Osten und im Westen verbreitete. Gewöhnlich wird dem Zoroastrismus die Erfindung von Engeln zugeschrieben, die in seinen Schriften und Skulpturen erscheinen. In den Westen gelangte der Engel mit den Juden, die nach dem Fall von Jerusalem 587 v. Chr. in Babylon in Gefangenschaft gerieten und ca. 530 v. Chr. in ihre Länder zurückkehrten, und wurde in späteren jüdischen Texten und bildlichen Darstellungen eingefügt. Vom Judentum ging er ins Christentum über, und daher die Engel in der christlichen Kunst.

Auf ihrem Weg nach Osten hatten die Zoroastrier bis zum 3. Jh. n. Chr. Tempel in China hinein errichtet. Mani, der Begründer des Manichäismus, übernahm ebenfalls die Engel, und der Glaube wurde entlang der Seidenstraße eingeführt. Schließlich hatte auch das nestorianische Christentum in China (ca. 600-1300 n. Chr.) Engel – schöne Beispiele dafür kann man in Quanzhou sehen.

Die Engelwesen in den buddhistischen Felsskulpturen sind demnach auf diesen ursprünglichen zoroastrischen Einfluß zurückzuführen. Es ist jedoch auch nicht auszuschließen, daß die Chinesen von sich aus Engel hervorbrachten, denn die Daoisten sprachen in einem frühen Stadium in der Entwicklung ihres Glaubens von gefiederten Unsterblichen. Welchen Weg sie auch immer genommen haben, die Wechselwirkung zwischen chinesischen Künstlern und den westlichen Einflüssen, die von Persien, Afghanistan und den türkischen Stämmen ausgingen, war beachtlich. In einigen der Malereien um Dun Huang herum und in Yungang zeigen Säulen in byzantinischem und persischem Stil, westliche Kleidung und Gesichter und kunstvoll geformte Großbuchstaben, daß griechische und persische Kunststile entlehnt und angepaßt wurden.

Was die Anbetung betrifft, ist es heute um die Höhlen größtenteils still geworden. Gelegentlich enthalten sie Altare, auf denen man Weihrauch darbringen kann, und vor den großen Buddhas und Bodhisattva-Statuen liegen Opfergaben. Aber im religiösen Sinne sind sie als Kultstätten tot, im Unterschied zu den vielen Tempeln und den meisten heiligen Bergen. Doch was ihre Botschaft von Erlösung und Erleuchtung angeht, sind sie nach wie vor Orte der Inspiration. Als Monumente der Frömmigkeit und der Fähigkeiten dieser frühen Buddhisten sind sie ohnegleichen. Und in der Stille, die man manchmal in ihnen finden kann, bringen sie den Besucher dicht an eine Begegnung mit dem Numinosen, die ohne jeden Zweifel zumindest zum Teil ein Grund für ihre Entstehung war.

In diesem Kapitel werde ich nur auf drei Felsheiligtümer eingehen – Dun Huang, Long Men und Datong. Diese drei fassen den Umfang und die Mannigfaltigkeit der Höhlen zusammen, und was über sie gesagt werden kann, gilt praktisch auch für alle anderen Höhlen. Ich werde keine detaillierte Beschreibung abgeben, wie man sie in den meisten Reiseführern vorfindet. Hier geht es mir vielmehr um ihre religiöse Dimension. Was die Identifizierung der verschiedenen Buddhas und Bodhisattvas betrifft, sei der Leser auf die Kapitel über die Götter und Göttinnen, vornehmlich Kapitel 4 (s. S. 117), verwiesen.

### Dun Huang

Die ganze Umgebung um Dun Huang herum zählt zu den wichtigsten Regionen des Buddhismus in seinen frühesten Tagen in China. Sie war ein Treffpunkt der Kulturen – chinesischer Daoismus, mongolischer Schamanismus, christliche und manichäische Türken- und Mongolenstämme und der Buddhismus Zentralasiens, Afghanistans, Gandharas und anderer Gebiete nördlich des heutigen Tibets – denn zu der Zeit war Tibet nicht buddhistisch.

Die bedeutsamste Stätte in Dun Huang sind die Mo Gao-Höhlen, benannt nach der Gegend, in der sie liegen, oder Qian Fo Dong, Tausend-Buddha-Höhlen. Die früheste Höhle wurde 366 n. Chr. angelegt, und die letzten in ihnen gefundenen, mit Datum versehenen Materialien stammen aus dem Jahr 1004 n. Chr. Das Bemerkenswerte an diesen Höhlen ist, daß sie fast 1 000 Jahre lang unbekannt waren. Irgendwann im 11. Jh. wurden sie mit einem unermeßlichen Schatz an alten Manuskripten gefüllt und versiegelt. Bis 1900 betrat niemand sie oder wußte etwas von ihrer Existenz.

1900 wurden sie zufällig geöffnet, aber die Qing-Dynastie schätzte ihre Bedeutung nicht richtig ein und ergriff keine Maßnahmen, um die wahrscheinlich größte einzelne Sammlung von alten Manuskripten, die jemals irgendwo in der Welt entdeckt wurde, zu schützen. Ungefähr 50 000 Schriftrollen waren hier aufbewahrt worden, bei denen es sich überwiegend um buddhistische Texte handelte, aber es fan-

den sich auch einige christlich-nestorianische und manichäische Schriften. Im Laufe der folgenden Jahre erwarben
westliche Forscher viele dieser Schriftrollen, und viele gingen auch verloren. Dun Huang-Manuskripte werden in
großen Museen überall auf der Welt aufbewahrt, wobei das
Britische Museum in London eine besonders prächtige
Sammlung besitzt. Nur wenige der Schriftrollen befinden
sich noch in Dun Huang selbst. Was geblieben ist, das sind
die Fresken und Skulpturen von unschätzbarem Wert, von
denen viele im ursprünglichen Zustand erhalten sind und
geschützt werden. Dun Huang zählt insgesamt 492 Höhlen
mit 45 000 bemalten Figuren und 2 415 aus dem Stein gemeißelten und bemalten Statuen.

In Anbetracht dessen, daß sie die frühesten Höhlen sind,
zeugen sie von den ursprünglichen Erscheinungsformen der
Buddha-Statuen, die unter dem hellenistischen Einfluß der
Kunstschule von Gandhara stehen (s. S. 272). Aber binnen
kurzer Zeit hatten die chinesischen Künstler angefangen,
ihren eigenen unverwechselbaren Stil zu entwickeln.

Die meisten Höhlen folgen einem ähnlichen Muster, und
zwar befindet sich am Ende einer Hauptkammer eine Apsis,
die eine Statue entweder des Buddha oder eines Bodhisattvas beherbergt. Die wechselnden Interessen der buddhistischen Mönche und Laien spiegeln sich hier wie auch an-
derswo in den Zeitangaben und Arten der Buddhas und
Bodhisattvas wider. Anfangs steht die Figur des Sakyamuni
im Mittelpunkt, aber im Verlauf der weiteren Gestaltung der
Skulpturen im 7., 8. und 9. Jh. verliert er an Beliebtheit und
wird durch Erlösung anbietende Bodhisattvas und Buddhas
wie Amitabha, Guan Yin und Manjushri ersetzt.

In der Malerei kreisen die bevorzugten Themen zunächst
um Sakyamunis Leben und dann in stärkerem Maße um die
Jataka-Geschichten. Diese Geschichten erzählen von den
früheren Leben des Buddha, in denen er eine Entwicklung
durchmachte, die darauf hinzielte, in seinem letzten Leben

Erleuchtung zu erlangen. Die populärsten Geschichten handeln beispielsweise davon, wie er als der Affenkönig geboren wird und sein Leben opfert, um seine Soldaten vor einem menschlichen Jäger-König zu retten, und von seiner Inkarnation als Elefant und als Hirsch. Die Jakata-Geschichten sind wunderschön dargestellt.

Der liegende Buddha, den man hier ziemlich oft findet, wird Parinibbana genannt – was »kurz vor dem Nirvana« bedeutet. Diese Darstellung zeigt den achtzigjährigen Buddha in liegender Position, um seinen Schülern die letzte Predigt zu halten, bevor er sein letztes physisches Leben beendet und ins Nirvana eingeht.

In den tang-zeitlichen Höhlen – die beinahe die Hälfte der noch bestehenden ausmachen – hat der Bodhisattva den Buddha aus seiner zentralen Position verdrängt. Gewöhnlich wird der Bodhisattva allein dargestellt, und die Freskenmalereien erzählen jetzt nicht mehr die Jataka-Geschichten oder Sakyamunis Lebensgeschichte, sondern die Geschichten von ihren Inkarnationen oder Manifestationen. Auch die Kunst der Bodhisattvas erfährt eine Entwicklung, so daß man hier die frühesten Darstellungen der vielarmigen Guan Yin findet. Das ist keineswegs erstaunlich, denn nahezu sicher fand aus dem kulturellen Austausch in dieser Gegend im Nordwesten Chinas heraus Guan Yins Verwandlung von einem männlichen Bodhisattva in einen weiblichen statt – das kann an den Wänden der Mo Gao-Höhlen abgelesen werden. Hier tauchen auch die ersten Mandalas auf, die zu einem derart wichtigen Bestandteil des tibetischen und mongolischen Buddhismus werden sollten. Dabei handelt es sich um Kreise innerhalb von Kreisen, in denen kleine Szenen wie die sieben Lebensstufen, die vernichtenden Versuchungen oder verschiedene Bodhisattvas der Himmelsrichtungen dargestellt sind. Sie dienten als Meditationshilfe und stellen sowohl das kosmische Muster als auch den Mikrokosmos des Universums, nämlich den Mensch, dar.

Vermutlich wurden die Höhlen von einzelnen Mönchen als Meditationshallen verwendet, während sich das Gemeinschaftsleben im unterhalb liegenden Kloster abspielte.

### Long Men-Höhlen – Luoyang, Henan

Von den buddhistischen Höhlen sind die Long Men-Höhlen am bekanntesten, möglicherweise weil sie leichter zugänglich sind als die in Dun Huang oder Datong, obwohl sich die Datong-Höhlen in einem besseren Zustand befinden. In diesem Jh. wurden die Statuen arg in Mitleidenschaft gezogen, als Antiquitätenjäger einigen die Köpfe abschlugen, der chinesisch-japanische Krieg wild um sie herum tobte und schließlich in den 1950er Jahren Bauern einige der Höhlen im Winter als Zuflucht benutzten und in ihnen Feuer anzündeten. Heute stehen sie unter dem Schutz der Regierung und gelten als einer ihrer größten Kunstschätze.

Der ganze Komplex umfaßt 1 350 Höhlen und 750 Nischen mit 100 000 Statuen, von einer winzigen, die 2 cm mißt, bis zu dem 17 m hohen Buddha in der Ju Xian-Höhle. Über 2 800 Inschriften sind erhalten geblieben, die einen faszininierenden Einblick in die buddhistische Welt zu der Zeit gewähren. Die ersten Skulpturen entstanden 493 n. Chr., und die letzten wurden Anfang des 12. Jhs. gemeißelt. Doch der überwiegende Teil von ihnen stammt aus der Zeit zwischen 493 und 755.

Der Name Long Men verweist auf das Drachentor, eine enge Schlucht, durch die der Yi-Fluß fließt. »Drachentor« ist eine gebräuchliche Bezeichnung für atemberaubend tiefe Schluchten an Flüssen. Die Schlucht brachte eine 600 m hohe Felswand hervor, und dort wurden die meisten Höhlen angelegt.

Das Eindrucksvolle ist hier das bloße Detail. Ganz abgesehen von den Hauptstatuen sind die Hintergründe mit ausführlichen Szenen aus dem Leben des Buddha oder der Bodhisattvas bedeckt. Die Heiligenscheine der Hauptstatuen sind mit exquisiten Figuren gefüllt, und bei den Inschriften handelt es sich um einige der großartigsten gemeißelten Kalligraphien, die für sich allein erstklassig sind.

Die Entstehung des ganzen Komplexes ging mit der Verlegung der Hauptstadt der Nördlichen Wei-Dynastie von Datong, wo sie die Gestaltung der Yungang-Höhlen bei Datong gefördert hatte, nach Louyang im Jahre 493 n. Chr. einher. Binnen weniger Monate nach dem Umzug wurde eine neue Stätte für buddhistische Höhlen gesucht und bei Long Men gefunden, und die Künstler von Datong nahmen ihre Arbeit wieder auf.

Der japanische Gelehrte Tsukamoto Zenryu führte eine systematische Untersuchung über die verschiedenen Buddhas und Bodhisattvas durch, um den Grad ihrer Beliebtheit in Erfahrung zu bringen. Unter Berücksichtigung lediglich der Statuen, die mit Inschriften versehen waren, kam er zu folgendem Ergebnis:

Amitabha steht an erster Stelle mit 222 Statuen und Widmungen. Den zweiten Platz nimmt Guan Yin mit 197 Statuen ein. Ihr folgen Sakyamuni mit 94, Maitreya mit 62, Ksitagarbha mit 33, Bhaishajyaguru (der Medizin-Buddha) mit 15 und Mahasthamaprapta mit 5 Statuen.

Dann versuchte er, einen Zusammenhang zwischen ihrem Entstehungsdatum und wechselnden Glaubensvorstellungen und Einstellungen herzustellen, und fand heraus, daß im Jahr 530 n. Chr. Sakyamuni die meisten gemeißelten Statuen hatte (11), gefolgt von Guan Yin mit 10 Statuen, Maitreya hatte 8 und Amitabha 1. Im Jahre 690 n. Chr. stand Amitabha an erster Stelle mit 15 Statuen, ihm folgte Guan Yin mit 8, Maitreya hatte 1, aber es gab keine von Sakyamuni. Eine deutlichere Aussage über den Wechsel zum Bodhisattva- und Erlösungsbuddhismus hin könnte man nicht machen.

Interessanterweise gibt es einige daoistische Skulpturen zwischen den buddhistischen. Reiseführern zufolge sind in einer Höhle die Acht Unsterblichen untergebracht, aber tatsächlich sind es elf Figuren, und die Acht Unsterblichen kamen als Gruppe sehr viel später auf als diese Skulpturen.

### *Yungang-Höhlen – Datong, Shanxi*

Hier finden sich die frühesten Skulpturen – im Gegensatz zu
den Malereien in Dun Huang. Mit dem Bau der Anlage
wurde 453 n. Chr. unter der sehr pro-buddhistischen, aber
vom chinesischen Standpunkt her »barbarischen« Dynastie
der Nördlichen Wei begonnen. Als die Wei 493 ihre Hauptstadt von Datong nach Luoyang verlegten, wurde bald darauf die Arbeit an den Long Men-Höhlen dicht bei ihrer neu-
en Hauptstadt aufgenommen. Also entstanden die meisten
Höhlen innerhalb 40 Jahren, obwohl Meißelungen bis Anfang des 6. Jhs. fortgesetzt wurden.

Folglich steht man in einer der außergewöhnlichsten Ga-
lerien, die man sich vorstellen kann, einer gewaltigen Konzentration von Kunstwerken gegenüber, die in einem sehr
kurzen Zeitraum entstanden sind. Jahrhundertelang weitgehend ignoriert, wurde der Höhlenkomplex erst 1903 wirklich
wiederentdeckt und seine Bedeutung anerkannt. Später, zwischen 1920 und 1940, entweihten und plünderten viele Antiquitätenjäger die Stätten. Trotzdem sind sie in einem viel
besseren Zustand erhalten als ihr späteres Gegenstück, die
Long Men-Höhlen, obwohl sie inzwischen der Zerstörung
durch Witterungseinflüsse ausgesetzt sind. Die Regierung un-
ternimmt jedoch energische Schritte, um sie zu schützen.

Die Nördlichen Wei wurden sehr fromme Buddhisten
und schufen eine Tradition innerhalb des Buddhismus, die
dem Daoismus oder Schamanismus weit mehr zu verdanken
hat als dem klassischen Buddhismus. Man begann die eigenen Kaiser als lebende Reinkarnationen des Buddha zu sehen. Folglich tragen viele Buddha-Statuen in Yungang die
Gesichtszüge eines der fünf Kaiser der Nördlichen Wei. In
diesen Skulpturen sind die westlichen und indischen Einflüsse wirklich sehr deutlich zu erkennen – manchmal hat
man das Gefühl, als würde man einen Hindu-Tempel oder
einen griechischen Schrein oder eine griechische Kirche betrachten. Doch gleichzeitig eigneten sich die chinesischen

Künstler grundlegende Ideen an und erweiterten sie. Beispielsweise der Heiligenschein um das Haupt der Buddhas und Bodhisattvas. In der griechischen buddhistischen Kunst sind sie einfach gehalten. In Yungang begannen die chinesischen Künstler damit, sie mit exquisiten kleinen Buddhas, Apsaras, Szenen aus dem alltäglichen Leben und dergleichen zu füllen. Die Vorstellung von den Buddhas als die Kaiser bedeutete, daß sie die Figuren nicht mehr als göttlich, sondern eher als menschlich betrachteten, was zu einer Auflockerung des Stils führte, die sich am stärksten bei den Bodhisattvas zeigt.

Die hier dargestellten Szenen aus Buddhas Leben sind die besten in China und verbinden Verehrung mit einem erfrischenden lokalen Stil, der diese Geschichten belebt.

Die Tempel hier spiegeln eine fortwährende Anbetung wider, die bei den anderen beiden Stätten fehlt.

In ganz China, aber besonders entlang der Seidenstraße von den alten Hauptstädten Luoyang und Xian nach Westen, findet man Höhlen mit ähnlichen Skulpturen. Wahrscheinlich beherbergen die bedeutendsten Höhlen insgesamt über zwei Mio. gemeißelte Figuren. Das bedeutet einen enormen Liebesdienst. Trotzdem wurden diese künstlerischen Meisterwerke in fast allen Fällen dem stillen Zerfall überlassen und waren keine bedeutenden Pilger- oder Kultzentren. Heute sind sie Wallfahrtsorte für Kunstinteressierte und viele Chinesen, die kommen und darüber staunen, was die Arbeiterklasse Chinas geleistet hat – dem klassischen marxistischen Denken gemäß – nicht ohne Berechtigung. Die heiligen Berge und die buddhistischen Höhlen zu besuchen bedeutet, zwei sehr verschiedene Welten des Heiligen in China zu betreten. Beide sind derart ausgesprochen unterschiedlich, und zugleich fließt durch sie alle der unaufhörliche Sinn für das Heilige in China und für den Einfluß des Heiligen auf China.

# Anhang

# Niedere Gottheiten

Der Glaubensrichtung entsprechend werden im folgenden die Statuen der niederen Götter, Göttinnen und Buddhas ergänzend zu den Kapiteln 3 bis 5 aufgelistet.

### Drei Buddha-Statuen

Abgesehen von den im vierten Kapitel vorgestellten drei Triaden der Buddha-Figuren existieren noch weitere Dreier-Kombinationen, die sogenannten Drei Körper des Buddha.

Die Drei Körper des Buddha bilden eine weitere Triade und zeigen die verschiedenen als Manushis bekannten Buddhas in ihren drei Formen:

1. Manifestiert sich in menschlicher Form auf Erden als Sterblicher und Asket, der Erleuchtung erlangt hat (beispielsweise ist der Buddha dieses Zeitalters Sakyamuni).
2. Im Nirvana als die Verkörperung der höchsten Reinheit oder als das höchste Gesetz der Buddhaschaft.
3. Im Zustand der vollkommenen inneren Erleuchtung – dem spirituellen Zustand.

Sie können auch als die eigentliche Natur des Buddha klassifiziert werden; der Körper des Entzückens, der sein besonderer Körper ist, und sein Körper der Verwandlung, mit dem er sich nach Belieben manifestieren kann.

Die drei Formen gehen voneinander aus. Demgemäß steht der spirituelle Zustand, die innere Erleuchtung, auch als der Dharma-Körper bekannt, an erster Stelle. Von ihm rühren die Bodhisattvas her, die in ihrer Existenz und in ihrem die Zeit überspannenden Mitgefühl die Buddha-Natur manifestieren. Sie verkörpern den Sangha – die lehrende Gemeinde, die den Mahayana-Lehren zufolge ewig ist. Schließlich manifestiert sich die Buddha-Natur zu einer festgesetzten Zeit in menschlicher Form für einen begrenzten Zeitraum. Diese Manifestation ist der historische Buddha und seine Vorgänger oder jene, die in der Zukunft erscheinen werden. Sie verkörpert den Buddha.

Demzufolge können die drei Körper des Buddha in fünf Hauptgruppen dieser drei Erscheinungsformen aufgegliedert werden, die jeweils mit einem Tiersymbol verbunden sind, was zu einer einfacheren Identifizierung beiträgt. Ausgehend vom Dharma-Körper über den Bodhisattva-Körper zum historischen Buddha erhalten wir folgende Unterteilung:

1. Vairocana, Samantabhadra, Krakuccanda – Löwe.
2. Akshobhya, Vajrapani, Kanakamuni – Elefant.
3. Ratnasambhava, Ratnapani, Kasyapa – Pferd.
4. Amitabha, Avalokitesvara, Sakyamuni – Gans oder Pfau.
5. Amoghasiddhi, Visvapani, Maitreya – das hinduistische Vogelwesen Garuda.

Eine andere Triade besteht aus Sakyamuni mit seinen zwei engsten Schülern Kasyapa und Ananda. Diese beiden Schüler, als Mönche gekleidet und den historischen Buddha offensichtlich zu Diensten stehend, sind leicht zu erkennen.

### *Die Achtzehn Lohans*
Im folgenden werden die Namen und wichtigsten Symbole der Achtzehn Lohans aufgeführt.

1. Bin Du Lo Bo Lo Duo She – Pindola der Bharradvaja – Darstellungen zeigen ihn entweder als behaarten, mageren alten Mann, der ein Buch und eine Almosenschale in den Händen hält, oder neben einem Tisch sitzend, auf dem ein Gong liegt, mit einem Jungen als Gehilfen, während der Lohan ein Buch hält.

2. Jia Nuo Jia Fa Cuo – Kanaka Vatsa – manchmal wird er in Wolken schwebend und mit einem Fliegenwedel in der rechten Hand dargestellt.

3. Jia Nuo Jia Bo Li To She – Kanaka der Bharadbvaja – mit sehr buschigen Augenbrauen und oft auf einem Fels sitzend, in der einen Hand ein Buch und in der anderen einen Fliegenwedel haltend.

4. Su Pin Te – Subhinda – wird als wandernder Weiser mit Schriftrolle, Almosenschale und Weihrauchgefäß dargestellt, oft mit den Fingern schnalzend, um zu zeigen, wie schnell er Erleuchtung erlangt hat! Kann in Begleitung einer Ziege sein.

5. Nuo Chu Lo – Nakula – wird von einem Tier, das wie ein Mungo aussieht, oder gelegentlich von einer dreibeinigen Kröte begleitet, während er eine Gebetskette hält.

6. Bo Tuo Lo – Bhadra – ein Cousin des historischen Buddha, wird von einem Tiger begleitet.

7. Jia Li Jia – Kalika – trägt einen mit Kapuze versehenen Umhang und liest eine Schriftrolle, oder er trägt goldene Ohrringe oder hält sie in jeweils einer Hand.

8. Fa She Lo Fu Duo Lo – Vajraputra – wird sehr dünn und behaart dargestellt.

9. Shu Bo Jia – Supaka – wird von einem Weisen begleitet und trägt entweder einen Fächer oder ein Buch.

10. Ban Tuo Jia – Panthaka – er ist einer von Zwillingsbrüdern (siehe 16.), die geboren wurden, als ihre Mutter sich auf einer Reise befand, und folglich als Symbole für die Pilgerreise dastehen. Er ist in Begleitung eines Drachen und sitzt unter einem Baum. Kann mit einem Fächer aus Federn über seinem Kopf oder eine Glocke haltend dargestellt sein.

11. Lo Hu Lo – Rahula – der Sohn des historischen Buddha, er scheint in den Wolken zu verschwinden, seine Krone haltend (er lehnte das Königreich seines Vaters ab),

oder er wird mit einem Heiligenschein dargestellt, der von einem Gehilfen gehalten wird, und mit einer Schriftrolle vor sich, während er seinen Verzicht erklärt.

12. Jia Xi Na – Nagasena – kann sitzend mit einer Almosenschale in beiden Hände dargestellt werden, aus der Wasser herausspritzt, oder er hält eine Vase in der rechten Hand und einen mit Ringen versehenen Stock in der linken oder manchmal eine Pyramide aus Juwelen statt der Vase.

13. Yin Jie Tuo – Angaja – eine Manifestation des Maitreya Buddha, er wird entweder als alter Mann mit zusammengebundenen Beinen und ungewöhnlich langen Augenbrauen oder als dicke, fröhliche Person, einen Schirm tragend, dargestellt.

14. Fa Na Po Si – Vanavasa – einer der fünf Asketen, die mit dem Buddha im Wald waren, er hat entweder eine Vase mit einem sich neigenden Weidenzweig darin oder eine Bratpfanne bei sich.

15. A Shi Duo – Ajita – wird als alter, gebeugter Mann dargestellt, der sich entweder auf einen Stab stützt, mit einer Vase mit Pfingstrosen neben sich, oder mit gekreuzten Beinen dasitzt und meditiert.

16. Zhu Cha Ban Tuo Jia – Chota Panthaka – Zwillingsbruder des 10. Lohans, sitzt entweder mit dem Rücken dem Betrachter zugewandt, den Kopf zurückgeworfen und den Blick nach oben gerichtet, oder er hält eine Gebetskette und wird von zwei Hirschen begleitet, oder er sitzt auf einer Matte und hält einen Stab in der Hand, auf dem ein Hirschkopf ruht.

17. Do Mo Duo Lo – Dharmatrata – hat langes Haar und hält entweder eine Vase und einen Fliegenwedel, während er einen Stoß Bücher auf dem Rücken trägt und eine Statue von Amitabha bewundert. Andere Darstellungen zeigen ihn mit einem Fliegenwedel in der Hand unter einem Schirm neben einem Tiger sitzend.

18. Bu Te – Upadhyaya – er ähnelt Mi Lo Fa, dem Zukünftigen Buddha, und wird für die letzte Reinkarnation des Maitreya gehalten. Er hält eine Gebetskette und einen Pfirsich, und oft laufen Kinder über ihn.

### Die Apsaras

In der Bildhauerkunst werden die Apsaras, Tian Nu, oft über Bodhisattvas und Buddhas schwebend dargestellt. Sie sehen wie Engel aus mit Gewändern, die sich hinter ihnen aufbauschen. Man hält sie für schöne Frauen, die im westlichen Paradies des Amitabha leben, und häufig tragen sie Musikinstrumente. Sie sind sehr anmutig und schön.

### Die Großen Jünger

Die zehn Großen Jünger des Buddha werden gewöhnlich kahlgeschoren, in Mönchskutten und mit Heiligenschein dargestellt. Es sind:

1. Sariputra, der einen Fächer mit langem Griff hält.
2. Maudgalyayana, der eine Vase mit drei Lotosstielen trägt.
3. Kasyapa, der einen auf dem Boden ruhenden Glockenstab hält.
4. Aniruddha, dessen zusammenliegende Hände nach oben zeigen.
5. Subhuti, der ein Zepter trägt, dessen Basis in seiner linken Hand ruht.
6. Purna, der ein Weihrauchfaß mit langem Griff trägt.
7. Katyayana, dessen Hände in Gebetshaltung vor seiner Brust liegen.
8. Upali, dessen Zeigefinger sich an den Spitzen berühren und nach oben zeigen, während die übrigen Fingerspitzen nach unten zeigen.
9. Rahula, der einen Fliegenwedel über seine Schulter und eine Schriftrolle trägt.
10. Ananda, dessen Hände zum Gebet gefaltet sind.

### *Die zwölf Deva-Könige*

Die zwölf Deva-Könige repräsentieren die Himmelsrichtungen und die Naturkräfte. Es sind:

1. Prithivi, die Erd-Deva, sie trägt eine Schale mit Früchten und zeigt mit ihrer linken Hand nach oben.
2. Vaisravana, der Deva des Nordens, ein Mann in voller Rüstung, mit langem Bart, in der einen Hand ein Zepter und in der anderen eine Pagode haltend. Manchmal trägt er ein Schwert, einen Speer oder eine Hellebarde statt des Zepters, aber die Pagode führt er immer bei sich.
3. Varuna, der Deva des Wassers und des Westens, seinem Kopf entspringen fünf Schlangen, und in der einen Hand hält er ein langes Schwert und in der anderen eine aufgerichtete Kobra. Manche Darstellungen zeigen ihn zwei Schlangen und einen Becher haltend, und er kann auf einem krokodilähnlichen Wesen oder einer Schildkröte sitzen.
4. Soma, der Deva des Mondes und des Nordostens, in der einen Hand trägt er die Mondscheibe, und die andere hält er mit dem Handrücken nach unten auf Brusthöhe.
5. Vaya, der Deva der Winde und des Nordwestens; er ist bärtig und hält in einer Hand eine aus ihm hervorgehende Flagge und unter dem Arm einen Beutel zum Windfangen.
6. Nacriti, Darstellungen zeigen ihn mit steifem Haar und einem Schwert in der rechten Hand, während seine linke Hand sich auf Schulterhöhe befindet, mit der Handfläche nach oben, wobei sich der Daumen und der kleine Finger berühren.
7. Brahma, Deva der Mitte; wird in weiblicher Form dargestellt und hat drei Köpfe mit jeweils drei Augen und darüber zwei weitere Köpfe mit jeweils zwei Augen. Sie ist vierarmig, und in der oberen rechten Hand hält sie

einen Dreizack und in der oberen linken einen Lotos, die untere rechte ist leer und zeigt nach außen, und die untere linke hält eine Vase.

8. Isana, ein eindrucksvoll aussehender Deva mit drei Augen und einen Dreizack und eine zugedeckte Schale haltend.

9. Agni, der Deva des Feuers und des Südostens, der als bärtiger alter Mann mit loderndem Heiligenschein dargestellt wird. Er ist vierarmig, und in der oberen rechten Hand hält er eine Gebetskette, in der oberen linken einen offenbar knospenden Stab, in der unteren rechten ein dreieckiges Feuersymbol und in der unteren linken eine Flasche. Um die Taille trägt er ein Tigerfell.

10. Surya, Deva der Sonne und des Südwestens, wird weiblich dargestellt und hält in der rechten Hand einen Lotos, auf dem die Sonne dargestellt ist, während die linke den unteren Teil des Lotos umfaßt.

11. Indra, Deva des Ostens, ist dreiäugig und hält in der einen Hand einen Donnerkeil und in der anderen eine Schale.

12. Yama, Deva über alle Höllen und des Südens. Er ist dreiäugig und hält in seiner linken Hand einen Stab, dessen Ende ein Bodhisattva-Kopf ziert, während die rechte ausgestreckt ist. Gewöhnlich trägt er eine Krone mit dem Schriftzeichen für König.

### *Xu Kong Zang – Akasagarbha*

Das ist die Essenz der Leere, einer der Bodhisattvas, und kann männlich oder weiblich sein. Sein/ihr Attribut ist die Sonne, die auf einem Lotos ruhend dargestellt ist, der über die rechte Schulter hinaus emporragt. Bei einigen Statuen hält die linke Hand einen Lotos, aus dem ein Schwert hervorkommt, während ein langes dünnes Tuch locker um den Körper geschlungen ist.

## Ma Ni Li – Marici

In China ist sie als die Königin des Himmels und die Mutter des Scheffels bekannt. Sie ist eine kosmische Herrscherin und wird sowohl mit der Sonne als auch mit den Sternen des Großen Bären assoziiert. Obwohl sie eine Frau ist, ist sie wild und oft von männlichem Aussehen. Sie hat acht oder sechzehn Arme und drei Köpfe mit jeweils drei Augen. In ihren Händen hält sie eine Kombination der folgenden Attribute – Sonne, Mond, Pfeil und Bogen, Speer, Schwert, Donnerkeil, Haken, Fächer, Nadel und Faden. Oft reitet sie auf einem Schwein oder sitzt in einem Lotos oder einem von sieben Schweinen gezogenen Streitwagen. Manchmal ist eines ihrer drei Gesichter das eines Schweins. Die Schweine sollen die Zugtiere sein, die sie über den Himmel in ihrer Form als die Sonne ziehen.

### Götter der fünf Elemente

Die Götter der fünf Elemente tauchen nicht oft in Tempeln auf. Sie werden ebenfalls mit den fünf Planeten der traditionellen chinesischen Astrologie und den fünf Himmelsrichtungen in Verbindung gebracht. Das Verknüpfen von bestimmten Gottheiten, Farben und Himmelsrichtungen reicht weit in die alte chinesische Mythologie zurück.

Der Metallstern steht in Verbindung mit der Venus, der Himmelsrichtung Westen und dem Herbst. Er wird auch der Weiße Kaiser genannt und ist gewöhnlich in Weiß gekleidet. Manchmal wird er durch das älteste der Symbole für den Westen, den Weißen Tiger, dargestellt.

Der Holzstern wird mit dem Jupiter, dem Osten und dem Frühling assoziiert. Er gilt als eine gefährliche Gottheit, und seine Farbe ist Grün. Er wird manchmal durch das alte Symbol für den Osten, den Grünen Drachen, dargestellt.

Der Wasserstern wird mit dem Merkur, dem Norden und dem Winter in Zusammenhang gebracht. Seine Farbe ist

Schwarz. Von allen Göttern der Himmelsrichtungen ist er zusammen mit dem Gelben Kaiser derjenige, der noch besteht und dahin gekommen ist, eine von den anderen unabhängige Rolle zu spielen. Er ist bekannt als der Dunkle Herrscher, Kaiser des Nordens und Großes Yin, da der Norden die Richtung der männlichen Kraft im Universum darstellt. Außerdem ist der Norden die Richtung des Todes, wodurch er zum Herrscher über die Toten wird. Daraus läßt sich klar ersehen, warum eine solche Gottheit weiterhin Macht ausübt.

Er ist leicht zu identifizieren, denn sein Haar ist aus seinem Gesicht und seiner Stirn gekämmt und hängt hinten am Kopf herunter. Fast immer wird er auf einer Schlange und einer Schildkröte stehend oder sitzend dargestellt. Dadurch wird das hohe Alter dieses Gottes offensichtlich, denn den frühesten Aufzeichnungen und Mythen zufolge wird der Norden von einem Dunklen Krieger, einer schwarzen Riesenschildkröte, beherrscht. Er kann in Begleitung seines Dieners sein, der eine schwarze Standarte trägt.

Der Feuerstern wird mit dem Mars, dem Süden und dem Sommer assoziiert. Seine Farbe ist Rot. Manchmal wird er durch das alte Symbol für die Sonne, den Roten Vogel, dargestellt.

Die Himmelsrichtung des Erdsterns ist die Mitte, und seine Farbe ist Gelb. Daher ist der Gelbe Kaiser der Erdstern-Gott (siehe weiter oben).

Legenden von den frühesten Zeiten berichten von gewaltigen Schlachten zwischen den verschiedenen Gottheiten der Himmelsrichtungen und Farben, die man vielleicht am besten als einen Urkampf um Vorherrschaft aus dem Chaos heraus bezeichnen könnte. Heute haben lediglich der Gelbe Kaiser und der Nördliche Kaiser wirklich einen Platz im volkstümlichen Pantheon des Daoismus inne.

## Die Zehn Höllenkönige

1. Qin Guang Wang – dessen Hölle eigentlich der Gerichtshof ist, wohin die Seelen nach dem Tod gebracht werden. Er wird oft von den Beamten begleitet, die die Seelen der Verstorbenen herbeischaffen. Sie sind sehr leicht zu erkennen, denn einer von ihnen ist pferdeköpfig, während der andere einen Ochsenkopf hat, der dritte ist leichenblaß, trägt einen spitz zulaufenden Hut, und seine rote Zunge hängt heraus, und der vierte schließlich hat ein schwarzes Gesicht.

   Die ochsenköpfige und die pferdeköpfige Gottheit, Niu Tou beziehungsweise Ma Mian, haben zu ihren Lebzeiten Pferde- und Ochsenfleisch gegessen und verkauft und als Strafe diese Posten erhalten. Wenn sie ihre Sünden gebüßt haben, sind sie erlöst, und zwei andere nehmen ihren Platz ein.

   Der Weiße Meister und der Schwarze Meister, Bai Lao Ye und Hei Lao Ye, sind auch als Yang Wu Chang und Yin Wu Chang bekannt, was »männliches Prinzip des vorübergehenden Seins« beziehungsweise »weibliches Prinzip des vorübergehenden Seins« bedeutet. Sie werden auch als die Wu Chang-Geister bezeichnet. Ihnen obliegt die Aufgabe, die Seelen dem Alter entsprechend in die Hölle zu bringen. Demzufolge bringt Yang Wu Chang diejenigen her, die vor ihrem fünfzigsten Lebensjahr sterben, während Yin Wu Chang sich um die nach ihrem fünfzigsten Lebensjahr Verstorbenen kümmert. Daher wird Weißes Gesicht oder Weißer Meister am meisten gefürchtet, und in dem Versuch, ihn zu überreden, die Jungen in Ruhe zu lassen, genießt er in Tempeln die größte Verehrung. Daß seine Zunge heraushängt, liegt daran, daß man ihn für einen Selbstmörder hält. Selbstmörder sind im traditionellen China sehr gefürchtet, weil sie den Schauplatz ihres Selbstmordes heimsuchen, danach strebend, andere zu der gleichen Tat zu verleiten.

Der kegelförmige Hut des Weißen Meisters ist mit vier Schriftzeichen versehen, die recht merkwürdig erscheinen. Sie lauten: »Ein Blick Großer Reichtum«. Das führte dazu, daß er in einigen Gegenden als Gott des Reichtums verehrt wird! Er und der Schwarze Meister sind gewöhnlich in Weiß, der Trauerfarbe, gekleidet, und ihre Gewänder sind rauh, sackleinenartig. Gewöhnlich liegen um sie herum haufenweise Geldscheine der Höllenbank, mit denen sie bestochen werden sollen. Die Tempel in Macau beherbergen besonders prachtvolle Figuren.

2. Chu Jiang Wang ist der König der zweiten Hölle, und in seine Zuständigkeit fällt die Folterung von unehrlichen Ehebrechern, schlechten Ärzten und jenen, die Tieren Schaden zugefügt haben. Seine Symbole umfassen zwei Gefängniszellen – eine heiße und eine kalte – eine glühendheiße Säule und ein eiskalter Teich.

3. Song Di Wang herrscht über die dritte Hölle und befaßt sich mit schlechtgelaunten Frauen und ungehorsamen Sklaven. Auspeitschen und die qualvolle Bearbeitung mit dem Hammer sind seine Spezialitäten.

4. Wu Guan Wang ist der König der vierten Hölle, in die niederträchtige Personen und Schwindler kommen. Aufgespießt oder unter Felsen begraben zu werden sind seine Symbole.

5. In der fünften Hölle residiert der König der Höllenkönige, König Yama, auch Yan Le Wang genannt. Hier erfolgt die Bestandsaufnahme, und die Seelen der Verstorbenen werden gewöhnlich dazu gebracht, auf ihr früheres Leben zurückzublicken, damit sie sehen, wie schlecht ihre Kinder sich jetzt benehmen oder daß Freunde sie vergessen haben.

6. Bian Cheng Wang herrscht über die sechste Hölle und bestraft jene, die die Götter gelästert oder beleidigt, die Tempel entweiht oder irgendeiner Religion Schaden zugefügt haben. Seine Folterinstrumente sind die Walze, die zwei Planken zum Zermalmen und der Pfahl, an dem den Seelen bei vollem Bewußtsein die Haut abgezogen wird – wenn Sie verstehen, was ich meine!

7. Der König der siebten Hölle ist ebenfalls der Gott des Östlichen Gipfels, Tai Shan Jun Wang, obwohl er von den meisten Gläubigen nicht mehr für eine echte Inkarnation dieser Gottheit gehalten wird. In der Han-Dynastie glaubte man, daß alle Seelen der Verstorbenen sich zum Tai Shan begeben würden, worin sich die Vorstellung widerspiegelt, daß alle Menschen von dem Gott und der Göttin des Tai Shan erschaffen wurden. Doch für die meisten Menschen existiert dieser Zusammenhang nicht mehr. In diese Hölle kommen jene, die Gräber geschändet oder Menschenfleisch gegessen haben oder grausam gegenüber ihren Untergebenen waren. Seine Zeichen sind ein kochender Kessel, das Abgenagtwerden von Tieren und das Aufschlitzen des Bauches.

8. Der achte König ist Ping Deng Wang, und seine Hölle ist jenen bestimmt, die ihre Kindespflichten nicht erfüllt haben. Das Zerquetschen mit Wagenrädern, das Herausreißen der Zunge und das Zerschneiden in zehntausend Stücke sind die Foltermethoden dieser Hölle.

9. Du Shi Wang ist der König der schlimmsten aller Höllen. Hierhin kommen Selbstmörder, Abtreiber und Verfasser von pornographischen Werken. Diese Hölle ist die Stadt der Selbstmörder, und diese müssen ihren Tod immer wieder aufs neue durchleben.

10. Zhuan Lun Wang schickt die Seelen in einem neuen Körper wieder hinaus, aber erst nachdem sie den Trank des Vergessens zu sich genommen haben. Dieser wird ihnen von einer alten Frau verabreicht, woraufhin sich keine Seele an irgendeine Einzelheit aus einem früheren Leben erinnern kann. Sobald sie bereit sind, werden die Seelen über eine Brücke, die beide Welten miteinander verbindet, geschickt.

### *Sonne und Mond*

Der Gott und die Göttin, die am stärksten mit der Sonne und dem Mond assoziiert werden, sind Shen Yi und Cheng E. Shen Yi ist der berühmte Yi der Bogenschütze, der zur Zeit von Kaiser Yao ca. 2500 v. Chr. gelebt haben soll. Seine Geschicklichkeit war von solcher Art, daß er, wenn neun falsche Sonnen aufgingen und das Land völlig ausdörrten, eine nach der anderen mit seinen Pfeilen unschädlich machte, indem er den schwarzen Raben, der sich im Herzen von jeder befand, vom Himmel schoß. Aus diesem Grund wird die Sonne manchmal durch einen Raben dargestellt. Jedoch begann er nach der Kaiserherrschaft zu streben, worüber sich seine Gattin Cheng E große Sorgen machte. Eines Tages vollzog er besondere Zeremonien für die Königinmutter des Westens und erhielt dafür eine magische Pille der Unsterblichkeit. Cheng E fand die Pille und schluckte sie aus Angst, daß ihr Mann einmal unsterblich, mächtig und böse werden würde. In dem Augenblick, als Shen Yi in ihr Zimmer platzte, stellte Cheng E fest, daß sie fliegen konnte, und floh aus dem Fenster. Shen Yi nahm die Verfolgung unverzüglich auf seiner Wolke auf. Die Götter hatten Mitleid mit Cheng E und brachten sie auf den Mond, wo sie noch heute lebt und Pillen der Unsterblichkeit herstellt und den Mond mit seiner *yin*-Eigenschaft ausstattet. Shen Yi wurde von den Göttern ergriffen und auf der Sonne untergebracht, wo seine *yang*-Energie die Kraft der Sonne hervorrief.

Beide halten gewöhnlich eine Tafel mit einem Raben beziehungsweise einem Hasen (dem Symbol des Mondes) oder den Schriftzeichen für Sonne und Mond. Shen Yi wird mit seinen Pfeilen dargestellt.

### Wind und Wetter

Feng Bo ist der Windgott und leicht an seinem langen, weißen Bart, dem gelben Umhang und einem Hut aus roten und weißen Streifen zu erkennen. In seinen Händen hält er einen Sack, aus dem er die Winde entweichen läßt.

In seiner Nähe weilt oft der Donnergott Lei Gong, eine sehr alte Gottheit, die auf schamanistische Zeiten zurückzuführen ist. Er sieht wild aus, immer finster und drohend dreinblickend und oft auf einer wirbelnden Scheibe stehend, die den Blitz symbolisiert. Neben ihm können sich auch Trommeln befinden, von denen Donner hallt. Manchmal hat er ein Affengesicht, Fledermausflügel und einen Adlerschnabel. In seinen Händen kann er einen Hammer und einen Meißel halten.

### Schutzgottheiten

In lokalen daoistischen Schreinen findet man oft Schutzgottheiten, beispielsweise die verschiedenen Meeresgöttinnen der Seeleute, wie A-Ma in Macau. Zu den am meisten verbreiteten zählt Lu Ban, der Gott der Zimmerleute. Gewöhnlich wird er sitzend dargestellt, mit zwei Gehilfen, und alle drei sind leicht an den verschiedenen Werkzeugen zur Holzbearbeitung wie Geviert, Axt und Hobel, die sie bei sich tragen, zu erkennen.

### Medizingötter

Während Lu Dong Bin vom gewöhnlichen Volk konsultiert wird, ist Yao Wang der Gott der Ärzte. Vieles von seinem medizinischen Wissen bezog er von dem Drachenkönig der

Gewässer, und darum wird er oft mit einem Drachen dargestellt, der ihm offenbar etwas ins linke Ohr flüstert. Er soll im 7. Jh. n. Chr. gelebt und die Tang-Kaiser zu der Zeit behandelt haben. Um auf seinen hohen Rang zu seinen Lebzeiten hinzuweisen, wird er gewöhnlich in der Robe eines Mandarins dargestellt, und er hat zwei Diener, die entweder Behälter mit Arzneien oder eine Kürbisflasche und ein Blatt tragen.

Beliebt bei Frauen, die sich ein Kind wünschen, ist der Gott der Kinder, Zhang Xian, der als alter Mann mit dem üblichen langen Bart erscheint und neben sich ein oder zwei Kinder hat. Er spannt einen Bogen, und sein Pfeil ist seltsamerweise auf einen Hund am Himmel gerichtet. Das ist der Sirius oder Hundsstern, dessen Einfluß nachteilig für jene ist, die schwanger werden möchten. Zhang Xian beschützt also die Frauen vor diesem schlechten Einfluß.

### *Himmlische Bürokratie*

Alte Bücher über chinesische Götter befaßten sich seitenlang mit den zahlreichen Ämtern im Himmel. Ämter, die für alles zuständig waren, von der städtischen Kanalisation bis zu Pocken, von Regen bis zu Zeremoniengewändern, und jedes einzelne wurde von seinem obersten Gott und unzähligen Lakaien geführt. Darin spiegelt sich Punkt für Punkt die kaiserliche Verwaltung auf Erden wider. Mit der völligen Zerstörung dieses Systems sind auch die Götter und ihre Verwaltungsstellen größtenteils verschwunden. Von dem gewöhnlichen Volk, das stets eine gesunde Gleichgültigkeit gegenüber Beamten hegte, ob göttlich oder menschlich, nie allzu ernst genommen, sind sie an der Rebe verdorrt, als die Wurzel der Kaiserkultur ausgerissen wurde. Heute bestehen nur wenige, wie zum Beispiel der Donnergott und der Jadekaiser, weiter. Es ist unwahrscheinlich, daß sie jemals wiederaufblühen.

## *Lokalgottheiten*

Wie ich bereits schon erwähnt habe, gibt es zahlreiche Lokalgottheiten, die außerhalb bestimmter geographischer oder ethnographischer Regionen keine Rolle spielen. Es ist unmöglich, auf alle diese Götter einzugehen, aber in lokalen Reiseführern oder Prospekten wird man zumindest einen grundlegenden Überblick über die bedeutendste Lokalgottheit finden. Ein Beispiel ist der riesige Wong Tai Sin-Tempel in Hongkong. Wong Tai Sin ist ein daoistischer Unsterblicher, dem enorme Wahrsagefähigkeiten zugeschrieben werden. Doch außerhalb von Hongkong und dem Deltagebiet des Flusses Zhu Jiang (Perlenfluß) ist er völlig unbekannt.

Als weiteres Beispiel sei auf einen der größten und sicherlich einen der populärsten Tempel in Chengdu, Sichuan, verwiesen, den Zhaojue Miao. Hier thront ein loyaler General, der dem berühmten Liu Bei diente. Liu Bei gehörte zu den »Drei vom Pfirsichgarten« – siehe »Guan Di« weiter oben –, deren Abenteuer so lebendig in dem Roman *Die Geschichte von den Drei Reichen* geschildert werden, der die Zeit um das 3. Jh. n. Chr. behandelt. Während gleich am Anfang der Anlage das Grab und ein Tempel an Liu Bei, den ehemaligen König in dieser Gegend, erinnern, bilden das Herz des Schreins die Halle und Altare, die Zhuge Liang, Zhuge Zhan und Zhuge Shang geweiht sind. Diese drei, Großvater, Vater und Sohn, dienten alle dem Königreich Shu. Zhuge Liang zählte zu Liu Beis treuesten Dienern, während sein Sohn und Enkelsohn bei der Verteidigung des Staates gegen seine Feinde im Kampf fielen. Diese drei werden nur in Chengdu angebetet. In anderen mir bekannten Teilen Chinas habe ich ihre Statuen nirgendwo gefunden, und dennoch sind sie den Bewohnern Chengdus sehr teuer. Wie man hier von alters her sagt, wird Zhuge mehr verehrt als Liu Bei – was bedeutet, daß die Menschen den loyalen Diener viel lieber haben als den egoistischen Herrscher!

# Verzeichnis der heiligen Berge

## Daoistische Berge[15]

### *Hua Shan*

Der Westberg, Hua Shan, bedeutet Blumenberg. Ich habe bereits einen partiellen Aufstieg zu diesem Berg beschrieben, so daß ich mich hier auf Routen beschränke, die im ersten Kapitel (s. S. 20 ff.) nicht behandelt wurden.

Der Hua Shan ist der steilste und gefährlichste der heiligen Berge und sollte von Personen, die Höhen, dichte Menschenmengen und beängstigend steile Felswände mit unsicheren Haltegriffen beunruhigend finden, nicht einmal in Erwägung gezogen werden! Die ersten wenigen Meilen der Route verlaufen in recht mäßigem Anstieg, so daß die Vorsichtigeren sich zumindest an diesen Abschnitt wagen können! Der über 2430 m hohe Hua Shan umfaßt eine dramatische Kette von drei Gipfeln, die sich am Ende von steilen und schmalen Kämmen erheben.

Seit Jahrtausenden ist dieser Berg ein Zentrum für religiöse Aktivität. Aus Überlieferungen, die vielleicht mehr sind als nur Überlieferungen, geht hervor, daß Tang der Siegreiche, der Gründer der Shang-Dynastie (1766-1122), 1766 v. Chr. hierherkam, um zur Feier Opfer auszuführen. Als 1100 v. Chr. die Shang den Armeen der Zhou unterlagen, vollzog der siegreiche, schon lange mit dem I Ching assoziierte König Wu ähnliche Opferungen auf dem Berg.

Der Ausgangspunkt jeglicher Pilgerfahrt ist der Tempel Xiyue, Großer Westlicher Tempel, in dem seit seiner Gründung im Jahre 212 n. Chr., wenn nicht noch früher, die

---

[15] Für nähere Einzelheiten über die daoistischen heiligen Berge Tai Shan und Song Shan siehe Kapitel 7, Heilige Berge.

Kaiser opferten. Einer der Glanzpunkte des Tempels sind die vier Steinbögen aus der späten Ming-Zeit (17. Jh.).

Man erreicht den Berg entlang eines zeremoniellen Weges, der zum ersten Tempel führt, dem Tor zum sogenannten Pavillon des Gangs zum Himmel. Der Weg wurde während der Ming- und der Qing-Dynastie ausgehauen, und die Tempel am Weg entlang stammen alle aus dieser Zeit, aber überwiegend aus der Qing-Zeit. Vor wenigen Jahren, nachdem eine tragische plötzliche Überschwemmung unzählige Pilger tötete, hat die Regierung Teile des Weges von Grund auf verbessert, ohne jedoch die Schönheit und die Herausforderung zu zerstören, die sich auf den höheren Abschnitten bieten.

Den früheren Teil des Weges habe ich bereits behandelt. Ich würde dem Wanderer empfehlen, nach den heute größtenteils verlassenen Höhlen und Schreinen der Einsiedler Ausschau zu halten. Man findet sie an den unzugänglichsten Stellen, und oft muß man lange nach ihnen suchen. Auch den unzähligen Kalligraphien sollte man Beachtung schenken; wie auf so vielen der heiligen Berge kommt man auch hier mit fast jedem Schritt an Gedichten, Sprichwörtern, Ausrufen der Berühmten und weniger Berühmten vorbei.

Das erste Tor, das man bei der Besteigung erreicht, ist ungefähr sechs oder sieben Kilometer vom Fuß des Berges entfernt und heißt Yun Meng, Wolkentor, und führt zu einem kleinen abgeflachten Bereich mit zwei daoistischen Tempeln, die Ost- und Westtempel heißen, obwohl sie heute eher die Funktion von Teehäusern haben als von Tempeln. Im Osttempel befindet sich die Statue des Mädchens der Neun Himmel, einer lokalen Berggottheit, über die wenig bekannt ist. Der Begriff »Neun Himmel« stammt jedoch aus den han-zeitlichen Glaubensvorstellungen von den Schichten des Himmels, und der König der Neun Himmel ist eine frühe Version des Jadekaisers. In der Nähe liegt das Becken des Großen Scheffels oder des Nördlichen Scheffels. Der Begriff Scheffel, der sich auf die sieben Sterne des Großen Bären bezieht und im Mittelpunkt des Kults um die Mutter des Scheffels steht, erinnert wieder daran, daß uralte weibliche Himmelsgottheiten immer Bestandteil des Daoismus gewesen sind.

Hier in der Nähe liegen die Ruinen des großen Tong Xian Guan, Tempel des Tong-Unsterblichen. Dies war eine riesige daoistische Lehranstalt mit einer bedeutenden Bibliothek, die 1549 errichtet wurde. Sein Verfall ist ein trauriger Kommentar über den Niedergang des Daoismus im Laufe der vergangenen wenigen Jahrhunderte, eine Situation, die sich in der heutigen Zeit hoffentlich ändern wird.

Ein Stück weiter kommen zwei Felsformationen in Sicht. Eine soll wie ein Phönix aussehen, obwohl ich sagen muß, daß dazu viel Vorstellungskraft vonnöten ist! Die andere besteht aus zwei in die Höhe stehende Felsen, die wie zwei dicht zusammensitzende Menschen aussehen, und wird »Zwei Unsterbliche spielen Schach« genannt.

Als nächstes kommt der Fels der Umkehr. Auch wenn es sich wie ein vernünftiger Vorschlag anhören mag, bezieht sich diese Umkehr auf eine alte Legende. Ein daoistischer Mönch hatte zwei Gehilfen, denen er zwar hart zusetzte, sie aber ehrlich behandelte. Zusammen legten sie auf dem Berghang 71 Einsiedlerhöhlen an und beseitigten das Gestrüpp. Aber irgendwann hatten die beiden Gehilfen die Nase voll davon, denn der Mönch erlaubte es ihnen nicht einmal, sich in einer der Höhlen auszuruhen. Also beschlossen sie, ihn zu töten. Eines Tages, als er an einem Seil über einen steilen Absturz hing, schnitten sie das Seil durch und machten sich auf, den Berg zu verlassen. Als sie bei ihrem Abstieg diese Stelle erreichten, fanden sie zu ihrer großen Überraschung den Mönch vor, gesund und wohlauf. Er sagte einfach: »Was auch immer ihr lernt und tut, macht es immer ehrlich und unerschütterlich. Wenn ihr nicht ehrlich seid, wird euer ganzes Tun zu nichts führen.«

Die beiden Gehilfen sahen ihre Torheit ein und ließen ab von ihrem Abstieg und ihrem falschen Verständnis. Aus diesem Grund wird er der Fels der Umkehr genannt.

Eine Reihe sehr steiler und gefährlicher Stufen weist jetzt den Weg, der sogenannte »Tausend Fuß tiefe Abgrund«, dem sich die »Hundert Fuß tiefe Schlucht« anschließt. Nachdem man die Brücke der Zwei Unsterblichen überquert hat, gelangt man zum Quan Xian Guan, Tempel der Gruppe der Unsterblichen. Hier kann man sich gut vorstellen, ein Unsterblicher zu sein, hoch oben auf dem von Wolken umhüllten Berg. In der Nähe liegt die berühmte Höhle des Erdgottes, in der sich ein Gefäß befindet, das zu groß ist, um überhaupt durch den Eingang zu passen.

Weiter weg vom Tempel liegt die Furche des Lao Zi oder Lao Jun, um den hier gebräuchlichen Namen zu verwenden, was »der Alte Edle« bedeutet. Lao Zi soll über die Anstrengungen der Menschen gerührt gewesen sein, die sie unternahmen, um auf den Gipfel zu gelangen, so daß er seinen Ochsen anspannte und diese nützliche Furche pflügte.

Auch die Terrasse und der Tempel, denen man als nächstes begegnet, sollen den Unsterblichen als Treffpunkt gedient haben, und hier teilt sich der Weg. Der Nordgipfel, der niedrigste von den dreien, springt hier vor, mit Pässen, die so klein sind, daß sie fast kein Durchkommen möglich machen. Am Ende liegen die verstreut angeordneten Gebäude des Nordgipfelklosters. Zurück auf dem Hauptweg führt die Wanderung über den berüchtigten Grat des Schwarzen Drachen, Bei Long, der auf beiden Seiten so steil abfällt, daß sich hier sogar der König der Hölle fürchten soll.

Weiter geht es zu einer leichten Senkung, die Paß des goldenen Schlosses, Jin Suo, genannt wird. Von hier kann man den Schlafenden Unsterblichen sehen. Bei dieser Felsformation soll es sich um Ma Zhen Yi handeln, einen Daoisten, der nach Unsterblichkeit strebte und sich darum auf dem

Hua Shan niederließ. Er liebte die Aussichten hier so sehr, daß er immer mehr Zeit damit verbrachte, einfach herumzuliegen und die Landschaft zu betrachten. Schließlich erlangte er Unsterblichkeit, aber bis dahin war er ebenfalls Teil des Gesteins geworden!

Hier führt der Weg entweder zum Ostgipfel oder zum Mittleren, Süd- und Westgipfel weiter. Zum Ostgipfel gelangt man über einen gefährlichen, fast senkrechten Weg, der an der Bo-Terrasse oder dem Schachpavillon endet. Man erzählt sich, daß der erste Kaiser der Nördlichen Song-Dynastie ca. 970 eine kostspielige Partie Schach mit einem daoistischen Mönch spielte, bei der der Hua Shan selbst auf dem Spiel stand. Der Kaiser verlor, und seitdem ist der Hua Shan daoistisch. Die Geschichte ergibt wenig Sinn, aber wen kümmert das, wenn man nach dieser Klettertour diese Höhe erreicht hat! Hier kann man auch den Abdruck der Hand des Unsterblichen sehen, der die Überschwemmungen zu bezwingen half (s. S. 39).

Der Aufstieg zum Mittleren Gipfel ist recht gemäßigt. Er ist auch als der Gipfel der Jadefrau bekannt. Die Jadefrau war die Tochter eines Königs, der im 7. Jh. v. Chr. lebte. Ein Weiser wurde eingeladen, am Hof seine Flöte zu spielen, und die Wirkung war von solcher Art, daß sich sogar die geschnitzten Drachen und Phönixe erhoben und tanzten. Als Belohnung erhielt er Prinzessin Nongyu, was Jade bedeutet, zur Gemahlin, und zusammen wurden sie, mit dem Beistand der Drachen, auf diesen Gipfel gebracht, um hier zu leben.

Der Südgipfel, der nächste in der Reihe, ist der höchste Gipfel. Hier stand einst der Goldene Himmelspalast, Jin Tian, und hier kann man noch immer die Überreste des angeblichen Ofens von Lao Zi sehen, in dem er die Pillen der Unsterblichkeit herstellte und in dem er einst versuchte, den Affen zu verbrennen – wenn man dem anti-daoistischen Roman *Reise nach dem Westen* Glauben schenkt! Hier gibt es einen weiteren Platz, an dem sich Unsterbliche zu treffen pflegten, und möglicherweise ist es der außergewöhnlichste Platz auf dem ganzen Hua Shan. Die Höhle des He Lao kann man nur erreichen, indem man entlang dünner Planken läuft, die von Seilen am steilen Berghang gehalten werden, und das bei einer Falltiefe von über 300 m. Diese Einsiedlerhöhle faßt den Geist des völligen Rückzugs aus der Gesellschaft zusammen, den die Weisen auf den heiligen Bergen anstrebten.

Der Westgipfel sieht wie eine riesige Lotosblume aus, und daher sein anderer Name Lotosblumengipfel. Hier steht der schöne Zhen Yue-Tempel mit seiner eindrucksvollen Statue des Jadekaisers. Ein Stück weiter gelangt man zu der Riesenaxt, die ein solcher integraler Bestandteil dieses Gipfels ist. Denn an dieser Stelle spaltete ein treuer Sohn den Berg, um seine Mutter zu befreien. Man erzählt sich, daß ein Gelehrter, ein gewisser Liu Yan Chang, einer Göttin begegnete, und sich die beiden ineinander verliebten. Sie heirateten und bekamen einen Sohn, Cheng Xian. Aber in den Augen der Götter war ihre Ehe unrechtmäßig. Sie beschlossen, die Göttin für ihr Verbrechen, einen Sterblichen geheiratet zu haben, zu bestrafen. Deshalb trug man ihrem ältesten Bruder auf, einen riesigen Berg zu nehmen und ihn auf sie fallen zu lassen. Auf diese Weise gelangte der Hua Shan dorthin, wo er sich jetzt befindet.

Der Bruder führte den Auftrag ordnungsgemäß durch, und die arme Göttin wurde unter dem Berg zerquetscht und begraben. Aber ihr Sohn beschloß, seine Mutter zu befreien, sobald er erwachsen sein würde. Und tatsächlich, als er zur Reife kam, war er imstande, göttlichen Beistand und insbesondere die magische Axt zu erhalten. Diese hob er hoch und ließ sie auf den Westgipfel niederschmettern und spaltete so den Berg. Seine Mutter sprang heraus, endlich frei, und von der Zeit an lebten sie alle glücklich. Die Axtspur und die Axt selbst sind heute noch immer zu sehen. Im Cui

Yub-Tempel nahe des Gipfels kann man die – unversehrte – Statue der Göttin sehen. Auch auf diesem Gipfel wurde eine Wetterwarte eingerichtet. Es muß eine gewisse Hingabe erfordern, hier im Winter zu arbeiten.

Der Hua Shan zählte zu den Plätzen, an denen Unsterblichkeit verleihene Pilze wuchsen, die, zur richtigen Zeit gepflückt, ewiges Leben garantieren. Aus diesem Grund weist er so viele mit Unsterblichen assoziierte Stätten auf. Heute ist er ein belebter daoistischer Berg insofern, daß Mönche überall entlang des Weges leben und arbeiten, obwohl sie mit den Fremdenverkehrsbehörden zusammenarbeiten müssen, die in den Tempeln Herbergen und Restaurants eingerichtet haben. Aber bis zu einem gewissen Maße ist das einfach die Fortsetzung der alten Klostertradition.

In der heutigen Zeit ist eine Darstellung des Hua Shan ohne die Geschichte von den Kommunisten nicht vollständig. Im Sommer 1949 war die Volksbefreiungsarmee auf dem Weg zum totalen Sieg und zwang Chiang Kai Sheks Soldaten schließlich im Herbst 1949 zur Flucht nach Taiwan, worauf Mao die Volksrepublik China ausrief. Aber eine Gruppe von Kuomintang-Soldaten versteckte sich hoch oben in dem schwer begehbaren Gelände des Hua Shan und führte Guerrilla-Operationen durch. Man konnte unmöglich einen erfolgreichen konventionellen Angriff den Weg hinauf durchführen. Also erstieg im Juni 1949 eine Gruppe von sieben Soldaten der Volksbefreiungsarmee, geführt von einem lokalen Holzfäller, die östliche Seite des Hua Shan, etwas, das noch niemand zuvor getan hatte. Durch diesen Überraschungsangriff konnten sie den zahlenmäßig überlegenen Feind überwältigen. Die Eroberung des Hua Shan durch Strategie ist ein Lieblingsthema für Schauspiele, Filme und sogar Opern geworden.

Auf diese Weise hält der Hua Shan weiterhin die Phantasie und die Zuneigung Chinas fest.

## Heng Shan – Shanxi

Heng Shan ist der Name für zwei Berge, und bei beiden handelt es sich um daoistische heilige Berge. Der eine ist der Nordberg in Shanxi und der andere der Südberg in Hunan. In diesem Abschnitt befassen wir uns zunächst mit dem Nordberg.

Die Wanderroute beginnt in der alten Stadt Hun Yuan mit ihren fast makellosen uralten Häusern und Höfen. Die wichtigsten Stätten von religiöser Bedeutung sind hier der Yong An Si, der Tempel des Ewigen Friedens, ein riesiges buddhistisches Kloster, das Anfang des 12. Jhs. errichtet und im 14. Jh. erweitert wurde. Wie so viele der Bauten um den Heng Shan herum stellt er eine Verschmelzung architektonischer Stile dar. Denn dies hier ist ein Teil Chinas, in dem sich die Einflüsse der Mongolen und durch sie des Westens niederschlugen. Der schöne Tempel enthält in der Haupthalle einige hervorragende Fresken aus dem 14. Jh., die populäre buddhistische (und daoistische) Gottheiten zeigen. Zum Yuan Jue-Tempel gehört eine prachtvolle Pagode aus dem Jahre 1118 n. Chr.

Der Heng Shan wird mit drei großen Figuren aus dem konfuzianischen und daoistischen Glauben in Zusammenhang gebracht. Die älteste Figur ist der Erhabene Kaiser Shun, ein Muster an kindlicher Ergebenheit, der trotz drei Mordanschlägen auf sein Leben durch seinen Vater, seine Stiefmutter und seinen Stiefbruder stets vorbildlich in bezug auf Höflichkeit und kindlichen Gehorsam war. Schließlich sahen die drei den Irrtum ihrer Wege ein und wurden selbst vorbildlich in ihrem Verhalten. Aufgrund dieser Tugenden wurde Shun zum Kaiser ernannt. Im dritten Jahrtausend v. Chr. soll er den Heng Shan besucht haben. Die zwei anderen Figuren, die am populärsten sind, gehören zu den Acht Unsterblichen. Hier wird Lu Dong Bin angebetet, und hier werden noch immer Heilkräuter gesammelt, die für seine Rezepte Verwendung finden. Aber es ist Zhang Guo Lao, dessen man am meisten gedenkt, denn der Hufabdruck seines Esels ist noch immer zu sehen, als er auf ihm verkehrtherum ritt, wie auch der Baum mit den offen liegenden Wurzeln, den der Esel in seiner Panik über Zhangs Reittechniken aus dem Boden herausgerissen haben soll (s. S. 169)!

Viele Tempel verdanken ihre Gründung der Förderung der Dynastien, die in dieser Gegend Nordchinas zu der Zeit herrschten, als die großen Dynastien in sich streitende Kleinstaaten zerfallen waren. Besonders viele wurden während der Dynastien der Nördlichen Wei, der Qi und der Zhou (386 – 590 n. Chr.) und vornehmlich in der Jin-Dynastie (1115 – 1240 n. Chr.) gegründet. Instandgesetzt und erweitert unter noch einer anderen mongolischen Dynastie, der Qing (1644 – 1911), wird das Gebiet seit 1979 als Touristenzentrum umfassend restauriert.

Der Berg ist 2 017 m hoch und auf zwei Hauptwegen begehbar, die als die vordere und hintere Route bekannt sind. Ich werde zunächst der vorderen Route folgen. Bevor man die eigentliche Besteigung in Angriff nimmt, bietet sich einem der atemberaubende Anblick der berühmtesten Stätte des Heng Shan, das Hängende Kloster, Xuan Kong Si, ein daoistisches Kloster, das von »gefiederten Mönchen«, also fliegenden Mönchen, errichtet wurde, wie es die lokale Legende erzählt, die sich auf die Vorstellung stützt, daß Unsterbliche fliegen können. Der gut erhaltene Tempel selbst dient nur als formelles religiöses Zentrum einmal im Jahr, wenn es Daoisten erlaubt ist, hier Zeremonien abzuhalten. Der Tempel wurde Anfang des 5. Jhs. n. Chr. gegründet und viele Male erweitert, besonders unter mongolischer Schirmherrschaft durch den berühmten Anführer der Quan Zhen-Schule, Lu Chongyang. Die Tradition der Mongolen widerspiegelnd, der zufolge alle bedeutenden Glaubenssysteme zu respektieren waren, enthält die Haupthalle Statuen von dem Buddha, von Lao Zi und Kong Fu Zi. Die anderen

Haupthallen beherbergen eine berühmte Statue der tausend-armigen Guan Yin und eine ungewöhnliche Sammlung von Fünf Buddhas, die Vergangenheit, Gegenwart und Zukunft sowie die zwei wichtigsten Erlöser-Buddhas Amitabha und Manjushri darstellen.

Die Hauptgottheit des Berges ist der Gott des Heng Shan, Cui Yang, der Urenkel des Gelben Kaisers, der gemäß der chinesischen Mythologie in den letzten Jahren des zweiten Jahrtausends v. Chr. über diesen Teil Chinas herrschte. Wahrscheinlich existierte er als ein mächtiger lokaler Herrscher mit den üblichen schamanistischen Kräften, wie es aus der Legende hervorgeht. Seine Vergottung ist typisch für die traditionelle Volksreligion in China. Seine Statue, die ihn in kaiserlicher Robe mit dem flachen Hut und den herabhängenden Perlenschnüren zeigt, findet man an vielen Plätzen.

Nachdem man die Schlucht verlassen hat, über die das Kloster hängt, passiert man das Tor zum Heng Shan mit seinen in der Ming-Dynastie skulptierten Löwen. Zur Rechten liegt der Tempel der Drei Ursprünge, einer von vielen kleinen Tempeln entlang des Weges. Atemberaubende Aussichten bieten sich an jeder Ecke, und die verschiedenen Felsinschriften von Gedichten und Sprüchen lenken die Aufmerksamkeit aufgrund ihrer bloßen Mannigfaltigkeit auf sich.

Der Heng Zong-Fels, Fels des Gottes des Heng Shan, ist der erste Touristenstopp. Hier wurden dem Gott an vorgeschriebenen Tagen kaiserliche Edikte vorgelesen. Im Tempel des Zhen Wu fanden die Rituale statt. Die in den Fels gemeißelten riesigen Schriftzeichen bedeuten Heng Zong und sind jeweils 13 Meter groß – die größten Zeichen auf dem Heng Shan. Hier kann man auch die Kiefer sehen, die Zhang Guo Laos Esel ausgerissen haben soll, und in der Nähe befindet sich ein Grat, wo der Unsterbliche sehr gern gesessen und nachgedacht haben soll.

Der nächste bedeutende Tempel ist der herrlich bemalte Ma Shen-Tempel, Tempel der Pferdegeister. Hier stehen zwei Pferdestatuen, die Heng Zongs Lieblingspferde darstellen. Einen Nebenweg hinunter gelangt man zum Zehn-Könige-Tempel; es handelt sich dabei natürlich um die Zehn Höllenkönige. Nicht weit entfernt findet man die bittere und die süße Quelle. Die eine spendet köstliches Wasser und die andere widerlich schmeckendes, das krank machen kann! Geht man ein Stück weiter und sucht ein bißchen, findet man die Höhlen der Drei Mao-Brüder, einem Trio von Unsterblichen, die hier leben sollen. Am Ende dieses Umwegs gelangt man zu dem fliegenden Stein, der zu Füßen des Erhabenen Kaisers Shun bei seinem Besuch gelandet sein soll, und zu dem Schlafenden Palast, der in einer Höhle liegt. Diese außergewöhnliche Stätte, die in Anlehnung an einen Kaiserpalast errichtet wurde, entstand in der Zeit der Nördlichen Wei (5. Jh. n. Chr.) und wird für Heng Zongs Schlafzimmer gehalten.

Kehrt man zum Ma Shen-Tempel zurück, führt der Weg weiter hinauf durch den Gedenkbogen zum Lu Dong Bin-Tempel. In diesem beliebten Tempel wird Lu Dong Bin, der berühmte Heilkundige der Acht Unsterblichen, verehrt.

Weiter weg liegt der überaus populäre und interessante Jiu Tian-Tempel, der Tempel der Neun Himmel. Die Neun Himmel beziehen sich auf eine sehr alte daoistische Himmelskosmologie und deuten darauf hin, daß die Entstehung des Tempels mit großer Wahrscheinlichkeit dem Daoismus zeitlich vorausging – das heißt, das er vor dem 1. Jh. n. Chr. entstand. Im Mittelpunkt stehen drei Göttinnen, die alle mit Geburt assoziiert und von dem Gott der Kinder, Zhang Xian, begleitet werden. Die Göttinnen sind als die Drei Schwestern bekannt und scheinen lokale Gottheiten zu sein. Ringsherum in der Halle befinden sich andere Götter, wie zum Beispiel der Gott, der vor Pocken bewahrt, der Gott, der vor Kinderkrankheiten bewahrt, und der Gott, der eine gefahrlose Entbindung sicherstellt. Am interessantesten ist der Gott links vom Eingang, den man um ein intelligentes Kind bittet!

Dieser Tempel faßt für viele die Absicht zur Pilgerfahrt zusammen. Es ist ein Schrein für die Mutterschaft und die elterlichen Belange und reicht zweifellos weit in die Zeit zurück. Das gilt tatsächlich auch für andere Tempel, die hier zuhauf anzutreffen sind, wie etwa der Tempel der Mutter des Scheffels hinter dem Kiu Tian-Tempel und der Pavillon des Sternengottes Kui Xing, der den Literaturgott Wen Zhang begleitet (s. S. 187 ff.). Der Tempel auf dem Weg zum Kui Xing-Pavillon ist dem Jadekaiser geweiht, Yu Huang, während der Tempel gleich daneben der Prinzessin der Azurblauen Wolken, der uralten Göttin des Tai Shan, gewidmet ist.

Vom Jiu Tian-Tempel erreicht man den Haupttempel. Der Heng Zong-Tempel ist dem Gott des Berges geweiht, und hier befindet er sich in voller Pracht. In derselben Halle findet sich eine kaum beachtete Widmung für den Gott des Ackerbaus, Shen-nung, einen der Drei Erhabenen Herrscher. Dieses Gebet wurde im späten 19. Jh. als kaiserlicher Dank für das Ende einer Hungersnot angebracht. Der Gott soll den Ackerbau eingeführt haben. Der Zugang zum Tempel die 103 Stufen hinauf bietet eine atemberaubende Aussicht.

Dann führt der Weg weiter zum Tempel der Zusammenkunft der Unsterblichen. Hier, an dem höchsten Punkt des Berges, sollen sich die Unsterblichen zum geselligen Beisammensein getroffen haben. Der Tempel beherbergt die drei Götter des Glücks, des Reichtums und der Langlebigkeit (s. S. 159), während sich neben ihnen Skulpturen von den Acht Unsterblichen finden.

Schließlich sollte man beim Abstieg auf der hinteren Route nach der Halle des Weißen Drachen und dem Tempel der Drei Reinen, San Qing, Ausschau halten. Dieser daoistische Tempel drückt die Vorstellung von dem universellen Dao, dem offenbarten Dao und dem personifizierten Dao aus (s. S. 156 und ist ein überaus friedlicher Platz. Nachdem man die Brücke der Acht Unsterblichen überquert hat, geht man wieder auf Hun Yuan zu.

### *Heng Shan – Hunan*

Der 1 370 m hohe Heng Shan ist der Südberg des Daoismus, daher sein anderer Name Nan Yue – Südlicher Berg. Es heißt, daß der Kaiser Shun auf seinen Wanderungen hierherkam und opferte. Um 110 v. Chr. jedoch beschloß Kaiser Wu, daß der Südberg der Huo Shan in Anhui sein sollte, der viel näher zu den alten Hauptstädten lag, eine für alle fünf großen heiligen Berge einzigartige Situation. Erst im frühen 7. Jh. n. Chr. wurde der Heng Shan wieder als Südberg eingesetzt.

Der Berg wies schon immer eine Mischung aus daoistischen und buddhistischen Gemeinschaften auf, was sich bis auf den heutigen Tag nicht geändert hat. Die Tempel stammen von der Tang-Zeit an, von denen die meisten unter den Qing-Kaisern restauriert wurden.

Die Bergwanderung beginnt in der Stadt Nanyue Zhen durch einen sehr kunstvollen Bogengang neueren Datums und an einem Schrein für den Sternengott der Literatur, Kui Xing, vorbei. Hier stehen zwei prachtvolle Tempel, der Zhu Sheng Si, Tempel der Hingabe, und der Nan Yue Da Miao, Großer Tempel des Südbergs. Der Zhu Sheng Si wurde 1714 n. Chr. als Palast für den Qing-Kaiser auf seinen Reisen in den Süden errichtet. Besonders sehenswert, abgesehen von seiner Größe und kaiserlicher Pracht, ist die Jian Jing Tang, die Halle der Klassiker, mit ihren Statuen von den fünfhundert Lohans. Es ist sehr ungewöhnlich, sie alle zusammen zu sehen. Die Haupthalle beherbergt den Großen Buddha. Eine nahegelegene Halle ist allein dem Medizin-Buddha geweiht.

Der Nan Yue Da Miao wurde 725 errichtet und seitdem ständig restauriert und vergrößert. Die kunstvollen 72 Säulen symbolisieren die 72 Gipfel des Heng Shan. Die Haupthalle ist dem Gott des Heng Shan gewidmet, und der Tempel dahinter enthält drei Göttinnen, nämlich die Mutter des Berggottes, die Mutter des Jadekaisers und die Göttin, die Söhne bringt. Die Schnitzereien an der Balustrade der Haupthalle weisen viele mit dem Buddhismus assoziierte Symbole auf. Von besonderer Bedeutung sind das reiterlose Pferd, ein Symbol für Ma (was Pferd bedeutet) Zu Dao I, den Begründer der Südbergschule des Buddhismus im 8. Jh., und ein Hirsch und ein Kranich. Hirsch und Kranich sind Symbole der Langlebigkeit.

Von diesem Tempel beginnt der Aufstieg zum Berg. Die 20 Klöster und Tempel, die man auf dem Weg hinauf findet, sind nicht alle in gutem Zustand. Der Tempel der Sicheren Verwahrung des Tripitaka, Cangjiang Dian, ist eine auf einem alten Gelände errichtete moderne Anlage. Das Tripitaka ist der dreiteilige Kanon der buddhistischen Schriften, die von allen Hauptschulen des Buddhismus anerkannt werden.

Als nächstes kommt der Zhong Lei-Tempel und ein Stück weiter der Pavillon auf Halbem Weg, eine willkommene Raststätte. Weiter weg vom Hauptweg befindet sich der Höhlentempel der Guan Yin, ein besonders prächtiger und ungewöhnlicher Felsentempel für die Göttin des Mitgefühls. Der Zhang Feng Si-Tempel liegt dicht daneben; gegründet im frühen 7. Jh. als der Schöne-Himmel-Tempel, wurde er im 18. Jh. umbenannt und restauriert. Die vier Eisenstatuen von den vier Himmelskönigen sind denen auf dem Song Shan ähnlich, obwohl nicht so alt, da diese von 1522 – 1567 n. Chr. datieren.

Weiter geht es zur Brücke, wo sich die Unsterblichen trafen, eine Voraussetzung für jeden daoistischen Berg, und dann kommt das im 14. Jh. errichtete Observatorium, Wang Ri Tai, eines von 27, die in der Zeit entstanden. Der Weg führt weiter zum Huo Shang Miao, Tempel des Feuergottes, ein Gebäude aus dem 16. Jh. mit einer ungewöhnlichen Widmung. Ich kenne keinen anderen derartigen Tempel in China. Von hier ist es eine Kletterpartie zur Spitze des Zhurong Feng, des höchsten von 72 Gipfeln. Hier liegt der Tempel der Opferungen und darüber der Tempel des Berggottes selbst, der Zhu Jung Tian.

Der Fu Yan Si-Tempel am Fuße des Reng Bo Feng-Gipfels wurde 568 n. Chr. gegründet und in der Qing-Zeit restauriert. Hier befindet sich eine herrliche Bronzestatue von dem Berggott, die aus dem 10. Jh. stammen soll.

Schließlich kommt der Nan Tai Si, Tempel der Südterrasse, der auch aus dem 6./7. Jh. stammt und zuletzt Anfang dieses Jhs. rundum erneuert wurde. Das Kloster beherbergt viele Schätze, ist aber als Pilgerort besonders wichtig für japanische Buddhisten, die der von dem Mitte des 8. Jhs. hier lebenden chinesischen Mönch Xi Qian gegründeten Schule angehören. Nördlich von dem Kloster liegt das Fang Guang Si, im Jahre 503 n. Chr. gegründet, seitdem jedoch stark erneuert und restauriert.

## Buddhistische Berge[16]

### *Wu Tai Shan*

Der Wu Tai Shan, das Fünf-Terrassen-Gebirge, ist der Nordberg der Buddhisten und wird vornehmlich mit Manjushri – Wen Shu – dem Bodhisattva der Weisheit und dem speziellen Wächter des tibetischen und mongolischen Buddhismus in Verbindung gebracht. Das erklärt die überwiegend tibetische oder zumindest nicht-chinesische Architektur auf dem Wu Tai Shan.

---

[16] Für weitere Einzelheiten über die buddhistischen heiligen Berge Pu Tuo Shan und Emei Shan siehe Kapitel 7, Heilige Berge.

Der Berg liegt in der Provinz Shanxi und besteht aus vier Gipfeln, die eine Hochebene umgeben, aus deren Mitte sich der fünfte Gipfel erhebt. Es ist eine sehr große Fläche, über die sich die Tempel verteilen. Angesichts der Tatsache, daß es keine übersichtliche Beschreibung für die Pilgerwege gibt, die zu den vier Gipfeln führen, werde ich einfach die wichtigsten Tempel nennen.

Im Gegensatz zu daoistischen Bergen scheinen die Wege auf den buddhistischen Bergen nicht mit so vielen lokalen Details versehen zu sein. Tatsächlich dienen die Wege in erster Linie als Routen, um von Kloster A zu Kloster B zu gelangen, während die Wege auf daoistischen Bergen reich an Geschichten, Ereignissen und Legenden und Bestandteil des Weges selbst sind.

Manjushri soll hier gelehrt haben, und das war der Grund für die Entstehung der ersten Klöster im 6. bis 7. Jh. Mir ist keine Überlieferung bekannt, daß er zu irgendeiner Zeit ein daoistischer Berg war. Die unmittelbare Nähe zum Heng Shan bedeutet, daß dem Wu Tai Shan bis zu seiner Assoziation mit Manjushri möglicherweise keine spirituelle Bedeutung zukam.

Für mongolische Buddhisten (die dem tibetischen Buddhismus folgen) ist dieser Berg der wichtigste in der ganzen Welt. Bis vor kurzem waren Familien monatelang unterwegs, um ihre Toten zur Bestattung hierherzubringen. Es wird interessant sein zu sehen, ob das Wiederaufblühen des Buddhismus in der Mongolei und die Reisefreiheit auch zu einer Wiederbelebung dieser Tradition der Pilgerfahrt führt.

Manjushri ist leicht zu erkennen; er trägt ein Schwert, um Unwissenheit zu zerschlagen, und ein Palmblattbuch. Gewöhnlich wird er mit grimmigem Ausdruck und oft auf einem recht kunstvoll gearbeiteten Löwen reitend dargestellt.

Wenn man sich auf den Wu Tai Shan hinbewegt, gelangt man zum Nan Chan Si, Tempel der südlichen Meditation, in

Wu Tai Cheng. Er ist für seine im Jahre 782 gebaute Halle
berühmt, die Statuen aus der gleichen Zeit enthält. Es ist das
älteste Holzgebäude in China. Da so gut wie alle buddhistischen Tempel und Statuen bei der großen Verfolgung 841
– 845 zerstört wurden, ist dieses erhalten gebliebene Bauwerk von enormer Bedeutung. Zu den zentralen Buddhas
zählen Sakyamuni und zu seiner Rechten der auf seinem
Löwen reitende Manjushri.

In der Nähe liegt der im 12. Jh. gebaute Yan Qing Si,
Tempel der großen Feier, der geheime Stammesverzierun-
gen mit buddhistischen Darstellungen verbindet. Die wichtigste Besonderheit ist hier der Text eines Sutra, der auf einer sieben Meter hohen Säule eingemeißelt ist und aus dem
Jahre 1035 stammt.

In Wu Tai Xian selbst befindet sich der Guang Ji Si, Tempel des umfassenden Mitgefühls, der im wesentlichen qing-
zeitlich ist, obwohl der Haupttempel zum Teil im 14. Jh. entstanden ist und die Statuen im Innern heutigen Datums sind.
Auch hier ist die Verschmelzung von Stammeskunst mit
dem Buddhismus äußerst auffällig.

Am berühmtesten von den Tempeln kurz vor dem Berg
ist der Fo Guang Si, Tempel des Buddhaglanzes. Die große
Halle datiert von 857 und ist das zweitälteste Holzbauwerk
in China, eine Tatsache, die erst in den 1930er Jahren herausgefunden wurde. Die große Halle wurde errichtet, um
das Ende der großen Verfolgung zu feiern, und ungewöhn-
licherweise liegt die Tempelanlage nach Westen und nicht
nach Süden. Ob diese Ausrichtung in Hinblick auf den Westen als die spirituelle Himmelsrichtung, aus der der Buddhismus kam, erfolgte, ist unklar.

Die Manjushri-Halle entstand 1137 und enthält prächtige
neue Statuen von Manjushri und Gefolge. Die Figuren in
der Osthalle wurden in der Tang-Dynastie im späten 9. Jh.
hergestellt, während die fünfhundert Lohans aus dem 15. Jh.
datieren. Die tang-zeitlichen Wandmalereien vermitteln ein

lebendiges Bild von dem religiösen Nährboden, von dem sich der Buddhismus nach der Verfolgung wieder erhob.

Weiter in Richtung Berg liegt der Jin Ge-Tempel, Goldener Turm, der 770 n. Chr. gegründet wurde und mit vergoldeten Ziegeln gedeckt ist, die zu seinem Namen führten. Im Innern befindet sich eine besonders große Guan Yin mit tausend Armen und Augen. Die Augen sind in der Mitte der Hände zu suchen.

Am Fuß des mittleren Gipfels, in dem von den anderen Gipfeln geformten Becken liegt die Pilgerstadt Tai Huai, in der der Ta Yuan Si, Pagodentempel, wegen seines über 15 m hohen Großen Weißen Stupa bemerkenswert ist. Hier begegnet man zuerst den vollen Umfang der traditionellen tibetisch-mongolischen Architektur und Artefakte. Wenn man ordnungsgemäß in Andacht um den Großen Stupa herumgehen will, muß man beim Gehen die rechte Hand zum Stupa ausgestreckt halten. Die Gebetsräder werden gedreht, um das Gebet zum Bodhisattva zu schicken und somit seinen Beistand dabei zu erhalten, den Kampf von Geburt und Tod zu überwinden.

Hinter dem Tempel befindet sich die Sutra-Bibliothek, die ursprünglich im 15. Jh. errichtet, aber danach viel umgebaut wurde und eine der aufsehenerregendsten und ungewöhnlichsten Bibliotheken der Welt ist, nicht nur wegen des Inhalts, sondern aufgrund der riesigen drehbaren Regalkonstruktion im Innern.

Hinter diesem seltsamen Gebäude lieg das Xian Tong-Kloster, der Tempel der feinen Durchdringung, der angeblich aus dem Jahre 70 n. Chr. stammt, was jedoch sehr unwahrscheinlich ist. Die heutigen Gebäude datieren aus dem 14. und 15. Jh. Die bronzenen Bildnisse, sowohl die Statuen als auch die gegossenen Figuren an den Pagoden, sind von höchster Qualität und stellen unzählige Bodhisattvas und Buddhas dar, umgeben von anderen Figuren aus dem allgemeinen chinesischen Volkstum. Der im 16. Jh. gegossene

Bronzepavillon ist hervorragend, und die Einzelheiten auf seiner Oberfläche sind atemberaubend. Der Tempel ist wegen seiner Verbindungen mit der vom Chan-Meister I Xuan im 8. Jh. gegründeten Meditationsschule berühmt.

Weiter weg liegt der Pusa Ding, Halle des Bodhisattvas. Dieser prachtvolle Tempel kennzeichnet angeblich den Platz, an dem Manjushri bei seinen Predigten zu sitzen pflegte, und seine schön kolorierten Dachziegeln sollen seine besondere Natur hervorheben. Da der Tempel im Mittelpunkt von offiziellen Besuchen stand, sind hier viele interessante Stelen zu finden, auf denen in den verschiedensten Sprachen Besuche von Kaisern und Königen vermerkt sind.

Ein vollständiges Kloster einschließlich Lehrhallen, Tempel und Bibliothek ist der Luo Hou-Tempel oder der Tempel von Rahus Fußabdruck. Rahu ist der älteste Sohn des Buddha und wird besonders mit der Sonne und dem Mond in Verbindung gebracht. Der Tempel ist der besterhaltene auf dem Wu Tai Shan. Er ist berühmt für die Figurengruppe der achtzehn Lohans, die das Meer auf einer Lotosblüte überqueren, in der sich die vier Hüter der Himmelsrichtungen oder Buddhas befinden, die zum Vorschein kommen, wenn die mechanischen Vorrichtungen der Statue in Betrieb sind.

Hinter diesem Tempel liegt der aus der Ming-Zeit stammende Tempel Yuan Zhao, Wahre Haltung. Der Stupa in der Mitte birgt die Asche des indischen Mönches, der den Tempel gründete. Die hier zu findenden Drei Buddhas sind der frühere, gegenwärtige und zukünftige Buddha (s. S. 124), und der Tempel gehört zu der Gelbhut-Sekte des tibetischen Buddhismus, deren Oberhaupt der Dalai Lama ist. Tatsächlich wird dieser Tempel mit den frühen Lehren des Begründers dieser Tradition, Tsong Khapa, in Verbindung gebracht.

Der Tempel der Zehntausend Buddhas, Wang Fo Ge, enthält eine seltsame kleine Halle, die der Beschwichtigung des Drachenkönigs von Wu Tai Shan gewidmet ist. Der Drachenkönig ist Bestandteil des daoistischen und volksreligiösen Sagenguts. Offensichtlich fanden die Buddhisten es wichtig, ihn auf ihrer Seite zu haben, daher die eigens ihm geweihte Halle.

Die beste Statue von Manjushri findet man im Shu Xiang-Tempel. Sie ist neun Meter hoch und wurde im 15. Jh. gefertigt.

Der Nan Shan-Tempel umfaßt drei Teile, die alle im späten 13. Jh. entstanden sind, aber umfassend restauriert wurden. Im Mittelteil befindet sich die Haupthalle, zu der man über 108 Stufen gelangt – die gleiche Anzahl weisen die Perlen an den buddhistischen Gebetsketten auf, die an jedem guten Verkaufsstand überall an den Bergen erhältlich sind. Die achtzehn Lohans stammen aus der Ming-Dynastie, aber von vielleicht größter Bedeutung ist die ming-zeitliche und in typisch chinesischem Stil gemalte Lebensgeschichte des Buddha. Ein wunderbarer Platz.

Der Zhen Hai-Tempel, Stille Wasser, enthält gleichermaßen faszinierende Malereien und Skulpturen von buddhistischen Gottheiten und Szenen aus dem Leben des Buddha, die jedoch alle in der Qing-Dynastie entstanden sind. Das ganze erscheint einem wie ein Bilderbuch des populären Buddhismus von ca. 1800.

Auch hier auf dem Berg finden sich Grotten, wie zum Beispiel die Grotte der Guan Yin und die Grotte des Diamant-Sutra, die alle interessante Skulpturen enthalten. Andere Tempel weiter weg vom zentralen Becken sind oft weniger kunstvoll und werden eher vernachlässigt, wie der Tempel der Jadeblüte oder das Chu Lin-Kloster.

Der Wu Tai Shan ist derart reich an Tempeln und Stätten, daß die Entscheidung schwer fällt, welche bei einer solchen Auflistung einbezogen und welche ausgelassen werden sollen. Ich überlasse dem Wanderer die Wahl, wie er eine der größten Ansammlungen von Tempeln, die er oder sie wahrscheinlich an einem Platz unter dem Himmel finden wird, in sich aufnehmen will!

## Jiu Hua Shan

Der Jiu Hua Shan, Neun-Blumen-Berg, in der Provinz Anhui ist der Südberg des Buddhismus. Er ist der Berg des
Bodhisattva Ksitigarbha, Gottheit der Toten und der Erde, in
China als Di Zang bekannt und zu dem gebetet wird, um
den Zehn Höllen zu entkommen (s. Seite 92). Er ist der Berg
der Toten und kommt dem Tai Shan in seinem Totenkult
gleich. Die Tempel auf dem Berg wurden alle durch die Taiping-Rebellion in den späten 1850er und frühen 1860er Jahren zerstört. Dieser christlich motivierte Bauernaufstand, der
jedoch später diktatorische Züge annahm, war die größte
Bauernrevolte in der Welt und dauerte 20 Jahre, stürzte beinahe die Qing und kostete ungefähr 20 Mio. Menschenle-
ben. Die Taiping-Rebellen zerstörten alle Tempel in ihrer
Reichweite, und daher stammen die Gebäude auf dem Jiu
Hua Shan aus dem späten 19. Jh., auch wenn sie auf uraltem
Gelände stehen. Mit 1431 m ist der Gipfel der Zehn Könige,
der sich auf die Zehn Höllenkönige bezieht, der höchste
Gipfel des Berges.

Der Wanderweg beginnt in der Stadt Shan Gen bei dem
Bogengang Erstes Himmelstor, Yi Tian Men. Weiter weg
liegt der Gan Lu Si, Tempel des frischen Taus. Das ist eine
daoistische Widmung, denn der frische Tau soll ein wesent-
licher Bestandteil des Lebenselixiers sein und war bei den
Daoisten der Äußeren Schule in ihrem Streben nach Unsterblichkeit sehr begehrt (s. Seite 67). Heute kann man ihn
in Flaschen kaufen! Hier beginnt man den Statuen von Di
Zang zusammen mit den üblichen Buddhas und Bodhisattvas wie Guan Yin zu begegnen.

Nach dem Zweiten Himmelstor kommt das Kloster Hua-
cheng, Tempel der Transformation. Sein Begründer war Bei
Du, ein indischer Mönch, der im Jahre 401 n. Chr. hier an-
kam. Auf Bildern wird er in seiner Almosenschale die Wasser überquerend dargestellt, was wahrscheinlich bedeutet,
daß er von Indien auf dem Seeweg kam! Die Bibliothek,

Cangjing Lou, entging der Zerstörung durch die Taiping, und ihre Bauart datiert aus dem 8. Jh., obwohl das Gebäude selbst 1430 errichtet wurde. Hier befindet sich eine große Statue von Vairocana, dem Höchsten und Ewigen Buddha, in China als Pi Lu Fo bekannt. Mit gekreuzten Beinen auf einem Lotos sitzend, trägt er eine fünfblättrige Krone, die seine Erleuchtung anzeigt. Er wird mit der Chan-Schule des Buddhismus in Verbindung gebracht.

Der Roushen-Tempel enthält kostbare Manuskripte und eine wieder aufgebaute 17 m hohe Holzpagode, auf der die Zehn Höllenkönige dargestellt sind.

Überall um den Huacheng-Tempel herum finden sich Tempel und Pagoden, zu zahlreich, um eine vollständige Liste zu geben.

Als nächstes kommt der Qi Yuan Si, Tempel des Gartens der Anbetung. Er ist der größte Tempel auf dem Jiu Hua Shan und ein bedeutendes Zentrum für die Totenzeremonien, wie es alle Tempel auf dem Berg sind.

Es folgt der Bai Sung An, Einsiedelei der Hundert Jahre. Die hundert Jahre beziehen sich auf das Alter eines Mönches, eines gewissen Hai Yu, der hier im frühen 17. Jh. lebte und starb. Seinen mumifizierten und konservierten Körper kann man noch immer sehen.

Oberhalb der Einsiedelei liegt der Wan Fo Si, Tempel der Zehntausend Götter, den man nach einem steilen Aufstieg erreicht. Es ist ein einfaches Gebäude von geringer Bedeutung. Darüber befindet sich der Guan Yin Si, Guan Yins Tempel, so benannt wegen des nahegelegenen Felsens, der angeblich wie die Göttin aussieht.

Von hier an gibt es auf dem Berg nur kleine Tempel, von denen keiner besonders bedeutungsvoll ist, denen jedoch allen ein Reiz und eine Natürlichkeit zu eigen ist, die bei den größeren Tempeln manchmal verlorengegangen sind. Das religiöse Leben auf dem Berg ist sehr rege, und er scheint die Kulturrevolution ziemlich gut überstanden zu haben. Er ist nach wie vor ein Zentrum für die buddhistischen Toten und wird es vermutlich auch bleiben, von solcher Art ist die Stärke der Verehrung der Toten in China.

## Verzeichnis der heiligen Plätze

Diese Liste erhebt keineswegs Anspruch auf Vollständigkeit, enthält jedoch die meisten wichtigen oder bedeutsamen Sehenswürdigkeiten. Ich würde mich über Briefe mit möglichst ausführlich geschilderten Anregungen freuen, die zu ihrer Ergänzung beitragen.

### Provinz Anhui

#### *Hefei*

*Tempel des Palastes des Bao – Bao Gong Si*
Am westlichen Ende des Baohe Gongyuan-Parks. Im 14. Jh. gegründet, wurde dieser konfuzianische Tempel nach einem hochgeachteten Regierungsbeamten benannt und auf dem Gelände errichtet, auf dem er einst studiert hatte.

*Tempel des Klaren Lehrens – Ming Jiao Si*
Ein im 8. Jh. errichteter und Mitte des 19. Jhs. restaurierter buddhistischer Tempel.

#### *Wuhu*

*Tempel des Allumfassenden Wohlbefindens – Guang Hi Si*
Nordwestlich von Wuhu auf der südwestlichen Seite des Rotbraunen Berges. Die drei Hallen des im 9. Jh. gegründeten Tempels stammen aus der Qing-Dynastie.

*Neun-Blüten-Berg – Jiu Hua Shan*
Der Jiu Hua Shan (s. S. 318), einer der vier heiligen Berge
des Buddhismus, liegt 150 km südwestlich von Wuhu.

*Gelber Berg – Huang Shan*
150 km südlich von Wuhu gelegen; hier soll der legendäre Gelbe Kaiser in dem Versuch, das Elixier des Lebens
zu finden, alchemistische Experimente unternommen haben.

## Meng Cheng

*Die Zehntausend-Buddha-Pagode – Wan Fo Ta*
In der Gegend um Huai Bei 95 km nordwestlich von Beng
Bu. Eine Stele überliefert, daß diese dreizehngeschossi-
ge, achteckige Ziegelpagode in der Song-Dynastie errichtet
wurde.

## Ji Xi

*Tempel Zao Chi Zong*
Der Mitte des 19. Jhs. gebaute Tempel enthält Fresken über
die Taiping-Rebellion.

*Zhengdian*
Soll das Heimatdorf des Lao Zi, Begründer des Daoismus
und Autor des *Dao De Jing*, sein (s. S. 18).

## Beijing

Im folgenden werden die wichtigsten heiligen Stätten
aufgeführt; eigentlich ist das alte Beijing selbst eine heilige Stätte, entworfen nach den strengen Feng Shui-Prinzipien.

*Die Verbotene Stadt*

Passiert man das Tian Men-Tor, liegt zur Linken der Sun-Yat-sen-Park, in dem sich der ming-zeitliche Tempel der Erde und Ernte befindet. Zur Rechten liegt der Kulturpalast der Werktätigen mit dem 1544 wieder aufgebauten Tempel der Kaiserlichen Ahnen. Das Haupttor zum Palast ist das Mittagstor, wo der Kaiser in jedem Mondjahr den neuen Kalender verkündete (s. S. 157).

Die drei Großen Hallen in der Verbotenen Stadt sind die Halle der Höchsten Harmonie, die Halle der Vollkommenen Harmonie und die Halle zur Erhaltung der Harmonie, eine die Drei Buddhas und die Drei Reinen widerspiegelnde Trinität.

*Himmels- und Erdtempel*

Die Anlage stammt aus dem Jahre 1420. Die Ziegel des Himmelstempels sind blau, entsprechend der Farbe des Himmels, und die Ziegel des Erdtempels sind gelb, um die fruchtbare gelbe Erde Chinas darzustellen. Die Hauptgebäude des Himmelstempels sind rund, um die Form des Himmels wiederzugeben, und die Hauptgebäude des Erdtempels sind rechteckig. Das größte Gebäude im Himmelstempel ist die 1420 errichtete und 1889 wieder aufgebaute Halle des Erntegebets, die auf einer dreistufigen Marmorterrasse ruht und über die sich ein dreigeteiltes Dach erhebt, wodurch die Sechs Himmelsebenen symbolisiert werden. Der Kaiser saß auf dem runden Stein in der Mitte des Tempels, umgeben von vier Säulen, die die vier Jahreszeiten versinnbildlichen. Ostwärts steht der Sonnenaltar und nach Westen der Mondaltar. Sie sind als die Ritan bekannt. Am Sonnenaltar vollzog der Kaiser die Opfer zur Frühlingstagundnachtgleiche und am Mondaltar zur Herbsttagundnachtgleiche. An beiden Plätzen ist die Opferterrasse rechteckig und die umgebende Mauer rund, wie bei alten chinesischen Münzen.

Außerhalb der Verbotenen Stadt auf der Insel Qiong Hua im Beihai-Park befindet sich eine Tempelanlage, die 1651 anläßlich des ersten Besuchs eines Dalai Lama errichtet wurde, und die Weiße Dagoba hier erinnert an dieses Ereignis. Östlich vom See steht der Altar der Seidenraupe, wo die Kaiserin Opfer darbrachte. Die ganze Gegend ist ein Irrgarten von alten Tempeln, und vor Gebäuden kann man Scheinmauern sehen. Diese Mauern dienen dazu, Dämonen und andere böse Kräfte aufzuhalten. Ein gutes Beispiel dafür ist die im Jahre 1417 entstandene Neun-Drachen-Wand (der Tempel dahinter existiert nicht mehr).

## Konfuzius-Tempel – Kong Miao
Im Jahre 1306 gebaut, ist er der zweitgrößte Konfuzius-Tempel in China. Im Mittelpunkt der Anlage befindet sich die Dacheng-Halle, der formale Schrein zu Ehren Konfuzius mit seiner Ahnentafel in der Mitte (s. S. 208-215).

## Palast des Friedens und der Harmonie – Yong He Gong
Das größte tibetische Kloster in Beijing, errichtet 1750, nimmt nur Mönche tibetischer oder mongolischer Herkunft auf. Der Begründer des Ordens der Gelbmützen des tibetischen Buddhismus wird in der Halle des Gesetzesrades verehrt. Eine 18 m hohe Holzstatue von Wandala Buddha steht im Turm des Zehntausendfachen Glücks.

## Tempel des Zypressenwäldchens – Bailin Si
Im Jahre 1347 errichtet und in der Qing-Dynastie wieder aufgebaut. Hier werden 78 230 Druckstöcke für die wichtigsten buddhistischen Schriften, das Tripitaka, aufbewahrt.

## Mao Zedong-Gedenkhalle – Mao Zhuxi Jiniantang
Tian'anmen-Platz. Beherbergt den einbalsamierten Leichnam von Mao Zedong, das Mausoleum umfaßt eine Grundfläche von über 20 000 m².

## Tempel der Weißen Dagoba – Bai Ta Si

Auf der nördlichen Seite der Yang Shi Da Jie. Die erste Pagode wurde im 11. Jh. zur Aufbewahrung von Reliquien gebaut und im 13. Jh. von Khubilai restauriert. 1457 wurde der Tempel neu errichtet. In der vierten Halle des Tempels findet sich eine ansehnliche Sammlung von buddhistischen Skulpturen und Tankas.

## Tempel der zunehmenden Weisheit

Am östlichen Ende der Lu Mi Cang Hu Tong. Der für seine dunkelblauen Kacheln berühmte Tempel wurde 1443 errichtet.

## Östliche Kirche

Auf der östlichen Seite der Wang Fu Jing, südlich der Chun Shu Hu Tong. Die heutige Kirche, Anfang des 20. Jhs. gebaut, befindet sich auf dem Grundstück früherer katholischer Kirchen. Ursprünglich stand hier im 17. Jh. das Haus des Kölner Jesuitenmissionars Adam Schall von Bell.

## St. Michael-Kirche

Ecke Taj Ji Chang-Straße, die 1902 von lazaristischen Missionaren errichtete Kirche erkennt man an ihren zwei gothischen Türmen.

## Tempel des Langen Lebens

Im westlichen Bezirk, vom östlichen Ende der Straße Liu Li Chang geht man Richtung Norden. Der Tempel wurde 1441 auf dem Grundstück eines früheren Tempels gebaut.

## Tempel des Immerwährenden Frühlings

Im nordwestlichen Bezirk. Die erste Straße nach Westen am Xuan Wu Men-Tor führt zur Chang Chun Si Jie, der nach diesem Tempel benannten Straße. Der Tempel wird als Fabrik und Privatunterkunft genutzt.

*Tempel der Belohnung des Staates – Baoguo Si*
Nördlich von der Guang An Men Da Jie biegt man in eine
schmale Gasse. Dieser ming-zeitliche Tempel ist der Guan Yin
gewidmet und steht gegenwärtig zur Besichtigung nicht offen.

*Nu Jie-Moschee*
Nu Jie, Seitenstraße der Guang An Men Da Jie, im traditionellen islamischen Viertel. Die im 12. Jh. errichtete Moschee
– der Tempel des Gebets – liegt auf halber Höhe der Straße
und enthält eine Gebetshalle, in der sich westliche und östliche Architektur verbinden, und einen Beobachtungsturm,
der zu astronomischen Zwecken verwendet wurde.

*Tempel der Quelle des Gesetzes – Fa Yuan Si*
Nördlich von der Islamischen Gesellschaft Chinas. Historisch
ist dieser buddhistische Tempel der älteste erhaltene in Beijing
(7. Jh.), obwohl einige der heutigen Gebäude nicht weiter als
bis ins 18. Jh. zurückreichen. Buddhistische Novizen studieren
hier, und die Anlage umfaßt eine Reihe von Hallen und Höfen.

*Dong Si Moschee*
Links von der Dong Si Nan Da Jie. Die 1356 errichtete und
1447 wieder aufgebaute Moschee nimmt eine Fläche von
10 000 m² ein.

*Nördliche Kathedrale – Bei Tang*
Nördlich von der Xi'anmen Da Jie. Die erste Kirche wurde
1703 geweiht, und die heutige ist die dritte Kirche auf diesem Grundstück, die 1985 umfassend restauriert und wieder
geöffnet wurde.

*Tempel der Allgemeinen Befreiung – Guang Ji Si*
Nahe der Kreuzung der Xi Si mit Dong Si. An diesem buddhistischen Tempel aus dem 12. Jh. wurden in diesem Jh. umfassende Umbau- und Restaurierungsarbeiten vorgenommen.

*Tempel zum Schutz des Landes – Huguo Si*
In der Yuan-Dynastie wurden die Gebäude von einem Prin-
zenpalast zu einem Tempel umgestaltet, der heute der Restaurierung bedarf.

*Tempel der Könige der Medizin – Yao Wang Miao*
Nordöstlich vom Himmelstempel. Dieser in der Ming-Dy-
nastie entstandene Tempel ist allen berühmten chinesischen
Ärzten gewidmet.

*Tempel der Pfirsiche – Han Tao Gong*
Südlich des ehemaligen Dong Bian Men-Tores. Dieser Tempel war der Königinmutter des Westens geweiht.

*Tempel der Fünf Pagoden – Wu Ta Si*
Hinter dem Zoo am südlichen Stadtrand. Von dem größeren
Tempelkomplex ist lediglich das fünftürmige Gebäude er-
halten, das 1473 in indischem Baustil errichtet wurde.

*Tempel der Weißen Wolke – Bai Yun Guan*
In der Nähe der Nordmauer der Jin-Stadt. Dieser unter den
Tang errichtete daoistische Tempel wurde in der Yuan-Dy-
nastie erweitert und entwickelte sich zum Zentrum der nörd-
lichen Schule des Daoismus. Er ist Sitz der Chinesischen
Daoistischen Gesellschaft.

*Tempel des Himmlischen Friedens – Tian Ning Si*
Die Pagode dieses Tempels kann man südlich vom Tempel
der Weißen Wolke aus sehen. Die heutige 58 m hohe Pagode stammt aus dem frühen 13. Jh., aber vom Tempel selbst
ist nichts mehr erhalten.

*Tempel der Großen Glocke – Da Zhong Si*
1,5 km nordwestlich des Xi Zhi Men-Tores gelegen. Im Jahre 1733 errichtet, wurde die Tempelglocke 1406 gegossen

und ist 7 m hoch, 3 m breit und wiegt 46,5 Tonnen. Auf ihr sind das Lotus- und das Diamant-Sutra eingraviert.

## Gelber Tempel – Huang Si

Von der Huang Si Lu ab. Das heutige Gebäude stammt aus dem Jahre 1652. Der östliche Teil des Tempels wurde für religiöse Zeremonien und der westliche Teil als Unterkunft für tibetische und mongolische buddhistische Würdenträger, die zu Besuch waren, verwendet. Der weiße Marmorstupa ist mit prachtvollen Schnitzereien über das Leben des Buddha verziert.

## Tempel des Ostgipfels – Dong Yue Miao
## (der ehemalige Taishan-Tempel)

Auf der nördlichen Seite der Chao Yang Men Wai Jie. Dem Gott des Berges Taishan und seiner Tochter gewidmet. Er wurde in der Yuan-Dynastie errichtet und 1698 wieder aufgebaut.

## Südliche Kathedrale – Nan Tang

Gleich neben dem Xuan We Men-Tor. Auf dem Grundstück gebaut, wo Matteo Ricci lebte und starb. 1650 erteilte der Kaiser dem Jesuitenmissionar Adam Schall die Bauerlaubnis, und 1703 wurde die Kirche errichtet. Die Kirche ist heute aktiv und wird von einheimischen Katholiken verwendet.

## Westliche Kirche – Xi Tang

Auf der südlichen Seite der Xizhi Men-Straße. Im 18. Jh. errichtet, wurden die Mitglieder während Jaiqings Verfolgungen im Jahr 1811 vertrieben. 1867 wurde eine neue Kirche geweiht, die 1900 zerstört und kurz danach wieder aufgebaut wurde.

## Tempel der Großen Verwandlung – Guang Hua Si

In der Gegend der Drei Hinteren Seen. Der in der Wanli-Zeit gegründete Tempel wurde 1634 restauriert.

*Tempel der Großen Weisheit – Dahui Si*
*(auch als Tempel des Großen Buddha bekannt)*
Südlich des Dorfes Weigongcun. 1513 errichtet, hat die Große Halle ihre Holzkonstruktion bewahrt.

## Umgebung von Beijing

*Ming-Gräber*
Begräbnisstätte der Ming-Kaiser.

*Wo Fo Si – Tempel des Schlafenden Buddha*
14. Jh. Bedeutende Stätte von Statuen.

*Westberge*
Viele Tempel und Klöster, einschließlich der Acht Großen Stätten – acht Tempel, die alle geschlossen sind, da dies Sperrgebiet ist.

*Gräber der Qing-Kaiser*
Tempel und Grabstätten vom 17. Jh. an.

## Provinz Fujian

### Xiamen

*Nan Pu Tuo-Tempel*
Am südlichen Stadtrand von Xiamen gelegen, gleich neben der Universität. Dieser buddhistische Tempel wurde ursprünglich in der Tang-Dynastie gebaut und kürzlich restauriert (s. Abb. 2, S. 221).

### Quanzhou

*Kaiyuan-Tempel*
In der Xi Jie im Nordwesten der Stadt. Im 7. Jh. errichtet, wurde der Tempel immer wichtiger für buddhistische Studien, und bis zur Song-Dynastie lebten hier tausend Mönche.

*Moschee Qingzhen*
Südlich des Overseas Chinese Hotel. Ursprünglich 1009 gebaut, ist das Gerüst der ältesten Moschee in Ostchina noch
erhalten geblieben, und man kann auch hineingehen. Auf
dem Grundstück der Moschee befindet sich außerdem ein
kleines Museum, und es liegen Pläne für eine vollständige
Restaurierung vor (s. S. 399).

*Islamische Gräber*
Die Islamischen Gräber auf dem Ling Shan sollen die Be-
gräbnisstätte von zwei moslemischen Missionaren aus der
Tang-Zeit sein (s. S. 396 ff.)

*Qing Yuan Shan*
Die buddhistischen Klöster auf diesem Berg sind heute von
der Armee besetzt. Außerdem befindet sich hier eine Statue
von Lao Zi, die größte Skulptur auf dem Berg und eine der
größten Statuen von Lao Zi in China.

*Fuzhou*
Fuzhou war im 19. und 20. Jh. ein Zentrum für katholische
und protestantische Missionstätigkeit. Marco Polo berichtet
von Nestorianern in der Stadt und behauptet, daß es im südlichen China 700 000 nestorianische Haushalte gäbe. Im
Museum ist eine Reihe christlicher Inschriften ausgestellt.

*Kaiyuan-Tempel*
In der Xijie. Das größte Gebäude der buddhistischen Tempelanlage aus der Tang-Zeit ist die ming-zeitliche Große
Halle, die Statuen von Guan Yin, dem Buddha und 18 Lohans enthält.

*Wu Shan*
Ursprünglich eine daoistische Zuflucht, ist dieser Berg heute
ein Picknickplatz. Man kann hier einige Überreste der Tem-

pel finden, und es gibt ein tang-zeitliches Relief von dem Buddha, das in den südöstlichen Hang gehauen wurde, und in die Felsen gemeißelte Inschriften. Am Fuße des Berges erhebt sich die 35 m hohe Schwarze Pagode, die 941 n. Chr. gebaut wurde.

## Yu Shan

Bekannt für seine in den Fels gemeißelten Inschriften, die vom 10. bis zum 19. Jh. stammen. Am Fuße des Berges erhebt sich die siebenstöckige Weiße Pagode, die 1548 neu errichtet wurde, nachdem die ursprüngliche Holzpagode aus dem 10. Jh. niederbrannte. Auf dem Gipfel des Berges steht die im Jahre 1713 errichtete Guan Yin-Halle.

## Hualin-Tempel

Am Südhang des Pingshan im Norden der Stadt. Von dem in der Tang-Dynastie gegründeten Tempel ist das älteste Gebäude, das erhalten geblieben ist, die Kostbare Halle des Großen Helden.

## Hongtang Goldener Berg Tempel

Der in der Song-Dynastie auf einer Insel im Fluß Wulong errichtete Tempel enhält eine Guan Yin-Halle, die Halle des Großen Mitgefühls und eine 11 m hohe Pagode.

## Tempel der Sprudelnden Quelle – Yong Quan-Kloster

14 km östlich der Stadt auf dem Gu Shan, auch als der Trommelberg bekannt. Das 908 gegründete Kloster ist berühmt für seine umfassende Sammlung von buddhistischen Sutras, einschließlich mehrerer hundert Texte, die mit Blut geschrieben sein sollen.

## Hua Lin-Tempel

Direkt außerhalb der Stadt auf dem Bei Bing-Hügel. Dieser Tempel wurde in der Tang-Dynastie errichtet. Die Haupthalle ist quadratisch, und vor ihr liegt eine im song-zeitlichen Stil gebaute Terrasse.

## Tai Ning

*Einsiedelei Gu Lu Yan*
14 km südwestlich von Tai Ning am Fuße eines steilen Abhangs. Diese song-zeitliche Einsiedelei besteht aus vier Räumen, in denen die Überreste von Fresken und Inschriften noch heute zu sehen sind.

## Provinz Gansu

### Maiji Shan

Der Berg, 35 km südlich von Tianshui gelegen, ist berühmt für seine Skulpturen und Grotten. Die Wandmalereien, Tonfiguren und Steinskulpturen in den Höhlen gehen auf die Nördliche Wei- und die Song-Dynastie zurück.

### Lanzhou

*Grotten des Tausend-Buddha-Tempels – Bing Ling Si Shiku*
Die 183 Höhlen in dieser Gegend, die 60 m hoch in der steilen Felswand angelegt wurden, enthalten Hunderte von Statuen und Skulpturen und eine Reihe von Wandgemälden. Die frühesten Höhlen stammen aus der Nördlichen Wei-Dynastie, obwohl an den meisten Schnitzereien in der Tang-Dynastie gearbeitet wurde. Eine der Besonderheiten der Höhlen ist die 27 m hohe Statue des Maitreya Buddha.

*Berg der Weißen Pagode – Bai Ta Shan*
Der Berg der Weißen Pagode liegt am Nordufer des Gelben Flusses. Benannt nach der 17 m hohen Pagode auf seinem Gipfel, die aus der Yuan-Zeit stammt, ist er heute ein öffentlicher Park mit Tempeln und Moscheen.

*Berg der Fünf Quellen – Wu Quan Shan*
Auf diesem Berg befinden sich mehrere Tempel, darunter
der im 14. Jh. gegründete Chongqing-Tempel, der Mani-
Tempel, der Dizang-Tempel, die Höhle der Drei Lehren und
der Turm der Tausend Buddhas.

## Xiahe

*Labrang-Kloster – Labul Leng Si*
Gegründet im Jahre 1709, ist dies ein aktives Kloster und ein
Zentrum buddhistischer Gelehrsamkeit.

## Dun Huang

*Mogao-Höhlen*
In den Berg geschlagene Höhlen, deren Ursprünge in das
Jahr 366 n.Chr. zurückreichen, und berühmt als eine Stätte
von versiegelten Höhlen mit uralten Texten, die alle vor
dem 11. Jh. n. Chr. geschrieben wurden (s. S. 274).

## Anxi

*Buddhistische Yu Lin-Höhlen*
68 km südlich der Stadt gelegen. Auch als die Zehntausend-
Buddha-Schluchten bekannt, sind sie Teil der großen Gruppe in Dunhuang. Es sind insgesamt 41 in die Felswände gehauene Höhlen im Stil der Mogao-Höhlen.

## Jiuquan

*Wen Shu Shan*
15 km westlich der Stadt gelegen. Eine Reihe buddhistischer
Höhlen auf beiden Seiten des Hanges. Kunstvoll gearbeitete
Eingänge und Hallen wurden vor vielen Höhlen gebaut. Be-
achtenswerte Stätten sind die Tausend-Buddha-Höhle, die Alte

Buddha-Höhle und die Zehntausend-Buddha-Höhle. Die Arbeiten an den Höhlen begannen im 5. Jh. in dieser Gegend, die zu einem blühenden Zentrum des Buddhismus wurde.

## Yumen

*Chang Ma-Höhlen*
60 km südöstlich von Yumen gelegen. Es werden drei Gruppen von buddhistischen Höhlen unterschieden, die als Xia Jiao, Da Ba und Hong Shan bekannt sind.

## Zusammenfluß der Flüsse Pu und Ru

*Qin Yang- und Zhen Yuan-Höhlen*
Buddhistische Höhlen, die an einer Stelle nahe des Zusammenflusses von Pu und Ru ausgestaltet wurden. Die mehr als 200 Höhlen enthalten eine große Auswahl von Statuen, obwohl viele verfallen sind.

## Gu Yuan

*Yuan Guang-Kloster und die Xu Mi Shan-Höhlen*
45 km nordöstlich von der Stadt gelegen. Das Kloster liegt am Fuße der Xu Mi-Berge, und die nahegelegenen Xu Mi Shan-Höhlen sollen aus dem 5. Jh. stammen und später ergänzt worden sein.

## Tibetisches Autonomes Gebiet
## Gan Nan Cang Zu Zi Zhi Zhou

Diese buddhistische Gegend zählt Hunderte von religiösen Bauwerken. Viele Klöster, die den tibetisch-buddhistischen Traditionen folgen, wurden in großem Umfang in der Nähe der Städte errichtet. Eines der größten Klöster ist das La Bu Leng-Kloster, dem mehr als 40 andere unterstehen. Außerdem sind überall in der Region Moscheen verstreut.

# Provinz Guangdong

## *Guangzhou*

*Tempel der Sechs Banyan-Bäume – Liu Rong Si*
In der Liurong Lu, westlich der Jiefang Beilu. Der Ende des
10. Jhs. wieder aufgebaute Tempel ist Sitz der Buddhistischen Vereinigung von Guangzhou. Die 50 m hohe Pagode
in der Tempelanlage ist die größte in der Stadt.

*Tempel der Strahlenden Kindlichen Ergebenheit – Guang Xiao Si*
An der Hongshu Lu. Der im 7. Jh. errichtete Tempel wurde
nach einem Feuer Mitte des 17. Jhs. wieder aufgebaut. Hui
Neng wurde hier im 7. Jh. zum Mönch geweiht.

*Fünf-Schutzgeister-Tempel – Wu Xian Guan*
An der Huifu Xilu, westlich der Jiefang Zhonglu. Der ming-
zeitliche daoistische Tempel wurde nach einem Feuer im
Jahre 1864 neu errichtet. Die ursprüngliche Tempelglocke
wiegt 5 t und ist 10 cm dick. Der Klöppel fehlt, und sollte
die Glocke jemals läuten, würde man dies als ein Zeichen
großer Schwierigkeiten deuten, und aus diesem Grund ist sie
als die »Katastrophenglocke« bekannt.

*Kathedrale des Heiligen Herzens – Shengxin Dajiaotang*
Yide Lu, nahe des Flusses. Die Kirche wurde 1888 fertiggestellt. Dieses beeindruckende Granitgebäude, von den Chinesen das »Haus aus Stein« genannt, ist die größte römisch-
katholische Kathedrale Chinas.

*Tempel des Lichts und der Kinderliebe – Guang Xiao Si*
Ganz in der Nähe des Tempels der Sechs Banyan-Bäume.
Die königliche Residenz wurde in der Westlichen Yin-Dy-
nastie in einen Tempel verwandelt. Viele Male restauriert,
stammt die Steinpagode aus dem Jahre 676, und die zwei

Eisenpagoden sind auf die Zeit der Fünf Dynastien zu datieren.

### Hua Lin-Tempel

Von der nördlichen Seite der Xiajiu Lu weg. Der von dem indischen buddhistischen Mönch Damo 526 gegründete Tempel wurde bis zur Qing-Dynastie neu errichtet und restauriert. Die Haupthalle enthält 500 Lohans, von denen einer Marco Polo sein soll.

### Ahnentempel der Familie Chen – Chen Jia Si

Zhongshan Lu. Dieser konfuzianische Tempel, der zu Ehren der Ahnen der Familie Chen errichtet wurde, ist berühmt für seine Schnitzereien und Skulpturen.

### Huaisheng-Moschee – Moschee in Andenken an den Weisen

In der Guangta Lu, südlich des Tempels der Sechs Banyan-Bäume. Der Überlieferung nach soll die Moschee 627 n. Chr. von einem moslemischen Missionar errichtet worden sein, der angeblich ein Onkel Mohammeds war – sein Grab kann man noch heute im Bambuswäldchen hinter dem Orchideengarten an der Jiefang Beilu sehen (s. S. 397).

### Berg der Weißen Wolke – Baiyun Shan

Die vielen Tempel und schönen Plätze auf dieser Bergkette haben diese Gegend berühmt gemacht, obwohl die Tempel heute aufgegeben oder zerstört sind.

## Foshan

### Daoistischer Ahnentempel – Foshan Zu Miao

Am südlichen Ende der Zumiao Lu. Ende des 11. Jhs. errichtet, aber unter dem ersten Ming-Kaiser wieder aufgebaut, der Daoist war und ihn in einen daoistischen Tempel verwandelte. Das Gebäude besteht aus ineinandergreifende

Holzbalken, die ohne Nägel oder andere Metalle zusammengehalten werden. Der Tempel ist dem Nördlichen oder Dunklen Herrscher gewidmet.

*Halle der Göttin der Barmherzigkeit – Guanxin Dian*
Der im 17. Jh. gebaute Tempel ist der Guan Yin geweiht und beherbergt eine 4 m hohe Bronzestatue der Göttin.

### *Shantou*

*Tempel der Mutter des Himmelskaisers*
Auf der Ma She- (Ma Yi) Insel auf einem Gelände, das schon immer von religiöser Bedeutung war. Dieser daoistische Tempel wurde 1985 mit der finanziellen Unterstützung der Gemeinde der Übersee-Chinesen errichtet. Im nahegelegenen Dorf befindet sich der Tempel des Meeresdrachen, ein kleiner, bei lokalen Fischern beliebter Tempel.

*Lingshan-Tempel*
In der Nähe von Chaoyang, südlich der Stadt. Ein buddhistischer Tempel, der in der Tang-Dynastie gegründet wurde, obwohl die meisten der heutigen Bauten aus der Qing-Zeit stammen.

### *Chaozhou*

*Han Yu-Tempel*
Ein zu Ehren eines Lehrmeisters der Literatur errichteter konfuzianischer Tempel, der in diese Stadt verbannt wurde, nachdem er anti-buddhistische Schriften verfaßt hatte.

*Kaiyuan-Tempel*
Dieser aktive buddhistische Tempel, der im 8. Jh. gebaut wurde, um buddhistische Schriften aufzubewahren, wird zur Zeit restauriert.

# Zhanjiang

*Lengyan-Kloster*
Am Ufer des Sees Huguagyan, 20 km südwestlich von der
Stadt. Stammt aus der Song-Zeit und ist eines von mehreren
alten Gebäuden am Ufer.

# Zhaoqing

*Sieben-Sterne-Felsen – Qixing Yan*
Auf den Sieben-Sterne-Felsen, bei denen es sich um sieben
Berge handelt, die sich am Sternen-See erheben, befinden
sich mehrere Tempel und Höhlen.

*Dingua Shan*
18 km nordöstlich von Zhaoqing gelegen. Diese Gegend ist
seit mehr als 1 000 Jahren ein populärer Wallfahrtsort. Zu
den buddhistischen Tempeln auf diesem Berg zählen der
Qingyun Si, der eine ca. 500 kg schwere Bronzeglocke enthält, und der tang-zeitliche Tempel der Weißen Wolke, etwa
5 km vom Qingyun Si entfernt.

*Für Hongkong und Macau siehe Ende des Verzeichnisses*

## Provinz Guangxi

### Guilin

*Guilin-Höhlen*
Ein populäres Touristenziel. Auf den vielen Bergen und Hügeln in und außerhalb der Stadt findet man Tempel, Höhlen
und Grotten, von denen einige Inschriften und Skulpturen
enthalten. Viele stehen mit dem Daoismus und Buddhismus
und andere wiederum mit chinesischen Mythen und Legenden in Verbindung.

## Liuzhou

*Ahnentempel des Prinzen Liu – Liu Huo Si*
Im Prinz Liu-Park in der Stadtmitte. Der ursprüngliche daoistische Ahnentempel wurde 821 gebaut. Steintafeln, die von
Gelehrten zwischen dem 9. und 13. Jh. beschriftet wurden,
sind hier untergebracht.

## Provinz Guizhou

### Guiyang

*Tempel des Großen Glücks – Hongfu Si*
Dieses ming-zeitliche Kloster liegt in der Parkanlage Qian-
lingshan, nordwestlich von Guiyang.

## Provinz Hebei

### Chengde

*Kaiserlicher Sommerpalast und die äußeren Tempel*
Der Kaiserliche Sommerpalast befindet sich in einer 590 ha
großen Parkanlage. Nördlich und nordöstlich der Anlage
liegen mehrere buddhistische Tempel; die erhaltenen Tempel entstanden zwischen 1750 und 1780.

### Shanhaiguan

*Meng Jiangnu-Tempel*
In der Nähe von Shanhaiguan an einem Spalt in der Großen
Mauer. Dieser daoistische Tempel wurde in der Song- und der
Ming-Dynastie wieder aufgebaut. Er soll an die Geschichte
von der Frau Meng erinnern, deren Mann zum Frondienst

beim Bau der Mauer gezwungen wurde. Eines Winters machte sie sich auf, um ihn zu suchen, mußte aber erfahren, daß er an Überarbeitung gestorben war. Als sie an der Großen Mauer entlangging, um nach seinen Überresten zu suchen, öffnete sich plötzlich die Mauer und gab seinen Leichnam frei.

## Shijiazhuang

*Tempel des Großen Glücks und der Festlichkeiten – Fu Qing Si*
Der in der Sui-Dynastie gegründete Tempel ist der Tochter des Kaisers Yang Di geweiht, die nach dem Tode ihres Vaters zum Buddhismus konvertierte.

*Vairocano-Tempel – Pilu Si*
10 km nordwestlich der Stadt gelegen. Der Tempel wurde in der Tang-Dynastie errichtet, und auch die mit buddhistischen Fresken verzierte Sakyamuni-Halle und die mit Hunderten von religiösen Bildnissen und Szenen aus dem chinesischen Leben geschmückte Vairocana-Halle stammen aus dieser Zeit.

*Tempel des Üppigen Gedeihens – Long Xing Si*
In Zhengding, 14 km nördlich von Shijiazhuang. Die Stadt beherbergt mehrere Tempel und Klöster, von denen der Long Xing Si die größte Anlage ist. Er ist berühmt für seine 20 m hohe Bronzestatue der Guan Yin, die in der Halle des Großen Mitgefühls steht. Die Statue wurde vor fast tausend Jahren gegossen.

## Beidaihe

*Tempel der Guan Yin*
Diese kleine Sammlung von 300 Jahre alten Tempeln ganz in der Nähe Parks der Lotosblüten-Steine wurde kürzlich restauriert.

# Handan

*Shigu Shan*
25 km südwestlich von Handan gelegen. An den südlichen
Ausläufern des Berges finden sich sieben Höhlen und 15 km
weiter an der Westseite neun Höhlen. Die frühen Höhlen
stammen aus dem 6. Jh. und die späteren aus der Ming-Dynastie. Insgesamt enthalten sie ungefähr 3 400 Statuen.

# Wuhan

*Tempel der Wiedererlangten Vollkommenheit – Guiyan Si*
Im südwestlichen Teil von Han Yang. Dieser Tempel stammt
aus der späten Ming- und der frühen Qing-Zeit. Die Lohan-
Halle beherbergt 500 Buddhas und eine Buddha-Statue mit
1 000 Händen und Augen; in dem Pavillon finden sich
buddhistische Sutras.

*Hong Shan*
Im Distrikt Wuchang. Auf dem Hong Shan befinden sich
mehrere Tempel und Pagoden, darunter der Baoting-Tem-
pel, die 43 m hohe Lingji-Pagode und die 11 m hohe Xing-
fusi-Pagode.

*Tempel des Ewigen Frühlings – Chang Chun Guan*
Nicht weit vom Hong Shan entfernt, in der Dong Hu am
Ufer des Ost-Sees. Der uralte Tempel wurde während der
Taiping-Rebellion zerstört und Ende des 19. Jhs. wieder auf-
gebaut.

# Xiangfan

*Tempel der Großen Tugend – Guang De Si*
13 km westlich von Xiangfan gelegen. Die ursprünglichen
han-zeitlichen Gebäude wurden im 15. Jh. neu errichtet.

Auf dem Gelände befinden sich fünf Pagoden aus dem 15. Jh.

## Wu Dang Shan

150 km westlich von Xiangfan gelegen. Diese daoistische Bergkette erstreckt sich über 400 km. Der tang-zeitliche Tempel der Fünf Drachen ist das älteste Heiligtum, und die anderen Tempel wurden zwischen dem 10. und 13. Jh. errichtet, von denen viele zerstört wurden. Ming-Kaiser ließen daoistische Tempel auf diesem Berg bauen – insgesamt 38 Klöster und 72 Tempelhallen sowie andere Sakralbauten. Zu den erhaltenen Gebäuden zählt die mit vergoldeter Bronze gebaute Goldene Halle auf dem Himmelspfeiler-Gipfel, die aus dem Jahre 1416 stammt.

## Zhang Jia Kou

### Kloster des Wolkenfrühlings – Yun Quan Si

Das im Jahre 1393 gegründete Kloster liegt am Berghang direkt außerhalb der Stadt.

## Lai Yuan

### Großer Wen Shu-Tempel – Wen Shu Da Dian

Dieser liao-zeitliche Holztempel enthält eine buddhistische Säule aus dem Jahre 960 und eine Glocke aus dem Jahre 1114.

## Xin Cheng

### Kai Shan Si

Im Nordosten der Stadt. Nur der liao-zeitliche Tempel des Klosters Kai Shan ist erhalten geblieben, das in der Tang- oder Song-Dynastie gegründet wurde.

## Qu Yang

*Tempel des heiligen Nordberges – Bei Yue Miao*
Hier brachten die Kaiser Chinas dem Heng Shan Opfer dar.
Ursprünglich Teil einer sehr viel größeren Anlage, ist nur
einer der großen zeremoniellen Tempel und eine achteckige Pagode erhalten geblieben. Der Tempel der Stillen Tugend wurde 1270 gebaut. Die Fresken in dem Tempel stellen
aus dem Leben gegriffene und imaginäre Szenen dar, einschließlich Hofgestalten und daoistische Dämonen. Um den
Tempel herum befindet sich eine bedeutende Stelensamm-
lung.

## Zhaoxian

*Kloster des Steinbuddha – Shi Fo Si*
Eine ungewöhnliche sechseckige Pagode, mehrere Säulen
und Stein-Buddhas sind vom ursprünglichen Kloster übriggeblieben. Eine Inschrift an der Pagode gibt als Entstehungsdatum des Klosters das Jahr 1275 an.

*Zypressenkloster – Bo Lin Si*
Nahe des Osttores. Das in der Han-Dynastie gegründete
Kloster erhielt seinen Namen in der Qing-Zeit, und das Ge-
bäude ist in ming-zeitlichem Stil gehalten. In der Nähe des
Tempels befindet sich eine siebenstöckige Pagode aus der
Yuan-Zeit.

## Xingtai

*Kloster Kai Yuan Si Zhuan Ta*
Im nordöstlichen Teil der Stadt. Das in der Tang-Dynastie
errichtete Kloster enthält eine yuan-zeitliche Pagode, die
auf Geheiß des Kaisers im Jahre 1215 gebaut wurde. Nordwestlich vom Kloster findet sich eine tang-zeitliche daoisti-

sche Säule mit Inschriften, die sich auf das *Dao De Jing* beziehen.

### Kloster der Himmlischen Ruhe – Tian Ning Si
Im nordwestlichen Teil der Stadt. Zwei tang-zeitliche Tempel sind von diesem Kloster aus der Qing-Dynastie übriggeblieben. In der Nähe befinden sich eine buddhistische Säule und Pagode, die aus der Tang- beziehungsweise Yuan-Dynastie stammen.

## Feng Feng

### Grotten des Echohallen-Berges – Xiangtang Shan Shiku
Hierbei handelt es sich um zwei Gruppen von buddhistischen Felsheiligtümern, die ungefähr 14 km auseinanderliegen. Die eine Gruppe ist am südlichen Ende des Berges nahe des Dorfes Peng Cheng beim Kloster der Echohalle und die andere Gruppe auf der Nordseite nahe des Dorfes Hu Cun beim Kloster der Ewigen Freude zu finden. Die Arbeiten an den frühesten Höhlen begannen zwischen 550 und 560 n. Chr. und wurden bis zur Ming-Dynastie fortgesetzt.

## Provinz Heilongjiang

### Harbin

### Tempel des Paradieses – Jile Si
An der Dongda Zhijie im Zentrum von Harbin. Die im Jahre 1924 errichtete Anlage umfaßt vier Hallen und eine siebenstöckige Pagode.

### Hl. Nikolaus-Kirche
Eine von Harbins 17 Kirchen, diese russisch-orthodoxe Kirche aus Holz wurde 1899 gebaut (s. S. 408-409).

*Konfuzius-Tempel – Wen Miao*
Dieser Konfuzius-Tempel an der Dongda Zhijie wurde 1926 gebaut und beherbergt Statuen von Konfuzius und anderen Gelehrten.

## Longquan

*Tempel des Gedeihens – Xing Long Si*
Hier liegen die Ruinen der Hauptstadt des Königreiches Bohai, das 926 angegriffen und zerstört wurde. Reste des qingzeitlichen Tempels sind noch zu sehen.

# Provinz Henan

## Anyang

Hier befand sich die chang-zeitliche Hauptstadt Ying, wo berühmte Orakelknochen gefunden wurden. Östlich der Stadt kann man Reste der ursprünglichen Stadtmauer besichtigen.

## Kaifeng

*Jüdische Gemeinde*
Es liegen Pläne vor, die Synagoge wieder aufzubauen und ein jüdisches Museum in der Stadt einzurichten, da seit mindestens 1163 n. Chr. hier mehrere hundert Juden leben.

*Tempel des Kanzlers – Kloster Xiang Guo*
Dieser im Jahre 555 n. Chr. gegründete buddhistische Tempel wurde viele Male zerstört und wieder aufgebaut. Die heutigen Gebäude stammen von 1766, unter anderem der Tempel des Großen Schatzes, der Achteckige Palast mit Glasurziegeln und der Palast der Sutras.

*Eiserne Pagode – Tie Ta*
Im Nordosten der Stadt. Diese dreizehnstöckige, mit Ziegeln umkleidete Pagode ist alles, was von dem Kloster, das hier einst stand, übriggeblieben ist. Errichtet im Jahre 1049, wurde sie sorgfältig restauriert.

*Kloster der Himmlischen Reinheit – Tian Qing Si*
Im Südosten der Stadt. Diese 30 m hohe dreistöckige Pagode ist alles, was von dem ursprünglichen Kloster und der neunstöckigen Pagode erhalten geblieben ist. Sie entstand in der Nördlichen Song-Dynastie.

*Dong Da-Moschee*
Gebaut im Jahre 1922, ist sie eine der aktivsten Moscheen in der Provinz Henan.

## *Luoyang*

*Tempel des Weißen Pferdes – Bai Ma Si*
Einst das buddhistische Zentrum Chinas, war dies der erste buddhistische Tempel im Land, der vor über 1 900 Jahren errichtet wurde (s. S. 223).

*Long Men-Höhlen oder Drachentor-Grotten*
Vom ausgehenden 5. Jh. bis zum Ende des 7. Jhs. entstanden mehr als 100 000 Bildnisse und Statuen von dem Buddha in den Höhlen und Felswänden dieser eindrucksvollen Stätte am Ufer des Yi-Flusses. Die Stätte enthält außerdem 1 352 Grotten und 3 680 in Stein gemeißelte Inschriften (s. S. 277 f.).

*Song Shan*
50 km südöstlich von Luoyang gelegen, ist er einer der fünf heiligen Berge des Daoismus mit vielen Tempeln und anderen religiösen Stätten (s. S. 252 ff.).

### Tie Men Zhen

*Dorf der Steinbuddhas (Shi Fo Xiang) und Kloster Hong Qing*
2 km südlich der Stadt gelegen. Die Skulpturen in den sechs
in den Fels gehauenen Höhlen hinter dem Kloster sollen aus
der Nördlichen Wei-Dynastie stammen. Zu den Skulpturen
zählen Armeen von fliegenden Dämonen.

### Gong Xian

*Buddhistische Höhlen der Nördlichen Wei*
Die Höhlen und Tempel liegen am Fuße des Dali Shan am
Ufer des Yiluo-Flusses. Die Bauarbeiten begannen im Jahre
517 n. Chr. und wurden bis in die Song-Dynastie fortgesetzt.
Die 256 Schreine zählen insgesamt über 7700 buddhistische
Skulpturen.

### Qin Yang

*Xuan Gu Shan*
An einer Felswand finden sich sechs Gruppen von buddhistischen Schnitzereien, die ungefähr 1 000 Jahre alt sein sollen.

*Zentraler Tempel des Klosters des Großen Lichtes –*
*Zhong Fo Dian Da Ming Si*
6 km südöstlich von Qin Yang gelegen. Dieser Holztempel
aus der Yuan-Zeit war einst der zentrale Tempel eines
großen Klosters.

### Tang Yang

*Yue Fei-Tempel*
Dieser 1450 gegründete Tempel ehrt den berühmten General, der von den Chinesen zum Gott erhoben wurde.

*Fu Qui Shan und Da Pei Shan*

Südöstlich von Tang Yang. Das Kloster der Tausend Buddhas befindet sich auf dem Fu Qui Shan, und Schnitzereien von dem Buddha und Bodhisattvas schmücken die Wände zwei kleiner Felshöhlen. In der Nähe steht der daoistische Tempel der Prinzessin der Bunten Wolken. Auf dem nahegelegenen Da Pei Shan befindet sich das Kloster der Himmlischen Ruhe. Ein 25 m hoher Steinbuddha ist alles, was von den Bauwerken der Nördlichen Wei erhalten ist.

## Lin Ru

*Kloster der Windhöhle – Feng Xue Si*

8 km nordöstlich von Lin Ru gelegen. Das buddhistische Kloster wurde in der Tang-Zeit gegründet und in der Ming- und Qing-Dynastie restauriert. Die Pagode stammt aus dem 8. Jh.

## Huai Yang

*Grab des Fu Hsi*

Hier soll sich das Grab eines der großen mythischen Kaiser von China befinden. Der 9 m hohe Erdhügel liegt nördlich der Stadt. Das Grab ist von mehreren qing-zeitlichen Tempeln und Toren umgeben.

## Zhen Ping

*Bodhi-Kloster – Pu Ti-Kloster*

Am Hang des Xing Shan nördlich der Stadt. Das unter den Tang gegründete Kloster wurde 1681 wieder aufgebaut und beherbergt eine wertvolle Sammlung buddhistischer Sutras.

## Lu Yi

*Geburtsort und Begräbnisstätte des Lao Zi (s. S. 153-157)*

## Provinz Hubei

### Wuhan

*Tempel der Wiedererlangten Vollkommenheit – Guiyuan Si*
Cuiweiheng Lu, Ecke Cuiwei Lu. Dieser aktive buddhistische Tempel stammt aus der späten Ming- und frühen Qing-Zeit.

*Cheng Xiang Bao Ta*
Auf dem Berg She Shan. Im Jahre 1343 gebaut, zieren den Sockel dieses 30 m hohen, weiß angestrichenen Stupa buddhistische Motive.

*Tempel des Ewigen Frühlings – Chang Chun Guan*
Am Ufer des Ost-Sees. Der Legende zufolge pflegte Lao Zi auf dem Gelände dieses Tempels zu meditieren. Der heutige Tempel wurde Ende des 19. Jhs. wieder aufgebaut und wird von einer Mönchs- und Nonnengemeinde bewohnt.

*Tempel Yuan Gui Si*
Im südwestlichen Distrikt von Han Yang. Dieser qing-zeitliche buddhistische Tempel ist wohlbekannt für die Halle der Fünfhundert Lohan.

### Jun Xian
Der Wu Dan Shan, südlich der Stadt, ist mit religiösen Stätten übersät. Viele stammen aus der Ming-Dynastie, darunter der daoistische Tempel Jin Dian (Goldene Halle) und der Zi Xiao Gong, der 1413 errichtet wurde.

# Provinz Hunan

## Changsha

*Tempel des Beginns der Glückseligkeit – Kaifu Si*
Ein in der Tang-Dynastie gegründeter buddhistischer Tempel. Die Mahavira-Halle wurde kürzlich restauriert, und der Tempel wird von einer kleinen Gemeinde bewohnt.

*Katholische und protestantische Kirche von Changsha*
Diese Kirchen liegen dicht beieinander, südlich des Kaifu-Tempels.

## Henyang

*Heng Shan*
Der 50 km nördlich der Stadt gelegene Heng Shan ist einer der fünf großen daoistischen Berge Chinas (s. S. 310-312).

## Shao Shan

*Mao Ze Dongs Geburtshaus*
Hier wurde der Vorsitzende Mao geboren. Das Haus dient heute als ein maoistischer Schrein und Ausstellungszentrum.

*Daoistische Einsiedelei*
Auf einem der Gipfel, die den Shao Shan umgeben, befindet sich eine daoistische Einsiedelei.

# Autonomes Gebiet Innere Mongolei

## Hohhot

*Lamatempel Xilitu Zhao*
In der Altstadt. Die Große Halle der Sutras in diesem großen Kloster stammt aus der Ming-Dynastie.

*Kloster Da Zhao*
In der Altstadt. Dieses Kloster stammt aus der Ming-Dynastie und beherbergt die Große Halle der Sutras.

*Große Moschee – Qing Zhen Si*
Am alten Nordtor der Stadt. Die in der Qing-Zeit errichtete Moschee beherbergt eine 200 Jahre alte Koran-Sammlung.

*Fünf-Pagoden-Tempel – Wu Ta Si*
Im Süden der Stadt. Von diesem Tempel aus der frühen Qing-Zeit ist nur die Diamant-Pagode erhalten. Sie steht auf einer großen Terrasse und umfaßt fünf schön geschnitzte Pagoden, von denen die mittlere über 32 m aufragt. Die Inschriften an ihrem Sockel sind in chinesisch, mongolisch, tibetisch und Sanskrit.

*Kloster Wu Su Tu Zhao*
Außerhalb der Stadt. Zu diesem ming-zeitlichen buddhistischen Kloster gehört eine dreistöckige Große Halle.

*Kloster Xiao Zhao*
Das in der Qing-Dynastie gebaute buddhistische Kloster hat einen prachtvollen Pavillon mit glasierten Dachziegeln.

*Kloster E Mu Qi Zhao*
Dieses qing-zeitliche Kloster ist sehr weitläufig, besonders die Halle der Sutras und die Halle des Buddha.

## Baotou

*Weidenbaum-Kloster – Wudang Zhao*
70 km nordöstlich von der Stadt gelegen. Die zwischen 1621 und 1722 errichtete Klosteranlage nimmt eine Fläche von 20 ha ein und gehörte ursprünglich der Gelupka-Tradition des tibetischen Buddhismus an.

*Kloster Kundulun*
Der in der Qing-Dynastie gegründete buddhistische Tempel
ist in tibetischem Baustil gehalten. Die Weiße Pagode und
das Awang Fu, »Das Tor der Ehre«, sind ebenfalls Bestandteil dieser Anlage.

## Bayinhot

*Kloster Yan Fu Si*
Das aus der Qing-Dynastie stammende Kloster ist weitläufig
angelegt. Umfangreiche Malereien und Schnitzereien in tibetischem Stil schmücken die Säulen und Wände des Tempels.

## Ulanhot

*Mo Li-Tempel*
Der Tempel stammt aus der Qing-Dynastie. Die Decke der
Großen Halle der Sutras ist durch Stützbalken in mehrere
Bereiche unterteilt, die mit buddhistischen Malereien reich
verziert sind.

*Jia Lan Shan-Kloster*
Im A la Shan-Banner.[17] Diese qing-zeitliche, in chinesisch-ti-
betischem Stil errichtete Anlage erstreckt sich einen Berghang hinauf und bildet zwei Bereiche, die durch Gehwege
miteinander verbunden sind.

*Kloster Guang Zong*
A la Shan-Banner. Diese Anlage gilt als Gegenstück zum Jia
Lan Shan-Kloster und wurde ebenfalls in chinesisch-tibeti-
schem Stil gebaut.

---

[17] Banner sind Stadtteile und bezeichneten ursprünglich militärische
Einheiten bei den Mongolen, zu denen die Krieger mit ihren Familien gehörten, sogenannte Stammesbanner. Als die Mongolen
sich in Städten niederließen, wurde der Begriff Banner auf den
Stadtteil angewendet, den jede Gruppe besetzte.

### Kloster A Sake Zhao
A Sake-Banner. Das in qing-zeitlichem Stil gebaute Kloster enthält die Große Halle der Sutras.

### Kloster Wu Shen Zhao
Wu Shen-Banner. Dieses prächtige Kloster aus der Qing-Dynastie ist beachtenswert wegen der Schönheit und Gestaltung seiner Großen Halle. Auf dem Grundstück befindet sich ein Pagodenwald.

## Silinhot

### Kloster Bei Zi Maio
Dieses in chinesischem Stil gehaltene Kloster enthält die Große Halle der Sutras, der man sich durch eine Holzhütte und dann durch ein mongolisches Zelt nähert. Mongolische Fahnen und Symbole sind an einer Terrasse angebracht, die auf Stein- und Erdhügel in diesem Kloster gebaut wurde. Diese ungewöhnliche Besonderheit ist als *ao bao* bekannt.

### Guang Fu-Kloster
Da Er Han- und Moa Miang An-Banner. Dieses weitläufige buddhistische Kloster wurde um die Große Halle herum gebaut, die mit eindrucksvollen tibetischen Verzierungen und Mustern versehen ist.

### Han Bai-Tempel
A Be Ga-Banner. Dieser in chinesischem Stil gebaute buddhistische Tempel ist bekannt für seine Steinpagode und die mit Malereien wunderschön verzierte Große Halle der Sutras.

### Tempel La Ma Ku Lun Miao
Yue Wu Zhu Mu Qin-Banner. Die Hallen dieses großen Tempels zeigen eine Vielfalt tibetischer und chinesischer Stilelemente.

*Buddhistische Höhlenklöster*
Ba Lin-Banner. Die alte Zitadelle aus der Liao-Dynastie liegt in der Nähe der Stadt Lin Dong. Von den vier Gruppen von Höhlenklöstern in diesem Banner ist die größte 29 km von der alten Zitadelle entfernt. Über 100 Höhlen wurden gefunden, von denen einige natürlichen Ursprungs sind und andere aus dem Stein gehauen wurden. Südlich der Zitadelle liegen außerdem zwei große Tempel – der Tempel Qian Zhao und der Tempel Hou Zhao.

## Provinz Jiangsu

### Yangzhou

*Islamische Halle – Hui Hui Tang*
Dicht bei der Dong Guan Jie liegen eine qing-zeitliche Moschee und das Grab eines islamischen Predigers, der 1275 in der Stadt starb. Der Inschrift zufolge war er ein Nachkomme des Propheten.

*Shi Ta-Pagode*
An der Shi Ta Lu. Diese fünfstöckige, sechsseitige Pagode gehörte ursprünglich zu einem 840 errichteten Tempel.

*Tempel des Himmlischen Friedens – Tianning Si*
Am Fuße des Pflaumenblütenbaums im Norden der Stadt. In diesem jin-zeitlichen Tempel übersetzte 418 ein nepalesischer Mönch buddhistische Schriften ins Chinesische.

*Tempel des Strahlenden Lichtes – Daming Si*
4 km nordwestlich der Stadt gelegen. Der ursprüngliche Tempel wurde im 5. Jh. gegründet und in seiner heutigen Form im 19. Jh. errichtet. Der Mönch Jianzhen studierte hier. 742 n. Chr. wurde er nach Japan eingeladen, um den Buddhismus zu lehren, und er begab sich auf die Reise. Bei

seinem sechsten Versuch gelang es ihm, Japan zu erreichen, wo er 10 Jahre später starb.

## Mao Shan
Südlich der Stadt, etwa 50 km. Auf dem Berg, der Heimat des Mao Shan-Daoismus, sind zahlreiche prachtvolle daoistische Tempel und Klöster angesiedelt.

# Zhengjiang

## Jin Shan
Der Berg ist einer der Aussichtspunkte mit Blick auf den Yangtse-Fluß. Der buddhistische Tempel hier erhebt sich am Hang und ist durch Treppen miteinander verbunden. Zudem weist der Berg vier Höhlen auf, die als das Buddhistische Meer, Weißer Drachen, Morgensonne und Arhat bekannt sind. Die siebengeschossige Chishu-Pagode befindet sich auf dem Gipfel.

# Suzhou

## Nordtempel – Bei Si Ta
Am nördlichen Ende der Remnin Lu. Die Tempelanlage hat eine 1700jährige Geschichte aufzuweisen und beherbergt eine neungeschossige Holzpagode.

## Tempel des Mysteriums (Tempel der Geheimnisse) – Xuan Miao Guan
Im Zentrum der Stadt. Dieser daoistische Tempel wurde im 3. Jh. gegründet und in späteren Dynastien wieder aufgebaut. Die 1181 errichtete Sanqing-Halle wird von 60 Pfeilern gestützt und enthält daoistische Statuen und Stelen.

## Kloster des Kalten Berges – Han Shan Si
1 km westlich von dem Liuyuan (Garten des Herrn Liu) gelegen. Dieser buddhistische Tempel wurde viele Male zer-

stört und neu errichtet. Die heutigen Gebäude stammen aus dem ausgehenden 19. Jh. Zwei interessante Besonderheiten sind die safrangelben Wände des Tempels und die sich buckelartig erhebende Brücke über den nahegelegenen Kanal.

### Zwei-Pagoden-Tempel – Shuang Ta Si
Ding Hui Si Gang. Ursprünglich im 9. Jh. errichtet, wurden zwei song-zeitliche Ziegelpagoden hinzugefügt und nach dem letzten Feuer im Jahre 1860 restauriert.

### Westgarten-Tempel – Xiyuan Si
Ganz in der Nähe des Liuyuan (Garten des Herrn Liu) gelegen. Der buddhistische Tempel wurde Ende des 19. Jhs. auf dem Gelände des ursprünglichen ming-zeitlichen Tempels völlig neu errichtet. Die Lohan-Halle beherbergt über 500 vergoldete buddhistische Statuen.

### Tempel auf dem Ling Yan Shan und dem Shang Fang Shan
Die Straße nach Taihu führt zu diesen Bergen. Der Tempel des Felsens der Geister ist noch aktiv und beherbergt eine Ausstellung über buddhistische Kunst in China einschließlich Statuen und Bronzen. Auf dem Weg zum Tempel liegt eine kleine Höhle, die als Guan Yin-Höhle bekannt ist.

### Tempel zum Schutz der Weisen – Bao Sheng Si
40 km südöstlich von Suzhou in Jiao Zhi gelegen. Im Jahre 503 gegründet, stammt die heutige Anlage von 1860 und enthält fünf song-zeitliche Lohans.

## Changzhou

### Tempel der Himmlischen Ruhe – Tian Ning Si
Anfang des 10. Jhs. gegründet und kürzlich restauriert, ist dieser große aktive Tempel Sitz der Buddhistischen Gesellschaft.

## Lianyungang

*Kong Wang Shan*
2 km südlich der Stadt gelegen. Hier am Berg sind über 100 buddhistische Skulpturen in den Fels geschlagen. Sie stammen aus der Östlichen Han-Zeit und zählen zu den ältesten buddhistischen Skulpturen in China.

*Hua Guo Shan*
15 km südöstlich der Stadt gelegen. Der Sanyuan-Tempel auf dem Berg stammt aus dem 7. Jh. Der Legende zufolge lebte der Affenkönig aus dem Roman *Reise nach dem Westen* in der Höhle Shuilian Dong (Höhle der Wasserschleier) auf diesem Berg.

*Yuntai Shan*
20 km östlich der Stadt gelegen. Dieser Berg soll zu dem Berg der Blumen und Früchte in dem Roman *Reise nach dem Westen* inspiriert haben.

## Yixing

*Konfuzius-Tempel – Kong Miao*
14 km westlich vom Taihu-See gelegen. Ein Bogengang aus dem 17. Jh. führt zum Konfuzius-Tempel, in dem eine ansehnliche Sammlung von Statuen untergebracht ist.

## Jiujiang

*Lu Shan*
Südlich von Jiujiang. Diese mit dem Buddhismus assoziierte Bergregion hat mehr als 90 einzelne Gipfel. Eine der wichtigsten religiösen Stätten auf dem Berg ist das Donglin Si (Tempel des Ost-Waldes). Die Schule des Reinen Landes, eine buddhistische Sekte, wurde hier von dem Mönch Hui-yuan begründet, der den Tempel 381 baute.

### Tempel des Geistertales – Linggu Si

Im Osten von Nanjing, der Tempel liegt dicht bei der Balkenlosen Halle im Linggu-Park. Der Tempel hat eine Gedenkhalle für Xuan Zang, den Mönch, der buddhistische Schriften aus Indien mitbrachte. In der Halle befindet sich eine Miniaturpagode, die einen Teil seines Schädels enthält.

### Konfuzius-Tempel – Kong Miao

An der Gongyuan Lu. Dieser Tempel wurde 1869 auf dem Gelände des ursprünglichen Tempels errichtet, der im 12. Jh. einem Feuer zum Opfer fiel. Im Tempel ist eine Ausstellung über lokale Volkskunst untergebracht.

### Qi Xia Shan

20 km nordöstlich der Stadt gelegen. Ungefähr 300 Höhlen und Nischen sind hier am Berg zu finden. Am bemerkenswertesten ist die Halle der Drei Heiligen mit einer 10 m hohen Figur des Buddha und Bodhisattvas als Gefolge. Die Entstehungszeit der Skulpturen ist zwischen der Mitte des 5. Jhs. und der Ming-Dynastie anzusetzen.

Auch der Qi Xia Si (Tempel des Wohnsitzes der Abendwolken) ist in dieser Gegend zu finden. Der 483 gegründete Tempel wurde 1855 durch ein Feuer zerstört, und die heutigen Gebäude stammen aus der späten Qing-Dynastie. Die nahegelegene fünfstöckige Pagode wurde im 7. Jh. errichtet.

## Xuzhou

### Xinghua-Tempel

Im Süden von Xuzhou östlich des Flusses Yunlongshan. Der Tempel enthält aus Felsen gehauene Statuen aus dem 5. Jh.

## Zhenjiang

### Goldener Berg – Jin Shan
Das im 4. Jh. gegründete Kloster des Goldenen Berges befindet sich auf diesem Berg.

### Jiao Shan
Hier liegt das in der Östlichen Han-Dynastie errichtete Kloster Dinghui.

### Bei Gu Shan
Der Tempel Ganlu (Tempel des Erfrischenden Taus) auf diesem Berg wurde im Jahre 265 errichtet, aber seitdem viele Male zerstört und wieder aufgebaut.

## Wuxi

### St. Joseph-Kirche
Die im 17. Jh. gebaute Kirche bildet den Mittelpunkt der aktiven lokalen katholischen Gemeinde (s. S. 405).

# Provinz Jiangxi

## Nanchang

### Tempel der Blauen Wolken – Qingyunpu
Die Meinungen gehen auseinander in bezug darauf, wann dieser daoistische Tempel im Süden der Stadt gebaut wurde, aber er ist mindestens 1350 Jahre alt. Die drei Haupthallen beherbergen ein Museum, in dem Bilder von Zu Da und seinen Schülern ausgestellt sind.

### Tempel des Großen Friedens – D'an Si
An der Yuzhanghou Jie. In dem im 4. Jh. gegründeten Tempel wird ein großes Eisengefäß aufbewahrt, das aus der Zeit der Drei Reiche (220 – 263 n. Chr.) datiert.

## Gebirge Lu Shan

*Gu Ling*
Diese Dorfgegend war bei Kaisern und Gelehrten als Sommerurlaubsort beliebt, und viele der Gebäude sind erhalten. Zu den religiösen Stätten zählen die Höhle der Unsterblichen, der Runde Tempel und mehrere Pagoden im Umkreis.

## Longhu Shan

*Drachen-Tiger-Berg*
Residenz des daoistischen Himmlischen Meisters von ca. 400 n. Chr. bis 1927. Viele prächtige Tempel.

## Provinz Liaoning

### Shenyang

*Kaisertempel – Huang Si*
An der Huang Si Lu. Dieser große buddhistische Tempel wurde 1638 gebaut und 1726 restauriert.

### Dandong

*Feng Huang Shan*
52 km nordwestlich von Dandong liegt die Stadt Fengchang. Über dem Berg Feng Huang Shan sind überall Tempel, Klöster und Pagoden verstreut, die in der Tang-, Ming- und Qing-Dynastie errichtet wurden.

### Gu Shan

*Daoistische Tempel auf dem Dagu Shan*
Dieser Berg liegt 90 km südwestlich von Dandong nahe der Stadt Gu Shan. Hier findet sich eine Gruppe tang-zeitlicher daoistischer Tempel.

## Anshan

*Qian Lian Shan*
Bekannt als der Berg der Tausend Lotosblüten, war dies im 10. Jh. ursprünglich eine buddhistische Einsiedelei. Hier finden sich buddhistische und daoistische Klöster, von denen einige noch heute aktiv sind.

## Provinz Ningxia

### Yinchuan

*Yinchuan Moschee – Qingzhen Si*
Die nahe des Südtores gelegene Moschee ist die größte in der Stadt.

*Westpagode – Xi Ta*
Südwestlich der Stadt. Die ursprünglichen Gebäude wurden zerstört, 1820 wurde eine 64 m hohe Pagode neu errichtet.

*Schatz-Pagode – Hai Bao Ta*
Im Norden der Stadt. Die im 5. Jh. gebaute Pagode hat 11 Geschosse und ist 54 m hoch.

### Zhougwei

*Gao-Tempel – Gao Miao*
Der im 15. Jh. gegründete Tempel ist wohlbekannt, da er drei verschiedene religiöse Traditionen – Buddhismus, Konfuzianismus und Daoismus – in sich vereinigt.

### Tongxin

*Große Moschee – Qingzhen Da Si*
Die in der Ming-Dynastie entstandene Moschee ist aus Holz in chinesischem Stil gebaut.

*Xumi Shan*
50 km nordwestlich von der Stadt Guyuan, sind in dem Berg 132 Höhlen angelegt, in denen über 300 buddhistische Statuen gemeißelt sind, die in der Zeit von den Nördlichen Wei bis zu den Sui- und Tang-Dynastien entstanden sind.

*Landkreis Xiji*
Dieses Gebiet 60 km westlich von Guyuan ist bekannt für seine große Anzahl an han-zeitlichen Gräbern und buddhistischen Statuen.

## Provinz Qinghai

### Xi Ning

*Kloster Ta Er*
25 km südwestlich der Stadt gelegen, beherbergt dieses weitläufige tibetische Kloster Paläste, Tempel, Pagoden und Pavillons. Das Kloster ist bekannt für seine traditionellen tibetischen Butterskulpturen.

*Große Moschee – Qingzhen Da Si*
An der Dongguan Dajie. Diese vor fast 600 Jahren gebaute Moschee ist eine der größten Moscheen in diesem Teil Chinas.

### Le Du

*Kloster Qu Tan – Qu Tan Si*
19 km südlich der Stadt gelegen, östlich von Xining. Das ursprüngliche Kloster wurde zu Beginn der Ming-Dynastie gebaut. Im Laufe der Zeit wurde es restauriert, und seine reich verzierten Wände, Balken und Säulengänge sind noch immer zu besichtigen.

# Provinz Shaanxi

## *Xian*

### Große Wildgans-Pagode – Da Yan Ta
Am Ende der Yanta Lu im Süden von Xian. Die ursprüngliche Pagode wurde im Jahre 652 n. Chr. errichtet, um die buddhistischen Schriften zu verwahren, die der Mönch Xuan Zang aus Indien mitgebracht hatte (s. S. 142-145).

### Kleine Wildgans-Pagode – Xiao Yan Ta
An der Youyi Zilu, westlich der Kreuzung mit der Nanguan Zhengjie. Um die Wende des 7. Jhs. errichtet, diente die Pagode dazu, aus Indien mitgebrachte buddhistische Schriften zu beherbergen. Obwohl das Oberteil der Pagode im 16. Jh. durch ein Erdbeben zerstört wurde, mißt das Gebäude noch 43 m.

### Große Moschee – Xing Zhen Da Si
Im islamischen Stadtteil von Xian 300 m nordwestlich vom Trommelturm. Das heutige Gebäude stammt aus dem 18. Jh., obwohl die Moschee viele Jahrhunderte früher gegründet worden sein soll.

### Tempel der Acht Unsterblichen – Ba Xian An
Östlich entlang der Changle Xilu und durch den Straßenmarkt am großen Torweg. Der Tempel liegt auf der rechten Seite am Ende des Marktes. In der Song-Dynastie gegründet und in den folgenden Jahrhunderten erweitert, ist er einer der größten daoistischen Tempel in Xian. Kürzlich wurde er restauriert.

### Tempel des Stadtgottes – Cheng Huang Miao
Xidajie, islamisches Viertel. Dieser daoistische Tempel wurde 1433 gebaut, und die Haupthalle datiert von 1723.

*Tempel des Da Xing Shan*
Dieser buddhistische Tempel, südlich der Kleinen Wildgans-Pagode, soll im 3. Jh. gegründet worden sein. Während der Ming-Zeit bis zur Qing-Zeit wurde er mehrmals neu errichtet und erweitert.

*Tempel der Güte und des Wohlwollens – Guang Ren Si*
Nahe der Mauer im Nordwesten der Stadt. 1705 wurde er errichtet, um lamaistische Mönche zu beherbergen, und 1952 restauriert. In der zentralen Halle befinden sich ansehnliche Beispiele für Blattgoldstatuen, und in einer Bibliothek sind buddhistische Manuskripte aufbewahrt.

*Stelenwald*
Nahe des Südlichen Stadttores. Eine beachtliche Sammlung von über 1 000 Stelen, einschließlich des Textes der Zwölf Klassiker, Gedenkstelen, von denen sich eine auf das nestorianische Christentum bezieht, Stelen, auf denen der Klassiker der Kindlichen Pietät niedergelegt sind sowie viele andere prächtige Beispiele für Kalligraphien, Zeichnungen und Karten. Das Grundstück, auf denen viele von ihnen untergebracht sind, war früher ein konfuzianischer Tempel und wird heute als Museum genutzt.

*Bao Qing Tempel und Pagode*
Im Süden der Shuyuanmen Jie. Der buddhistische Tempel wurde im Jahre 705 gegründet und die Pagode 25 Jahre später hinzugefügt.

*Tempel des Liegenden Drachen – Wo Long Si*
An der Boshuling Jie außerhalb der Stadtmauern. Dieser buddhistische Tempel wurde in der Sui-Dynastie gegründet, und der Legende zufolge wurde er nach einem song-zeitlichen Mönch benannt, der als »Der Liegende Drache« bezeichnet wurde, weil er regelmäßig im Tempel einschlief.

Hier befindet sich eine umfangreiche Bibliothek, die auch buddhistische Schriften in Pali enthält.

## Südliche Vororte von Xian

In der Tang-Dynastie wurde in dieser Gegend eine Reihe von Tempeln errichtet. Zu denen, die erhalten sind, zählen der Stierkopf-Tempel an einem Hang des Shaoling Yuan-Berges, der Tempel zu Ehren des Du Fu östlich vom Stierkopf-Tempel und der Tempel der Blühenden Lehre südöstlich von Du Qu. Beim Huayan-Tempel am Hang des Shaoling Yuan-Berges befindet sich eine siebengeschossige Pagode.

### Hua Shan

Einer der fünf heiligen Berge des Daoismus. Er liegt 120 km östlich von Xian (s. S. 298-304).

### Yaoxian

29 km nördlich von Xian gelegen. Diese Stadt ist bemerkenswert wegen ihrer Sammlung alter Stelen, von denen die ältesten auf das 5. Jh. v. Chr. zurückgehen. Insgesamt sind es über 200 Stelen, und 76 sind in dem eigens für sie gebauten örtlichen Museum untergebracht. Auf dem nahegelegenen Berg des Königs der Medizin liegen drei buddhistische Höhlentempel, die Skulpturen aus der Tang-Dynastie beherbergen.

### Huang Ling

## Grab des Gelben Kaisers

Der legendäre Kaiser soll hier begraben sein, daher der Name der Stadt. Das Gebäude selbst hat einen Umfang von 48 m.

### Fu Xian

*Steinhöhlen-Kloster – Duan Jia Zhuang*
63 km westlich von der Stadt liegen die Überreste des buddhistischen Steinhöhlenklosters. Sieben Steinhöhlen beherbergen eine Reihe von Statuen und Inschriften, die aus der Zeit von der Tang- bis zur Ming-Dynastie stammen.

### Yanan

*Buddhistischer Friedhof, buddhistische Höhlen und daoistische Einsiedelei*
Am Fuß des Qinglian-Berges liegen drei buddhistische Höhlen, die Statuen aus der Song- und der Jin-Dynastie enthalten. Auf dem Berg befindet sich außerdem ein buddhistischer Friedhof, nicht weit entfernt von der Straße auf der linken Seite des Flusses Yan Shui. Das älteste Grab stammt aus dem frühen 16. Jh. Eine kleine daoistische Einsiedelei steht auf einem anstehenden Fels oberhalb der Biegung des Yan Shui-Flusses.

### Lin You

14 km südlich der Stadt befindet sich eine Gruppe buddhistischer Höhlen an einer sehr steilen Felswand, die Hunderte von tang-zeitlichen buddhistischen Statuen enthalten. Westlich der Stadt sind 15 Buddhas aus der Tang-Dynastie an einer anderen Felswand zu sehen. 3 km südwestlich der Stadt liegen zwei weitere tang-zeitliche Felshöhlen mit Buddha-Statuen. Die größte ist 4 m hoch, und alle sind gut erhalten. Diese Statuen werden mit dem Kloster der Barmherzigen Güte in Verbindung gebracht.

### Bin Xian

10 km nordwestlich von Bin Xian liegen die Höhlen des Großen Buddha-Klosters. Die in den Fels gehauenen

Höhlen enthalten buddhistische Statuen, von denen die größte 29 m hoch ist.

### Han Cheng

Hier befinden sich sechs daoistische Tempel, und ein paar Kilometer südlich der Stadt liegt das Grab des großen Historikers Si Ma Qian, und zwar im Begräbnistempel des Großen Chronisten.

### Qi Shan

150 km westlich von Xian gelegen. Dies ist der angestammte heilige Berg der Zhou-Stämme und die Stätte, an der die Yi Ying-Texte zuerst überliefert wurden, wie einige sagen. Der Zong Yang-Tempel erinnert an König Zhous Sohn (s. S. 233).

## Provinz Shandong

### Jinan

*Daming-See*
Im Nordosten der Stadt und innerhalb der Stadtmauern. Um den See herum befinden sich einige Tempel.

*Nanda-Moschee*
An der Libai Si Jie. Die Moschee wurde in der Yuan-Dynastie gegründet. Die detaillierten Verzierungen an den Fenstern enthalten arabische Kalligraphien.

*Tausend-Buddha-Berg – Qian Fo Shan*
2,5 km südlich der Stadt gelegen. Dieser buddhistische Berg ist um seinen Fuß herum mit Grotten übersät, und die Felswand weist zahlreiche Skulpturen auf, die zwischen 581 und 600 n. Chr. entstanden sind. Der Xingguo-Tempel unterhalb

der Figuren beherbergt Skulpturen des Kaisers Chun und seiner zwei Gemahlinnen (die Töchter des legendären Yao).

### Kloster Shentong
Nahe der Ortschaft Liubu, 33 km südöstlich von Jinan. Zu den Resten des Klosters Shentong zählt die im Jahre 611 errichtete 15 m hohe Vier-Tore-Pagode. In der Nähe befindet sich die tang-zeitliche Drachen- und Tiger-Pagode. An dem Tausend-Buddha-Felsen oberhalb der Pagoden sind über 200 Felsskulpturen zu sehen, die aus der Tang-Dynastie stammen.

### Neun-Spitzen-Pagode und Guan Yin-Kloster – Jiu Ding Ta und Guan Yin Si
Diese Stätte liegt dicht bei der Ortschaft Liubu. Die tangzeitliche Pagode wurde in diesem Jh. restauriert. Um das alte Kloster herum finden sich mehrere tang-zeitliche Felsskulpturen.

### Tempel des Göttlichen Felsens – Ling Yan Si
75 km von Jinan entfernt im nordwestlichen Vorgebirge des Taishan. Die Tempelanlage diente vielen kaiserlichen Dynastien von den Tang bis zu den Ming. Nahe des Tempels erinnern 200 Stupas an die Priester, die das Kloster geleitet hatten.

## Tai An

### Tai Shan
Dieser Berg, auch als Tai bezeichnet, ist einer der heiligsten Berge in China und der bedeutendste der heiligen Berge des Daoismus (s. S. 235 ff.).

### Dai-Tempel
Ein ummauerter großer Tempel am Fuß des Tai Shan.

# Qufu

## Konfuzianische Tempel und Anlagen

Geburtsort des Lehrers und Weisen Konfuzius, der von 551 bis 479 v. Chr. lebte. Der heutige Konfuzius-Tempel stammt aus der Ming-Dynastie und befindet sich auf dem Grundstück des ursprünglichen Konfuzius-Tempel (s. S. 209-210).

# Qingdao

## Lao Shan

35 km nordöstlich von Qingdao gelegen. Dieser Berg wird mit dem Elixier der Unsterblichkeit in Zusammenhang gebracht und galt als der Ort, an dem Zauberkräuter wuchsen, die ewiges Leben verleihen würden. Zu den religiösen Stätten auf diesem daoistischen Berg zählt ein als Taiqing-Palast bekanntes Kloster, das in der Song-Dynastie gegründet wurde und dessen heutige Gebäude zwischen 1573 und 1620 datieren. Der Huayan-Tempel am östlichen Hang ist der einzige buddhistische Tempel auf dem Berg.

## Tempel Zhan Shan

Dieser Tempel im Osten von Qingdao wurde 1934 errichtet und ist der einzige buddhistische Tempel in der Stadt.

# Yantai

## Penglai-Palast

60 km nordwestlich von Yantai gelegen, hebt diese auf einem Fels gebaute Burg in erster Linie chinesische Mythen hervor, vornehmlich solche, die sich auf die Acht Unsterblichen beziehen. Die Burg soll mindestens 1 000 Jahre alt sein (s. S. 165).

## Ling Yan

*Grabkapelle des Guo Ju – Guo Ju Si*
Dieses kleine Steingebäude kann an einem Ort gefunden
werden, der der Berg der Kapelle der Kindlichen Pietät genannt wird. Dieses aus dem 1. Jh. stammende Bauwerk ist das
älteste erhaltene Beispiel für den chinesischen Häuserbau.

## Liao Cheng

*Shan Shan Hui Guan*
1 km vom Osttor gelegen. Dieses Gebäude aus dem 18. Jh.
enthält drei daoistische Tempel.

## Lin Zi

Südöstlich von Lin Zi, nahe des Dorfes Wang Jai Zhuang.
Die Höhlen am Wolkentorberg umfassen mehrere buddhistische Skulpturen und Reliefs und drei kleine Höhlen. Weitere Höhlen und Skulpturen finden sich auf dem
nahegelegenen Kamelberg. Diese buddhistischen Kunstwerke stammen von der Nördlichen Zhou-Dynastie bis zu den
Anfängen der Tang-Dynastie.

## Regierungsunmittelbare Stadt Shanghai

*Jadebuddha-Tempel – Yu Fo Si*
Im Nordwesten der Stadt. 1882 gegründet und berühmt für
seine juwelenbesetzten Jadebuddhas.

*Ignatius-Kathedrale – Xujianhui*
An der Puxi Lu im Viertel Xujianhui. Das ganze Gebiet erhielten die Jesuiten von einem wohlhabenden Konvertierten
im frühen 17. Jh. als Geschenk und entwickelte sich zu einem
Jesuitenviertel. Die im Jahre 1906 gebaute Kathedrale wird
für Gottesdienste genutzt.

*Konfuzius-Tempel – Kong Miao*
Im Nordwesten der Stadt. Von diesem song-zeitlichen Tempel sind nur noch zwei Drittel seiner ursprünglichen Größe erhalten geblieben, obwohl er noch immer ein weitläufiges Grundstück umfaßt.

*Long Hua-Tempel und Long Hua-Pagode*
Ganz in der Nähe einer Biegung des Huangpu-Flusses. Die Pagode soll im 3. Jh. gebaut worden sein und wurde wie der umgebende Tempel im Laufe der Jahrhunderte neu errichtet.

*Tempel der Stadtgötter – Cheng Huang Miao*
Dong Dajie, im Herzen des Basars. Jede Stadt pflegte einen Tempel zu Ehren der Stadtgötter zu haben, und dieser song-zeitliche gehört zu den wenigen, die erhalten geblieben sind.

*Tempel der Heiterkeit – Jing An Si*
An der Nanjing Lu im Westdistrikt. Der Tempel liegt einem Park mit selbem Namen gegenüber und ist für Buddhisten noch heute ein Pilgerort.

## Provinz Shanxi

### *Tai Yuan*

*Tempel der Achtung und der Freundlichkeit – Chong Shan Si*
In einer Gasse westlich der Jianshe Beilu im Südosten der Stadt. Das ursprüngliche Kloster soll auf das 6. oder 7. Jh. zurückgehen, und die heutigen Gebäude stammen aus dem 14. Jh. Die zentrale Statue ist Guan Yin mit »Tausend Händen und Augen«. Der Tempel beherbergt außerdem eine bedeutsame Sammlung von Sutras.

*Doppelpagoden-Kloster – Yong Zuo Si*
Das Kloster liegt nicht weit vom Bahnhof entfernt. Um die
Wende des 17. Jhs. errichtet, ist das Kloster recht bekannt für
seine identischen rechteckigen Ziegelsteinpagoden mit 13
Geschossen.

*Tempel Jin Si*
25 km südwestlich der Stadt gelegen, am Fuße des Xuan-
weng-Berges. Dieser buddhistische Tempelkomplex soll tausend Jahre alt oder noch älter sein. In der Anlage befindet
sich die Spiegelterrasse, die ursprünglich als ein Freiluft-
theater diente. In ihrer Nähe führt die Brücke der Begegnung mit Unsterblichen über den Zhibo-Kanal. Am anderen
Ende stehen die im Jahre 1097 n. Chr. gegossenen eisernen
Figuren auf der Eisenmänner-Terrasse. Eine große Statue der
Mutter des Prinzen Shuyu bildet den Mittelpunkt der Halle der
Heiligen Mutter, der noch heute Opfer dargebracht werden.
Um sie herum stehen entlang den Wänden 44 lebensgroße
Terrakotta-Statuen, die ihr Gefolge darstellen (s. S. 232).

*Long Shan*
20 km südwestlich von Tai Yuan in der Gegend des Tempels
Yin Si gelegen. Auf und um den Berg herum finden sich
Schreine, Skulpturen und die Überreste von Sakralbauten.
Mehrere tang-zeitliche Schreine auf dem Gipfel des Long
Shan sind in noch annehmbarem Zustand.

*Meng Shan*
Nördlich von Longshan nahe des Dorfes Luochang. Von
dem Kloster, das hier einst stand, sind nur zwei 6 m hohe
Pagoden zu sehen.

*Tempel des Jin-Ministers – Jin Dai Fu Si*
5 km nordwestlich von Tai Yuan gelegen. Die bestehenden
Gebäude stammen aus der Yuan-Dynastie.

*Kloster des Duftenden Waldes – Fang Lin Si*
8 km südlich von Tai Yuan, nördlich von Mazhuang gelegen. Im Jahre 1069 gegründet, wurde es in der Ming- und Qing-Dynastie neu errichtet und erweitert.

*Tian Long Shan*
40 km südwestlich von Tai Yuan. 25 buddhistische Schreine wurden während der Nördlichen Qi-, Sui- und Tang-Dynastie nahe der Gipfel des Berges in den Fels geschlagen.

*Hängender Tempel – Xuan Zhong Si*
60 km südwestlich von Tai Yuan gelegen. Dieser in der Felswand angelegte buddhistische Tempel wurde 472 n. Chr. gegründet. Der 1 000-Buddha-Pavillon ist erhalten geblieben und wurde in den 1950er Jahren restauriert.

*Alter Tempel des Kriegsgottes – Gu Guang D Miao*
Westlich von Tai Yuan, im Dorf Xaio Wei Ying. Ursprünglich ein song-zeitlicher Tempel, der in der Yuan-Dynastie neu errichtet wurde.

*Kloster des Ewigen Glücks (Doppelpagoden) – Yong Zuo Si*
In der Nähe von Tai Yuan außerhalb des Dorfes Haozhoang. Das Kloster ist recht bekannt wegen zwei ming-zeitlicher Pagoden auf seinem Gelände. Der neben ihnen stehende Tempel aus Ziegelstein imitiert eine Holzkonstruktion.

*Kloster der Weißen Wolke – Bai Yun Si*
Auf den Felsen südlich von Tai Yuan in der Nähe eines Ortes namens Hongtugou gebaut. Es wurde in der frühen Qing-Dynastie gegründet.

*Kloster Shuanglin*
97 km südlich von Tai Yuan. Das Kloster ist berühmt für seine ungefähr 2 000 bemalten Tonstatuetten und -statuen, von

denen die meisten aus der Song- und der Yuan-Dynastie stammen.

*Tempel des Duftenden Felsens – Yiang Yan Si*
40 km südwestlich von Tai Yuan. Der Tempel liegt westlich von Qing Xu. Dieser im Jahre 1190 gänzlich aus Stein gebaute buddhistische Tempel wird manchmal der Tempel ohne Balken genannt.

## Tai Gu

Diese Stadt, 48 km südlich von Tai Yuan entfernt, wird von originalen ming-zeitlichen Mauern umgeben und hat noch heute sehr viel von ihrem ursprünglichen Charakter bewahrt. In der Stadt befinden sich mehrere Tempel, darunter der Konfuzius-Tempel, der Erd-Tempel, der Tempel des Stadtgottes, und vier buddhistische Klöster.

*Ping Yao*
48 km südlich von Tai Gu gelegen. Ähnlich wie Tai Gu hat diese Stadt viel von ihrer ursprünglichen Architektur bewahrt, und die lokalen Tempel beherbergen eine prachtvolle Auswahl an Statuen. Zu den religiösen Stätten zählen der Konfuzius-Tempel, das daoistische Kloster Qing Xu Guan, der Kaiserliche Tempel, der Tempel von Yu Lus Gemahlin, das Kloster Qing Liang, das Kloster Zhe Guo und das Kloster Si Xiang. Das Kloster der Zwei Wälder ist 6 km südwestlich der Stadt entfernt. Einer seiner vier Tempel ist der Tausend-Buddha-Tempel mit einer hervorragenden Sammlung von skulptierten Gottheiten, Arhats, Einsiedlern und Anbetern.

## Wu Tai

*Wutai Shan*
95 km von Tai Yuan entfernt, ist das der heilige Nordberg des Buddhismus (s. S. 312 ff.).

## Kloster Guangji

Innerhalb der Stadtmauern von Wu Tai, im Westen der Stadt. Der in der Song-Dynastie gegründete Tempel beherbergt eine ungewöhnliche 3 m hohe Bronzestatue des Kriegsgottes Guangji oder Guan Di (s. S. 103-104).

## Kloster Nan Chan Si

Nördlich der Stadt Dongyezhen an der Straße nach Wu Tai. Dieses buddhistische Kloster enthält einen tang-zeitlichen Tempel.

## Kloster Foguang

Südwestlich des Wu Tai Shan, nördlich des Dorfes Doucunzhen. Das in der Nördlichen Wei-Dynastie gegründete Kloster beherbergt eine beachtliche Sammlung von tang-zeitlichen Fresken und Statuen.

## Jinge-Tempel

15 km südlich vom Dorf Tai Huai gelegen. Der 770 n. Chr. gegründete Tempel wurde vor kurzem restauriert und enthält eine große Sammlung von Buddhas und buddhistischen Gottheiten.

## Hongtong

## Tempel des Großen Sieges

200 km südwestlich von Tai Yuan gelegen. Die 47 m hohe, dreigeschossige Pagode wurde in der Ming-Dynastie gebaut.

## Rui Cheng

## Kloster der Ewigen Freude – Yong Le Gong

Südlich von Tai Yuan, 59 km von der Stadt Yun Cheng und 3 km nördlich von Rui Cheng. Die Tempelanlage wurde von ihrem ursprünglichen Standort in der Stadt Yong Le wegen des Wasserbauprojekts Sanmenxia versetzt (s. S. 148).

## Zhao Chang

*Kloster des Weitverbreiteten Sieges – Guang Sheng Si*
19 km südöstlich von der Stadt am Fuße des Huo Shan gelegen. Das Kloster ist berühmt für seine Fresken, eine dreizehnstöckige, mit glasierten Ziegeln verkleidete Pagode und
für die Sutrasammlung, die hier entdeckt wurde (jetzt in der
Pekinger Nationalbibliothek). Der Tempel des Drachenkönigs enthält Fresken aus dem Jahre 1325.

## Datong

*Buddhistische Yungang-Höhlen*
16 km westlich von Datong gelegen. Die über 50 eindrucksvollen Höhlen, die in den südlichen Hängen des Wuzhou
Shan gehauen wurden, enthalten mehr als 50 000 Statuen. Die
Steinhöhlen wurden zwischen 453 und 525 n. Chr. angelegt
und zeigen eine großartige Auswahl an chinesischen und
nicht-chinesischen Symbolen und Kunststilen (s. S. 279 f.).

*Guan Yin-Tempel*
Der Tempel befindet sich an der Straße nach Yungang. Er
wurde 1038 gegründet, 1652 restauriert und enthält Steinskulpturen aus der Liao-Dynastie.

*Heng Shan*
Einer der fünf heiligen daoistischen Berge in China, 75 km
von Datong entfernt (s. S. 305 ff.).

*Oberes Huayan-Kloster und Unteres Huayan-Kloster*
In der Daxi Jie im Westen der Altstadt. Das Obere Huayan-
Kloster wurde 1140 neu errichtet, und die Mahavira-Halle
ist aus dieser Zeit erhalten geblieben. Sie zählt zu den größten buddhistischen Hallen in China und außerdem zu den
wenigen Tempeln, die nach Osten blicken, denn aufgrund

der besonderen Achtung der Mönche vor der Sonne liegen die meisten Tempel nach Süden. Die im Jahre 1038 errichtete Bojiajiaocong-Halle befindet sich im Unteren Huayan-Kloster. Diese kleinere Halle ist berühmt für ihre liao-zeitlichen Tonfiguren, die den Buddha und Bodhisattvas darstellen, und für die Einbauschränke entlang der Wände zur Aufbewahrung buddhistischer Sutras.

## Kloster Shan Hua
Das im Süden der Stadt gelegene Kloster wurde in der Tang-Dynastie gegründet. Einst nahm der Komplex fast 14 000 m² ein, aber von den ursprünglichen zehn Gebäuden sind nur noch vier erhalten geblieben.

## Holzpagode von Ying Xian
70 km südlich von Datong gelegen. Die 67 m hohe Pagode soll die älteste Holzpagode Chinas sein und wurde ohne Anwendung eines einzigen Nagels gebaut.

## Shuo Xian

## Kloster Chong Fu
112 km südwestlich von Datong gelegen. Das Kloster wurde in der Tang-Dynastie gegründet und in der Jin-Dynastie neu errichtet. Im Haupttempel finden sich gute Beispiele für jin-zeitliche Bildhauerkunst.

## Provinz Sichuan

## Chengdu

## Tempel des Fürsten Wu – Wu Hou Si
Im Nanjaio-Park, im Süden der Stadt. Gegründet zu Ehren von Zhuge Liang, einem berühmten Soldat und Premierminister im Staat Shu.

*Qing Yang Gong*
Nördlich des Wuhou Si. Dieser in der späten Han-Dynastie
gründete Tempel ist der älteste und größte daoistische Tempel in Chengdu. Die ältesten Gebäude, die die Zeit überdauert haben, stammen aus der Qing-Dynastie (s. S. 231).

*Manjushri-Tempel – Wen Shu Yuan*
Benannt nach dem Gott der Weisheit und in der Tang-Dynastie gegründet (s. S. 120, 220).

*Katholische Kathedrale von Chengdu*
Nordwestlich vom Ausstellungszentrum. 1884 errichtet und
1979 wieder geöffnet.

*Qinzhen-Moschee – Qinzhen Si*
Südlich des Glockenturms in der Altstadt. Die Moschee
stammt aus dem 18. Jh. Die fast 26 m lange Gebetshalle ist
erhalten geblieben.

### Guan Xian

*Tempel der Zwei Könige – Erwang Miao*
Dieser qing-zeitliche daoistische Tempel wurde auf dem Fun-
dament eines Gebäudes aus dem 6. Jh. errichtet. Die Schöpfer
des chinesischen Bewässerungssystems, Li Bing und sein Sohn
Li Erlang, werden in den Pavillons des Tempels geehrt.

*Tempel des Drachentöters – Fulong Guan*
Im Norden einer kleinen Insel im Minjiang-Fluß. Der Legende nach bewohnte ein Drache den Fluß und rief kata-
strophale Überschwemmungen hervor. Li Bing und seinem
Sohn gelang es, diesen Drachen in Ketten zu legen, und auf
diese Weise wurden die Überschwemmungen bezwungen.
Die heutigen Gebäude wurden in der Qing-Dynastie errichtet, und eine Steinstatue stammt aus dem Jahre 168.

*Kloster des Göttlichen Lichtes – Baoguang Si*
18 km nördlich von Chengdu in der Stadt Xindu. Dieser aktive und populäre Tempel wurde ursprünglich in der Han-Dynastie gegründet. Man findet hier eine hervorragende Sammlung buddhistischer Kalligraphie und Kunst und 500 qing-zeitliche Tonstatuetten, die buddhistische Gottheiten und Figuren darstellen.

*Qing Cheng Shan*
56 km westlich von Chengdu gelegen. Dieser Berg hat über 37 Gipfel und gilt als eine heilige Stätte des Daoismus.

*Emei Shan*
Einer der vier heiligen Berge des Buddhismus (s. S. 265 ff.).

## Leshan

*Große Buddha-Statue und Tempel – Leshan Da Fo*
Mit 71 m eine der größten Buddha-Statuen der Welt. Die Arbeit an diesem Buddha, der aus einer steilen Felswand geschlagen wurde, begann 713 n. Chr. und wurde 803 n. Chr. beendet. Die Statue erhebt sich hoch über dem Zusammenfluß der Flüsse Dadu und Min.

*Kloster Wulong*
Dieses tang-zeitliche Kloster liegt dicht bei dem Großen Buddha und enthält buddhistische Kalligraphien und Kunst.

## Chongqing

*Lohan-Tempel*
Von der südlichen Seite der Minzu Lu ab. Der in der Song-Dynastie gegründete Tempel enthält Steinfiguren des Buddha und der Lohans.

## Yangtse-Fluß

*Steinschatzfestung – Shibaozhai*
Dieser pagodenförmige Holztempel aus dem 18. Jh. wurde
in den Felsen am nördlichen Ufer des Yangtse gebaut.

### Höhlen im Kreis Dazu

Der Kreis Dazu ist berühmt für seinen Umfang an religiöser Kunst, besonders die beeindruckenden buddhistischen Höhlenskulpturen. Beispiele finden sich im ganzen Kreis, aber die größten Gruppen von Skulpturen
sind auf dem Bei Shan und dem Baoding Shan zu besichtigen.

2 km von der Kreisstadt Dazu entfernt, machen die 290
Höhlen beim Bei Shan Gebrauch von den natürlichen Besonderheiten der Gegend. Die in der späten Tang-Dynastie
begonnene Arbeit an den ungefähr 10 000 Figuren zog sich
über einen Zeitraum von 250 Jahren hin.

Der Baoding Shan erhebt sich 15 km nordöstlich von Dazu. Von 1179 an entstanden hier in einem Zeitraum von 70
Jahren über 10 000 Skulpturen.

### Kangding

*Lokale Klöster*
In der Stadt befinden sich mehrere Klöster, von denen viele restauriert werden. Von Anbetern wird der Manwusi am
Nordufer des Zhepuo-Flusses am meisten besucht. Das Kloster Kangding Da hat fünf Pavillons und liegt hoch oben auf
einem Berg über der Stadt.

### Ganzi

*Kloster Ganzi*
Im tibetischen Viertel im Norden der Stadt.

## Dege

*Bakong Kloster zum Drucken von Schriften*
Dieses Kloster aus dem Jahre 1740 verwahrt Druckplatten aus Hartholz für alte Texte über die Künste, Wissenschaften und Religion.

### Guang Yuan

*Tempel der Kaiserlichen Gunst – Huang Ze Si*
Im Westen der Stadt. Das Entstehungsdatum dieses buddhistischen Tempels ist unbekannt, und das Holzgebäude ist nicht erhalten. Höhlen und Nischen mit Skulpturen von dem Buddha und buddhistischen Figuren in tang-zeitlichem Stil haben die Zeiten überdauert.

*Tausend-Buddha-Fels – Qian Fo Yan*
Außerhalb der Stadt Guang Yuan. Zu Beginn des 8. Jhs. wurden hier Tausende von buddhistischen Statuen aus dem Felsen gehauen, von denen nur ungefähr 400 erhalten sind.

### Ba Zhong

*Buddhistische Skulpturen*
Hier sind mehrere buddhistische Skulpturen zu sehen, die in der Tang-Dynastie in den Felsen geschlagen wurden.

## Regierungsunmittelbare Stadt Tianjin

### Tianjin

*Große Moschee – Qingzhen Da Si*
Im Nordwesten der Altstadt von der Dafeng Lu ab. Die Moschee wurde zu Beginn des 18. Jhs. in chinesischem Stil gebaut. In ihrem Innern verbinden die Holzschnitzereien chinesische und islamische Motive.

*Tempel des Großen Mitgefühls – Dabei Si*
An der Tian Wei Lu. Die ursprünglichen Gebäude wurden
1669 errichtet. Der Tempel ist Sitz der Buddhistischen Vereinigung von Tianjin und beherbergt eine Kulturelle Reli-
quienhalle, in der buddhistische Reliquien ausgestellt sind,
einschließlich einer hervorragenden Sammlung von Statuen, von denen einige aus dem 3. Jh. stammen.

*Französische Kirche – Laoxikai Jiaotang*
In der Yinkou Dao. Diese Kirche aus dem frühen 20. Jh. ist
die größte in Tianjin. Der Grundriß der Kirche folgt der
Form des Lothringer Kreuzes.

## Jixian

*Tempel der alleinigen Freude – Dule Si*
120 km nördlich von Tianjin gelegen. Die zwei Holztempel,
aus denen dieses buddhistische Kloster besteht, wurden 984
gebaut, obwohl hier zuvor wahrscheinlich ein tang-zeitliches
Kloster stand. Sie zählen zu den ältesten Holzbauwerken
Chinas.

*Tempel Tian Cheng*
Am Nordhang des Pan Shan (in der Nähe von Jixian). Der
Tempel stammt aus der Tang-Zeit, die Gebäude wurden je-
doch in den 1940er Jahren zerstört und 1980 neu errichtet.

## Autonomes Gebiet Xinjiang

### Turfan

*Emin-Moschee*
Im Osten der Stadt. Die Ende des 18. Jhs. entstandene Moschee ist für sein 44 m hohes verziertes Ziegelsteinminarett
bekannt.

*Bezeklik Tausend-Buddha-Höhlen – Baizikelike Qian Fo Dong*
48 km nordöstlich der Stadt gelegen. Von den 67 Höhlen
sind nur Fragmente der Fresken erhalten geblieben, da die
Höhlen beschädigt wurden.

*Ruinen von Goachang*
45 km südöstlich von Turfan gelegen. Nestorianische Reste
wurden in einem Tempel nordöstlich der Stadtmauern gefunden und heilige Schriften der Manichäer sowie Ruinen
von buddhistischen Klöstern entdeckt.

## Kuqa

*Tausend-Buddha-Höhlen – Qian Fo Dong*
Die Höhlen liegen in einem Sperrgebiet. Die besten Höhlen
finden sich bei Kizil, und von 236 Höhlen beherbergen nur
noch 74 Wandgemälde in angemessenem Zustand. Der Stil
der Kunstwerke hat indischen und iranischen Einflüssen viel
zu verdanken. Viele der Wandgemälde und Manuskripte
wurden entfernt. Da der Buddhismus in dieser Gegend
blühte, sind hier überall viele andere Höhlen und religiöse
Stätten verstreut.

## Kashgar

*Moschee Id Kah – Aitiga Qingzhen Si*
Die Id Kah ist eine der wichtigsten der Moscheen und wurde im 18. Jh. im architektonischen Stil des benachbarten Pa-
kistans gebaut.

*Grotten der Drei Unsterblichen – San Xian Dong*
10 km nördlich der Stadt gelegen. Während der Qing-
Dynastie restauriert. An den Wänden einer Höhle sind
70 Buddha-Bilder zu sehen, die 1700 Jahre alt sein sollen.

# Provinz Yunan

## Kunming

*Moschee*
In der Zhengyi Lu, im Stadtzentrum. Die Moschee ist über 400 Jahre alt.

*Tempel der Vollkommenheit und des Erfolges – Yuantong Si*
In der Yuantong Jie. Dieser Tempel weist eine über tausendjährige Geschichte auf und wurde viele Male restauriert.

*Goldener Tempel – Jin Dian*
11 km nordöstlich der Stadt, auf dem Mingfeng Shan. Das heutige daoistische Bauwerk stammt aus dem Jahre 1671 und besteht überwiegend aus Bronze.

*Pagode des Westtempels und Pagode des Osttempels*
Die im Süden der Stadt liegenden Pagoden wurden in der Tang-Dynastie gebaut und 1880 neu errichtet.

*Bambustempel – Qiongzhu Si*
12 km nordwestlich von Kunming. Eine Inschrift in der Haupthalle ist auf 1316 datiert. Dieser buddhistische Tempel ist beachtenswert wegen seiner großen Sammlung an Tonfiguren vom Ende des 19. Jh.

*Tempel am Westberg*
Auf dem Westberg, auf der westlichen Seite des Dian-Sees, befindet sich eine Reihe von Tempeln, darunter der im 14. Jh. wieder aufgebaute Tempel Huating, der in der Ming-Dynastie entstandene Taihua-Tempel und der in der Yuan-Dynastie errichtete Sanqingge-Tempel.

*Tempel Cao Xi*
15 km südwestlich von Kunming, bei An Ning. Dieser tang-
zeitliche Tempel wurde von Dali-Prinzen gebaut und
während der Yuan- und Qing-Dynastie restauriert.

## *Dali*

*Drei-Pagoden-Tempel – San Ta Si*
Die an einem Hang außerhalb von Dali gelegenen Pagoden zählen zu den ältesten in China. Die größte von ihnen hat 16 Geschosse und wurde ursprünglich Mitte des 9. Jhs. gebaut.

*Tempel der Göttin der Barmherzigkeit (Großer Steintempel) –
Guan Yin Tang*
5 km südlich von Dali. Der Tempel soll an der Stelle eines großen Steins errichtet worden sein, der dort von dem Bodhisattva Guan Yin zum Schutze der Stadt aufgestellt wurde.

*Tempel Gantong – Gantong Si*
6 km südlich von Dali. Der Tempel wurde in der Östlichen
Han-Zeit gegründet und in der Ming-Dynastie restauriert.

*Tempel Shen Yuan*
10 km nördlich von Dali liegt dieser tang-zeitliche Tempel.
Ein in eine Tür geschnitzter Text aus dem Jahre 1706 behauptet, die Geschichte des Staates Bai zu überliefern.

## *Jianchuan*

*Shibao Shan-Grotten*
Die Stadt liegt 92 km nördlich von Dali. Nahe des Dorfes
Shaxi befindet sich eine Gruppe von Höhlentempeln, die als
die Steinberghöhlen bekannt sind. Drei weitere Gruppen
finden sich am Steinglockenberg, am Löwenpaß und bei
dem Dorf Shadeng.

*Juzu Shan*
Ein heiliger Berg des Buddhismus, 103 km östlich von Xiaguan. Der Überlieferung zufolge wurde hier die buddhistische Praxis 833 v. Chr. eingeführt.

*Wei Bao Shan*
Dieser Berg, 70 km südlich von Xiaguan gelegen, ist wohlbekannt für seine daoistischen Tempel, darunter der mingzeitliche Jadekaiser-Tempel, der seine Tempelfresken bewahrt hat.

## *Lijiang*
Die Familie Mu Shi, mächtige Lokalherrscher in der Ming- und Qing-Dynastie, hinterließ eine Sammlung von Tempeln und Palästen in der Nähe von Lijiang. Ihre religiösen Traditionen vereinen buddhistische, daoistische, islamische und Dongba-Einflüsse in sich. Erhaltene Tempel sind der Gui Yi Tang in Lijiang, der Da Jue Gong bei der Stadt Shu He und der Ta Bao Ji Gong nördlich von Lijiang in Biasha.

*Yufeng Si*
Auf dem Berg Shangri Moupo. Dieses buddhistische Kloster gehört zu der Karmapa-Sekte des tibetischen Buddhismus.

## *Damenglong*

*Weißer Pagoden-Tempel – Fei Long Bai Ta*
Direkt außerhalb der Stadt. Dieser Tempel wurde 1204 zu Ehren des Sakyamuni Buddha errichtet, der, wie die Legende erzählt, diese Gegend besuchte und Fußabdrücke zurückließ. Einer der Fußabdrücke soll sich unter einer Stupa in der Anlage befinden.

## Menghan

### Wat Ban Suan Men
Südwestlich von Menghan. Dieser buddhistische Tempel ist
ein hervorragendes Beispiel für die Dai-Architektur und soll
über 700 Jahre alt sein.

### Xishuangbanna
Dieses Gebiet wird von Angehörigen der Dai-Nationalität
bewohnt. Es ist eine aktive buddhistische Gegend mit lokalen Tempeln in der Stadt und Dörfern. Allgemeine Besonderheiten der Tempelarchitektur hier sind die Teilung
des Tempels in drei Bereiche: Tempel, Unterkünfte der
Mönche und ein oder zwei Pagoden. Der auf einer Bo-
denerhebung errichtete Tempel ist von einer Mauer mit einem Tor nach Osten oder Süden umgeben. Viele Mönche
lernen Thai, weil die meisten religiösen Lehrbücher aus
Thailand kommen. Zu den religiösen Bauwerken in dieser
Gegend zählen der Meng Hai-Tempel, 29 km südlich von
Jinghong, der Mengzhe-Tempel, 10 km westlich von Meng-
hai, und der Menghan-Tempel, 10 km südöstlich von Jinghong.

### Lu Xi
Diese Stadt nahe der birmanischen Grenze beherbergt einen buddhistischen Tempel, der als Da Jin oder Mian-Tem-
pel bekannt ist. Der Tempel ist in birmanischem Stil errichtet, und Mian ist das chinesische Wort für Birma.

### Zhao Tong

### Christliche Miao-Gräber
Bei dem nahegelegenen Steintorweg befinden sich die Gräber von zwei methodistischen Missionären, die Anfang des
20. Jhs. das erste Alphabet für die Miao-Sprache schufen.

Die Gräber sind im Miao-Stil mit christlichen Motiven gehalten und ein Nationaldenkmal.

## Provinz Zheijiang

### *Hangzhou*

*Tempel der Inspirierten Abgeschiedenheit – Lingyin Si*
Der Tempel liegt am Fuß der Berge westlich von Hangzhou mit dem Nordgipfel hinter ihm. Ursprünglich im Jahre 326 n. Chr. errichtet, stammen die heutigen Gebäude aus der Qing-Dynastie. Die Große Halle in dem Komplex beherbergt eine 20 m hohe Statue des Sakyamuni von 1956, die aus 24 Kampferholzblöcken geschnitzt wurde. Nahe dem Tempel liegt der Aus weiter Ferne herbeigeflogene Gipfel mit 330 Skulpturen und Inschriften, die zwischen dem 10. und 14. Jh. entstanden sind.

Hinter diesem Tempel führt eine Straße zu dem im Bau befindlichen Tempel Shang Tien Chu. Er befindet sich an der Stelle, wo die früheste Statue von Guan Yin entdeckt worden sein soll, und auf dem Weg zu diesem Tempel finden sich viele ihr geweihte Hausschreine. Auf dem Weg zu dem neuen Tempel liegen außerdem zwei Tempel, die als der Untere und der Mittlere Tempel bekannt sind.

*Tempel des Yue Fei*
An der Huanhu Lu, westlich vom Hotel Shangri-La. Der Tempel wurde zu Ehren von Yue Fei errichtet, der hier begraben sein soll.

*Pagode der Sechs Harmonien – Liu He Ta*
Im Südwesten der Stadt, nahe der Brücke, die über den Qiantang-Fluß führt. Die im Jahre 970 n. Chr. errichtete achteckige Pagode wurde nach den Sechs Tugenden des Buddhismus benannt.

*Phönix-Moschee – Feng Huang Si*
Sun Yat Sen Avenue. Stelen in der Moschee weisen auf die
Zeiten, in denen die Moschee restauriert wurde. Die erste
Stele ist auf 1492 und die letzte auf 1743 datiert. 1953 wurde
sie weiteren Instandsetzungsarbeiten unterzogen. Die alte
Gebetshalle ist zum Teil erhalten geblieben, und die Gebets-
nische, Mihrab, soll aus der Ming-Dynastie stammen.

*Großer Buddha-Tempel – Da Fo Si*
Am Fuß des Bao Shi Shan, nördlich vom West-See. Im Hof
befindet sich eine 9 m hohe Skulptur von dem Kopf und den
Schultern des Buddha, die aus dem Felsen gehauen wurde.
Sie vermittelt den Eindruck, als würde der Buddha sich aus
dem Boden erheben.

*Ge Hong-Gipfel*
Der Gipfel gleich neben dem Bao Shi Shan. Der berühmte
Alchimist Ge Hong soll hier im 4. Jh. mit Zinnober experi-
mentiert haben, um das Elixier des Lebens herzustellen. Zu
seinem Andenken wurde ein Tempel errichtet.

*Yan Xia San Dong*
Auf der südlichen Seite des West-Sees. Es handelt sich hier
um insgesamt drei Höhlen. Die zweite Höhle birgt über 500
aus dem Felsen geschlagene Skulpturen. Die dritte Höhle
enthält eine Sammlung von Luo Han-Skulpturen und wird
von zwei beachtenswerten Statuen der Guan Yin bewacht.
Alle stammen aus dem 10. Jh.

### Wenzhou

*Tempel im Herzen des Flusses – Jiang Xin Si*
Der Tempel wurde auf zwei Inseln gebaut, die im Ou-Fluß
miteinander verbunden wurden. Ursprünglich hatte jede Insel einen eigenen buddhistischen Tempel mit Pagode.

*Tempel Miao Gua*
Am Fuße des Song Tai Shan. Dieser tang-zeitliche Tempel
wurde 1988 restauriert.

## *Ningbo*

*Tempel zum Schutz des Landes – Bao Guo Sī*
15 km außerhalb von Ningbo am Ling Shan gelegen. Die
song-zeitliche Haupthalle, Mahavira-Halle, ist das älteste
Holzgebäude im Gebiet des Yangtse-Deltas.

*Tempel Ayuwang (Asoka-Tempel)*
20 km östlich der Stadt. Der Tempel wurde 522 gegründet,
und die Miniaturpagode Sheli, die sie beherbergt, ist
berühmt für einen Knochen des Sakyamuni, den sie angeblich aufbewahrt. Die Pagode gilt als einer der Reliquien-
schreine, die von dem indischen buddhistischen Herrscher
Asoka errichtet wurden.

*Tempel Tiantong*
In der Nähe des Tempels Ayuwang. Der Tempel wurde ungefähr zu Beginn des 4. Jhs. gegründet und in der Tang-Dynastie neu errichtet. Er entwickelte sich zu einer riesigen
buddhistischen Anlage, in der mehrere tausend Mönche untergebracht waren. Selbst heute nehmen die Hunderte von
Räumen, die erhalten sind, eine Fläche von 44 600 m² ein,
und die Tempelanlage wird auch heute von Mönchen bewohnt. Der Überlieferung zufolge kamen Dogen und Yonsai
hierher, um den Buddhismus zu studieren, und kehrten
nach Japan zurück, wo sie die Soto- und die Rinzai-Schule
gründeten.

*Tian Tai Shan*
Viele der buddhistischen Klöster, mit denen der Berg übersät ist, gehen auf das 6. Jh. zurück, und die kleinen Pagoden

um sie herum kennzeichnen die Grabstätten angesehener Mönche. Der Berg ist die Geburtsstätte der buddhistischen Tiantai-Schule. Das im Jahre 598 gegründete Kloster Guo Qing Si am Fuß des Berges ist das größte Kloster, und der Begründer der Tiantai-Schule, Zhi-yi, ist in einer nahegelegenen Pagode begraben.

### Xin Chang

*Tempel der Stadtgötter – Chen Huang Miao*
Dieser daoistische Tempel aus dem 15. Jh. liegt 48 km nordwestlich von Tiantai im Dorf Xin Chang. Es befindet sich dort eine Bühne, die für religiöse Darbietungen verwendet wurde.

*Großer Buddha-Tempel – Da Fo Si*
Auch dieser Tempel liegt in dem Dorf Xin Chang (siehe oben) und beherbergt einen 3 m hohen Buddha, der aus dem 5. Jh. stammen soll.

*Pu Tuo Shan*
96 km östlich gelegen, vor der Küste von Ningbo. Die Insel zählt zu den vier heiligen Bergen des Buddhismus und wird vornehmlich mit Guan Yin, der Göttin der Barmherzigkeit, assoziiert (s. Seite 261-265).

### Huzhou

*Tempel des Eisenbuddha – Tie Fo Si*
Der im Westen von Huzhou gelegene Tempel aus dem 14. Jh. ist auch als der Tempel der Göttin der Barmherzigkeit wegen der 2 m hohen Statue von Avalokitesvara in der Haupthalle bekannt. Die Statue stammt aus dem Jahre 1022.

## Shao Xing

In dieser Gegend finden sich mehrere Tempel, darunter die Ying Tian-Tempelpagode, der Bao Guo-Tempel und der Tempel zu Ehren von Yu dem Großen, der 5 km außerhalb der Stadt am Fuße des Guiji Shan liegt (s. S. 43).

1997 wurde Hongkong an China zurückgegeben, und 1999 wird das gleiche mit Macau passieren. Die Bedeutung beider Plätze besteht darin, daß die traditionelle chinesische Religion ungestört weitergeführt wurde, trotz der Umwälzung auf dem chinesischen Festland. Insbesondere Macau hat das religiöse Leben und die Tempel in ununterbrochener Linie seit Mitte des 16. Jhs. bewahrt. Abgesehen von den bedeutenden Tempeln sieht man überall Türgötter, Hausgötter und Straßenschreine, die in China selbst fast alle verschwunden sind.

## Hongkong

(Man beachte bitte, daß die Begriffe in der kantonesischen Form der chinesischen Sprache dargestellt sind und nicht in der Pinyin-Umschrift.)

### Hongkong-Insel

*Tiger Balm Garden:* Tai Hing-Distrikt. Ein chinesisches Disneyland der Mythologie und Religion mit Göttern, Göttinnen und Helden des alten Chinas. Grell, aber lustig!

*Shin Wong – Stadtgotttempel:* Straßenbahn-Endstation Shaukiwan. Das ist der Schrein des Stadtgottes für das Gebiet.

*Tin Hau – Tempel der Meeresgöttin – Causeway Bay:* Kleiner, aber (für Hongkong) alter, daoistischer Tempel mit einer Glocke aus dem 15. Jh. und Talismanen für Seefahrer.

*Pak Tai – Tempel des Dunklen Gottes des Nordens, Hopewell Centre, Wanchai:* Wird hier als der Gott der Seefahrer angebetet. Seefahrertempel von Mitte des 19. Jhs.

*Sui Pak – Tempel des Wahren Buddha, Hopewell Centre, Wanchai:* Populär wegen seiner Heilkräfte.

*Man Ho-Tempel (man bedeutet »Literatur« und mo »Kriegskunst«), Hollywood Road, Sheung Wan:* Ältester Tempel in Hongkong und klassischer daoistischer Tempel. In der Nähe befindet sich am Hang ein kleiner Schrein für den Erdgott.

*St. John's Cathedral:* Central, Anglikanische Kathedrale von Mitte des 19. Jhs. Interessante Denkmäler für im Exil Lebende.

*Stanley Village*

Auf der südlichen Seite der Insel. Hier kann man überall Straßenschreine und Schreine für den Erdgott finden. Dieses Dorf hat alle seine traditionellen Tempel bewahrt wie zum Beispiel:

Tin Hau – Tempel der Meeresgöttin, ca. 1760.
Tempel der Kwun Yum (Guan Yin) – Göttin der Barmherzigkeit mit einer 6 m hohen Statue der Göttin.

### *Kowloon*

*Tin Hau – Tempel der Meeresgöttin, Market Street, Yaumati:* Größter derartiger Tempel in Hongkong.

*Wong Tai Sin-Tempel:* Durch den Eingang zur U-Bahn (MTR-Station Wong Tai Sin). Großer und belebter Tempel, der dieser Lokalgottheit gewidmet ist. Guter Platz, um Wahrsager zu finden und das religiöse Leben in der Praxis zu sehen.

*Moschee, Kowloon Park:* Der Mittelpunkt der islamischen Gemeinde und ein belebter Platz. In der Nähe liegt außerdem das Zentrum der großen Sikh-Bevölkerung, Sikh Gurdwara.

## New Territories

Hier findet man in allen Dörfern Tempel und oft Ahnenhallen. Man sollte auch nach Schreinen für Götter, besondere Felsen, andere natürliche Besonderheiten und Erdgötter Ausschau halten.

*Mui Fat – Zehntausend-Buddha-Kloster, Lam Tei:* Nördlich von Tuen Mun. Am Hang gelegenes buddhistisches Kloster.

*Tin Hau – Tempel der Muttergöttin, Shui Tan:* 1722 errichtet. Man beachte die Ahnenhalle im selben Dorf, die heute als Schule verwendet wird.

*Tempel der Zehntausend Buddhas, Shatin:* Auf dem Hügel über der Stadt liegt dieser große Komplex mit grell angemalten, aber dramatischen Statuen von Guan Yin, den Lohans und den Drei Buddhas. Außerdem ein nach Feng Shui ausgerichteter Friedhof.

*Tao Fung Shan, Shatin:* Ebenfalls auf einem Hügel über Shatin, 1927 gegründetes Studienzentrum für den christlich-chinesischen religiösen Dialog. Schöne Gebäude und interessante Werkstatt, die Töpferware mit biblischen Szenen in chinesischem Stil herstellt.

*Insel Tap Mun:* Tin Hau-Tempel. Auf vielen der Inseln finden sich kleine Dörfer mit interessanten Tempeln.

## Insel Lantau

*Po Lin-Kloster:* Hier befindet sich die riesige sitzende Buddha-Statue, die man auf dem Flug nach Hongkong sehen kann. Die Anlage selbst ist ein hervorragendes Beispiel für ein Kloster des südlichen Buddhismus. 1927 errichtet.

*Trappistenkloster Fu Shau Yuen:* Dieses von den schweigenden Mönchen geführte Kloster gehört dem Zisterzienser Orden an. Bestbekannt in Hongkong für seine Milch, denn angeschlossen ist eine Milchviehwirtschaft.

### Insel Cheung Chau

*Pak Tai-Tempel:* 1783, Zentrum des alljährlich stattfindenden Bun-Festes, des »Brötchenfestes«, eine Form des Festes der Hungrigen Geister.

*Tin Hau-Tempel:* Entstand Ende des 19. Jhs. und wird noch immer rege von Seeleuten benutzt.

## Macau

*A-Ma:* Tempel der Meeresgöttin, an der Südspitze des Festlandes. Ältester Tempel in Macau. Eine reizende Sammlung kleiner Tempel zieht sich den Berg empor. In der Ming-Dynastie errichtet. Der Tempel gab Macau seinen Namen – A-Ma Cau.

*Zentrum Macau:* In dieser Gegend befinden sich viele kleine Tempel und Kirchen wie zum Beispiel:

*St.-Dominikus-Kirche* und *-Kloster:* 1588, mit kostbarer Einrichtung aus dem 17. Jh.

*St.-Augustin-Kirche:* 1586.

*St.-Joseph-Kirche* und *-Seminar:* in den 1760er Jahren neu errichtet.

*St.-Lorenz-Kirche:* ca. 1560 errichtet und ein Lieblingsmotiv von Künstlern.

*Ruine der Paulskirche:* Die wichtigsten architektonischen Überreste des japanischen und chinesischen Christentums des frühen 17. Jhs. Nur die Fassade dieser Kirche ist nach einem Feuer im Jahr 1835 übriggeblieben. Sie wurde 1635 von Jesuiten und japanischen und chinesischen Konvertierten errichtet. Die Fassade verbindet christliche und japanisch/chinesische Mythologie und Symbolik miteinander. In den Ruinen wird ein neues Museum eingerichtet.

*Tempel der Kun Iam (Guan Yin) – Göttin der Barmherzigkeit:* Hervorragendes Beispiel für einen Tempel des südlichen

Buddhismus, sehr aktiv und voller prächtiger Statuen. Man beachte insbesondere das blühende Bestattungsgeschäft mit Kapellen, Räumen für die Trauernden und vielen papierenen Nachbildungen von Geschenken, die für die Toten verbrannt werden. In der Ming-Dynastie gegründet. Im Norden von Festland Macau.

*Lin Fong – Lotos-Tempel:* Ming Dynastie, ein prächtiges Beispiel für einen Tempel des südlichen Buddhismus. Die Halle ist Guan Yin, Guan Di und Tian Ma, der Himmelsmutter, gewidmet. Im Norden von Festland Macau.

*Tai Soi-Tempel, daoistisch:* Klassischer Tempel des südlichen Daoismus, dessen Hallen auf vielen Ebenen über-, unter- und nebeneinander angelegt sind. Einer der besterhaltenen daoistischen Tempel und angefüllt mit dem daoistischen Pantheon. Man beachte besonders die Zimmermannhalle mit ihren Göttern der Zimmerleute und Sänften zur Beförderung des Gottes auf seinen Reisen. Zentrum Macau.

### Insel Taipa

*Pou Tai Un-Tempel, buddhistisch:* Recht aufgebauschter neuer Tempel mit riesiger Statue des Amitabha Buddha.

*Vereinigter chinesischer Friedhof:* In der Nähe des neuen Flughafens. Faszinierende Sammlung von Statuen und Inschriften, jeden Tag kann man hier Rituale mitverfolgen.

*Pak Tai-Tempel, Tin Hau-Tempel* und *christlicher Friedhof* befinden sich im Dorf Taipa.

### Insel Coloane

*Kapelle für den heiligen Francisco Xavier:* Der Jesuit, der als erster mit Chinas Küste in Berührung kam und das Christentum nach Japan brachte. Die Kapelle birgt seinen Unterarmknochen und ist ein Zentrum der frommen katholischen Chinesen.

*Sam Seng-Tempel:* Qing-zeitlicher Tempel.

*Tam Kong-Tempel:* Gedenkt des letzten song-zeitlichen Kaisers, der von den Mongolen bis ans Ende von China – nämlich in diese Gegend – gejagt wurde und dabei umkam, als er sich ins Meer stürzte. Der Tempel beherbergt viele Gegenstände aus der Seefahrt.

## Andere religiöse Traditionen in China

### *Islam*

Der Islam, bekannt als Yisilan Jiao, ist für viele der Minderheiten in China eine Religion von großer Bedeutung und seit vielen Jahrhunderten ihr althergebrachter Glaube. In China sind relativ wenige zum Islam übergetreten, weder heute noch in der Vergangenheit. Die meisten Moslems sind mit ihrem Glauben in China eingewandert. Besonders die zehn Minoritätengruppen, die den Großteil der chinesischen Moslems ausmachen (die Hui, Uiguren, Kasachen, Tataren, Kirgisen, Tadschiken, Usbeken, Dongxiang, Sala und Bao'an), sind alle Einwanderer aus dem Norden oder Westen Chinas, und in diesen Gebieten lebt auch die Mehrheit der Moslems.

Der Islam soll sehr früh nach China in das religiöse Leben eingeführt worden sein. Er erreichte China über den Seehandel mit Arabien, der zu der Zeit fest begründet war. Der Legende nach wurden die ersten Missionare um 618 n. Chr. ausgesandt, das heißt, vor der traumatischen Verbannung Mohammeds aus Mekka und dem eigentlichen Beginn des Islams. Falls damals solche Missionare ausgesandt wurden, dann kamen sie wahrscheinlich mit der Botschaft des Monotheismus per se und nicht des Islams, wie wir ihn heute kennen, denn keine der gestaltenden Erfahrungen, aus denen sich der Glaube entwickelt hat, hatte eigentlich stattgefunden, und der Koran wurde noch immer dem Mohammed eingegeben.

Dessenungeachtet hält sich diese Tradition bis auf den heutigen Tag, und in Quanzhou, Provinz Fujian, sind die Gräber von zwei dieser Missionare auf dem Ling Shan noch immer ein islamischer Wallfahrtsort.

Eine Überlieferung, die sich behaupten konnte, besagt, daß im Jahre 627 n. Chr. ein Onkel Mohammeds mütterlicherseits als Missionar nach Guangzhou kam. Saad bin Waqqas erhielt die Erlaubnis, eine Moschee bei den Kaianlagen zu errichten, die von den vielen Tausenden arabischen Seeleuten, die den Hafen frequentierten, benutzt werden und als Stützpunkt für Missionstätigkeiten dienen sollte. Im Jahr seiner Ankunft gegründet, ist sie die älteste Moschee Chinas und noch heute ein religiöses Zentrum. Ihr höchst unverwechselbares tang-zeitliche Minarett wurde außerdem als Leuchtturm benutzt.

Offiziell fand der erste formale Kontakt zwischen dem Islam und China 651 n. Chr. statt, als der dritte Kalif Uthman ibn Affan (577-656) eine Gesandtschaft zu dem tang-zeitlichen Kaiser schickte. Jedoch wurde dem Islam niemals ein offizieller Status in China eingeräumt, und er wurde in erster Linie von den Nicht-Chinesen praktiziert. Das wird durch eine interessante Anekdote veranschaulicht. 1700 drängten Ratgeber des qing-zeitlichen Kaisers Kangxi auf die Verbannung aller Moslems aus Beijing. Dem Kaiser wurde berichtet, daß sich die Moslems nachts in der Moschee mit der Absicht versammelten, seinen Sturz zu planen. Offenbar beschloß der Kaiser, sich selbst eine Meinung zu bilden. Eines Nachts verkleidete er sich als Moslem und wohnte den letzten Gebeten des Tages in der Libai-Moschee bei, der ältesten Moschee in Beijing, die 996 n. Chr. errichtet wurde. Der Kaiser lauschte den Gebeten, hörte den Imam predigen und kam zu dem Schluß, daß hier nichts zu befürchten sei. Gleich am darauffolgenden Tag erließ er ein Dekret, dem zufolge es als Verbrechen galt, den islamischen Gemeinden Ärger zu bereiten. Dieser Erlaß mit der Unterschrift des Kaisers ist noch heute in der Libai-Moschee in Beijing zu sehen.

Aber vielleicht war Kangxi etwas zu schnell beruhigt, denn später sollte seine Dynastie von moslemischen Rebellionen Mitte des 19. Jhs. im nordwestlichen China beinahe gestürzt werden. Wiederum in den 1920er Jahren, als China wirklich auseinanderfiel, sagten sich moslemische Aufrührer und Kriegsherren unter der berühmten Familie Ma praktisch von der Republik los und konnten nur von einer ansehnlichen republikanischen Armee überwältigt werden.

Aber solche Vorfälle sind ungewöhnlich in einer alles in allem recht friedlichen Koexistenz zwischen Chinesen und islamischen Minderheiten, und wenn es überhaupt zu Ungerechtigkeiten kommt, dann gehen sie von fremdenfeindlichen Chinesen gegen die Moslems aus.

Der Islam in China hat keine neuen Schulen oder Traditionen und auch keine Denker oder Lehren hervorgebracht. Die Moslems gehören im großen der Sunna-Tradition an, der bedeutendsten Ausdrucksform des Islam weltweit.

Das Besondere am chinesischen Islam sind keine neuen Entwicklungen in der Theologie, sondern es ist die wunderschöne Architektur, die aus der Wechselwirkung zwischen dem Glauben und den chinesischen Künsten im Laufe der vergangenen 1 300 Jahren entstanden ist. Die Minarette haben gewöhnlich die Form von chinesischen Pagoden oder Türmen, wenn man von ein oder zwei Ausnahmen absieht, wie zum Beispiel die Moschee Huaisheng in Guangzhou. Die Hauptgebetshallen sehen wie daoistische Tempel oder die Empfangshallen chinesischer Paläste aus. Der Minbar, der Bogen, der die Richtung nach Mekka und der Kaaba anzeigt, lehnt sich in Stilen an von klassischem Arabischen bis zum klassischen Buddhismus. Aber was den meisten Besuchern vielleicht auffällt, das sind die Gärten innerhalb der Mauern der Moscheen, friedliche Oasen, die zwar die traditionelle chinesische Landschaftsgestaltung widerspiegeln, aber zugleich eine besondere Heiligkeit, eine Aura der Ruhe, an sich haben. Im Gegensatz zu belebten chinesischen buddhistischen oder daoistischen Tempeln, wo den ganzen Tag lang Räucherstäbchen dargebracht und Gebete verrichtet werden, sind Moscheen eher stille Plätze des Studiums oder der Reflexion, die nur zu den Hauptgebetszeiten fünfmal täglich mäßig besucht werden.

Eine solche Moschee zu besuchen, wie zum Beispiel die Große Moschee (Qingzhen Si) in Xian oder die Phönix-Moschee (Feng Huang) in Hangzhou, bedeutet, eine Welt des Studiums und der Stille zu betreten, wo der Islam sich in die chinesische Lebensweise hineinentwickelt zu haben scheint, aber etwas Unverwechselbares hinzugefügt hat.

Heute leben etwa 20 Mio. Moslems in China. Angeblich beläuft sich die Zahl der Moscheen auf 23 000 und die der Imams und Lehrer auf 40 000, was ich persönlich kaum glauben kann. Da es sich jedoch um eine Religion von ethnischen Minderheiten handelt und die Chinesen sich in den vergangenen Jahren davor gehütet haben, sie zu kränken, ist es möglich, daß ihnen eine bessere Behandlung zuteil wurde als den daoistischen und buddhistischen Anhängern. Viele Moscheen wurden während der Kulturrevolution zerstört oder beschädigt, aber verhältnismäßig weniger als daoistische und buddhistische Tempel. Eine gesunde Behutsamkeit gegenüber den vielen ethnischen Minderheiten seitens der herrschenden Han-Chinesen hat dafür gesorgt.

Die Moslems können heute ohne viele Einschränkungen leben, und alle großen Städte haben ihre eigenen islamischen Vierteln mit Metzgereien und Restaurants, Schulen und Moscheen. Falls es Grund zur Besorgnis gibt, dann der, daß die Moslems, die oft in unergiebigen Ackerlandgebieten lebenden ethnischen Gruppen angehören, im Wettlauf um Wohlstand zurückfallen. Das wiederum beunruhigt die Kommunistische Partei, die befürchtet, daß sich der islamische Fundamentalismus aus dem Iran über die neuen islamischen Staaten der ehemaligen sowjetischen Länder in Zentralasien verbreitet. Jedoch deutet bis jetzt wenig darauf hin, daß solche Befürchtungen berechtigt sind, und Moslems leben und treiben überall in China Handel.

## Christentum

### Die Nestorianer

Das Christentum gelangte im sechsten Jh. n. Chr. über Händler aus Persien nach China. Das exakte Datum wird auf das Jahr 635 n. Chr. angesetzt, als der nestorianische Bischof Alopen vom Kaiser offiziell am Hofe empfangen wurde und genau das erhielt, was die buddhistischen Missionare erhalten hatten, nämlich ein Kloster und die nötigen Mittel und Einrichtungen, um die christlichen Bücher ins Chinesische zu übersetzen.

Die nestorianische Kirche ist ein faszinierender Zweig des Christentums, von dessen Existenz die meisten Menschen im Westen nichts wissen. Aber man kann durchaus die Meinung vertreten, daß die Nestorianerkirche zwischen dem 10. und 12. Jh. die größte Kirche in der Welt war. Ihre geographische Verbreitung war bestimmt größer als die von jeder anderen Kirche zu der Zeit, und ihr Einflußbereich erstreckte sich von Syrien bis China, von Turkestan und die Mongolei bis Indien.

Die Kirche leitet ihren Namen, den sie jedoch nie benutzte, von dem Erzbischof von Konstantinopel Nestorius ab, der 431 vom Konzil von Ephesus wegen Häresie abgesetzt wurde und um 450 n. Chr. starb. Sein Verbrechen bestand darin, sich klar und deutlich gegen die aufstrebende Theologie aus Ägypten auszusprechen, die die Jungfrau Maria Theotokos – Gottesgebärerin – nennen wollte. Das, so behauptete Nestorius, würde nach Göttinnenanbetung riechen, und er war entschieden dagegen. Er wollte das Menschliche im Christen betonen und nicht das Göttliche überbetonen. Folglich wollte er die Jungfrau Maria Christotokos – Christusgebärerin – nennen.

Aufgrund seiner Ansicht kam es zu Auseinandersetzungen mit dem Patriarchen von Alexandria, Kyrill, der ein so zäher Politiker war, wie man sich nur vorstellen kann. Es war ein ungleicher Kampf, und Nestorius und seine Anhänger wurden von dem Konzil im Jahre 431 als Häretiker verurteilt.

Die Religion verbreitete sich überall im Nahen Osten und zog sich die Verdammung des römischen Kaisers, der griechisch-orthodoxen Kirche und der orientalisch-orthodoxen Kirchen von Syrien, Armenien und Äthiopien zu, bis die Nestorianer schließlich nach Persien vertrieben wurden. Hier wurden die Gelehrten mit der Begründung, daß »der Feind meines Feindes mein Freund ist«, mit offenen Armen empfangen. In Nisibis wurde eine bedeutende theologische Akademie gegründet, und die persische Kirche wurde nestorianisch, um auf diese Weise zu zeigen, daß sie nicht mit dem Christentum des römischen Kaisers verbunden war.

Die in Persien fest etablierte nestorianische Kirche begann eine der bemerkenswertesten Missionstätigkeiten des Christentums – niemand konnte es mit ihr aufnehmen, bis zur explosionsartigen Verbreitung des Christentums, die vom 16. Jh. an von Europa ausging. Bald fand man die Nestorianer überall predigen und bekehren: in den Steppen Zentralasiens bekehrten sie viele Stämme zu ihrem Glauben; in Indien stärkten sie die thomaschristliche Gemeinde, die angeblich vom Apostel Thomas 54 n. Chr. ins Leben gerufen worden war; in Arabien führten unter anderem Diskussionen mit einem nestorianischen Mönch dazu, daß sich der Prophet Mohammed zum Monotheismus bekehrte; in Afghanistan entstanden Erzbistümer und fanden Bekehrungen in größerem Umfang statt; und schließlich waren sie in China und der Mongolei erfolgreich. Und das alles ging von einer Kirche aus, die keine kaiserliche war, keine staatliche

Unterstützung genoß und niemals danach strebte, die Staatsreligion zu sein. Es war außerdem eine Kirche, die von den Vorstellungen des Bösen und der Sünde, von Schuld und Reue unberührt blieb, von denen die westliche Kirche durch die Lehren des Heiligen Augustinus bald beeinflußt werden sollte. Ganz im Gegenteil. Das war eine Kirche, die betonte, daß die Menschen im Grunde gut sind.

Die nestorianische Kirche im China des 7. bis 9. Jhs. war nie groß, aber weitverbreitet und verfügte über viele Kirchen und Klöster. Als die Große Verfolgung von 841-845 über den Buddhismus, den Manichäismus und das Christentum gleichermaßen hereinbrach, wurden über 3 000 nestorianische Mönche gezwungen, wieder in den Laienstand zurückzukehren, und die Klöster und Kirchen wurden geschlossen.

Der Sitz dieser bemerkenswerten ersten christlichen Missionare in China befand sich in der alten Kaiserstadt Changan, heute Xian. Hier kann man im Stelenwald den nestorianischen Stein sehen, der 781 n. Chr. errichtet wurde und auf chinesisch mit syrischen Notizen die Ankunft des Christentums in China und die Kernlehren des Glaubens festhält. Es ist ein faszinierendes Dokument, das von einer Form des Christentums berichtet, die sich grundlegend von dem herkömmlichen Verständnis im Westen unterscheidet. In meinem Buch *Living Christianity* (Element Books, Shaftesbury, 1993) habe ich diese Lehren erörtert, Übersetzungen der chinesischen Texte der Nestorianer bereitgestellt und die Geschichte der Nestorianer ausführlich geschildert.

Abgesehen von dem nestorianischen Stein in Xian und den Überresten in Quanzhou, Fujian, erinnert in China kaum etwas an die erste Welle des nestorianischen Christentums. Anscheinend überlebten die nestorianischen Kirchen die Große Verfolgung an der Küste, wo Kaufleute aus Arabien eintrafen – ebenso wie die frühen islamischen Stätten alle an Küstenhäfen liegen – daher die Überreste im Museum der Geschichte des Überseehandels in Quanzhou. Aber es gab eine zweite Welle des nestorianischen Christentums im Norden, die diesmal von Eroberern ausging. Die Mongolen Tschinggis Khan und Khubilai Khan, die Mitte des 13. Jhs. in Nordchina eindrangen, begründeten die Yuan-Dynastie, die von 1280 bis 1368 bestand. Viele der mongolischen Stämme waren christlich, bekehrt von nestorianischen Missionaren während der vorhergehenden drei- bis vierhundert Jahre. Die Mütter von Tschinggis Khan und Khubilai Khan waren christliche Prinzessinnen.

Als sich Marco Polo im späten 13. Jh. in China aufhielt, fand er nestorianische Christen und ihre Kirchen in praktisch jeder größeren Stadt vor, die er besuchte. Uns liegt außerdem ein außergewöhnlicher Bericht von zwei nestorianischen chinesischen Mönchen aus Beijing vor, Mar Jabalaha und Rabban Sauma, von denen einer der Archideakon von Beijing war und die in den 1290er Jahren zu einer Pilgerfahrt nach Jerusalem aufbrachen. Dort kamen sie nie an, denn einer von ihnen wurde zum Patriarchen der nestorianischen Kirche gewählt und starb in Bagdad, dem Zentrum der nestorianischen Hierarchie, während der andere sich aufmachte, um die Könige in Europa aufzusuchen, und schließlich im Jahre 1289 die Ostermesse für König Edward I. von England in Frankreich zelebrierte.

*Katholizismus*

Ungefähr zur gleichen Zeit, als die Nestorianer nach Westen pilgerten, brachen die Katholiken nach China auf. Der erste, der China erreichte, war der Franziskaner Johannes von Monte-Corvino, den der Papst zum Großkhan auf dessen Bitte um christliche Priester hin geschickt hatte. In der Verbotenen Stadt der Mongolen in Beijing wurde ihm ein Grundstück zur Verfügung gestellt, um in den ausgehenden Jahren des 13. Jhs. eine Kathedrale zu errichten. Bis mindestens 1330 kamen ihm weitere Franziskaner zur Hilfe. Aber obwohl in ihren Briefen die Rede von vielen Tausenden von Bekehrten ist, verschwand diese Kirche, und nur wenige Grabsteine wurden gefunden, die ihre Existenz belegen. Foster Stockwell behauptet, daß die heutige Beitang – Südliche Kathedrale – in Beijing auf dem Grundstück der franziskanischen Kathedrale steht, aber mir sind keine Beweise bekannt, die diese Behauptung bestätigen, auch wenn sie interessant und vielleicht nicht völlig abwegig ist.

Der Beginn der Kirchen, die heute in China in Betrieb sind und zunehmen, setzte mit den Jesuiten im späten 16. Jh. ein. Bannerträger der Gegenreformation der katholischen Kirche als Reaktion auf die protestantische Reformation, waren die Jesuiten im ausgehenden 16. und 17. Jh. die Vorhut der modernen Wissenschaft und Geisteshaltungen. Sie genossen die Herausforderung, sich mit neuen Kulturen in Verbindung zu setzen, und China stellte eine der schwierigsten bereit. Die Jesuiten brachten einen Strom hochbegabter Männer hervor, die die Freundschaft der Kaiser gewannen und beispiellosen Einfluß und beispiellose Kontrolle in der Bürokratie und den gebildeten Klassen Chinas erlangten. Der größte von ihnen war der erste Jesuitenmissionar in China, Matteo Ricci, im Chinesischen als Li Ma Dou bekannt. 1582 erreichte er China und begann sofort mit dem Studium der chinesischen Sprache und Kultur. Als er 1610 in einem vom Kaiser zur Verfügung gestellten Haus starb, wurde er von den Chinesen als einer der größten chinesischen Gelehrten seiner Zeit gerühmt.

Die Jesuiten richteten bedeutende Bekehrungszentren in China ein, und anders als beim Islam, traten Chinesen zum Katholizismus über, einschließlich führender Persönlichkeiten aus den akademischen und höfischen Kreisen. Bis auf den heutigen Tag sind ganze Dörfer und kleine Marktstädte fast gänzlich christlich, und das seit dem frühen 17. Jh. Die größten Denkmäler für die Jesuiten und die Ankunft des Katholizismus in China befinden sich in Macau, wo die Fassade der Paulskirche 1635 von japanischen und chinesischen Christen gemeißelt wurde, und in den umliegenden Kirchen aus dem 17. und dem frühen 18. Jh., wie zum Beispiel St.-Augustin, St.-Lorenz, St.-Antonius und St.-Joseph-Kirche und -Seminar.

Die Südliche und die Östliche Kathedrale in Beijing sind einen Besuch wert, besonders die Südliche, die auf dem Grundstück von Matteo Riccis Haus errichtet wurde und Stockwell zufolge außerdem auf dem Gelände der franziskanischen Kathedrale aus dem 13./14. Jh.

In Wuxi, Provinz Jiangsu, sind die meisten Bewohner Christen und Fischer. Ihre große St.-Joseph-Kirche und der katholische Friedhof sind von Bedeutung, da die Gemeinde bis zum 17. Jh. zurückreicht.

Die Jesuiten, auf die andere Orden wie die Dominikaner und Franziskaner folgten, waren im 17. Jh. sehr erfolgreich, und besonders den Jesuiten gelang es, Elemente des traditionellen chinesischen Lebens wie Ahnenverehrung mit katholischen Lehren zu verbinden. Noch heute ist das Fest Qing Ming – das Fest zu Ehren der Toten und ein traditioneller Tag der Ahnenverehrung – ein bedeutender Feiertag in alten katholischen Hochburgen wie beispielsweise Wuxi oder Quanzhou. Anderen Orden jedoch mißfiel diese Vorgehensweise, und sie beschuldigten die Jesuiten und ihre Bekehrten des Synkretismus. Diese Auseinandersetzung darüber, ob die Riten für die Ahnen eine Verletzung der christlichen Lehren bildeten, hielt das ganze 17. Jh. hindurch an, bis der Papst 1715 die Ahnenverehrung der chinesischen Christen in einer Verordnung verurteilte. Dieser sogenannte Ritenstreit beendete wirkungsvoll die Schirmherrschaft des Kaisers über die Christen, die dicht an seine Bekehrung herangekommen waren. Er führte zu Verfolgung und der Ausweisung aller außer den technisch nützlichen Jesuiten, und die katholischen Gemeinden Chinas hatten über hundert Jahre keinen Kontakt mit ihren Glaubensbrüdern außerhalb ihres Landes. Sie überlebten dadurch, daß sie sich nach außen der traditionellen chinesischen Religion anpaßten, aber im Innern an ihren Glauben festhielten. Als die katholischen Missionare in den 1840er Jahren zurückkehrten, funktionierten viele dieser Gemeinden noch immer.

Aufgrund sprachlicher Probleme wird die katholische Kirche in China als eine vom »Christentum« getrennte Religion behandelt, wobei hier unter Christentum Protestanten und orthodoxe Christen verstanden werden. Folglich wird der Katholizismus in chinesischen Dokumenten und Religionseinteilungen als eine selbständige Religion aufgeführt.

Heute ist die katholische Kirche gespalten. Nach der Befreiung 1949 verweigerte China es dem Vatikan, jeglichen Einfluß auf chinesische Katholiken in Bereichen wie Ernennungen von Bischöfen und Erzbischöfen auszuüben. Die Missionare wurden – oft auf sehr gewaltsame Weise – des Landes verwiesen. Die Beziehungen zwischen dem neuen Staat und der katholischen Hierarchie waren alles andere als gut. Dann wurde 1957 die Katholische Patriotische Gesellschaft Chinas als pro-kummunistische Staatskirche ins Leben gerufen. Seitdem hat diese Organisation alle Diözen übernommen und die Bischöfe ohne Rücksprache mit dem Vatikan ernannt. Folglich wird die offizielle katholische Kirche in China vom Vatikan nicht anerkannt. Das bedeutet auch, daß sie in einer Zeitschleife gefangen ist. Die Reformen des Zweiten Vatikanischen Konzils der 1960er Jahre sind an China vorübergegangen, und man kann in allen Kathedralen Chinas ohne weiteres eine vollständige katholische lateinische Messe hören!

Die katholische Kirche litt sehr unter der Kulturrevolution, und fast alle Kirchen wurden geschlossen und zu anderen Zwecken benutzt. Seit 1979 werden viele von ihnen zurückgegeben und neue geöffnet.

Die inoffizielle katholische Kirche wirkt seit Ende der 1950er Jahre im Untergrund. Gewisse Anzeichen sprechen für eine stärkere Wiederannäherung zwischen Rom und den patriotischen Katholiken, aber es muß auch noch ein weiter Weg gegangen werden. Es ist unmöglich, an zuverlässige Daten über die Zahl der inoffiziellen Katholiken zu kommen – einige schätzen sie auf 10 Mio., was jedoch sehr unwahrscheinlich ist. Die Zahl der offiziellen Katholiken beläuft sich auf 4 bis 5 Mio. mit vielleicht einer weiteren Million inoffizieller Katholiken.

*Protestantismus*
Mitte des 19. Jhs. gab es in China mehr protestantische Missionare als irgendwo anders in der übrigen Welt. China war schon immer von den protestantischen Christen fasziniert gewesen, und während des 19. Jhs. strömten buchstäblich Tausende in China herein. Sie brachten viel Gutes und viel Schlechtes mit. Sie brachten die Spaltungen und Auseinandersetzungen Europas mit, so daß die verschiedensten Sekten ihre eigenen Kirchen in denselben Städten in China hatten. Sie brachten auch ein weitgehend zur Arbeiterklasse oder zur unteren Mittelklasse gehörendes Verständnis vom Christentum mit. Dies stand im krassen Gegensatz zu den hochgebildeten Jesuitenmissionaren des 17. Jhs., die sich gern mit der chinesischen Kultur befaßten. Für viele Protestanten waren China und alles Chinesische von Natur aus schlecht. Diese Haltung, zusammen mit der Verbindung der sowohl protestantischen als auch katholischen Missionare während des 19. Jhs. mit der Kanonenbootdiplomatie der westlichen Mächte und der Aufteilung Chinas durch den Westen, führte dazu, daß das (protestantische und orthodoxe) Christentum in China von vielen als eine imperialistische, anti-chinesische Religion angesehen wurde, und das nicht ganz zu unrecht.

Trotzdem war zu der Zeit, als die Missionare Anfang der 1950er Jahre aus dem Land vertrieben wurden, eine ansehnliche Zahl Kirchen etabliert. Im Gefolge ihres Weggangs trafen sich viele der chinesischen Kirchenführer, um eine neue Organisation zu schaffen, die alle größeren protestantischen Sekten in sich vereinigt, die sogenannte Protestantische Patriotische Drei-Selbst-Bewegung – Drei-Selbst bezieht sich auf Selbst-Verwaltung, Selbst-Finanzierung und Selbst-Verbreitung. Heute koordiniert sie als Hauptorgan die protestantischen Kirchen in China.

Jedoch existiert auch eine Kirche im Untergrund, die die Ansicht vertritt, daß die Drei-Selbst-Bewegung sich an den Staat verkauft. Das trifft besonders seit den Verwüstungen der Kulturrevolution zu, wo praktisch alle protestantischen Kirchen geschlossen und Christen gezwungen wurden, sich heimlich in ihren Häusern zu treffen. Diese ohne Gebäude oder Strukturen organisierte Bewegung der »Hauskirche« ist wohl eine der stärksten Ausdrucksformen des Christentums im heutigen China.

Seit 1979 werden Kirchen zurückgegeben und wurden einige neue gebaut. Offiziell gibt es etwa 6 bis 7 Mio. protestantische Christen – eine acht- bis neunfache Zunahme der Zahl im Jahr 1949. Einigen Schätzungen zufolge liegt die Zahl jedoch zusammen mit inoffiziellen Protestanten eher bei 30 bis 35 Mio. Einige Berichterstatter schätzen die Zahl sogar auf 70 Mio. Wie dem auch sei, fest steht, daß das »Christentum« mit dem Katholizismus im heutigen China bei jungen Leuten sehr beliebt ist, was mit den Verbindungen des Christentums zum Westen zu erklären ist, und daß der Buddhismus die einzige Konkurrenz zu ihm darstellt. Dieser Meinungsumschwung bedeutet ein enormes Wachstum für die Kirchen.

*Orthodoxie*

Die orthodoxe Kirche fand sich in China, als sich der chinesische Staat Ende des 17. Jhs. Gebiete von Siberien einverleibte. Zunächst einmal sorgten die orthodoxen Kirchen einfach für die Bedürfnisse der Russen im chinesischen Kaiserreich, und folglich findet man die ältesten orthodoxen Kirchen in Städten im fernen Norden wie zum Beispiel Harbin – wo wenige ziemlich heruntergekommene Kirchen noch immer existieren, die zum Teil gerade noch funktionieren. In Urumqi, Xinjiang, befindet sich eine funktionierende orthodoxe Kirche, und in Shanghai und Beijing ist die orthodoxe Kirche wieder geöffnet. Dieser Glaube kümmert sich jedoch fast gänzlich um die Belange der Russen, da nur wenige Chinesen jemals zur orthodoxen Kirche übergetreten sind. Geblieben ist eine ziemlich traurige und sich abquälende kleine Gemeinde.

### *Judentum*

Es steht nicht eindeutig fest, wann das Judentum nach China gelangte. Fast ohne jeden Zweifel erreichten einige Juden während der Han- und der Tang-Dynastie (ca. 206 v. Chr. – 907 n. Chr.) aus den großen jüdischen Gemeinden im persischen und islamischen Reich über die Seidenstraße China. Die früheste schriftliche Aufzeichnung stammt von 718 n. Chr. und ist ein Dokument, das 1901 in den Dun Huang-Höhlen gefunden wurde und sich um den Verkauf von Schafen handelt. In Aufzeichnungen von Guangzhou aus dem Jahre 877 werden Juden erwähnt, was kaum überrascht, und es kann ziemlich sicher angenommen werden, daß es Juden und Synagogen gab, so wie zu der Zeit nestorianische Kirchen und arabische Moscheen in allen größeren Häfen an der Südküste Chinas zu finden waren. In der Sung-Dynastie (960-1280 n. Chr.) wurden jüdische Gemeinden in Beijing, Quanzhou, Luoyang, Ningbo, Hangzhou, Nanjing und Yangzhou eindeutig erfaßt.

Jedoch ist es die jüdische Gemeinde von Kaifeng, die von größter Bedeutung ist, weil noch immer Aufzeichnungen zusammen mit den ursprünglichen, von der Gemeinde benutzten Schriftrollen der Thorah existieren. Die Gemeinde scheint während des 10. Jhs. in Kaifeng eingetroffen zu sein, obwohl die Stelen im Museum von Kaifeng als Datum das Jahr 10 v. Chr. angeben.

Die Synagoge wurde zuerst 1163 auf einem vom Kaiser bereitgestellten Grundstück errichtet. 1489 lebten hier 70 Familien, wie es die älteste der Stelen verzeichnet, die auch aus diesem Jahr stammt. Die beiden anderen Stelen von 1512 beziehungsweise 1619 berichten von dem wechselhaften Schicksal der Gemeinde. 1904 gab es nur noch sechs Familien. Jedoch sollen nach aktuelleren Zahlen 200 Juden in Kaifeng leben, von denen aber keiner den Glauben praktiziert. Die Synagoge wurde von der schrecklichen Überschwemmung 1855 zerstört, die Kaifeng verwüstete. Eine zusammengestoppelte Darstellung tauchte in diesem Jh. auf, die aber nichts von der Pracht hat, die in der Zeichnung eines Jesuitenbesuchers im Jahr 1723 festgehalten wird. Diese Zeichnung zeigt eine traditionelle chinesische Tempelhalle, die aber im Innern einige ungewöhnliche Merkmale aufweist. Außerdem war sie riesengroß – vermutlich 122 m auf 46 m – größer als die größte Synagoge in den USA! Die Schriftrollen der Gemeinde wurden Mitte des 19. Jhs. von Missionaren verkauft, was sie wahrscheinlich vor der Zerstörung oder dem Verlust bewahrte. Keine von diesen Schriftrollen befindet sich heute in China, und die besten sind im Königlichen Museum Ontario in Toronto ausgestellt.

Das Grundstück der Synagoge ist noch heute zu sehen, das nicht zuletzt an dem Namen der Straße zu erkennen ist, an der sie stand, der »Gasse der Menschen, die die Schriften lehren«. Es sind Projekte im Gange, die Synagoge auf dem ursprünglichen Grundstück oder in der Nähe wieder aufzubauen und ein Museum einzurichten, um das Judentum in China zu würdigen.

### Manichäismus

In China gibt es keine Manichäer mehr, tatsächlich nirgendwo in der ganzen Welt. Der Begründer des Manichäismus ist der Weise Mani, der im 3. Jh. n. Chr. in Persien lebte und einen Glauben lehrte, der Elemente des Christentums, Zoroastrismus, Buddhismus und Hinduismus in sich vereinte. Er lehrte, daß die Welt in einen ungeheuren kosmischen Kampf zwischen Gut und Böse verwickelt sei. Er betrachtete die menschliche Seele als Teil des Guten, die von der Schwere der materiellen Welt – dem Bösen – gefangengehalten wird. Manis Kernlehre zufolge muß diese Seele von dem Körper befreit werden, um sich mit dem Höchsten Guten – Gott – wiedervereinigen zu können. Mani behauptete, daß genau aus diesem Grund alle großen Lehrer, Jesus, Zoroaster, der Buddha und dergleichen gekommen wären, nämlich um diese Lehre zu verbreiten.

Der Abscheu vor der physischen Welt führte zu extremem Dualismus und außergewöhnlicher Askese. Davon fühlten sich viele Menschen in dem religiösen Durcheinander des spätrömischen Reiches angezogen, und Augustinus hing zehn Jahre lang dem Manichäismus an, bevor er sich zum Christentum bekannte. Von dem Einfluß, den der Manichäismus auf ihn ausgeübt hatte, konnte er sich bis zu seinem Tod nie völlig lösen, und Elemente davon sind durch seine Lehren in das Christentum eingeflossen. Eine Zeitlang sah es aus, als würde der Manichäismus und nicht das Christentum das Römische Reich für sich gewinnen. Aber das Christentum setzte sich durch, und der Manichäismus verschwand im Westen, blieb aber in Persien und entlang der Seidenstraße und in China bis zumindest dem 10. Jh. weiter bestehen. Manichäische Aufzeichnungen wurden in den Dun Huang-Höhlen gefunden, die im 10. Jh. versiegelt wurden und ein anschauliches Bild von einer blühenden Manichäergemeinde in China vermitteln.

Heute sind nur noch wenige Überreste der manichäischen Religion zu sehen. Einige Inschriften sind im Museum in Quanzhou ausgestellt, und in der Nähe befindet sich eine Statue von Mani, die in den buddhistischen Tempel Cao An auf dem Berg Huabiao im Kreis Jinjiang unmittelbar vor Quanzhou eingegliedert wurde. Der buddhistische Tempel wurde 1922 auf den Resten eines manichäischen Tempels errichtet. Auf dem Hauptaltar wird eine Statue von Mani, die aus dem alten Tempel gerettet wurde, noch immer angebetet, aber heute von Buddhisten. Im Autonomen Gebiet Xingjiang in der Nähe von Turfan befinden sich die Überreste eines Klosters in Goachang, aber keine lebendige Kultstätten.

# Chronologie der Dynastien

| Dynastie | Zeitraum | Anmerkungen |
|---|---|---|
| Xia | ca. 2200 – 1766 v. Chr. | |
| Shang | ca. 1766 – 1122 v. Chr. | |
| Zhou | ca. 1122 – 770 v. Chr. | |
| Frühling- und- Herbstperiode | 770 – 476 v. Chr. | Diese beiden Perioden werden oft auch der der Zhou-Dynastie |
| Die kämpfenden Staaten | 476 – 221 v. Chr. | zugeordnet |
| Qin | 221 – 206 v. Chr. | |
| Han | 206 v. – 220 n. Chr. | manchmal unterteilt in Westliche Han 206 v. Chr.- 24 n. Chr. Östliche Han 25 - 220 n. Chr. |
| Wei | 220 – 265 n. Chr. | zusammen bekannt |
| Shu Han | 220 – 263 n. Chr. | als |
| Wu | 222 – 250 n. Chr. | »Die Drei Reiche« |
| Westliche Jin | 265 – 316 n. Chr. | |
| Östliche Jin | 317 – 420 n. Chr. | |
| Nördliche und Südliche Dynastie | 420 – 589 n. Chr. | |
| Südlich: | | |
| Song | 420 – 479 n. Chr. | |
| Qi | 479 – 502 n. Chr. | |
| Lian | 502 – 557 n. Chr. | |
| Chen | 557 – 589 n. Chr. | |
| Nördlich: | | |
| Nördl. Wei | 386 – 534 n. Chr. | |
| Östl. Wei | 534 – 550 n. Chr. | |
| Nörd. Qi | 550 – 537 n. Chr. | |
| Westl. Wei | 535 – 556 n. Chr. | |
| Nördl. Zhou | 557 – 581 n. Chr. | |

| Dynastie | Zeitraum | Anmerkungen |
|---|---|---|
| Sui | 581 – 618 n. Chr. | |
| Tang | 618 – 907 n. Chr. | |
| Fünf Dynastien | 907 – 960 n. Chr. | |
| *Späte Liang* | *907 – 923 n. Chr.* | |
| *Späte Tang* | *923 – 936 n. Chr.* | |
| *Späte Jin* | *936 – 946 n. Chr.* | |
| *Späte Zhou* | *947 – 950 n. Chr.* | |
| *Späte Liang* | *951 – 960 n. Chr.* | |
| Song | 960 – 1279 n. Chr, | |
| *Nördl. Song* | *960 – 1127 n. Chr.* | |
| *Südl. Song* | *1127 – 1279 n. Chr.* | |
| Liao | 916 – 1125 n. Chr. | |
| Jin | 1115 – 1234 n. Chr. | |
| Yuan | 1280 – 1368 n. Chr. | |
| Ming | 1368 – 1644 n. Chr. | |
| Qing | 1644 – 1911 n. Chr. | |
| Republik | 1912 – 1949 n. Chr. | |
| Volksrepublik | 1949 – | |

# Glossar

*Achtfacher Pfad*
Von dem Buddha gelehrte und von Buddhisten befolgte acht Prinzipien, um Erleuchtung zu erlangen.

*Amitabha*
Der Buddha, der über ein Reines Land herrscht, ein geheimnisvolles Universum, in dem alle, die aufrichtig zu Amitabha beten, wiedergeboren werden können.

*Apsaras*
Engelartige Verehrerinnen des Buddha oder von Bodhisattvas.

*Arhat*
Siehe *Lohan*.

*Bodhisattva*
Jemand, der seine Ansammlung von Verdiensten dafür verwendet, anderen zu helfen, anstatt in das Nirvana einzugehen.

*Buddha*
Ein Erleuchteter. Siehe auch *Sakyamuni, Maitreya, Amitabha*.

*Buddha-Natur*
Die grundlegende geistige Natur des Buddha, nicht in einer bestimmten Form verkörpert.

*Chan*
Von Bodhidarma begründete chinesische buddhistische Tradition, in Japan als Zen bekannt.

*Dao*
Wörtlich »der Weg«, die natürliche Ordnung des Universums.

*Dao De Jing*
Klassischer Text des Daoismus, angeblich von Lao Zi geschrieben. Entstand ungefähr im 4. Jh. v. Chr.

*Deva*
Im Buddhismus und Hinduismus ein guter Geist.

*Dharma*
Der Weg und die Lehren des Buddha.

*Feng Shui*
Die Tadition des Bauens und der Landschaftsgestaltung in Harmo-

nie mit den natürlichen Kräften des Landes. Auch als Geomantie bekannt.

*Fünf Elemente*

Die Energien, aus denen sich alles, was existiert, zusammensetzt. In der chinesischen Tradition sind es Holz, Feuer, Erde, Metall und Wasser.

*Geomantie*

Siehe *Feng Shui.*

*Gong*

Wörtlich »Palast«, wird für konfuzianische, daoistische und buddhistische Tempel verwendet, die mit Kaisern in Zusammenhang stehen.

*Guan*

Von dem Wort »sehen« oder »schauen«; ein daoistischer Tempel.

*Guan Yin*

Bodhisattva des Mitgefühls, auch als die Göttin der Barmherzigkeit bekannt. Eine der beliebtesten der chinesischen Gottheiten.

*Höllengeld*

Selbstgedrucktes Papiergeld der Höllenbank, das auf Beerdigungen verbrannt wird, damit der Tote sich auf seinem Weg durch die Hölle Begünstigungen verschaffen kann.

*Konfuzius*

Kong Fu Zi, Philosoph und Gelehrter, der ungefähr 551 bis 479 v. Chr. lebte.

*Lao Zi*

Auch mit Lao Tzu wiedergegeben. Ein legendärer Lehrer und Philosoph, der als Begründer des Daoismus gilt. Autor des daoistischen Klassikers *Dao De Jing*, soll er im 6. Jh. v. Chr. gelebt haben.

*Lohan*

Auch *Arhat;* Mönche, die am Ende des Achtfachen Weges stehen und anderen helfen können.

*Mahayana*

Wörtlich »Großes Fahrzeug«; eine Form des Buddhismus, bei der viele Menschen Erlösung durch die Verdienste und das Mitgefühl der Bodhisattvas erlangen können. Die Hauptform des Buddhismus in Japan, Korea, China, der Mongolei, Tibet und im Himalaya.

*Maitreya*

Der zukünftige Buddha, gewöhnlich dick und lachend dargestellt, was auf Wohlstand und Glück schließen läßt.

*Miao*
> Wörtlich »Palast« oder »Residenz«, ein konfuzianischer Tempel.

*Nirvana*
> Das Aufhören von Verlangen und der gewöhnlichen Existenz, das höchste Ziel der Buddhisten.

*Pagode*
> Ein Aufbewahrungsort oder eine Bibliothek für Sutras, gewöhnlich mit Illustrationen von buddhistischen Geschichten verziert. Einige Pagoden enthalten Reliquien.

*Qi*
> Auch »Ch'i«, der Uratem der Schöpfung, auch der »Atem«, der das Leben in jedem Lebewesen erhält.

*Qi-lin*
> Mythisches Tier, das Merkmale des Einhorns, des Löwen, des Drachen und des Hirsches in sich vereint.

*Que*
> Säulen.

*Sakyamuni*
> Der historische Buddha, in Sanskrit als Gautama Siddharta bekannt.

*Sangha*
> Die Gemeinde von buddhistischen Mönchen und Nonnen, die die Lehren des Buddha lebendig halten.

*Schamane*
> Ein Mann oder eine Frau mit der Fähigkeit, zwischen der körperlichen und der geistigen Welt zu vermitteln.

*Shan*
> Berg.

*Si*
> Wörtlich »Halle«, ein buddhistischer Tempel oder ein buddhistisches Kloster.

*Stelen*
> Mit Inschriften versehene Steine.

*Stupa*
> Ein Grabhügel, von dessen Mitte sich ein kleiner Turm erhebt, errichtet, um die Reliquien des Buddha oder heiliger Männer und Frauen aufzubewahren.

*Sutra*
> Abhandlungen, die gemeinhin dem Buddha zugeschrieben werden.

*Tao*
> Siehe *Dao*.

*Theravada*

Wörtlich »Lehren der Älteren«, eine Form des Buddhismus, die hauptsächlich auf Sri Lanka und in Südostasien praktiziert wird. Basierend auf den Lehren im Pali-Kanon, betont sie die Schwierigkeit, Erleuchtung zu erlangen.

*Trigramm*

Eine Gruppe von drei Linien, die, wenn unterbrochen, Yin, und wenn durchgehend, Yang darstellen. Die insgesamt acht möglichen Kombinationen werden zu Divinationszwecken im *Yi Jing* (I Ching), dem »Buch der Wandlungen«, verwendet.

*Vier Edle Wahrheiten*

Die Einsichten in die Natur des Leidens und die Reaktion der Menschen darauf, die dem Buddha zuteil wurden, als er Erleuchtung erlangte.

*Yang*

Das aktive, positive, warme, männliche Prinzip im Universum.

*Yin*

Das passive, negative, kalte, weibliche Prinzip im Universum.

*Zhang Dao Ling*

Begründer des »religiösen« Daoismus, 2. Jh. n. Chr.

*Zhuang Zi*

Daoistischer Philosoph des 4. Jhs. v. Chr. und Titel des Buches, das seine Gedanken und Geschichten enthält.

# Bibliographie

Die folgende Bibliographie enthält keine Quellen in Chinesisch, und sie führt auch nicht speziell Veröffentlichungen zum chinesischen Tourismus auf. Die chinesische Regierung und die verschiedenen Provinzregierungen zusammen mit Verlagen in China stellen eine große Auswahl an allgemeinen Prospekten und Broschüren über die meisten bedeutenden Stätten zur Verfügung. Leider sind sie oft schlecht übersetzt und behandeln nur einen Bruchteil der im Chinesischen gegebenen Informationen. Jedoch verbessern sich die Informationsschriften in dem Maße, wie immer mehr westliche Touristen das Land besuchen.

## *Reiseführer*

Ich habe drei Reiseführer gefunden, die von besonderem und spezifischem Nutzen für den Besuch Chinas sind.

*Blue Guide China* von Frances Wood. Das ist der beste Reiseführer in Hinblick darauf, was es zu sehen gibt und was man sieht. Übersichtlich geschrieben und informativ, behandelt er die meisten bedeutenden Sehenswürdigkeiten.

*Lonely Planet China.* Dieses mit dem Untertitel »travel survival kit« versehene Buch ist der beste Führer, was Unterkünfte, den Weg dorthin und Kaufhilfen usw. betrifft. Außerdem enthält es gute Beiträge und Karten über einige der bedeutenden Sehenswürdigkeiten, auch wenn die Themen nicht so gründlich behandelt werden wie im *Blue Guide.*

*Nagel's China.* Dieses teure Buch ist eine herrliche Kuriosität. Seine ausführliche Behandlung einiger Sehenswürdigkeiten ist wirklich ausgezeichnet, während andere Darstellungen von geringem Nutzen sind. Es enthält die eingehendsten Einführungen in alle Gebiete, angefangen von Kunst und Religion bis zu Spielen! Höchst eigenartig, ist es ein hervorragendes Buch für den eher genauen und leidenschaftlichen Reisenden, den die stilistischen Eigentümlichkeiten nicht stören.

Bei allen drei Büchern ist mir aufgefallen, obwohl es auf *Nagel's China* weniger zutrifft, daß sie den Buddhismus zwar recht detailliert behandeln, aber ihr Verständnis für den Daoismus mangelhaft ist, was sich wiederum auf ihre Kommentare zu daoistischen Sehenswürdigkeiten auswirkt.

## *Allgemeine Literaturhinweise*

de Bary, Theodore: *Sources of Chinese Tradition*, Columbia University Press 1960

Birrell, Anne: *Chinese Mythology*, John Hopkins University Press, Baltimore 1993

Cahill, Suzanne E.: *Transcendence and Divine Passion – The Queen Mother of the West in Medieval China*, Stanford University Press 1993

Ch'en, Kenneth K. S.: *Buddhism in China*, Princeton University Press 1964

Ch'en, Kenneth K. S.: *The Chinese Transformation of Buddhism*, Princeton University Press 1973

Fung Yu-lan: *A History of Chinese Philosophy*, Bd. 1, Princeton University Press 1952, Taschenbuchausgabe 1983

Getty, Alice: *The Gods of Northern Buddhism*, Reprint der Ausgabe von 1928, Dover Publications, New York 1988

Hawkes, David (Übers.): *Songs of the South*, Penguin 1985

Kwok, Man Ho/Palmer, Martin/Ramsay, Jay: *Tao Te Ching*, Element Classics, Shaftesbury 1994

Kwok, Man Ho/O'Brien, Joanne: *The Eight Immortals of Taoism*, Meridian, New York 1991

Kwok, Man Ho/O'Brien, Joanne, *The Elements of Feng Shui*, Element Books, Shaftesbury 1991

Lau, D. C. (Übers.), *Analects*, Book XI, Penguin 1979

Mannerheim, C. G.: *Chinese Pantheon*, Finno-Ugrian Society, Helsinki 1993

Munakata, Kiyohiko: *Sacred Mountains in Chinese Art*, Krannert Art Museum and University of Illinois Press, Urbana 1991

Naquin, Susan/Yu, Chun-Fang (Hrsg.): *Pilgrims and Sacred Sites in China*, University of California Press, Berkeley 1992

Palmer, Martin with Breuilly, Elizabeth (Übers.): *The Book of Chuang Tzu*, Penguin Arkana, London 1996

Palmer, Martin: *The Elements of Taoism*, Element Books, Shaftesbury 1991 (Deutsch: *Taoismus*, Aurum Verlag, Braunschweig 1993)

Palmer, Martin/Ramsay, Jay: *Kuan Yin*, Thorsons, London 1995

Palmer, Martin/Ramsay, Jay: *I Ching*, Thorsons, London 1995

Saso, Michael: *The Teachings of Taoist Master Chuang*, Yale University Press, New Haven 1978

Saso, Michael: *Blue Dragon White Tiger*, Taoist Center, Washington D.C. 1990

Schipper, Kristofer: *The Taoist Body*, University of California Press, Berkeley 1993

Smith/ Bol/Adler/Wyatt: *Sung Dynasty Uses of the I Ching*, Princeton University Press 1990

Soothill, W. E. (Übers.): *The Lotus of the Wonderful Law – Saddharma Pundarika Sutra*, Clarendon Press, Oxford 1930

Strassberg, Richard E.: *Inscribed Landscapes*, University of California Press, Berkeley 1994.

# Stichwortverzeichnis

**A**nhui, Provinz  320
Anshan, Provinz Liaoning  360
Anxi, Provinz Gansu  332
Anyang, Provinz Henan  344

**B**a Zhong, Provinz Sichuan  380
Baotou, autonomes Gebiet Innere Mongolei  350
Bayinhot, autonomes Gebiet Innere Mongolei  351
Beidaihe, Provinz Hebei  339
Beijing  85, 215, 226, 321, 409
    Bi Yun-Tempel  139
    Himmels- und Erdtempel  18, 208, 322
    Konfuzius-Tempel  212, 323
    Libai-Moschee  397
    Ming-Gräber (Shi San Ling)  90
    Östliche Kirche  324
    Palast des Friedens und der Harmonie (Yong He Gong)  85, 323
    Südliche Kathedrale (Nan Tang)  327, 405
    Tempel der Weißen Wolke (Bai Yun Guan)  63, 146 f., 165, 180, 183, 326
    Verbotene Stadt  18, 85, 322, 403
Bin Xian, Provinz Shaanxi  365

**C**hangsha, Provinz Hunan  349
Changzhou, Provinz Jiangsu  355
Chaozhou, Provinz Guangdong  336
Chengde, Provinz Hebei  338
Chengdu, Provinz Sichuan  188, 376
    Manjushri-Tempel (Wen Shu Yuan)  95, 144, 377
    Qing Yang Gong (Purpurschaf-Tempel)  148 f., 377
    Wen Shu-Kloster  207
    Wu Hou Si (Zhao Jue-Tempel)  181, 376
Cheung Chau, Insel, Hongkong  394

Chongqing, Provinz Sichuan 378
Coloane, Insel, Macau 395

**D**ali, Provinz Yunan 384
Damenglong, Provinz Yunan 385
Dandong, Provinz Liaoning 359
Datong, Provinz Shanxi 375
  Guan Yin-Tempel 78, 375
  Yungang-Höhlen 138, 271, 279, 375
Dazu, Kreis, Provinz Sichuan 379
Dege, Provinz Sichuan 380
Deng Feng, Provinz Henan 141, 254
Dun Huang, Provinz Gansu 271, 274, 332, 409, 411
  Mo Gao-Höhlen 274
  Qian Fo Dong (Tausend-Buddha-Höhlen) 274

**E**mei Shan, Berg, Provinz Sichuan 121, 265, 378

**F**eng Feng, Provinz Hebei 343
Foshan, Provinz Guangdong 335
Fu Xian, Provinz Shaanxi 365
Fujian, Provinz 328
Fuzhou, Provinz Fujian 329

**G**an Nan Cang Zu Zi Zhi Zhou, tibetisches auto
  nomes Gebiet 333
Gansu, Provinz 331
Ganzi, Provinz Sichuan 379
Gong Ling, Provinz Henan 253
Gong Xian, Provinz Henan 253, 346
Gu Shan, Provinz Liaoning 359
Gu Yuan, Provinz Gansu 333
Guan Xian, Provinz Sichuan 377
  Tempel der Zwei Könige (Erwang Miao) 191, 377
Guang Yuan, Provinz Sichuan 380
Guangdong, Provinz 95, 199, 334
Guangxi, Provinz 337
Guangzhou, Provinz Guangdong 139, 334, 397, 409
  Ahnentempel der Familie Chen (Chen Jia Si) 88, 335
  Hua Lin-Tempel 139, 335
  Huaisheng-Moschee 335, 398
Guilin, Provinz Guangxi 337

Guiyang, Provinz Guizhou 338
Guizhou, Provinz 338

Han Cheng, Provinz Shaanxi 366
Handan, Provinz Hebei 340
Hangzhou, Provinz Zheijiang 387, 409
  Phönix-Moschee (Feng Huang Si) 388, 399
  Tempel des Yue Fei 193, 387
Harbin, Provinz Heilongjiang 343, 409
Hebei, Provinz 338
Hefei, Provinz Anhui 320
Heilongjiang, Provinz 343
Henan, Provinz 344
Heng Shan, Berg, Provinz Hunan 310
Heng Shan, Berg, Provinz Shanxi 75, 305, 375
Henyang, Provinz Hunan 349
Hohhot, autonomes Gebiet Innere Mongolei 349
Hongkong 21, 88, 124, 391
Hongkong-Insel 391
Hongtong, Provinz Shanxi 374
Hua Shan, Berg, Provinz Shaanxi 20, 63, 298, 364
Huai Yang, Provinz Henan 347
Huang Ling, Provinz Shaanxi 364
  Grab des Gelben Kaisers 158, 364
Hubei, Provinz 348
Hui Shan Si, Kloster 255
Hunan, Provinz 349
Huzhou, Provinz Zheijiang 390

Innere Mongolei, autonomes Gebiet 349

Ji Xi, Provinz Anhui 321
Jianchuan, Provinz Yunan 384
Jiangsu, Provinz 353
Jiangxi, Provinz 358
Jinan, Provinz Shandong 366
Jiu Hua Shan, Berg, Provinz Anhui 318, 321
Jiujiang, Provinz Jiangsu 356
Jiuquan, Provinz Gansu 332
Jixian, regierungsunabhängige Stadt Tianjin 381
Jun Xian, Provinz Hubei 348

**K**aifeng, Provinz Henan  344, 409
Kangding, Provinz Sichuan  379
Kashgar, autonomes Gebiet Xinjiang  382
Kowloon, Hongkong  392
Kunming, Provinz Yunan  383
Kuqa, autonomes Gebiet Xinjiang  382

**L**ai Yuan, Provinz Hebei  341
Lantau, Insel, Hongkong  393
Lanzhou, Provinz Gansu  331
Lao Shan, Berg, Provinz Shandong  63
Le Du, Provinz Qinghai  361
Leshan, Provinz Sichuan  65, 378
Lianyungang, Provinz Jiangsu  356
Liao Cheng, Provinz Shandong  369
Liaoning, Provinz  359
Lijiang, Provinz Yunan  385
Lin Ru, Provinz Henan  347
Lin You, Provinz Shaanxi  365
Lin Zi, Provinz Shandong  369
Ling Yan, Provinz Shandong  369
Liuzhou, Provinz Guangxi  338
Longhu Shan, Berg, Provinz Jiangxi  59
Longquan, Provinz Heilongjiang  344
Lu Shan, Gebirge, Provinz Jiangxi  359
Lu Xi, Provinz Yunan  386
Lu Yi, Provinz Henan  348
Luoyang, Provinz Henan  78, 85, 138, 345, 409
  Guan Lin-Tempel  181
Long Men-Höhlen (Drachentor-Grotten)  277, 345
Tempel des Weißen Pferdes (Bai Ma Si)  222, 345

**M**acau  21, 163, 182, 394
  Kun Iam (Tempel der Göttin der Barmherzigkeit)  207, 394
Maiji Shan, Provinz Gansu  331
Meng Cheng, Provinz Anhui  321
Menghan, Provinz Yunan  386
Mongolei, innere  Siehe Innere Mongolei

**N**an Pu Tuo-Tempel, Provinz Fujian  328
Nan Yue  Siehe Heng Shan, Berg, Hunan
Nanchang, Provinz Jiangxi  358

Nanjing, Provinz Jiangsu 90, 357, 409
Nanyue Zhen, Provinz Hunan 310
New Territories, Hongkong 88, 393
Ningbo, Provinz Zheijiang 389, 409
Ningxia, Provinz 360

Ping Yao, Provinz Shanxi 373
Pu Tuo Shan, Provinz Zheijiang 130, 261, 390
Pu und Ru, Flüsse, Zusammenfluß der, Provinz Gansu 333

Qi Shan, Berg, Provinz Shaanxi 233, 366
Qi Xia Shan, Provinz Jiangsu, Qi Xia Si (Tempel) 225, 357
Qin Yang, Provinz Henan 346
Qing Cheng Shan, Berg, Provinz Sichuan 56, 63, 184, 378
Qingdao, Provinz Shandong 368
Qinghai, Provinz 361
Qu Yang, Provinz Hebei 342
Quanzhou, Provinz Fujian 273, 328, 402
    Cao An-Tempel 412
    Islamische Gräber 329, 397
Qufu, Provinz Shandong 44, 368
    Konfuzius-Tempel 205, 209, 212, 368

Rui Cheng, Provinz Shanxi 374
    Yong Le Gong (Kloster der Ewigen Freude) 145, 166, 228, 374

Shaanxi, Provinz 362
Shandong, Provinz 366
    Quan Zhen-Schule 59
Shanghai, regierungsunmittelbare Stadt 369, 409
    Tempel der Heiterkeit (Jing An Si) 370
Shanhaiguan, Provinz Hebei 338
Shantou, Provinz Guangdong 336
Shanxi, Provinz 370
Shao Lin Si (Kloster des Kleinen Waldes) 141, 254
Shao Shan, Provinz Hunan 349
Shao Shi, Berg 253
Shao Xing, Provinz Zheijiang 391
    Grab von Ju dem Großen 89
Shenyang, Provinz Liaoning 359
    Tempel der Höchsten Reinheit (Tai Qing Gong) 63
Shijiazhuang, Provinz Hebei 339

Shuo Xian, Provinz Shanxi  376
Sichuan, Provinz  376
Silinhot, autonomes Gebiet Innere Mongolei  352
Song Shan, Berg, Provinz Henan  63, 75, 252, 345
Song Yang Shu Yuan (Song Yang-Akademie)  255
Stanley Village, Hongkong  392
Suzhou, Provinz Jiangsu  354


Tai An, Provinz Shandong  237, 367
Tempel des Tai Shan (Dai Miao)  238, 367
Tai Gu, Provinz Shanxi  373
Tai Ning, Provinz Fujian  331
Tai Shan, Berg  60, 234 f., 367
Tai Yuan, Provinz Shanxi  181, 370
   Jin Si (Tempel)  206, 232, 371
Taipa, Insel, Macau  395
Tang Yang, Provinz Henan  346
Tian Tai Shan, Provinz Zheijiang  389
Tianjin, regierungsunmittelbare Stadt  380
Tie Men Zhen, Provinz Henan  346
Tongxin, Provinz Ningxia  360
Turfan, autonomes Gebiet Xinjiang  381
   Goachang-Kloster (Ruinen von)  382, 412


Ulanhot, autonomes Gebiet Innere Mongolei  351
Urumqi, autonomes Gebiet Xinjiang  409


Wenzhou, Provinz Zheijiang  388
Wu Tai Shan, Berg  226, 312
   Fo Guang Si (Tempel des Buddhaglanzes)  226, 314
Wu Tai, Provinz Shanxi  373
Wuhan, Provinz Hebei  340
Wuhan, Provinz Hubei  348
   Tempel des Ewigen Frühlings (Chang Chun Guan)  63, 348
Wuhu, Provinz Anhui  320
Wuxi, Provinz Jiangsu  358
   St.-Joseph-Kirche  358, 405


Xi Ning, Provinz Qinghai  361
   Ta Er Si (Kloster)  225, 361
Xiaguan, Provinz Yunan  385
Xiahe, Provinz Gansu  332

Xiamen, Provinz Fujian 229, 328
Xian, Provinz Shaanxi 85, 90, 143, 226, 362
  Große Moschee (Xing Zhen Da Si) 171, 362, 399
  Große Wildgans-Pagode (Da Yan Ta) 224, 362
  Qin Shi-Grab (Terrakotta-Armee) 67
  Stadtgott-Tempel (Cheng Huang Miao) 193, 362
  Stelenwald 363, 402
  Tempel der Acht Unsterblichen (Ba Xian An) 63, 165, 227, 362
  Tempel der Großen Gnade 224
Xiangfan, Provinz Hebei 340
Xiji, Landkreis, Provinz Ningxia 361
Xin Chang, Provinz Zheijiang 390
Xin Cheng, Provinz Hebei 341
Xingtai, Provinz Hebei 342
Xinjiang, autonomes Gebiet 381
Xishuangbanna, Provinz Yunan 386
Xumi Shan, Berg, Provinz Ningxia 361
Xuzhou, Provinz Jiangsu 357

Yanan, Provinz Shaanxi 365
Yangtse-Fluß, Provinz Sichuan 379
Yangzhou, Provinz Jiangsu 85, 226, 353, 409
Yantai, Provinz Shandong 368
  Penglai-Palast 368
Yinchuan, Provinz Ningxia 360
Yixing, Provinz Jiangsu 356
Yumen, Provinz Gansu 333
Yunan, Provinz 383

Zhang Jia Kou, Provinz Hebei 341
Zhanjiang, Provinz Guangdong 337
Zhao Chang, Provinz Shanxi 375
Zhao Tong, Provinz Yunan 386
Zhaoqing, Provinz Guangdong 337
Zhaoxian, Provinz Hebei 342
Zheijiang, Provinz 387
Zhen Ping, Provinz Henan 347
Zhengdian, Provinz Anhui 154, 321
Zhengjiang, Provinz Jiangsu 354
Zhenjiang, Provinz Jiangsu 358
Zhong Yue Miao (Tempel des Mittl. oder Zentralen Gipfels) 256
Zhougwei, Provinz Ningxia 360

Jennifer Harper
# Chinesische Heilgeheimnisse
### Gesund durch sanfte und natürliche Therapien

Im Gegensatz zur westlichen Medizin verfügt die traditionelle chinesische Medizin über einen ganzheitlichen Ansatz, den Menschen zu heilen. Jennifer Harper stellt diese Methode vor und hilft dem Leser, den eigenen Körper verstehen zu lernen, um Krankheitsymptome besser und schneller zu erkennen. Sie lehrt dabei die Beherrschung der Fünf-Elemente-Theorie sowie die Kunst der sanften und natürlichen Gesundung. Dabei wird auf alte Methoden wie Aromatherapie, Reflexzonenmassage und Akupressur genauso zurückgegriffen wie auf Meditation und die Kenntnis einer richtigen Ernährung, damit Körper, Geist und Seele zu einer Einheit verschmelzen – die letztlich keines Arztes mehr bedarf.

ISBN 3-404-70134-8

Atlantis

Walter Andritzky
# Schamanische Heilgeheimnisse
## Die Wiederentdeckung der magischen Medizin

BASTEI
LÜBBE

Wie leben die Schamanen und Heiler von heute, wie sieht ihr Alltag aus? Walter Andritzky ist 15 Jahre lang durch mehrere Länder Europas, Asiens und Lateinamerikas gereist und stellt hier seine Forschungsergebnisse vor. Er bietet eine lebendige, persönliche und historisch fundierte Einführung in die Alltagswelt von Schamanen und Heilern. Vor dem Hintergrund langjähriger Erfahrungen in der Psychotherapie und der Mitarbeit an mehreren Universitätsinstituten ist ein ebenso spannender wie kulturkritischer und herausfordernder Report entstanden. Die Teilnahme an jahrhundertealten Ritualen und die mitfühlende Beobachtung bei Schamanen und ihren Klienten verbinden sich mit Theorien der modernen Wissenschaft, was zur Wiederentdeckung der magischen Medizin führt.

ISBN 3-404-70137-2

BASTEI
LÜBBE

Gala Naumova
**Sibirische Heilgeheimnisse**
Vom magischen Wissen
der Taiga-Schamanen

In Sibirien, wo die Natur und die Welt unendlich erscheinen, hat sich eine Kultur erhalten, deren religiöse
Grundzüge geeignet sind, die verlorene Empfindung
für das Wunder und das Wunderbare wiederzugewin-
nen. Aus diesem Grund reist Gala Naumova in das
»Zentrum der Welt«, um dort Schamanen zu begegnen, deren Heilkunst sie hautnah miterleben darf. Was
sie dabei erfährt, ist nicht nur sensationell, sondern
zeigt auch, wie einfach es sein kann, sich selbst und die
Wunden der Erde zu heilen. In der uralten Heilkunst
der Schamanen liegt der Schlüssel zu einer dauerhaf-
ten Gesundung von Welt und Mensch.

ISBN 3-404-70129-1

Christina Cerny
**Die Regenbogenschlange**
Vom spirituellen Reichtum
der australischen Ureinwohner

Australien ist ein Land, in dem der *Traum*, die
»Große Geschichte« der Ureinwohner, immer
noch lebendig ist – ablesbar von jenen, die ihre
geheime Sprache kennen. Das mächtigste Schöp-
ferwesen der stets gegenwärtigen Traumzeit ist die
Regenbogenschlange. Ihren Spuren folgend, reisen
wir in die Welt der Aborigines, ihrer Geschichten,
Symbole und Urbilder, die an unseren eigenen
Ursprung – unser geistiges Eins-Sein mit Erde und
Kosmos – erinnern. Es ist eine Reise, die auch in
die Tiefe unserer Seele führt. Die Regenbogenschlange stellt ein komplexes kosmologisches
Gebäude dar, in dem die großen geistigen Prinzipien verborgen liegen. Sie warten nur darauf, in
Bewegung gesetzt zu werden, damit das gesamte
Universum ein einziges klangvolles Lied wird, das
die Farben des Regenbogens in sich trägt.

ISBN 3-404-70138-0